Bert Bielefeld (Hrsg.)

Projekt-
management
Architektur

Bert Bielefeld (Hrsg.)

Projekt-
management
Architektur

BIRKHÄUSER
BASEL

Inhalt

Terminplanung _147

Ausschreibung _221

Bauleitung _297

Vorwort

Die klassische Kernaufgabe des Architekten ist neben der Entwurfs- und Planungsarbeit das Projektmanagement der Bauobjekte: von der Planung der Abläufe, der Ausschreibung, der Termin- und Kostenplanung über die Bauleitung bis hin zur Übergabe an den Bauherrn. Diese wichtigen Praxisaufgaben werden im Studium in der Regel durch nur ein Studienfach abgedeckt und somit eher am Rande behandelt. Diese Qualifikationen eines Architekten sind jedoch für die Bauherren von wesentlicher Bedeutung.

Meist verfügt ein Student oder Berufsanfänger noch über wenig Einblicke in den Berufsalltag des Architekten, allenfalls wurden über Praktika erste Erfahrungen in Planungsbüros oder auf Baustellen gesammelt. Der vorliegende Sammelband steckt das Feld dieses großen Aufgabengebietes anschaulich mit den fünf wesentlichen Basics zu diesem Themenbereich ab und gibt dem Leser so ein Werkzeug an die Hand, das ihn bei der kompetenten Begleitung seines Bauprojektes und bei der Umsetzung von Planungen umfänglich unterstützt.

Basics Projektplanung erklärt mit Hilfe von leicht verständlichen Einführungen und Erklärungen strukturiert die Projektarbeit des Architekten. Alle Planungs- und Arbeitsphasen werden im Zusammenhang und mit den wichtigsten Informationen zu den einzelnen Arbeitsschritten dargestellt, sodass ein erster, allgemeiner Überblick über die elementaren Aufgaben und Zusammenhänge gegeben wird, damit Studenten und Berufsanfänger ein umfassendes Verständnis für ihr späteres Arbeitsfeld aufbauen und sich in gegebene Büro- und Projektstrukturen einfinden können.

Ein für den Bauherrn essentielles Thema sind die Baukosten, da sie über Erfolg oder Misserfolg eines Projektes direkt entscheiden können. *Basics Kostenplanung* erläutert, wie sich Baukosten zusammensetzen und wie diese ermittelt und fortgeschrieben werden. Der Band beleuchtet praxisnah und strukturiert die Kostenplanungsprozesse während der Planungs- und Bauphase und erläutert, wie sich Kosteneinflüsse und -risiken einschätzen und bewerten lassen.

Die eigentliche Koordination des Planungs- und Bauprozesses ist gerade bei größeren Bauprojekten eine verantwortungsvolle und komplexe Aufgabe. Meist sind eine Vielzahl von Beteiligten und deren Arbeiten zu koordinieren. *Basics Terminplanung* stellt daher Instrumente zur Verfügung, mit denen der Gesamtprozess gesteuert und strukturiert werden kann. Dies ist eine wesentliche Grundlage für gute Zusammenarbeit, beispielsweise in Bezug auf die Abstimmung der Vertragstermine der beteiligten Bauunternehmen, und gleichzeitig aktives Arbeitsinstrument während des Planungs- und Bauprozesses, mit dem auf Unwägbarkeiten und Störungen reagiert werden muss.

Basics Ausschreibung erläutert anhand von Anforderungen des Bauherrn die verschiedenen Möglichkeiten Bauleistungen auszuschreiben und erklärt grundlegende Prinzipien der Ausschreibung. Ein wichtiger und praxisnaher Aspekt ist dabei die Organisation der Ausschreibungen eines Bauvorhabens. Die Arten der Vergabe, die Festlegung von Vergabeeinheiten, die Zeitplanung und nicht zuletzt der Ausschreibungsstil sind im Einzelnen zu beachten. Deshalb werden die Möglichkeiten von rein funktionaler bis hin zu detaillierter Beschreibung der auszuführenden Arbeiten genau aufgezeigt. Der Leser erfährt, welche Bestandteile zu einer Ausschreibung gehören, wozu diese dienen und wie diese im Einzelnen zusammenzustellen sind.

Basics Bauleitung füllt die Wissenslücken von Studenten und Berufsanfängern, die noch über wenig Baustellenerfahrung verfügen, und erarbeitet strukturiert mit Hilfe von leicht verständlichen Erklärungen die Arbeitsfelder der Bauleitung. Es wird erklärt, was einen guten Bauleiter ausmacht: Eine durchdachte Baustellenorganisation, eine funktionierende Terminplanung, die konsequente Kostenkontrolle und zuletzt die stetige Überwachung von Ausführungsqualitäten bis hin zur professionellen Übergabe an den Bauherren gehören zu seinem Handwerkszeug.

Bert Bielefeld, Herausgeber

Hartmut Klein

Projektplanung

Einleitung

Am Anfang eines Projektes steht die Absicht, eine räumliche Idee, einen Raumbedarf oder eine Immobilieninvestition in gebaute Wirklichkeit zu transferieren. Ein solches „Projekt" verkörpert sowohl den Wunsch nach einem schlüssigen und qualitativ anspruchsvollen Konzept als auch die Absicht, dieses Konzept bis zur Realisierung und Fertigstellung fortzuschreiben. Ziel der Projektplanung ist es, die einmal gefasste Absicht zum Abschluss zu bringen und aus der Idee gebaute Wirklichkeit werden zu lassen.

Auftraggeber/ Architekt Jedes Projekt wird zwangsläufig durch einen Auftraggeber initiiert. Im Bauwesen wird der Auftraggeber Bauherr genannt. Der Bauherr beauftragt zur Vorbereitung, Planung, Überwachung und Ausführung eines Bauvorhabens einen Entwurfsverfasser, den Architekten. Die Kernaufgabe des klassischen Architekten ist die Projektplanung von der Grundlagenermittlung über den Entwurf bis zur Werkplanung, Ausschreibung, Bauleitung und Gebäudefertigstellung. Von hoher Relevanz während des gesamten Planungsprozesses sind für den Bauherrn wie für den Architekten die Baukosten, die Einhaltung der Termine und die Ausführungsqualitäten.

Idee und Realisation Den ersten Impuls für die Planung eines Projektes kann der Architekt auf verschiedene Weise erhalten. In vielen Fällen geht ein Bauherr oder Investor direkt auf einen ihm bekannten Architekten zu und trägt ihm seine Vorstellungen und Wünsche für ein Projekt mehr oder weniger konkret vor. Häufig werden auch über Wettbewerbsverfahren oder Gutachten Bauprojekte vergeben, oder mehrere Architekten konkurrieren auf der Basis eines vorformulierten Auslobungstextes anhand ihrer Entwürfe um den Zuschlag durch den Bauherrn.

Aber auch der umgekehrte Fall ist denkbar: Der Architekt geht selbst auf potenzielle Bauherren zu und bemüht sich um eine mögliche Beauftragung im Rahmen der Akquisition. Dabei ist eine sorgfältige Recherche notwendig, um geeignete Auftraggeber ausfindig zu machen, die einen Bedarf an Bauobjekten haben oder in naher Zukunft haben werden.

Planungsschritte/ Entscheidungsebenen Um von der Projektidee zur Fertigstellung und Benutzung des realen Bauwerks zu gelangen, muss das Projekt Schritt für Schritt geplant und ausgearbeitet werden. Die zu Beginn abstrakte Idee wird nach und nach ausformuliert, konkretisiert und etappenweise umgesetzt.

Das Projekt nimmt Gestalt an, es wird zu Papier gebracht, erste Skizzen entstehen. Die Anzahl der Ansprechpartner nimmt zu, aus Skizzen werden maßstäbliche Pläne, aus Plänen Anträge. Nach der Genehmigung durch die Behörden sind Angebote bei Baufirmen und Handwerkern einzuholen und Aufträge an ausführende Unternehmen zu vergeben. Mit dem Baubeginn ist der Schritt zur tatsächlichen Realisation der Projektidee gelungen. Nach erfolgreicher Koordination der verschiedenen Handwerker auf der Baustelle wird das Ziel, ein Gebäude zu errichten, Wirklichkeit.

Je nach Bauaufgabe, Projektstruktur und -größe oder Konstellation der Beteiligten sind unterschiedliche Schritte zu tätigen, um ein Bauprojekt sinnvoll und vorausschauend zu planen und umzusetzen. Im Prinzip ähneln sich dabei die Abläufe, auch wenn Verantwortlichkeiten unterschiedlich zugeordnet werden können. So ist im deutschsprachigen Raum in der Regel der Architekt von der Entwurfsphase bis zur Übergabe die federführende Instanz, wogegen in Nordamerika und vielen anderen europäischen Ländern nach der Entwurfsphase die Verantwortung für die Ausführungsplanung und Baustelle an andere Partner übergeben wird.

Der Bauherr hat in den unterschiedlichen Projektphasen auf verschiedenen Ebenen Entscheidungen zu treffen: Entscheidungsebenen

1. Projektentscheidung: Um die Entscheidung treffen zu können, ein Projekt überhaupt zu initiieren, sind verschiedene Parameter (z. B. Grundstück, Funktion, Kosten- und Terminrahmen) auf grundsätzliche Umsetzbarkeit zu prüfen. Über die Durchführung einer Planung wird unter Einschaltung der notwendigen Planungsbeteiligten entschieden.

2. Konzeptentscheidung: Liegen erste Gestaltungsideen des Architekten (unterstützt durch Parameter wie funktionale Zusammenhänge, Volumen- und Flächenaussagen und grobe Kosten) vor, muss der Bauherr darüber entscheiden, ob er dieses erste Konzept weiter ausgearbeitet haben möchte und ob es seinen Intentionen entspricht.

3. Entscheidung zur Einreichung des Bauantrags: Ist das Konzept einschließlich der genannten Parameter ausgearbeitet, muss der Bauherr entscheiden, ob der vorliegende Entwurf den Bauaufsichtsbehörden zur Genehmigung vorgelegt wird, denn nach diesem Schritt sind Änderungen nur noch bedingt möglich.

4. Entscheidung über die Ausführungsqualitäten: Liegt eine Baugenehmigung vor, wird die Bauausführung vorbereitet. In diesem Zusammenhang muss der Bauherr über viele Ausführungsqualitäten und Materialoberflächen entscheiden. Entscheidungsgrundlagen sind in der Regel Materialproben, Musterbeispiele, Beschreibungen und Aussagen zur Kostenentwicklung.

5. Entscheidung über die Vergabe von Bauleistungen: Auf Basis der vorangegangenen Entscheidungen und der Ausführungsunterlagen werden Angebote zur Umsetzung durch Bauunternehmen eingeholt. Nun muss der Bauherr über die Vergabe der Bauleistung an eines der anbietenden Bauunternehmen entscheiden. Unterstützt wird er dabei von Auswertungen und Empfehlungen des Architekten.

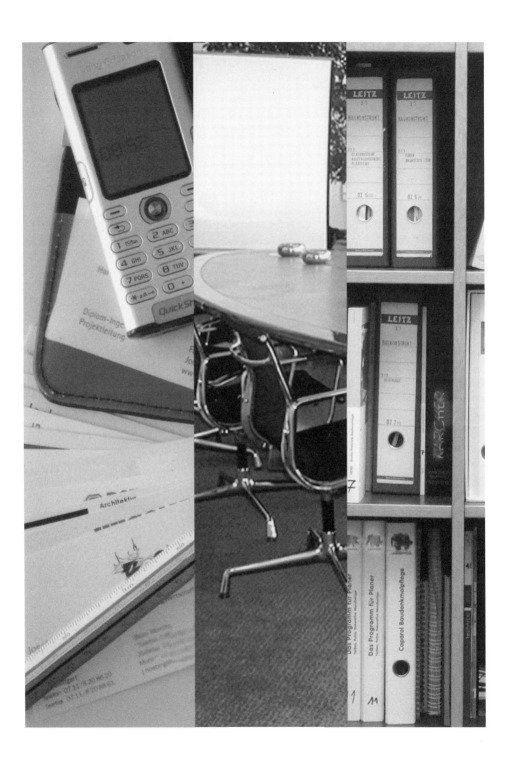

Die Projektbeteiligten

Die beiden wichtigsten Projektbeteiligten sind zweifellos der Bauherr als Auftraggeber und der planende Architekt. Es gibt jedoch noch eine große Anzahl weiterer an der Planung Beteiligter, die je nach Größe und Anspruch des Bauvorhabens in den Planungsprozess mit einzubinden sind. > Abb. 1

DER BAUHERR

Bauherr ist, wer auf seine Verantwortung eine bauliche Anlage vorbereiten oder ausführen lässt, wobei der Bauherr sowohl eine natürliche als auch eine juristische Person des privaten bzw. öffentlichen Rechts sein kann.

Bauherr und Nutzer können je nach Bauaufgabe durchaus in einer Person vereint sein. In diesem Fall beschränkt sich die Abstimmung und Klärung der Bauaufgabe für den Architekten auf nur eine Person. Insbesondere bei öffentlichen Bauvorhaben, aber auch bei privaten Investoren hat der Architekt mit Geldgebern und Nutzern oft zwei Personenkreise als Gegenüber, deren Zielvorstellungen nicht zwangsläufig identisch sein müssen. Auch können weitere Entscheidungsebenen wie z. B. externe Finanzierungsträger oder Aufsichtsgremien auf Seiten des Bauherrn existieren, die Einfluss auf den Planungs- und Bauprozess

Bauherr/Nutzer

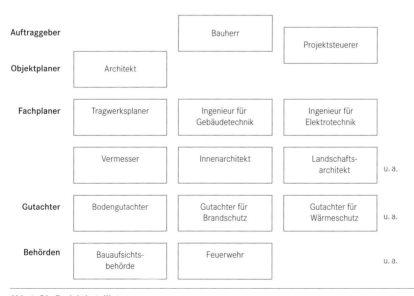

Abb. 1: Die Projektbeteiligten

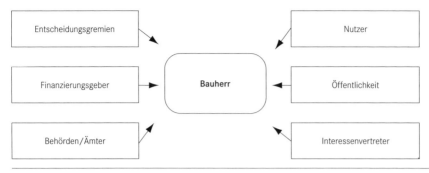

Entscheidungsgremien		Nutzer
Finanzierungsgeber	→ Bauherr ←	Öffentlichkeit
Behörden/Ämter		Interessenvertreter

Abb. 2: Mögliche Beteiligte auf Bauherrenseite

nehmen. Die späteren Nutzer sind in Abhängigkeit von der Bauaufgabe z. B. die Lehrerschaft an einer Schule, die Feuerwehrmänner einer Feuerwache oder die Ärzte und das Pflegepersonal einer Klinik. Der Bauherr bezieht sie in der Regel frühzeitig in die Planung mit ein, gegebenenfalls haben sie jedoch über die Möglichkeiten des Bauherrn hinausreichende Wünsche. Für den Erfolg der Planung ist entscheidend, möglichst allen Vorstellungen und Wünschen von Bauherrn und Nutzern gerecht zu werden. > Abb. 2

DER ARCHITEKT

Die erforderlichen planerischen Leistungen erbringt im Bereich des Hochbaus in der Regel der Architekt oder eine im Baugewerbe tätige, fachkundige Planungsgesellschaft.

Ansprechpartner/ Stellvertreter/ Sachwalter

Der Architekt ist der Ansprechpartner für alle Fragen des Bauens. Er berät den Bauherrn in allen Dingen, die die Umsetzung betreffen, und ist sein Sachwalter und Stellvertreter gegenüber allen am Bau Beteiligten, zu denen Behörden, weitere Fachplaner oder die ausführenden Firmen und Handwerker zählen.

Analyse, Idee und Lösung

Der Architekt überprüft kritisch die Wünsche des Bauherrn hinsichtlich der Machbarkeit des Vorhabens, gibt Ratschläge und Anregungen in Bezug auf dessen Wirtschaftlichkeit, den realistischen Zeitbedarf und mögliche Gestaltungsvarianten. So werden in Zusammenarbeit mit dem Bauherrn mögliche Lösungsansätze aufgezeigt. Es ist Teil der Architektentätigkeit, überzeugende Ideen zu entwickeln und erfolgreich zu vermitteln. Aufgrund der Vielzahl der Mitwirkenden an einem Projekt ist hohe Teamfähigkeit gefordert. Der Architekt benötigt zur Führung und Anleitung der Beteiligten eine ausgeprägte soziale Kompetenz und menschliches Geschick. Die Aufgaben innerhalb der einzelnen Planungsphasen werden im Kapitel Planungsprozess beschrieben.

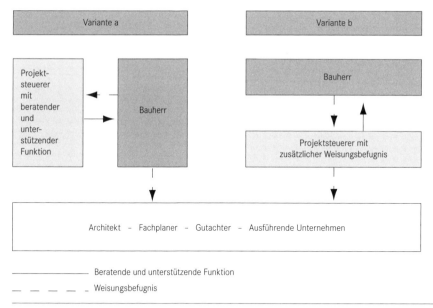

Beratende und unterstützende Funktion
Weisungsbefugnis

Abb. 3: Funktion des Projektsteuerers

DER PROJEKTSTEUERER

Die Zahl der fachlich an einem Projekt Beteiligten nimmt mit seiner Größe zu. Übersteigt die Größe des Projektes und die zeitliche Inanspruchnahme die Kapazitäten und das Know-how des Bauherrn, ist es sinnvoll, einen Projektsteuerer hinzuzuziehen.

Der Projektsteuerer übernimmt delegierbare Auftraggeberfunktionen in technischer, wirtschaftlicher und rechtlicher Hinsicht. Er ist somit Berater des Bauherrn, hat in der Regel aber keine Vollmacht, den Auftraggeber rechtlich zu vertreten. > Abb. 3

Zu den Aufgaben des Projektsteuerers gehören in der Regel nicht die unmittelbaren planerischen Leistungen, die Aufgabe des Architekten sind (Vorplanung, Entwurfsplanung usw.), sondern das Management des gesamten Projektes – von der Wirtschaftlichkeitsanalyse und der Mittelbereitstellung über die Vertragsabwicklung bis hin zum Facility Management.

Projektmanagement

Gerade bei größeren Bauvorhaben kann der Projektsteuerer für den Architekten aber auch eine wertvolle Unterstützung im Projektmanagement sowie bei Koordination und Kontrolle der Beteiligten darstellen.

Unterstützung des Architekten

DIE FACHPLANER

Bei einem relativ kleinen Bauvorhaben wie einem Einfamilienhaus werden die Planungsleistungen fast komplett vom Architekten abgedeckt. In der Regel sind jedoch zwei weitere Projektpartner für die korrekte Umsetzung des Vorhabens unerlässlich: der Vermesser und der Tragwerksplaner.

Vermesser Der meist staatlich anerkannte Vermesser erstellt einen amtlichen Lageplan, der im Zuge der Genehmigungsplanung im Allgemeinen von einer Baubehörde verlangt wird und der für die spätere Einmessung des Gebäudes notwendig ist.

Tragwerksplaner Ferner erfolgt die Dimensionierung der statisch relevanten Bauteile wie Bodenplatte, Wände, Decken und Dach durch einen entsprechend ausgebildeten Tragwerksplaner.

Bei kleineren Bauvorhaben wie z. B. einem Einfamilienhaus werden die erforderlichen Planungsleistungen für Elektroinstallation, Heizung, Sanitäranlagen und Gestaltung der Außenanlagen in der Regel ebenfalls vom Architekten erbracht und gemeinsam mit den zu beauftragenden und ausführenden Firmen und Handwerkern erarbeitet.

Zusätzliche Projektplaner kommen häufig bei Bauvorhaben mit größeren Dimensionen zum Einsatz, etwa bei öffentlichen Gebäuden (Sporthalle, Rathaus, Feuerwache und Ähnliches), größeren Bürokomplexen oder anspruchsvollen Firmengebäuden. Die genannten Leistungen werden dann von Fachingenieuren erbracht.

Gebäudetechnik Die Leistung des Ingenieurs für Gebäudetechnik umfasst die Planung der Heizungstechnik und Sanitäranlagen, also Ver- und Entsorgungsanlagen für Wasser und Abwasser. Je nach den Anforderungen an das Gebäude und die Nutzung übernimmt er außerdem die Planungsleistungen für Lüftung, Kühlung bzw. Klimatisierung und Gasinstallationen.

Elektroingenieur Der Elektroingenieur plant nicht nur die Versorgung des Gebäudes mit Strom und Licht, er ist auch mitverantwortlich für die Berechnung des Blitzschutzes, der Brand- und Rauchmeldeanlagen sowie der Fluchtwegbeschilderung.

Bei anspruchsvollen und repräsentativen Bauaufgaben können Aufgabengebiete, die sonst in der Regel durch den Architekten abgedeckt werden, an spezialisierte Fachleute übertragen werden.

Innenarchitekt Im Bereich der Innenraumgestaltung wird gegebenenfalls ein Innenarchitekt eingesetzt, der die Raumgestaltung besonderer Bereiche oder den Entwurf individueller Einbauten übernimmt.

Landschaftsarchitekt Der Garten- und Landschaftsarchitekt entwirft und plant in Abstimmung mit dem Architekten die Außenanlagen. Die Leistung des Landschaftsarchitekten kann von der Gestaltung anspruchsvoller Privatgärten bis zur Planung von funktionalen, öffentlichen Plätzen oder Grünanlagen, Sportplätzen oder gar Lärmschutzanlagen usw. reichen.

Bei komplexen und großen Objekten kann der Architekt dem Bauherrn empfehlen, aufgrund der vielfältigen Anforderungen an die Fassaden auch einen Fassadenplaner hinzuzuziehen.

Für die Beleuchtung und Belichtung eines Objektes können Lichtdesigner oder Lichtplaner beauftragt werden. Sie simulieren Belichtungs-
situationen bei Tag und Nacht und können die technische und gestalterische Planung der Beleuchtung übernehmen.

Fassadenplaner

Lichtdesigner

■

DIE GUTACHTER

Im Unterschied zu den Fachplanern erbringen Gutachter oder Sachverständige keine tatsächliche Planungsleistung. Sie sind jedoch bera-
tend tätig, erstellen Gutachten, die Zustände beschreiben oder Ursachen
aufdecken, und zeigen Lösungswege für auftretende Probleme auf. Für
fast jedes Sachgebiet kann ein Gutachter bestimmt werden. Die wichtigsten gutachterlichen Tätigkeitsbereiche im Bauwesen sind folgende:

Je nach örtlichen Gegebenheiten und Baugrund wird die Beauftragung eines Bodengutachters oder Geologen notwendig, um anhand von
Schürfungen, Probebohrungen oder bestehenden Bodenkartierungen
Hinweise für die Gründungsmöglichkeiten und Informationen über anste-
hendes Grundwasser zu erhalten.

Sollte es sich bei dem zu sanierenden Gebäude um ein Objekt von
bauhistorischem Wert handeln, ist eine Beratung durch einen Bauhistoriker von großem Nutzen. Er stellt die Historie des Gebäudes zusammen und kann wertvolle Anhaltspunkte für erhaltenswerte Bausubstanz
geben. Nicht zuletzt dadurch wird der Restaurierungshorizont, also der
Zeitraum definiert, auf den sich die Sanierungsmaßnahmen beziehen.

Bodengutachter

Bauhistoriker

■ **Tipp:** Es lohnt sich, schon frühzeitig eine sinnvolle
Projektstruktur aufzubauen. Die Beteiligung der notwendigen Planer ist rechtzeitig zu veranlassen. Die
Aufstellung einer Adressliste mit den Daten aller Planungsbeteiligten, die Vereinbarung regelmäßiger
Besprechungstermine (Jour fixe), die Erstellung von
schriftlichen Protokollen mit Angaben zur Erfüllung der
Aufgaben innerhalb festgelegter Fristen und die Absprache über die Form des Datenaustausches untereinander (DXF, DWG, PDF usw.) sind wichtige Elemente
der Projektorganisation.

Greift das Bauvorhaben in die örtliche Verkehrssituation ein oder erfordert Änderungen an der bestehenden Infrastruktur und Verkehrserschließung, besteht die Möglichkeit, einen Verkehrsplaner hinzuzuziehen.

Insbesondere bei komplexen Gebäuden mit einem hohen Anspruch an die Planung ist es unerlässlich, einen Brandschutzsachverständigen zu Rate zu ziehen. Sowohl in der Entwurfs- als auch in der Genehmigungsplanung kann er die entscheidenden Hinweise für eine gesetzeskonforme und genehmigungsfähige Planung geben, indem er Brandschutzgutachten oder auch -konzepte erstellt und die korrekte Umsetzung überprüft.

Für viele Gebäudearten ist die Beauftragung eines Gutachters für Wärme- und Schallschutz notwendig oder ratsam. Er kümmert sich um die Belange des Wärme-, Feuchte- und Schallschutzes bei Neuplanungen, kann aber auch Bewertungen von Baumängeln und Bauschäden bei Bestandsgebäuden abgeben.

Als weiteres Teilgebiet der bauphysikalischen Bewertung ist die Raumakustik zu erwähnen. Sie befasst sich weniger mit dem Schallschutz hinsichtlich Körper-, Luft- und Trittschalls als vielmehr mit der Berechnung einer optimalen Raumakustik in Räumen mit besonderen Anforderungen, wie beispielsweise Vortrags- oder Konzertsälen. Spezialisierte Akustiker sind bei der Planung unerlässliche Ansprechpartner für den Architekten.

Insbesondere beim Bauen im Bestand, also bei Umbauten, Sanierungen und Instandsetzungen, kann die Beratung durch einen Schadstoffgutachter notwendig sein. Er kann die im Gebäude vorhandenen Baustoffe untersuchen und beurteilen. Es wurden in der Vergangenheit immer wieder Baustoffe verwendet, die nach heutigen Erkenntnissen das Wohlbefinden der Bewohner und Nutzer beeinträchtigen können. Besonders problematisch können die Auswirkungen auf die Gesundheit bei Sanierung und Ausbau durch schadstoffhaltige Baustoffe (wie z. B. Asbest) sein.

Die Untersuchungen und Hinweise des Schadstoffgutachters sind für eine korrekte Ausschreibung und einen sicheren Umgang mit gesundheitsschädlichen Stoffen von wesentlicher Bedeutung.

Gemäß der Baustellenverordnung der EU ist die Beauftragung eines Sicherheits- und Gesundheitsschutzkoordinators ab einer gewissen Größe der Baustelle zwingend vorgeschrieben. Diese Leistung kann bei bestehender Qualifikation sowohl vom Bauherrn oder Architekten als auch einer dritten Person erbracht werden. Das Bauvorhaben wird während der Planung und Ausführung hinsichtlich sicherheitsrelevanter Aspekte begleitet, um die bauherren- und bauunternehmerseitigen Beteiligten und unbeteiligte Dritte möglichst vor Gefahren zu schützen.

ÄMTER UND BEHÖRDEN

Bisher wurden nur an der Planung beteiligte Fachleute aufgeführt. Nicht zu vernachlässigen sind jedoch auch die zu berücksichtigenden Institutionen und Behörden, ohne die ein genehmigungspflichtiges Bauvorhaben nicht möglich ist. Bereits im Anfangsstadium des Projektes ist es beispielsweise sinnvoll, anhand von bestehenden Bebauungsplänen, die auf den Ämtern der Städte und Gemeinden einzusehen sind, die Rahmenbedingungen für die Realisierung abzustecken.

Am häufigsten hat der Architekt mit den Bauaufsichtsbehörden zu tun, die in einem bauaufsichtlichen Verfahren (Baugenehmigungsverfahren) die Einhaltung der Bauordnung und anderer tangierter Vorschriften überwachen.　Bauaufsichtsbehörde

Je nach Ausmaß und Anforderung der beantragten Baugenehmigung werden weitere Ämter in das Verfahren eingebunden. Dies können das Kataster- und Vermessungsamt, das Grundbuch- oder Liegenschaftsamt, das Stadtplanungsamt, die Denkmalsbehörden, das Umweltamt, das Tiefbauamt und das Amt für Grünplanung sein. In der Regel sind die Planungsunterlagen bei öffentlichen Bauvorhaben der örtlichen Feuerwehr oder einem Amt für Brand- und Katastrophenschutz vorzulegen. Dort werden Auflagen hinsichtlich des Brand- und Rettungsschutzes festgelegt. > Kap. Planungsprozess, Die Einholung der Genehmigungen

AUSFÜHRENDE UNTERNEHMEN

Neben den Planungsbeteiligten und Behörden sind natürlich auch die ausführenden Unternehmen wichtige Partner bei einem Bauvorhaben. Die Handwerker und Baufirmen sind diejenigen, die die Planung anhand der Ausführungsplanung und den Leistungsbeschreibungen am Bau umsetzen. Bei der Beauftragung durch den Bauherrn sind grundsätzlich zwei unterschiedliche Modelle denkbar:

Der Bauherr kann die zu erbringende Leistungen der einzelnen Gewerke an verschiedene, für die jeweilige Fachleistung geeignete Firmen vergeben. Ein Gewerk umfasst die Arbeiten, die im Allgemeinen einem Handwerkszweig zuzuordnen sind.　Einzelleistung

Alternativ kann der Bauherr die gesamte Bauleistung an einen einzigen Unternehmer, auch Generalunternehmer genannt, vergeben, der anhand der vorliegenden Planung die Ausführung selbst erbringt bzw. durch Subunternehmern erbringen lässt. > Kap. Planungsprozess, Die Durchführung der Vergabe　Generalunternehmer

VERTRAGSSTRUKTUREN

Um die Planungsleistungen vertraglich zu fixieren, stehen dem Bauherrn verschiedene Varianten der Beauftragung zur Verfügung: > Abb. 4.

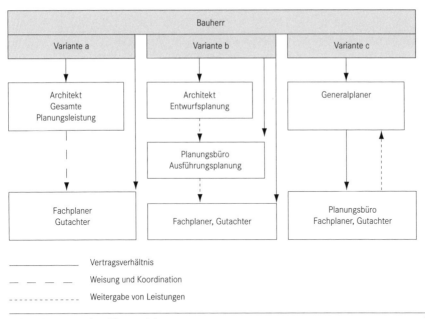

Bauherr		
Variante a	Variante b	Variante c

Architekt Gesamte Planungsleistung	Architekt Entwurfsplanung	Generalplaner
	Planungsbüro Ausführungsplanung	
Fachplaner Gutachter	Fachplaner, Gutachter	Planungsbüro Fachplaner, Gutachter

—————————— Vertragsverhältnis

— — — — Weisung und Koordination

- - - - - - - - Weitergabe von Leistungen

Abb. 4: Vertragsstruktur Planungsleistungen

Verträge für
die Planung

— Der Bauherr schließt mit jedem Planer oder Fachplaner einen Vertrag ab. Der Architekt übernimmt die Koordination der an der Planung Beteiligten.

— Der Bauherr schließt mit einem Architekten einen Vertrag über die Entwurfsleistung ab. Die nachfolgenden Planungsleistungen in Bezug auf Ausschreibung und Bauleitung werden an spezialisierte Planungsbüros übertragen, die eventuell erforderliche Gutachten und Fachplanungen erbringen.

— Der Bauherr schließt einen Vertrag mit einem Generalplaner ab, der wiederum alle weiteren für das Projekt notwendigen Fachplaner und Gutachter als Nachunternehmer beauftragt. Der Bauherr hat für die gesamte Planungsleistung somit nur einen Ansprech- und Vertragspartner. Der Nachunternehmer (oder Subunternehmer) übernimmt im Auftrag des Generalplaners einen Teil der Leistungen, die dieser gegenüber seinem Auftraggeber zu erbringen hat.

Auch bei der Beauftragung von Ausführungsleistungen gibt es vertragliche Varianten: > Abb. 5

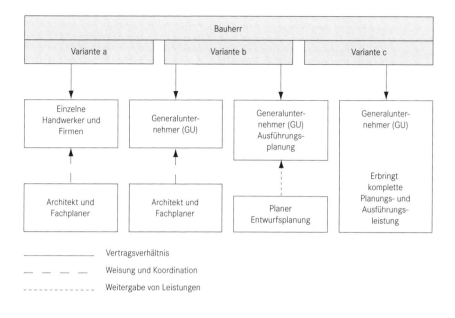

Abb. 5: Vertragsstruktur Ausführungsleistungen

- Der Bauherr schließt nach erbrachter Werk- und Detailplanung einzelne Verträge mit allen notwendigen Handwerksbetrieben ab. Der Architekt übernimmt die Koordination der einzelnen Gewerke.
- Der Bauherr schließt nach erbrachter Werk- und Detailplanung einen Vertrag mit einem Generalunternehmer ab, der die gesamte Bauleistung selbst bzw. mit eingeschalteten Subunternehmern erbringt.
- Der Bauherr schließt nach Vorliegen des Entwurfes einen Vertrag mit einem Generalunternehmer ab, der die noch notwendigen Ingenieurleistungen (Ausführungsplanung, Tragwerksplanung, Fachplanung, gutacherliche Stellungnahmen usw.) neben der Bauleistung ebenfalls selbst bzw. mit Subunternehmern erbringt.
- Der Bauherr schließt einen Vertrag mit einem Generalunternehmer ab, der die komplette Planung und Ausführung, also den Entwurf und die nachfolgenden Ausführungsleistungen übernimmt und alle weiteren Beteiligten (Architekten, Fachplaner, Gutachter, ausführende Firmen usw.) als Subunternehmer beschäftigt.

Verträge für die Ausführung

Die beschriebenen Konstellationen der Beauftragung können sich von Land zu Land unterscheiden. Die Grenze zwischen der Beauftragung von Planungsleistungen und Ausführungsleistungen kann unterschiedlich gezogen werden. Der Ablauf der Planungsschritte stellt sich bei den meisten Konstellationen jedoch ähnlich dar, da sie grundsätzlich unabhängig von der Art des Vertragspartners durchgeführt werden müssen.

TEAMBILDUNG

Kooperation Vom ersten Kontakt zwischen Auftraggeber und Architekt bis zur Schlüsselübergabe bei der Einweihung eines Bauprojektes durchlaufen alle Beteiligte einen intensiven Prozess mit verschiedenen Projektstufen. Wichtig dabei ist, dass von Anfang an eine solide Basis der Zusammenarbeit gefunden wird, so dass auch kritische Situationen während des Bauvorhabens gemeistert werden können. Da der Auftraggeber ein berechtigtes Interesse an der Umsetzung seines Vorhabens im Rahmen seiner finanziellen und zeitlichen Horizonte hat, ist nicht eine vordergründig harmonische Zusammenarbeit wichtig, sondern ein konstruktives Miteinander aller Beteiligter mit dem Ziel, die gestellte Aufgabe zur Zufriedenheit aller umzusetzen. Bauen findet nie im Verborgenen statt, daher sind neben den Interessen von Bauherr und Geldgebern auch die Anliegen der Allgemeinheit ausreichend zu berücksichtigen. > Abb. 6

Planungsteam Abhängig von der Größe des Bauvorhabens und der Anzahl der Bauabschnitte, kann die Dauer der Planung und Realisation mehrere Jahre betragen. Das Planungsteam muss daher auf wechselnde Situationen und permanent neue Herausforderungen vorbereitet sein. Denn auch wenn ein Projekt detailliert und vorausschauend geplant wurde, werden

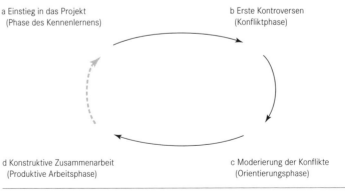

a Einstieg in das Projekt
(Phase des Kennenlernens)

b Erste Kontroversen
(Konfliktphase)

d Konstruktive Zusammenarbeit
(Produktive Arbeitsphase)

c Moderierung der Konflikte
(Orientierungsphase)

Abb. 6: Teambildung

sich im Verlauf des Bauvorhabens immer wieder neue Erkenntnisse und Änderungen ergeben, auf die gemeinsam Antworten gefunden werden müssen. Mit Fortschreiten des Projekts stoßen zudem immer weitere Planer hinzu, es sind die zuständigen Behörden und Ämter einzubinden, und nicht zuletzt werden im Rahmen der Auftragsvergabe von Bauleistungen immer mehr Firmen und Handwerker am Bau beteiligt sein.

Die bei jedem neuen Bauvorhaben wiederkehrenden Rollen (Bauherr, Architekt, Fachplaner, Handwerker usw.) werden in der Regel von wechselnden Partnern und Personen besetzt. Dabei kommt dem Architekten als Koordinator im Teambildungsprozess eine besondere Bedeutung zu. Das Projektteam durchläuft – wie jede Arbeitsgruppe – verschiedene Phasen des sozialen Agierens.

Teamfähigkeit

In der Anfangsphase herrscht oft eine erwartungsvolle Höflichkeit, die Teammitglieder sind gespannt, neugierig und verhalten sich abwartend, bis sie einander näher kennen gelernt haben. Das anstehende Projekt erfordert von jedem Beteiligten jedoch die Erbringung von Leistungen, die auch die anderen betreffen. Dabei kann es zu fachlichen, aber auch persönlichen Konflikten kommen. Bei Auseinandersetzungen und Spannungen sollte die sachliche Ebene jedoch nie verlassen werden. Der Architekt ist dabei nicht nur als Koordinator, sondern auch als Moderator gefordert. Es ist notwendig, in dieser „Orientierungsphase" alle Beteiligten auf das gemeinsame Ziel einzuschwören. Nur gemeinsam, mit respektvollen Umgangs- und Verhaltensformen, kann dies erreicht werden. Kontroversen in Sachfragen müssen dabei allerdings keineswegs ausgeschlossen sein.

Ist die optimale Arbeitsbasis im Team gefunden, gehen die Teammitglieder im Idealfall vertrauensvoll, offen, ideenreich und solidarisch miteinander um, so dass das Projektteam effektiv, leistungsfähig und zielorientiert an der Umsetzung des Projektzieles arbeiten kann. Eine wesentliche Aufgabe des Architekten ist also die zielorientierte Führung des Planungsteams und ein effektives Konfliktmanagement, um Differenzen in Sachfragen zu klären, ohne das gemeinsame Ziel aus den Augen zu verlieren.

Rahmenbedingungen und Ziele

In jeder Planungsphase des Prozesses hat der Planer mit drei elementaren Zielsetzungen zu tun, die für den Bauherrn, aber auch für den Architekten eine entscheidende Bedeutung haben. Dies sind zunächst der durch den Bauherrn benannte Kostenrahmen sowie der Zeitpunkt für die Fertigstellung des Gebäudes. Zudem wird der Bauherr Wünsche bezüglich der Ausführungsqualität äußern, die in direkter Abhängigkeit zu den anderen beiden Parametern Kostenplanung und Terminplanung stehen.

KOSTEN

Für den Bauherrn sind die Baukosten von außerordentlicher Bedeutung, daher erwartet er vom Architekten schon im Anfangsstadium eine professionelle und verlässliche Beratung.

○ Kostensicherheit

Die Bedeutung der Kostensicherheit ergibt sich für den Bauherrn aus den Zielen, die er mit der Bauaufgabe erreichen will. Gewerbliche, öffentliche und private Bauherren unterscheiden sich in der Formulierung ihrer Zielvorstellungen.

Der gewerbliche Bauherr orientiert sich bei der Festlegung der Kostenvorgaben an seinen wirtschaftlichen Zielen. Die angestrebte Rentabilität des eingesetzten eigenen oder fremden Kapitals steht im Vordergrund. Sowohl der laufende Ertrag als auch der Werterhalt für die Zukunft sind bei dieser Investition von Bedeutung.

Der private Bauherr investiert in seine eigene Zukunft, da er die Immobilie selbst nutzen möchte. Sowohl die finanziellen Möglichkeiten des Bauherrn als auch die Wertstabilität sind bei der Umsetzung der Maßnahme zu berücksichtigen, die Zukunftspotenziale des geplanten Bauvorhabens sind auszuloten.

Die Bauabsicht des öffentlichen Bauherrn entspringt seinem Auftrag, die Infrastruktur für die ihm obliegenden Aufgaben bereitzustellen. Diese unterscheiden sich je nach Verwaltungsgröße und -struktur. Bauaufträge der Regionen oder Landkreise haben zum Beispiel das Ziel,

○ **Hinweis:** Detaillierte Ausführungen zu diesem Thema finden sich in *Thema: Baukosten- und Terminplanung* von Bert Bielefeld und Thomas Feuerabend, erschienen im Birkhäuser Verlag, 2007.

```
┌─────────────────────────────────┐
│  Volumen bzw. Fläche            │
└─────────────────────────────────┘

              ×

┌─────────────────────────────────┐
│  Kostenkennwert                 │
│  EUR/m³ oder EUR/m²             │
│  Preisindizierung               │
└─────────────────────────────────┘

              =

┌─────────────────────────────────┐
│  Geschätzte Kosten              │
└─────────────────────────────────┘
```

**Abb. 7: Ermittlung von Kosten mittels
Kostenkennwerten**

Rettungswesen, Brand- und Katastrophenschutz, Gesundheitswesen
(Krankenhäuser) oder Bildung (Schulen) zu verbessern. Kleinere Gemeinden sind im Rahmen ihrer Selbstverwaltung für die Einrichtungen von
Kindergärten, Volkshochschulen, Bürgerhäusern und weiteren Bildungs-
einrichtungen zuständig. Für die Entscheidung legt der öffentliche Bauherr eher den geschätzten Bedarf sowie soziale oder ideelle Ziele zu
Grunde. Die Rentabilität der Maßnahme wird dabei durch eine möglichst
lange Nutzungsdauer definiert. Die für die Maßnahme zur Verfügung stehenden Mittel sind jedoch auch bei öffentlichen Bauherren begrenzt und
durch die entsprechenden politischen Gremien zu bewilligen.

Kostenvorgabe   Der Bauherr kann einerseits dem Architekten eine Kostenvorgabe
benennen, im Rahmen derer das Bauprojekt umgesetzt werden soll. Diese
kann als verbindliche Obergrenze oder als ungefähre Zielgröße vereinbart werden, und der Architekt berechnet die Machbarkeit. Unter Ausnutzung des Budgets legt er dem Bauherrn Angaben über den möglichen
Standard, die Nutzfläche und den Rauminhalt vor. Dabei ist auf Unwägbarkeiten und Unsicherheiten in Art und Umfang der Kosten hinzuweisen.

Andererseits kann der Bauherr dem Architekten auch Angaben
hinsichtlich Funktion, Raumprogramm und gewünschter Ausführungsqualität vorgeben. Auf Basis dieser Vorgaben wird der Architekt dem Bauherrn dann die voraussichtlich zu erwartenden Kosten errechnen.

In der Praxis ist häufig eine Mischung aus beiden Vorgehensweisen
anzutreffen. Da der Bauherr in der Regel aus anderen Branchen und Ge-
schäftsbereichen Kostensicherheit gewohnt ist, erlangt die Einhaltung
des Kostenrahmens meist von Anfang an große Bedeutung.

Kostenkennwert   Der Architekt wird sich bei der Ermittlung der Kosten jeweils abhängig von der aktuellen Planungsphase unterschiedlicher Instrumente

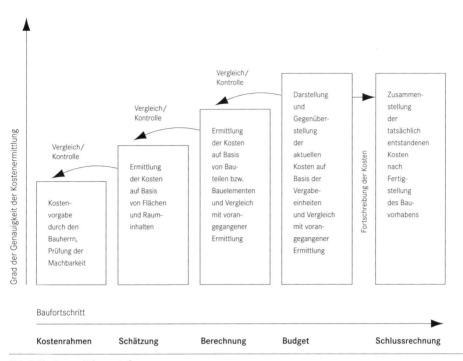

Vergleich/
Kontrolle

Kosten-
vorgabe
durch den
Bauherrn,
Prüfung der
Machbarkeit

Vergleich/
Kontrolle

Ermittlung
der Kosten
auf Basis
von Flächen
und Raum-
inhalten

Vergleich/
Kontrolle

Ermittlung
der Kosten
auf Basis
von Bau-
teilen bzw.
Bauelementen
und Vergleich
mit voran-
gegangener
Ermittlung

Darstellung
und
Gegenüber-
stellung
der
aktuellen
Kosten auf
Basis der
Vergabe-
einheiten
und Vergleich
mit voran-
gegangener
Ermittlung

Fortschreibung der Kosten

Zusammen-
stellung
der
tatsächlich
entstandenen
Kosten
nach
Fertig-
stellung
des Bau-
vorhabens

Baufortschritt

Kostenrahmen   Schätzung   Berechnung   Budget   Schlussrechnung

Abb. 8: Kostenermittlungsstufen

bedienen. Dabei werden im Prinzip bei allen Kostenermittlungsverfahren die Kosten als Produkt eines Mengenfaktors und eines Kostenkennwerts berechnet. Der Kostenkennwert gibt das Verhältnis von Kosten zu einer Bezugseinheit wie Fläche oder Volumen wieder. Ein typischer Kostenkennwert ist z. B. 1000 Euro/m^2 Bruttogrundfläche. > Abb. 7

Insbesondere bei Planungsschritten, die einer Entscheidung des Bauherrn bedürfen, ist der aktuelle Kontostand für den Bauherrn als Entscheidungshilfe notwendig. Die erste Stufe ist die grundsätzliche Entscheidung, ob die Projektidee realisierbar ist. Auch nach der Erstellung erster Skizzen und Entwürfe werden auf der Grundlage von nur groben Bezugseinheiten die wahrscheinlichen Kosten geschätzt. Bezugseinheiten für die Kostenschätzung können zum Beispiel die geforderte Nutzfläche, die Bruttogrundfläche oder der Bruttorauminhalt des Objektes sein. Ist die Planung weiter fortgeschrieben und entwurflich gefestigt, müssen die Kosten berechnet werden, bevor die Entscheidung zur Einreichung des Bauantrags gefällt werden kann. > Abb. 8

Aufgrund detaillierter Informationen zu Tragkonstruktion und einzelnen Bauteilen kann eine genauere Kostenberechnung anhand von Grobelementen oder Bauelementen erfolgen.

Kostenermittlungs-
stufen

Zu den Grobelementen zählen etwa Außen- und Innenwände, Decken oder Dächer, zu den Bau- oder Feinelementen die einzelnen Schichten der Grobelemente (Deckenputz, Stahlbetondecke, Estrich, Bodenbelag usw.). Die in dieser Stufe zu ermittelnden Gesamtkosten gewährleisten eine wesentlich höhere Kostensicherheit als die vorangegangene Kostenschätzung.

Im Zuge der Vergabe von Bauleistungen an Unternehmer und Handwerker lässt sich der aktuelle Kostenstand in einem weiteren Schritt darstellen und muss den zuvor ermittelten Kostenbudgets für die einzelnen Vergaben gegenübergestellt werden. Auf diese Weise können die realen Preise am Markt mit der <u>Kostenplanung</u> verglichen werden, gegebenenfalls kann auch steuernd eingegriffen werden.

Nach Abschluss des Bauvorhabens stellt der Architekt die Gesamtbaukosten zusammen. Diese <u>Kostenfeststellung</u> erfasst die tatsächlich entstandenen Baukosten.

Kostenkontrolle Es ist wichtig, neue Erkenntnisse und Detaillierungsstufen in der Kostenplanung immer wieder mit den vorigen Stufen und der Kostenvorgabe des Bauherrn zu vergleichen, um Abweichungen frühzeitig erkennen zu können. Je weiter das Projekt fortgeschritten ist, desto weniger kann der Architekt in die Kostenentwicklung eingreifen und Abweichungen wieder auffangen. In der Bauphase sind zur Kostenkontrolle Mischberechnungen aus Kostenberechnung, bereits beauftragten Leistungen und gegebenenfalls schon abgeschlossenen und abgerechneten Leistungen notwendig, da die Arbeiten nicht gleichzeitig ablaufen. > Kap. Planungsprozess, Die Bauausführung

Kostenverfolgung Mit lückenloser Information und gewissenhafter Kostenverfolgung, die dem ursprünglich veranschlagten Budget im Wesentlichen entsprechen, kann der Architekt beim Bauherrn Vertrauen aufbauen, indem er ihm zeigt, dass er verantwortungsvoll mit dem ihm anvertrauten Kapital
● umgeht.

● **Wichtig:** Der Bauherr hat während des gesamten Projektablaufes Anspruch auf aktuelle Kostenverfolgung. Der Architekt ist daran interessiert, die zu Beginn formulierten Kostenvorgaben einzuhalten, und muss daher stets die Kosten nachvollziehbar aufstellen und gegenüber vorangegangenen Kostenermittlungen vergleichend darstellen.

TERMINE

Wie die Kostenvorgaben sind auch die Terminvorgaben für den Bauherrn in vielfacher Hinsicht wichtig für den Projekterfolg. Eventuell sind bestehende Mietverträge wegen langer Kündigungsfristen bereits aufgekündigt worden, oder der Einzugstermin ist aufgrund wirtschaftlicher Zwänge (Produktionsbeginn, Saisongeschäft usw.) bereits festgelegt. Der Architekt muss diese Vorgaben auf ihre Machbarkeit hin kritisch prüfen und in Abstimmung mit dem Bauherrn den Terminablauf für das Projekt planen. Dabei ist nicht nur die Bauphase zu berücksichtigen, sondern auch die im Vorfeld zu erbringende Planungsleistung. Terminvorgaben des Bauherrn

In der Regel wird sich die Terminvorgabe auf den Endtermin für die Ausführung beziehen. Denkbar ist jedoch ebenfalls eine Terminvorgabe für den Baubeginn, wenn damit beispielsweise die Zahlung von Fördergeldern verknüpft ist. Als weitere Variante der zeitlichen Vorgabe kann eine möglichst kurze Ausführungsdauer gefordert sein, wobei Beginn und Ende der Maßnahme nicht zwingend vorgegeben sein müssen. Eine kurze Ausführungsdauer soll durch die Bauphase hervorgerufene Einschränkungen und Behinderungen im Umfeld des Bauvorhabens möglichst minimieren.

Um den gesamten Durchführungszeitraum des Projektes darzustellen, wird ein projektorientierter Terminplan erstellt, wobei die Planungs- und die Ausführungsphase mit berücksichtigt werden. Für die Phase der Bauausführung kann aufgrund der Übersichtlichkeit gegebenenfalls ein separater produktionsorientierter Terminplan (Bauzeitenplan) erstellt werden. Die Abhängigkeit der Bauausführung von der Planung und Beauftragung von Unternehmen ist jedoch stets zu berücksichtigen. > Abb. 9 Umfang des Terminplanes

Zu Projektbeginn wird die Abstimmung des Entwurfs zwischen dem Architekten und dem Bauherrn einen gewissen Zeitraum in Anspruch nehmen. Im Anschluss entwickelt sich ein komplexer Abstimmungsprozess unter Einbindung der Fachplaner und zuständigen Behörden. Damit die Fachplaner tätig werden können, muss der Architekt Grundlagen erarbeiten und an die Beteiligten verschicken. Umgekehrt ist der Architekt von der Bearbeitung durch die Fachplaner und die Rücksendung der bearbeiteten Unterlagen im weiteren Arbeitsablauf abhängig. > Abb. 10 Planung der Planung

Die Erarbeitung des Terminplans erfolgt heute mit Hilfe entsprechender EDV-Programme. Der Terminablauf kann in einfachster Form als Liste mit Nennung des Vorgangs und des Anfangs- und Endtermins dargestellt werden. Bei der Vielzahl an Vorgängen bei Bauprojekten ist dies jedoch nicht sehr übersichtlich. Darstellungsformen

Der Netzplan stellt die Vorgänge hinsichtlich ihrer gegenseitigen Abhängigkeit und deren Bezüge dar. Die Veranschaulichung der Beziehungsgeflechte gelingt mit dieser Darstellung recht überzeugend, eine Zuordnung zu zeitlichen Abläufen ist jedoch nicht gegeben. Netzplan

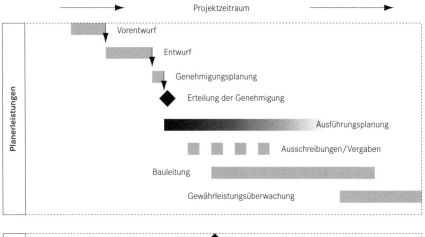

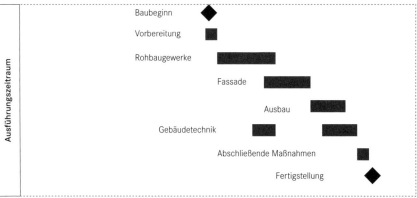

Abb. 9: Terminplanung der Planung und der Ausführung

Balkenplan   Die gebräuchlichste Darstellungsform ist der Balkenplan, der auch Gantt-Diagramm genannt wird. In der Y-Achse werden die einzelnen Vorgänge aufgelistet, und die X-Achse stellt die Zeitachse dar. Die Vorgangsdauer wird mit Balken über die Zeitachse dargestellt. Überschneidungen und Abhängigkeiten können insbesondere mit modernen Terminplanungsprogrammen problemlos festgestellt werden. Über Verknüpfungen zwischen Vorgängen können zwingend notwendige Abhängigkeiten festgesetzt werden: Ende Vorgang A → Anfang Vorgang B usw.

Meilensteine   Als Meilensteine werden wichtige Abschnitte oder direkte Terminvorgaben im gesamten Projektzeitraum (Baubeginn, Fertigstellung usw.) bezeichnet. Ein wichtiger Meilenstein für die Terminplanung ist z. B. die

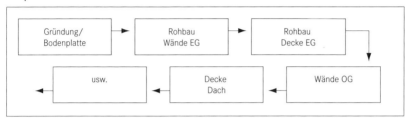

Balkenplan

	Februar	März	April	Mai
Gründung	▨			
Wände EG		▨		
Decke EG			▨	

Netzplan

Gründung/Bodenplatte → Rohbau Wände EG → Rohbau Decke EG → Wände OG ← Decke Dach ← usw. ←

Terminliste

	Firma	Anfang	Dauer	Ende
Gründung	Firma A	05.02.	22 WT	04.03.
Wände EG	Firma B	01.03.	24 WT	30.03.
Decke EG	Firma B	23.03.	26 WT	20.04.

Abb. 10: Terminplan-Darstellungsarten

Baugenehmigung. Für die Prüfung der Unterlagen durch die Behörden sollte ein ausreichender Zeitraum berücksichtigt werden, da gegebenenfalls notwendige Änderungen an den Genehmigungsunterlagen Auswirkungen auf den Baubeginn haben können.

Die Implementierung von Meilensteinen und die Wiedergabe der Vorgänge in Farbe ermöglichen eine nachvollziehbare Darstellung und Lesbarkeit des Balkenplans für alle Planungsbeteiligten.

Anhand des Terminplans und der Feststellung des Baufortschritts kann mit Hilfe eines Soll-Ist-Vergleiches überprüft werden, ob sich der Projektablauf entsprechend der Planung entwickelt oder ob Bauzeitverzögerungen vorliegen. Ziel der Terminplanung ist es, rechtzeitig eine

Soll-Ist-Vergleich

Gefährdung des Endtermins zu erkennen und gegebenenfalls Gegenmaßnahmen einzuleiten. Nur die stete Kontrolle der Abläufe und die Überwachung der Vorgänge machen es möglich, bei Verzögerungen rechtzeitig steuernd eingreifen zu können.

QUALITÄTEN

Prinzipiell werden zwei Standards von Qualitäten unterschieden:
Technische Standards und individuelle Ausführungsstandards.

Technische Standards Generell sind die geltenden Normen, Richtlinien, Verordnungen und
Gesetze unveränderliche Grundlage für Planung und Ausführung. Diese
in der Fachwelt allgemein Anerkannten Regeln der Technik gelten grundsätzlich für jedes Bauvorhaben als technischer Standard und müssen
nicht explizit in Verträgen gefordert oder benannt werden. Dennoch ist
die korrekte und vollständige Anwendung aller geltenden Normen und
Richtlinien ein wichtiges und in der Projektdurchführung nicht selbst-
verständliches Qualitätsmerkmal des Bauvorhabens.

Individueller Den individuellen Ausführungsstandard eines Gebäudes legt der Bau-
Ausführungsstandard herr persönlich fest. Er definiert das optische Erscheinungsbild seines
Gebäudes. Alle Bauteile werden im Rahmen der technischen Möglich-
keiten in Bezug auf Materialität, Form und farbliches Erscheinungsbild
definiert. Der finanzielle Spielraum des Bauherrn wird den Ausbaustandard maßgeblich bestimmen, da sich bei unterschiedlichen Ausführungsstandards erhebliche Kostenunterschiede ergeben. Das farbliche Erscheinungsbild und die Formgestaltung wirken sich in der Regel geringer auf
das Budget aus als die Wahl der Materialien. Beispielsweise ist die Ver-

Abb. 11: Internationale
Normierungs-
organisationen

Abb. 12: Individuelle Festlegung des Ausführungsstandards anhand von Mustern

wendung großflächiger Verglasungselemente in der Fassade oder im Innenausbau teurer als geschlossene Flächen aus Mauerwerk oder Stahlbeton. Der Einsatz von Eichenfenstern statt Kunststofffenstern ist optisch vermutlich ansprechender, aber teurer, ebenso der Einbau von hochwertigem Parkett in spezieller Verlegetechnik statt der Verlegung eines Textilbelages. Ähnliche Beispiele lassen sich für alle Bauelemente aufführen. Wichtig ist daher, dass der Architekt mit dem Bauherrn frühzeitig über den Ausführungsstandard spricht, ihm anhand von Mustern Entscheidungsmöglichkeiten anbietet und die jeweils resultierenden Kosten klar darlegt.

Die allgemein Anerkannten Regeln der Technik, Richtlinien und Normen sind im Rahmen der Qualitätsbeschreibung nicht weiter zu definieren. Für die Definition des individuellen Ausführungsstandards bedarf es jedoch einer eindeutigen schriftlichen Festlegung:

Mit Beginn des Projektes wird zunächst ein noch recht unverbindlicher Ausbaustandard festgelegt, wie z. B. „Gehobener Standard" oder „Mittlerer Standard", der noch reichlich Interpretationsspielraum zulässt. Im Verlauf des Planungsprozesses werden solche Festlegungen jedoch nach und nach präzisiert. Zunächst muss die Ausführung der Tragkonstruktion und der wesentlichen Bauteile bestimmt werden. Im weiteren Fortgang des Projektes sind dann detaillierte Entscheidungen über jedes einzelne Bauelement herbeizuführen. Anhand von Bemusterungen und durch Vorlage von Ausführungsvarianten mit Kostenangabe bereitet der Architekt die Entscheidungen des Bauherrn vor.

Die einmal getroffenen Festlegungen werden in einer Qualitätsbeschreibung festgehalten. Dies kann mit Hilfe einer allgemeinen qualitativen Baubeschreibung geschehen oder durch die Aufstellung eines detaillierten Raumbuches, wobei Räume gleicher Nutzung zusammen betrachtet werden können. Das Datenblatt beinhaltet neben Raumbezeichnung, Raumnummer und Geschoss Angaben bezüglich der Wände, Decken, Böden, Türen, Fenster, Heizungs-, Sanitär- und Elektroinstallation.

Diese Qualitätsbeschreibung ist eine Grundlage für die Kostenberechnung und die Festlegungen in den später zu erstellenden Leistungsbeschreibungen. Äußert der Bauherr im Verlauf des Bauprozesses Zusatz- oder Änderungswünsche, ist der Architekt verpflichtet, mit Verweis auf den einmal definierten Ausführungsstandard die damit verbundenen Auswirkungen auf die Kostensituation zu benennen.

Die existierenden technischen Standards und der individuell festgelegte Ausführungsstandard werden im Zuge der Bauausführung durch den Bauleiter überwacht. Qualitätssicherung bedeutet, die Lieferung und den Einbau der Materialien zu überprüfen und die handwerkliche Qualität sowie die Einhaltung der Detailvorgaben und aller geltenden Normen und Gesetze zu überwachen. Die Berücksichtigung der gesetzlich definierten Maßtoleranzen ist ebenfalls Teil der Bauüberwachung.

Planungsprozess

DIE PROJEKTENTSCHEIDUNG

Am Anfang eines Projektes muss der Bauherr verschiedene grundsätzliche Fragen klären. Zunächst muss das Bauvorhaben hinsichtlich der Finanzierbarkeit überprüft werden. Steht der Standort für das Objekt noch nicht fest, muss ein geeignetes Grundstück gesucht werden. Außerdem legt der Bauherr den Fertigstellungstermin und den Kostenrahmen des Bauvorhabens fest. Diese Fragen wurden in der Vergangenheit im Wesentlichen vor Beginn der eigentlichen Planungsleistungen durch den Bauherrn oder Auftraggeber selbst beantwortet. Da die Rahmenbedingungen für einen Bauherrn aber immer komplexer werden, kann mittlerweile der Architekt in diesem frühen Stadium bereits ein hilfreicher Ansprechpartner sein.

Zu Beginn eines Projektes gilt es, die Aufgabenstellung zu klären, die Vorstellungen und Absichten des Auftraggebers kennen zu lernen und deren Realisierungschancen zu prüfen. Dies betrifft sowohl die finanziellen Möglichkeiten des Bauherrn als auch eine realistische Einschätzung für den Zeitbedarf des Bauvorhabens. So hat der Architekt anhand von Beispielprojekten zu prüfen, ob die Vorstellungen des Bauherrn überhaupt umsetzbar sind, und mit ihm gegebenenfalls andere, realistischere Ansätze zu besprechen. *Termin- und Kostenrahmen*

Der Architekt kann den Bauherrn bei der Suche nach einem Grundstück oder bei der Beurteilung eines bereits vorhandenen Grundstückes beraten. Er gibt Hinweise und Bewertungen bezüglich Lage, Zuschnitt, Umgebung und sonstige Standortbedingungen für das geplante Bauvorhaben. Eine Mitwirkung beim Erwerb eines Grundstückes oder eine Beratung hinsichtlich der Finanzierungsmöglichkeiten gehören in der Regel nicht zu den Grundleistungen des Architekten. *Beratung bei der Grundstückssuche*

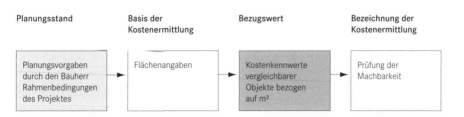

Planungsstand	Basis der Kostenermittlung	Bezugswert	Bezeichnung der Kostenermittlung
Planungsvorgaben durch den Bauherr Rahmenbedingungen des Projektes	Flächenangaben	Kostenkennwerte vergleichbarer Objekte bezogen auf m²	Prüfung der Machbarkeit

Abb. 13: Kostenvorgabe durch den Bauherrn

Ein unerfahrener Bauherr sollte darüber hinaus über die notwendige Beteiligung von Behörden und Fachplanern aufgeklärt werden. Er muss wissen, welche zusätzlichen Planer für die Umsetzung des Bauvorhabens erforderlich sind und welche zusätzlichen Gutachten, Analysen und Bestandsaufnahmen gegebenenfalls vor Beginn der Arbeiten zu erbringen sind, da er in der Regel Verträge mit den Beteiligten schließen muss.

> Kap. Die Projektbeteiligten, Vertragsstrukturen

Die einzelnen Abschnitte und Entwicklungsschritte im Laufe eines Bauvorhabens sind nicht jedem Bauherrn vertraut. Insbesondere bei der Auswahl erforderlicher Fachplaner wie Tragwerksplaner oder Gebäudetechniker kann der Architekt dem Bauherrn Entscheidungshilfen an die Hand geben und ihn in Bezug auf die Kompetenz der Fachplaner sowie Umfang und Honorierung der Fachplanungsleistungen beraten, wobei natürlich die eigenen Leistungen ebenfalls definiert werden müssen. Diese Abstimmungen sollten möglichst frühzeitig erfolgen, damit nicht zu einem späteren Zeitpunkt unterschiedliche Ansichten über die beauftragten und erforderlichen Leistungen auftreten.

In dieser frühen Phase eines Projektes sollte der Architekt den Bauherrn in seinem Vorhaben optimal unterstützen und die Realisation des Objektes möglich machen, da er sich an der Schwelle zwischen Akquisition und Beauftragung befindet. Diese Findungsphase wird oft als entgeltfreie Auftragsbeschaffung angesehen. Dem Auftraggeber sollte dabei klar gemacht werden, dass die zu Beginn definierten Eckwerte, wie Kostenrahmen, Zeithorizont, Standortwahl und Auswahl der am Projekt Beteiligten, entscheidend für die erfolgreiche und konfliktarme Umsetzung seines Bauvorhabens sind.

○ **Hinweis:** Anhand der jeweiligen Honorarordnungen oder -empfehlungen sind die grundsätzlich zu erbringenden Leistungen und besondere Leistungen ersichtlich. Als besondere Leistungen können zum Beispiel Entwurfsdarstellungen in Modellform, detaillierte Bestandsaufnahmen oder die Erstellung von Raum- und Funktionsprogrammen gelten. Der Architekt tut gut daran, mit dem Bauherrn nicht nur den Umfang der zu beauftragenden Leistungsphasen zu klären, sondern auch damit verbundene Leistungsansprüche und gegebenenfalls zusätzlich in Auftrag zu gebende Sonderleistungen abzustimmen.

■ **Tipp:** Es empfiehlt sich, von jeder Bauherrenbesprechung eine schriftliche Aktennotiz zu verfassen und an alle Teilnehmer zu versenden. So kann auf bereits abgestimmten Festlegungen aufgebaut werden. Eventuell nur mündlich getroffene Vereinbarungen können im Nachhinein belegt werden.

Diese erste Phase ist durch hohen Beratungsaufwand geprägt. Dabei lernen sich die beiden wichtigsten Projektpartner intensiv kennen und schaffen die Basis für eine erfolgreiche und vertrauensvolle Zusammenarbeit.

Mit der positiven Projektentscheidung sollte eine schriftliche Vertragsgrundlage für die Zusammenarbeit zwischen Auftraggeber und Architekt erarbeitet werden, die den Leistungsumfang und die Höhe der Honorierung für die Arbeit des Architekten beinhaltet.

Architektenvertrag/ Honorar

O

DIE KONZEPTPHASE

Nachdem die Grundlagen für ein Projekt definiert sind und die Zusammenarbeit und der Leistungsumfang der Planer vertraglich geregelt ist, beginnt die eigentliche konzeptionelle Auseinandersetzung des Architekten mit der Bauaufgabe.

Die bisher schriftlich definierten Kenngrößen müssen nun in darstellerische Skizzen umgesetzt werden, um eine Vorstellung von möglichen Lösungsansätzen zu vermitteln. > Abb. 14

Skizzen

Die Form der Darstellung ist dem Architekten weitestgehend überlassen. Meist erstellt er erste Handskizzen oder einfache CAD-Zeichnungen, um seine Ideen dem Bauherrn vermitteln zu können. Gerade die CAD-Systeme bieten die Möglichkeit, mit relativ geringem Aufwand Varianten von Ansichten und Grundrissen zu erzeugen, um dem Bauherrn eine Auswahl an möglichen Alternativen vorzulegen.

Entwurfsdarstellung

Grundrisse, Schnitte und Ansichten sollten maßstäblich sein und werden in der Regel im Anfangsstadium im Maßstab 1:200 dargestellt.

> O **Hinweis:** Im Verlauf des Planungsprozesses treten für den Architekten vielfältige Haftungsrisiken auf. Haftung droht dem Architekten oder Ingenieur in der Regel nicht nur in jeder Leistungsphase, sondern auch schon bei Vertragsabschluss. Er haftet nicht nur für die mangelhafte Erstellung der Planung, für Fehler in der Vergabe des Bauvorhabens und für sonstige Verletzungen vertraglicher Pflichten, sondern oft auch für Mängel, die durch die Bauunternehmer verursacht wurden. Um diese Risiken weitestgehend abzudecken, ist der Abschluss einer Berufshaftpflichtversicherung in den meisten Ländern verbindlich vorgeschrieben.

Abb. 14: Skizzen

Abb. 15: Arbeitsmodell

Vorentwurf
Bei der Darstellung des Vorentwurfes sollte der Architekt immer die Verständlichkeit für den Bauherrn im Blick behalten. Er selbst ist im „Lesen" eines Grundrisses oder einer Schnittzeichnung geübt. Demjenigen, der sich aber nicht regelmäßig mit Planunterlagen in unterschiedlichen

Maßstäben auseinandersetzt, erscheinen diese oft nur als abstrakte Darstellung. Die Orientierung, Zugangssituation und Raumanordnung sind unter Umständen erläuterungsbedürftig. Die gestalterisch zu Grunde liegende Idee, die Raumwirkung oder die städtebauliche Einbindung in das Umfeld und die funktionalen Beziehungen der unterschiedlich genutzten Räume zueinander bedürfen in der Regel einer detaillierten Ausführung des Architekten, möchte er den Bauherrn von seinen gestalterischen Ideen überzeugen. Es ist seine Aufgabe, in Zusammenarbeit mit dem Bauherrn dessen funktionale und wirtschaftliche Vorgaben in Architektur zu übertragen. Anregungen und Bedenken des Bauherrn können äußerst fruchtbar und stimulierend für den Entwurfsprozess sein, denn bisweilen bewegt sich nicht nur der Auftraggeber auf unbekanntem Terrain; auch der Architekt kann bei der Bearbeitung unterschiedlicher Projekte immer wieder auf Themenfelder stoßen, die für ihn neu sind.

In der Wechselbeziehung mit dem Auftraggeber, dem späteren Nutzer und den anderen Fachplanern wird sich ein Vorentwurf herauskristallisieren, der den Vorgaben entspricht und eine architektonische Handschrift bzw. eine gestalterische Idee zu vermitteln vermag.

● Kostenschätzung

Die korrekte, maßstabsgetreue Wiedergabe ist ebenfalls relativ frühzeitig erforderlich, da auf dieser Basis der Bauherr die Umsetzung des geforderten Raumprogramms prüfen kann und über die Weiterbearbeitung des Konzeptes entscheiden muss. Als zusätzliche Entscheidungsgrundlage wird nun eine erste projektbezogene Kostenschätzung durchgeführt. > Abb. 16 Dazu werden die Mengen über grobe Mengeneinheiten (Flächen, Volumina) ermittelt und mit Kostenkennwerten von Vergleichsobjekten multipliziert. Ein Kostenkennwert stellt die Kosten pro Mengeneinheit dar (z. B. 1000 Euro/m^2 Bruttogrundfläche). Die Höhe des Kostenkennwertes lässt sich auf der Basis von realisierten Bauprojekten

● **Beispiel:** Ein ausschließlich im Wohnungsbau tätiges Architekturbüro muss sich in der Regel nicht mehr prinzipiell mit den geltenden Normen und Richtlinien des Wohnungsbaus und den Wünschen von Wohnungsbaugesellschaften auseinandersetzen. Bei anderen Bauaufgaben, wie Bauten für Bildung (Kindergärten, Schulen, Hochschulen), Sport (Schwimmbäder, Sporthallen usw.), Bauten für Kultur (Versammlungsstätten, Konzerthäuser, Stadien), Verwaltungsgebäuden oder Industrieanlagen, müssen die besonderen Projektparameter wie spezielle Vorschriften für öffentliche Gebäude, Workflow usw. erarbeitet werden.

Planungsstand	Basis der Kostenermittlung	Bezugswert	Bezeichnung der Kostenermittlung
Vorentwurf mit groben Kubaturen	Flächen und Rauminhalte (z. B. Nutzfläche, Bruttorauminhalt)	Kostenkennwerte vergleichbarer Objekte bezogen auf m² bzw. m³	Kosten- schätzung

Abb. 16: Kostenschätzung während der Vorentwurfsphase

ähnlichen Charakters abschätzen. Da in dieser frühen Phase noch viele Unwägbarkeiten vorhanden sind, sollte der Architekt dem Bauherrn deutlich machen, dass sich die Angaben erst im Verlauf des Prozesses genauer darstellen lassen, und die Spanne aufzeigen, in der sich die Kostenermittlung derzeit noch bewegt. > Kap. Rahmenbedingungen und Ziele, Kosten

DIE ENTWURFSPHASE

Nachdem sich der Bauherr für die Umsetzung eines Konzeptes entschieden hat, geht es an die Durcharbeitung dieser Lösung. Bei der Betrachtung der gemeinsam erarbeiteten Ergebnisse aus der Konzeptphase sollten folgende Angaben als Basis für die weitere Ausarbeitung vorhanden sein:

— Ideeskizzen (Grundrisse, Ansichten, Schnitte, Perspektiven usw.)
— Funktionsschemata
— Raumzuordnungen
— Verteilung von Mengen und Flächen

■ **Tipp:** Da die Ermittlung der Kosten stark von der Kubatur und der Ausführungsqualität abhängig ist, beinhaltet die Darstellung der Kosten im frühen Stadium noch einen hohen Unsicherheitsfaktor. Durch eine vergleichende Kostenermittlung anhand von Bruttorauminhalt (BRI), Bruttogrundfläche (BGF) und Nutzfläche lässt sich das Kostenrisiko deutlich eingrenzen.

● **Beispiel:** Der Bruttorauminhalt (BRI) eines Gebäudes lässt sich zum einen auf einem quadratischen oder einem lang gestreckten rechteckigen Grundriss realisieren. Dabei wird die vergleichsweise teure Fassadenfläche jedoch einen deutlichen Unterschied im prozentualen Anteil am BRI aufweisen. Das Gebäude mit dem quadratischen Grundriss benötigt eine deutlich geringere Fassadenfläche, und dadurch entsteht ein wesentlich geringerer Kostenaufwand. Derartige Unterschiede sind bei der Verwendung von Kostenkennwerten zu berücksichtigen.

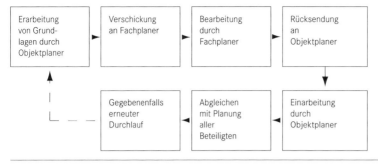

Abb. 17: Einbindung der Fachplaner

Mit Hilfe dieser Vorgaben gilt es nun, das gestalterische Prinzip zu vertiefen, konkrete Konstruktionen festzulegen, die notwendige Haustechnik zu integrieren und den Standard des Ausbaus abzustimmen.

Beispiel: Die Lage einer Sporthalle auf einem Grundstück ist im Rahmen der „Konzeptfindung" definiert worden. Die notwendige Ausdehnung des Gebäudes ergibt sich aus den Anforderungen an das Spielfeld und den notwendigen Nebenräumen. Die Beziehungen zwischen den einzelnen Räumen innerhalb der Halle wurden in der Konzeptphase sinnvoll geordnet. Der Architekt hat dem Bauherrn bereits anhand von Skizzen oder Ansichten erste Ideen zum äußeren Erscheinungsbild des Gebäudes präsentiert.

Mit welcher Tragkonstruktion die Halle überspannt werden soll, welche Heizung oder Lüftung eingebaut wird, wo und in welchen Außenwänden wie viele Öffnungen für die Belichtung vorgesehen sind und nicht zuletzt, mit welchen Materialien für Boden, Wand und Decke gebaut werden soll, ist jedoch noch nicht festgelegt worden.

Es besteht folglich sowohl mit dem Bauherrn als auch mit den Fachplanern erhöhter Gesprächsbedarf. Für diese Projektphase hat sich der Begriff „System- und Integrationsplanung" eingebürgert.

System- und Integrationsplanung

Verschiedene Systeme (Tragwerk, Heizung usw.) müssen diskutiert und koordiniert werden, da sie aufgrund vielfältiger Schnittstellen nicht gesondert betrachtet werden können. Werden zum Beispiel bei einem geschlossenen Träger über der Spielfeldebene die notwendigen Aussparungen für Lüftung, Beleuchtung und Installation nicht berücksichtigt, ist es schwierig, die notwendige Hallenhöhe wirtschaftlich auszubilden. Sieht der Gebäudetechniker zwar eine optimale Heizungsanlage vor, übersieht aber die vorgesehene großflächige Verglasung nach Süden, ist der Aufenthalt in den Sommermonaten vermutlich unerträglich. Daher ist es

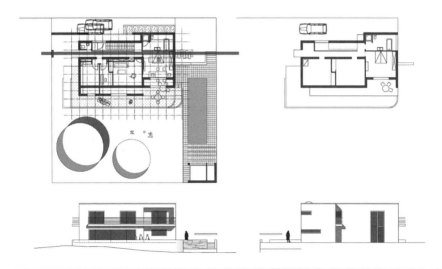

Abb. 18: Entwurfsplan

Aufgabe des Architekten, gemeinsam mit dem jeweiligen Fachplaner optimale Lösungen für die verschiedenen Systeme zu finden und die Abhängigkeiten der einzelnen Fachplanungen voneinander zu berücksichtigen, um die bestmögliche Lösung zu erzielen.

Entwurfspläne   Die Durcharbeitung des Vorentwurfes erfordert einen größeren Maßstab in der Plandarstellung. Üblicherweise werden in der folgenden Entwurfsphase alle Grundrisse, Ansichten und erforderliche Schnitte im Maßstab 1:100 dargestellt. Dabei geht es noch nicht darum, alle Gebäudeteile komplett zu vermaßen; vielmehr werden nur die wesentlichen Gebäudeaußenmaße, die relevanten Raummaße und gegebenenfalls die

○ Öffnungsmaße wiedergegeben.

Ein Plan in diesem Stadium stellt noch keinen Bauausführungsplan dar, sondern richtet sich an den Bauherrn, die Fachplaner und die Bau-

○ **Hinweis:** Genauere Informationen zu Plandarstellung und Vermaßung sind in *Basics Technisches Zeichnen* von Bert Bielefeld und Isabella Skiba, erschienen im Birkhäuser Verlag, Basel 2007, zu finden.

aufsichtsbehörden. Es ist in der Regel nicht sinnvoll, hier zu detailliert zu arbeiten, da sich im Rahmen der Entwurfsphase noch vielfältige Planänderungen im Austausch mit dem Bauherrn, den Fachplanern und Behörden ergeben werden und dies zu unnötigem Arbeitsaufwand führen würde.

In den Entwurfsgrundrissen werden die Raumnutzungen und die Raumflächen eingetragen. Je nach Örtlichkeit sind die umgebende Bebauung und die vorhandene Topografie mit darzustellen.

Die Freiheit der Darstellung während der Konzeptphase muss nun einer weitgehend vereinheitlichten Plandarstellung weichen, da die fertigen Entwurfspläne auch Grundlage für den anschließenden Bauantrag sind und die behördlichen Vorgaben eingehalten werden müssen. Die Länder haben jeweils eigene Richtlinien für die Art der Darstellung erlassen, auch wenn große Teile durch internationale Normen vorgegeben sind.

Anhand der Entwurfspläne muss sich nicht nur der Bauherr über die detaillierte Ausgestaltung seines Gebäudes informieren können, auch mit den Fachplanern tritt der Architekt in Planaustausch. Dafür ist es sinnvoll, die Schnittstellen zwischen den Planern und die Art des Datentransfers (z. B. DXF-, DWG- oder PDF-Formate mit festgelegter Ebenenstruktur) vorab zu klären, um den Informationsaustausch möglichst effizient und ohne unnötigen Umarbeitungsaufwand zu gestalten.

Im Rahmen der Entwurfsplanung sind die grundlegende Ausführungsqualität und der Ausbaustandard mit dem Bauherrn festzulegen. Als Grundlage für alle Planungsbeteiligten sollte eine detaillierte Objektbeschreibung erstellt und in den weiteren Planungsschritten fortgeschrieben werden, in der alle festgelegten Ausführungsqualitäten beschrieben sind. So kann der Architekt bei späteren Änderungswünschen auf die ursprünglich definierten Standards hinweisen und auf diese Weise zusätzliche Kosten begründen.

Exaktere Planungsgrundlagen und ausführliche Systemfestlegungen (Tragwerk, Gebäudetechnik usw.) erlauben nun eine detailliertere Kostenzusammenstellung. In dieser Planungsphase soll sich die Zusammenstellung der Baukosten nicht mehr nur an Bezugsflächen und Gebäudevolumen orientieren, > Kap. Rahmenbedingungen und Ziele, Kosten sondern einzelne Kostengruppen wie Wände, Decken, Dach, Heizungsanlage, Außenanlagen usw. detailliert aufgliedern. Dies bietet dem Bauherrn eine seriöse Entscheidungsgrundlage, ob das Bauvorhaben wie geplant durchgeführt werden und somit der jetzige Planungsstand als Bauantrag bei der Bauaufsichtsbehörde eingereicht werden kann.

Werden die Kosten so detailliert aufgeschlüsselt, dass sie sich den später beauftragten Bauunternehmen (Gewerken) zuordnen lassen, ermöglicht dies bei der Vergabe von Bauleistungen einen gezielten Kostenvergleich gegenüber der vorangegangenen Kostenschätzung und stellt somit eine wesentliche Voraussetzung für eine transparente Kostenverfolgung dar.

Plandarstellung

Planaustausch

Ausführungsqualität

Kostenberechnung

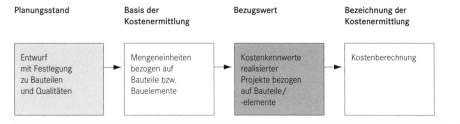

Planungsstand	Basis der Kostenermittlung	Bezugswert	Bezeichnung der Kostenermittlung
Entwurf mit Festlegung zu Bauteilen und Qualitäten	Mengeneinheiten bezogen auf Bauteile bzw. Bauelemente	Kostenkennwerte realisierter Projekte bezogen auf Bauteile/ -elemente	Kostenberechnung

Abb. 19: Kostenberechnung während der Entwurfsphase

Mit Ausarbeitung des Entwurfs muss der Architekt eine Planung fertigstellen, die die Grundlage für die Genehmigung und die Ausführungsplanung darstellt. Deshalb sind eventuell Verhandlungen mit den Behörden notwendig, um die Genehmigungsfähigkeit im Vorfeld zu klären. Dabei spielen die geltenden gesetzlichen Vorschriften und Normen eine große Rolle, die sich von Region zu Region deutlich unterscheiden können und auch in ihrer Gültigkeit von der unterzubringenden Funktion (Wohnen, Arbeiten, Versammlungsstätten usw.) bestimmt werden. Prinzipiell zu beachten sind Vorgaben hinsichtlich Brandschutz, Arbeitsschutz, Versammlungsstätten, Wohnungsbaunormen usw.

Diese Vorgaben stellen einen Schutz für Nutzer, Umwelt und die Gesellschaft insgesamt dar. Der Architekt hat den Bauherrn hinsichtlich der gesetzlichen Forderungen zu beraten und die Einhaltung der Vorgaben im Rahmen dieser Entwurfsphase zu gewährleisten.

DIE EINHOLUNG DER GENEHMIGUNGEN

Bauantrag

Nun muss die zuständige Baubehörde über die Genehmigungsfähigkeit des geplanten Projektes entscheiden. Die wesentlichen Grundlagen liegen auf Basis des erarbeiteten Entwurfs in Form von maßstäblichen Plänen vor. Allenfalls Ergänzungen hinsichtlich Maßketten, Raumbezeichnungen, Flächen- und Volumenangaben werden noch eingearbeitet. Der bereits in einem frühen Stadium hinzugezogene Vermesser fertigt einen Lageplan, insofern er nicht vom Architekten oder den Bauaufsichtsbehörden selbst erstellt wird. Der Architekt ist für die geordnete Zusammenstellung und Aufbereitung aller vorliegenden Pläne mit einheitlichem Plankopf und Unterschriftszeile für die Abzeichnung durch den Bauherrn verantwortlich. Diese Unterschrift auf den Plänen wird je nach Genehmigungsbehörde gefordert. Sie ist auch für das Vertragsverhältnis des Architekten zu seinem Bauherrn von Bedeutung, denn auf der Basis dieser Pläne werden die späteren Ausführungspläne erarbeitet.

Sollte es im Zuge der weiteren Ausarbeitung zu Änderungswünschen durch den Bauherrn kommen, wird der Architekt bei Bedarf auf die gemeinsam abgestimmten Entwurfs- oder Genehmigungspläne verweisen können. Nicht selten führen Änderungswünsche zu Mehrkosten oder Bauzeitverzögerungen, die sich durch die einmal definierte Planungsgrundlage nachvollziehbar dokumentieren lassen.

Neben den Planunterlagen ist noch eine Reihe von Formularen einzureichen, die der Behörde strukturiert Auskunft über den Bauherrn und die wesentlichen Planungsbeteiligten wie Architekt und Tragwerksplaner geben. Ferner wird das Bauvorhaben auch textlich beschrieben, der Objekttypus bezeichnet (Wohnbau, Schule usw.), und die Art der Nutzung, die geschätzten Baukosten, die Nutzflächen, der umbaute Raum sowie die Verwendung der wesentlichen Baumaterialien werden aufgelistet.

Formulare und Nachweise

Der Tragwerksplaner hat seine Befähigung nachzuweisen. Je nach Land muss auch die Einhaltung der Energieeinsparvorschriften bestätigt werden. Abhängig von Art und Größe des Bauvorhabens ist darüber hinaus ein Schallschutz- und Brandschutznachweis, ein Nachweis der geforderten Stellplatzanzahl sowie der anteiligen Grundstücksausnutzung notwendig. Im Rahmen der zu sichernden Erschließung bedarf es in der Regel noch eines zusätzlichen Entwässerungsgesuchs, das den Anschluss an die örtliche Kanalisation und die öffentlichen Versorgungsleitungen dokumentieren muss.

Die Behörde prüft die vorgelegten Pläne nur in Bezug auf die Bauvorschriften, nicht aber hinsichtlich möglicher konstruktiver oder funktionaler Mängel. Selbst eine Falschauskunft der Behörde hinsichtlich der korrekten Umsetzung aller geltenden Rechtsvorschriften entbindet den Architekten nicht von möglichen Haftungsansprüchen. Er ist daher gut beraten, sich mit allen relevanten Gesetzen und örtlich geltenden Bauvorschriften intensiv auseinanderzusetzen.

Sollte der Architekt Bedenken bezüglich der Genehmigungsfähigkeit der Bauherrenwünsche haben, hat er seinen Auftraggeber darauf hinzuweisen. Er wird gegebenenfalls die Einschaltung von erfahrenen Rechtsberatern empfehlen. Der Architekt sollte sich in strittigen Fragen nicht zu einer expliziten Rechtsberatung hinreißen lassen, gleichwohl obliegt ihm eine allgemeine Hinweis- und Beratungspflicht gegenüber seinem Auftraggeber.

Hinweis- und Beratungspflicht

Die Einreichung des gesamten Unterlagenpaketes ist im Regelfall Aufgabe des Architekten. Über die Form der geforderten Unterlagen gibt es je nach Land und Region unterschiedliche Vorgaben. Daher ist es sinnvoll, frühzeitig den Kontakt zu den Behörden zu suchen und die formalen Anforderungen abzuklären.

Einreichung der Unterlagen

■

Die Genehmigungsbehörde sendet nach erfolgter Prüfung eine schriftliche Baufreigabe direkt an den Bauherrn. In der Regel sind dabei detaillierte Auskünfte der einzelnen Ämter hinsichtlich der zu erfüllenden Standards beigefügt. Sollten die Unterlagen noch unvollständig sein, weil beispielsweise die Benennung des zuständigen Bauleiters oder der Befähigungsnachweis des Tragwerksplaners fehlt, können entsprechende Angaben nachgereicht werden.

Hinweise und Auflagen Der Genehmigungsbescheid enthält ebenfalls Hinweise und Auflagen für die Ausführung:

— Flucht- und Rettungswege
— Behindertengerechte Ausführung
— Arbeitsschutzrechtliche Belange
— Brandschutz
— Baumschutz
— Immissionsschutz

Die entsprechenden Auflagen sind grundsätzlich im Zuge der Realisierung umzusetzen, so auch der Hinweis in der Baugenehmigung, dass das Bauvorhaben nach Fertigstellung durch eine Begehung vor Ort von der Baubehörde abzunehmen ist. Bei der Begehung wird die Behörde auf der Grundlage des Bauantrages und der durch sie erteilten Auflagen die korrekte Umsetzung vor Ort überprüfen.

AUSFÜHRUNGSPLANUNG UND -QUALITÄTEN

Die bisherigen Bearbeitungsstufen des Projektes dienten dazu, die Vorstellungen des Bauherrn abzuklären und zu fixieren. Die auf diese Weise entstandenen, detaillierten Planunterlagen sind im Kontakt mit den Behörden auf ihre Genehmigungsfähigkeit und die Machbarkeit des Bauvorhabens geprüft worden.

■ **Tipp:** Bewährt hat sich auch das Kopieren der Unterlagen in ausreichender Zahl. Der Prüfvorgang wird in einer Behörde durchaus einige Zeit in Anspruch nehmen, insbesondere wenn die Unterlagen an verschiedene Ämter weiterzureichen sind (Feuerwehr, Verkehrsbehörde, Gewerbeaufsichtsamt usw.). Eine ausreichende Anzahl an Genehmigungsunterlagen und -plänen erlaubt die parallele Verteilung an alle beteiligten Ämter und beschleunigt entsprechend den Rücklauf.

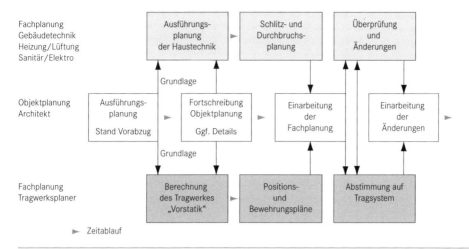

Abb. 20: Koordination der Planung

Bei der weiteren Bearbeitung der vorliegenden Pläne steht die Bau- Einbindung
ausführung im Mittelpunkt. Nun werden die beteiligten Fachplaner inten- der Fachplaner
siv eingebunden. Konkret muss der Architekt alle Fachplaner über den
Stand der Planung informieren und an sie die Auflagen der Baugenehmi-
gungsbehörde weiterleiten. Auf der Grundlage der Entwurfspläne kann
der Tragwerksplaner eine so genannte Vorstatik mit den wesentlichen
Dimensionen der tragenden Bauteile erarbeiten, sofern dies im Rahmen
der Entwurfsplanung nicht schon geschehen ist. Die Ingenieure für Ge-
bäude- und Elektrotechnik benötigen Informationen hinsichtlich des
Brandschutzes (Brandmeldeanlagen, Brandabschnitte) und Vorgaben
bezüglich der Entwässerung und des Anschlusses an die örtlichen Ver-
sorgungssysteme wie Wasser, Abwasser, Gas, Strom, Datenleitungen.

Es ist sinnvoll, regelmäßige Planerbesprechungen in einem gemein- Planungs-
sam festgelegten Rhythmus zu vereinbaren. Bewährt hat sich ein fixer besprechungen
Termin beim Architekten oder Bauherrn im wöchentlichen Turnus. Der
Architekt erstellt von den Besprechungen Protokolle oder Aktennotizen,
die die gemeinsam getroffenen Festlegungen beinhalten. Der Inhalt
eines Protokolls kann sich wie folgt gliedern:

– Projekttitel   Struktur eines
– Protokollnummerierung (fortlaufend)   Protokolls
– Termin und Ort der Besprechung

- Teilnehmer (zu Beginn mit einer Teilnehmerliste, in der sich jeder Teilnehmer einträgt und Kontaktdaten wie Telefonnummer und E-Mail-Adresse angibt)
- Verteilerliste (alle anwesenden Teilnehmer und zusätzlich zu informierende Personen)
- Protokollinhalt, wobei sich folgender tabellarischer Aufbau bewährt hat:
  1. Spalte: Fortlaufende Nummerierung der Tagesordnungspunkte (TOPs)
  2. Spalte: Überschrift mit TOP-Thema und anschließendem Inhalt
  3. Spalte: Zuständigkeit (wer hat welche Aufgaben zu bearbeiten)
  4. Spalte: Terminvorgabe zur Erledigung der Aufgabe
- Als letzter obligatorischer Besprechungspunkt sollte der Hinweis auf den nächsten Besprechungstermin, Besprechungsort und die erforderlichen Teilnehmer nicht fehlen. Bereits bekannte Besprechungsthemen sind ebenfalls zu benennen, damit die Teilnehmer entsprechend vorbereitet in die nächste Sitzung gehen können.
- Unter dem Protokoll folgt noch die Unterzeichnung des Protokollführers mit Datum und die Auflistung eventuell beigefügter Anlagen (Terminpläne, Planunterlagen usw.).

Über die Ausgestaltung eines Protokolls gibt es selbstverständlich unterschiedliche Ansichten. Ziel ist es, den Inhalt der Besprechung kurz und prägnant wiederzugeben, klare Zuständigkeiten und unmissverständliche Termine zu benennen und eine Grundlage für die weiteren Besprechungen und die Nachverfolgung von getroffenen Entscheidungen zu erstellen.

Beteiligung des Bauherrn

Die Beteiligung des Bauherrn an den Besprechungen sowie die Weiterleitung aller Protokolle und des wesentlichen Schriftverkehrs zwischen den Planern an den Auftraggeber ist auch in dieser Phase sinnvoll. Der Bauherr hat hinsichtlich der detaillierten Umsetzung eine Vielzahl von Entscheidungen zu treffen, für die ihm die Planer entsprechende Entscheidungsvorlagen liefern und ihn hinsichtlich der Konsequenzen für Kosten, Termine und Ausführungsqualitäten beraten müssen.

Koordination

Eine konstruktive Zusammenarbeit und eine gute Koordinierung der einzelnen Fachplaner ist eine wichtige Voraussetzung für einen reibungslosen Ablauf auf der Baustelle. Diese Art von Besprechungen werden bis in die Bauphase hinein stattfinden, wobei dann zu den Planungsbesprechungen die Baustellenbesprechungen hinzukommen.

Planungsablauf

Es ist daher sinnvoll, im Rahmen der Terminplanung einen Planungsablauf mit allen Fachplanern abzustimmen. Der Tragwerksplaner, der Elektroingenieur und der Ingenieur für die Gebäudetechnik nehmen die Architektenpläne als Grundlage für ihre eigenen Planungen. Ihre Planungsleistungen werden dann wiederum in die Werkpläne des Architekten integriert. Jeder ist daher vom anderen teilweise abhängig und benötigt für die korrekte Ausarbeitung seiner Teilleistung auch eine gewisse Zeit.

In Zusammenarbeit mit dem Tragwerksplaner legt der Architekt die Abmessungen und Details für die tragenden Bauelemente fest. Konstruktionsvarianten werden hinsichtlich der Wirtschaftlichkeit untersucht. Der Gebäudetechniker plant die Heizungsanlage, notwendige Kühlungs- und Lüftungssysteme, erforderliche sanitäre Anlagen und eventuell alternative Energieträger. Der Elektroingenieur definiert den Standard für die Stromversorgung, die notwendige Datenverkabelung und das Beleuchtungskonzept. Sollten weitere Fachplaner beteiligt sein, wie beispielsweise ein Akustiker, Landschafts- oder Innenarchitekt, werden auch diese den Bauherrn um Angaben für die Art der gewünschten Ausführung bitten. Nicht zuletzt hat der Architekt selbst eine Fülle an Entscheidungen hinsichtlich Materialien, Farben und Formen für alle Bauteile zu treffen.

Leistungen der Fachplaner

Am Beispiel der Bodenaufbauhöhe soll das Ineinandergreifen der einzelnen Disziplinen und die Notwendigkeit möglichst frühzeitiger Abstimmung verdeutlicht werden:

Abstimmung der Fachplaner

Schon im Stadium des Entwurfs hat der Bauherr eine gewünschte Raumhöhe benannt. Aufgrund der örtlichen Gegebenheiten und der maximal zulässigen Gebäudehöhe wurde im Rahmen der Genehmigungsplanung die Geschoss- oder Konstruktionshöhe bereits definiert. Nun möchte der Bauherr eine Strom- und Datenversorgung über Bodenkanäle mit Bodenauslassdosen umsetzen. Gleichzeitig sieht das Konzept des zuständigen Heizungsingenieurs eine Fußbodenheizung vor. Die ursprünglich geplante Raumhöhe wird nun kaum mehr realisierbar sein, da die Integration der Installationskanäle und der Fußbodenheizung in den Bodenaufbau die Konstruktionshöhe des Bodens deutlich steigert.

An diesem Beispiel erkennt man, dass unterschiedliche Ansprüche formuliert werden können, die im Rahmen der Vorgaben voraussichtlich nicht erfüllt werden können. Durch frühzeitige Einbindung der Planer,

Informationsfluss

> ○ **Hinweis:** Die Trennung zwischen Planer- und Baustellenbesprechungen ist nachdrücklich zu empfehlen. Es führt zu keinen guten Ergebnissen, wenn in Gegenwart der ausführenden Handwerker über Planungsdetails gerungen wird, die zwischen den Planern schon längst abgestimmt sein könnten.

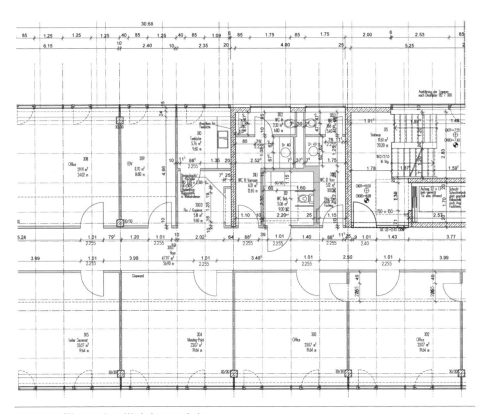

Abb. 21: Ausführungs- bzw. Werkplanausschnitt

deren Kommunikation untereinander und einen lückenlosen Informationsfluss lassen sich zumeist Lösungen für die auftretenden Probleme finden. Je früher und je gründlicher geplant wird, desto weniger störungsanfällig ist der weitere Planungs- und Bauablauf. Kostensteigerungen und Bauzeitverlängerungen gründen oft auf oberflächlicher und ungenauer Planung.

Werkpläne · Die zeichnerische Darstellung des Objektes wird nun in der Regel im Maßstab 1:50 oder kleiner erfolgen. Diese so genannten „Werkpläne" für alle Gewerke werden durch die erforderlichen Details im geeigneten Maßstab ergänzt. > Abb. 21

Datenaustausch · Da heute fast ausschließlich mit CAD-Systemen gezeichnet wird, erfolgt der Datenaustausch in der Regel in digitaler Form. Dabei haben sich Standards für die am Markt gängigen Datenaustauschformate etabliert. Für die Weiterbearbeitung durch einen Planungspartner sind korrekte Vektordaten notwendig (z. B. DWG-, DXF-Dateiformate). Da mit sehr unterschiedlichen CAD-Systemen in den verschiedenen Branchen gearbeitet wird (Architektur, Statik, Gebäudetechnik, Vermessung), geben diese Daten zwar die exakten Abmessungen eines Gebäudes wieder, erscheinen in der Darstellung jedoch oft recht unterschiedlich. Daher ist es von Vorteil, neben dem Austausch der Vektordaten auch gedruckte Planunterlagen zu versenden oder so genannte Pixel-Dateien (TIFF, JPG, PDF) beizufügen.

Bei den Planinhalten sind die nachfolgende Fertigung und Bauausführung zu beachten. Eine klare Gliederung in Grundrisse, Ansichten und alle erforderlichen Schnitte wird vorausgesetzt. Die schlüssige Darstellung der Details und die Durchnummerierung aller Planunterlagen erfordert die Strukturierung des Planwerks auch hinsichtlich der ausführenden Gewerke. Planinhalt

■ ●

DIE AUSSCHREIBUNG

Nach Vorliegen der Genehmigung und Erstellung der Werkplanung hat der Architekt die Unterlagen für die Einholung von Angeboten zur Ausführung der Bauleistungen zu erstellen. Was bisher in den Plänen zeichnerisch dargestellt ist, muss nun klar gegliedert in Textbausteine gefasst werden. Ausschreibungsunterlagen

Damit der ausführende Handwerker ein marktgerechtes Angebot abgeben kann, benötigt er umfassende Informationen über die geforderte Leistung. Diese Angaben werden ihm in Form der Ausschreibungsunterlagen zur Verfügung gestellt. Darin enthalten sind allgemeine Angaben zum Bauvorhaben, Vertragsbedingungen, technische Anforderungen, die eigentliche Leistungsbeschreibung und erläuternde Planunterlagen.

Mit der Beschreibung der Leistung geht die Festlegung von Ausführungsqualitäten und -standards einher. Der Planer muss bei der Qualitäten / Kosten / Termine

---

■ **Tipp:** Es ist nicht notwendig, Teilabschnitte eines Gebäudes, die mit Hilfe einer Zeichnung abgedeckt werden können, mehrfach und separat für jedes Gewerk detailliert darzustellen. Ein Detailschnitt durch eine Attika oder einen Dachrand zum Beispiel kann für den Rohbauer, den Zimmermann, Dachdecker und den Klempner notwendige Informationen enthalten. Der Rohbauer ersieht die Stärke und den Abschluss der Attikaaufkantung. Der Zimmermann erkennt die Lage und Dimensionierung der Pfetten, der Dachdecker die Ausbildung des Dachüberstandes und der Klempner die gewünschte Ausführung der geforderten Verwahrungen, Bleche oder Rinnenführungen.

● **Beispiel:** Für manche Gewerke, zum Beispiel im Fassadenbau, ist eine komplette Detailserie für die verschiedenen Detailpunkte erforderlich. Eine klare Gliederung hinsichtlich unterer, oberer und seitlicher Fassadenanschlüsse, eventuell noch klar unterschieden zwischen vertikalen und horizontalen Anschlüssen, fortlaufend nummeriert, bildet eine gute Grundlage zur Ausschreibung und späteren Ausführung dieser Leistung.

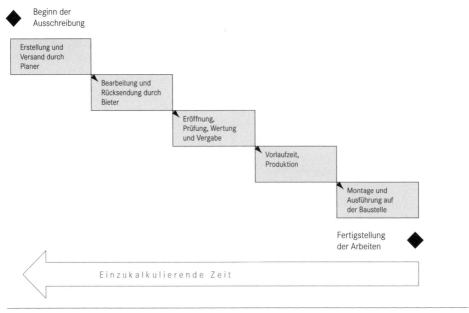

Beginn der
Ausschreibung

Erstellung und
Versand durch
Planer

Bearbeitung und
Rücksendung durch
Bieter

Eröffnung,
Prüfung, Wertung
und Vergabe

Vorlaufzeit,
Produktion

Montage und
Ausführung auf
der Baustelle

Fertigstellung
der Arbeiten

Einzukalkulierende Zeit

Abb. 22: Zeitplanung einer Ausschreibung

Beschreibung der Leistung das zur Verfügung stehende Budget beachten. Mit der Vergabe der Leistungen erhält der Bauherr eine erste Gegenrechnung der tatsächlichen Marktpreise im Vergleich zu den vom Architekten ermittelten Kosten.

Bei Planung und Erstellung der Ausschreibungsunterlagen sind die Terminvorgaben des Bauherrn in zweierlei Hinsicht von Bedeutung. Zum einen hat der Architekt die Ausschreibungsunterlagen so rechtzeitig auszuarbeiten, dass fristgerecht die Leistung an ein Unternehmen vergeben werden kann und die Arbeiten entsprechend den Terminvorgaben beginnen können. > Kap. Die Durchführung der Vergabe Zum anderen enthalten die

■ **Tipp:** Detaillierte Informationen zur Vergabe sind in *Basics Ausschreibung*, S. 221 ff. zu finden.

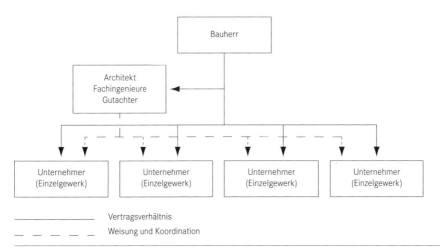

| Bauherr |
| Architekt Fachingenieure Gutachter |
| Unternehmer (Einzelgewerk) | Unternehmer (Einzelgewerk) | Unternehmer (Einzelgewerk) | Unternehmer (Einzelgewerk) |

——————— Vertragsverhältnis
— — — — — Weisung und Koordination

Abb. 23: Fachlosvergabe

Ausschreibungsunterlagen Terminvorgaben für den Unternehmer zur Erbringung der Leistung, die bei Beauftragung Vertragsbestandteil werden. ■

Im Rahmen der Terminüberwachung hat der Architekt die Ausschreibungen so vorausschauend zu erstellen und zu versenden, dass die Gewerke und Auftragnehmer rechtzeitig für den geplanten Bauablauf zur Verfügung stehen. Dabei ist ein ausreichender Zeitraum für die Formulierung der Leistungsbeschreibung vorzusehen. Die Vorgaben des Bauherrn sind zu berücksichtigen und eventuelle Schnittstellen zu Leistungen anderer Fachplaner zu definieren. Bei anspruchsvollen Gewerken ist eine Abstimmung mit Fachfirmen und Beratern sinnvoll. Dabei können so gewonnene Erkenntnisse auch Auswirkungen auf die Ausführungsplanung oder die Ausarbeitung von zusätzlichen Details haben.

Zeitplan der Ausschreibung

Bei der Erstellung der Ausschreibungen richtet sich der Planer nach der zeitlichen Abfolge auf der Baustelle. Bei dieser baubegleitenden Ausschreibung können die einzelnen Leistungspakete oder Vergabeeinheiten zeitlich zusammengefasst werden, um den organisatorischen und redaktionellen Aufwand zu begrenzen. Alternativ zur Ausschreibung nach einzelnen Vergabeeinheiten kann die Leistung auch komplett ausgeschrieben und gebündelt an einen einzelnen Unternehmer vergeben werden. > Kap. Die Projektbeteiligten

Bei der baubegleitenden Ausschreibung kann die Leistung Zug um Zug erbracht werden. Die Planungs- und Ausschreibungsleistung bei der

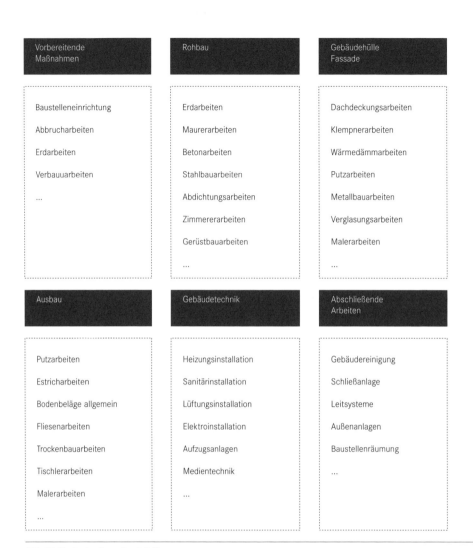

Vorbereitende Maßnahmen	Rohbau	Gebäudehülle Fassade
Baustelleneinrichtung	Erdarbeiten	Dachdeckungsarbeiten
Abbrucharbeiten	Maurerarbeiten	Klempnerarbeiten
Erdarbeiten	Betonarbeiten	Wärmedämmarbeiten
Verbauuarbeiten	Stahlbauarbeiten	Putzarbeiten
...	Abdichtungsarbeiten	Metallbauarbeiten
	Zimmererarbeiten	Verglasungsarbeiten
	Gerüstbauarbeiten	Malerarbeiten
	...	...

Ausbau	Gebäudetechnik	Abschließende Arbeiten
Putzarbeiten	Heizungsinstallation	Gebäudereinigung
Estricharbeiten	Sanitärinstallation	Schließanlage
Bodenbeläge allgemein	Lüftungsinstallation	Leitsysteme
Fliesenarbeiten	Elektroinstallation	Außenanlagen
Trockenbauarbeiten	Aufzugsanlagen	Baustellenräumung
Tischlerarbeiten	Medientechnik	...
Malerarbeiten	...	
...		

Abb. 24: Typische Gewerkeeinteilung

Komplettvergabe ist hingegen vollständig vor Baubeginn zu erbringen, was einen längeren Planungszeitraum vor Baubeginn bedingt. > Abb. 23

Ausschreibung nach Gewerken (Fachlosen) Ein Gewerk ist ein Leistungsumfang, der im Allgemeinen einem handwerklichen und bautechnischen Fachbetrieb zugeordnet werden kann. Die klassische Art der Vergabe von Bauleistungen sind einzelne Ausschreibungen nach Gewerken – man spricht bei dem Leistungsumfang eines Vertrages von einer Vergabeeinheit. Es besteht je nach

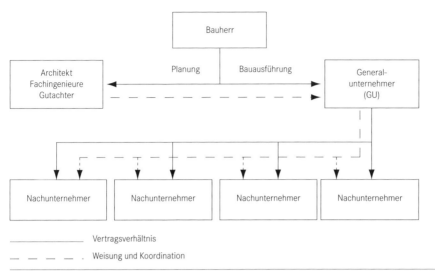

Bauherr

Architekt
Fachingenieure
Gutachter

Planung   Bauausführung

General-
unternehmer
(GU)

Nachunternehmer   Nachunternehmer   Nachunternehmer   Nachunternehmer

_____ Vertragsverhältnis
— — — — . Weisung und Koordination

Abb. 25: Generalunternehmervergabe

Situation und Anforderung die Möglichkeit, mehrere Gewerke zu einer Vergabeeinheit zusammenzufassen (Paketvergabe) oder ein Gewerk in kleinere Vergabeeinheiten zu unterteilen (Teillose).

Ist eine Leistung sehr umfangreich oder gibt es andere Gründe wie Risikoverteilung oder die Einbindung mehrerer Firmen aus Kapazitätsgründen (mehrere Bauabschnitte, paralleles Arbeiten), so kann ein Gewerk in Teillosen vergeben werden. Als Teillos wird die Aufsplittung des Gewerkes in mehrere Abschnitte bezeichnet, die jedoch ähnliche oder gleiche handwerkliche Leistungen erfordern. > Abb. 25

Ausschreibung nach Teillosen

Die Gesamtleistung aller Fachlose kann auch an nur einen Unternehmcr (Generalunternehmer, GU) vergeben werden. Der Vorteil liegt darin, dass der Auftraggeber nur einen Ansprechpartner und nur einen Vertragspartner zur Ausführung der Leistung hat. Die Koordinierung der einzelnen Leistungen obliegt dem Generalunternehmer. In der Regel wird mit einem Generalunternehmer ein fester Preis und ein Fertigstellungstermin vertraglich vereinbart. > Kap. Die Projektbeteiligten, Vertragsstrukturen

Generalunternehmervergabe

Die Ausschreibung der Bauleistungen kann grundsätzlich auf zwei prinzipiell unterschiedliche Arten erfolgen. > Abb. 26

Arten der Ausschreibung

Abb. 26: Merkmale der Leistungsbeschreibungsarten

Die detaillierte Ausschreibung (Leistungsverzeichnis)

Die detaillierte Ausschreibung nach einzelnen Gewerken erfordert eine abgeschlossene und durchstrukturierte Werk- und Detailplanung. Auf dieser Grundlage werden, nach definierten Vergabeeinheiten getrennt, einzelne Ausschreibungen erstellt. Sowohl das Ergebnis als auch die Vorgehensweise bei der Umsetzung der Leistung werden detailliert vorgegeben. Der Unternehmer hat mit der Ausschreibung ein ausführlich beschriebenes Leistungsverzeichnis mit Angabe von Mengen, Materialien und Bauverfahren vorliegen. Der Planer muss die geforderte Leistung vollständig und eindeutig beschreiben, damit jeder Bieter die gleichen Voraussetzungen zur Angebotskalkulation hat. Die Gliederungssystematik eines Leistungsverzeichnisses umfasst folgende Bausteine:

- Titel
- Untertitel
- Leistungsposition > Abb. 27

Gliederungsebene: Titel

Die eigentliche Leistungsbeschreibung gliedert sich in Titel, die eine Teilleistung in sinnvolle Zusammenhänge unterteilen. Durch diese fachliche oder räumliche Bündelung von Teilleistungen wird das Leistungsverzeichnis strukturiert, Preisermittlung und -prüfung werden erleichtert (Beispiel: Aufteilung der Vergabeeinheit „Dach" in Titel „Unterkonstruktion", Titel „Dachhaut" und Titel „Entwässerung").

Gliederungsebene: Untertitel

Durch Untertitel können die Titel weiter untergliedert werden. Insbesondere bei großen Bauvorhaben oder umfangreichen Gewerken kann

58

Detaillierte Leistungsbeschreibung
Gewerk: Malerarbeiten – innen

Titel: 03 Malerarbeiten – Wandflächen

Pos.-Nr.	Kurztext		
	Langtext	Einheitspreis	Gesamtpreis
	Menge – Einheit	(EP)	(GP)
03	Wandflächen		
03.10	Wandanstrich		
	Untergrund auf Eignung, Trag- und Haftfähigkeit prüfen. Flächen säubern. Grundanstrich der saugfähigen Flächen. Zwischen- und Schlussanstrich. Glanzgrad: Stumpfmatt Farbton: Altweiß		
	Fabrikat: .... (Angabe durch Bieter)		
	350 m²	_____	_____

Abb. 27: Beispiel einer Leistungsposition

eine solche Untergliederung zur Differenzierung der Leistung (z. B. nach Bauabschnitten oder Bauteilen) sinnvoll sein.

Die kleinste Teileinheit eines Leistungsverzeichnisses stellt die Leistungsposition dar, die die zu erbringende Leistung beschreibt. Dabei wird zwischen Kurz- und Langtext unterschieden.

Gliederungsebene: Leistungspositionen

Kurztext wird die Überschrift einer Leistungsposition genannt. Unter den Überschriften folgt ein Langtext, der die geforderte Leistung umfassend und allgemein verständlich beschreibt, wobei standardisierte Textvorlagen verwendet werden können, aber auch frei formuliert werden kann. Anschließend wird noch die verlangte „Menge" und die „Mengeneinheit" beziffert, z. B. 25 m^3.

Langtext/ Kurztext

Um korrekte Angaben über den Umfang der Leistungen, bezogen auf jede Leistungsposition, machen zu können, hat der Architekt anhand der vorliegenden Werkplanung die notwendigen Mengen und Massen (m, m^2, m^3, Stück usw.) zu ermitteln.

Funktionale Leistungsbeschreibung (Leistungsprogramm)

Die funktionale Ausschreibung ist allgemeiner gehalten und beschreibt lediglich das gewünschte Ergebnis des Gesamtbauvorhabens. Sie legt den Fertigstellungstermin fest, überlässt jedoch das zum Ziel führende Bauverfahren weitestgehend dem Auftragnehmer. Da im Wesentlichen nur die gewünschten Ziele beschrieben werden und ein Teil der Planungsleistung auf den Auftragnehmer übergeht, kann die Vergabe der ausgeschriebenen Leistung zu einem früheren Zeitpunkt im Planungsprozess erfolgen. Der Einfluss des Auftraggebers und Architekten auf die Umsetzung und Detailausbildung ist jedoch deutlich geringer als bei der detaillierten Ausschreibung, was sich nachteilig auf die gestalterische Qualität auswirken kann.

Bei dieser Art der Ausschreibung ist zwischen der Leistungsbeschreibung ohne und mit Entwurf zu unterscheiden.

Die Leistungsbeschreibung ohne Entwurf gibt auf der Basis eines Bau- oder Raumprogramms die Anforderungen an den Bau wieder. Dabei wird auf einen Ideenwettbewerb bei der Angebotsausarbeitung durch den Unternehmer gezielt.

Bei Vorliegen eines Entwurfes werden die Vorgaben zum Bau- und Raumprogramm durch konkrete Vorstellungen bezüglich der Gestaltung und Anordnung ergänzt. Der funktionale Charakter der Ausschreibung bleibt aber gewahrt, da die Art der bautechnischen Umsetzung weitestgehend dem Unternehmer überlassen bleibt.

Bei der Ausschreibung nach Leistungsprogramm übernimmt der anbietende Bauunternehmer, anders als nach Leistungsverzeichnis, das Mengenrisiko, da er Materialien, Bauverfahren und Mengen selbst ermitteln und in einen Angebotspreis einrechnen muss.

Aufbau einer Ausschreibung

Der Aufbau einer Ausschreibung ist sowohl bei detaillierten als auch funktionalen Leistungsbeschreibungen prinzipiell gleich und stellt sich wie folgt dar: > Abb. 28

— Textelemente
  — Allgemeine Informationen zum Projekt
  — Vertragsbedingungen
  — Technische Anforderungen
  — Angaben zu den Bedingungen auf der Baustelle
  — Leistungsbeschreibung (detailliert oder funktional)
— Zeichnungselemente
  — Lageplan/Baustelleneinrichtungsplan
  — Grundrisse/Ansichten/Schnitte
  — Detailpläne nach Bedarf
— Sonstige Beschreibungselemente
  — Bilddokumentation

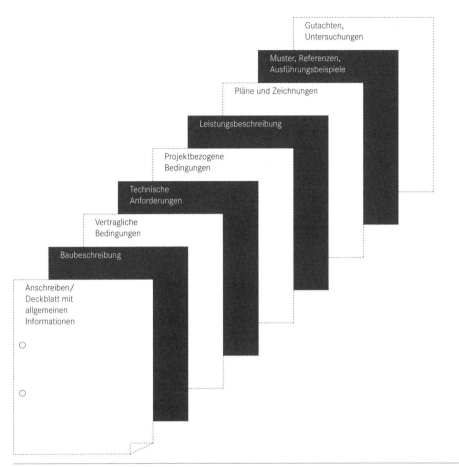

Abb. 28: Die Bestandteile einer Ausschreibung

— Muster
— Referenzen/Ausführungsbeispiele
— Gutachten/Untersuchungen

Auf dem Deckblatt werden die allgemeinen Angaben sowie die Ver- Allgemeine gabemodalitäten (Abgabetermin, Ausführungstermine, Art des Vergabe- Informationen zum verfahrens usw.) aufgeführt. Ferner werden der Bauherr und die wesent- Projekt lichen Planungsbeteiligten genannt. Eine kurze, allgemein gehaltene Darstellung des Bauvorhabens sollte ebenfalls an den Anfang gestellt werden.

Im Auftragsfall wird das Angebot des Bieters auf Basis der Ausschrei-bung Vertragsgrundlage. Daher sind Regelungen, die die vertraglichen Modalitäten festlegen, Teil der Ausschreibung. Es wird zwischen allgemeinen und speziellen Vertragsbedingungen unterschieden. Allgemeine Vertragsbedingungen basieren auf nationalen und internationalen Standards und enthalten unter anderem folgende Angaben:

— Art und Umfang der Leistung
— Vergütung
— Fristen zur Ausführung
— Kündigung
— Haftung
— Abnahmen
— Gewährleistung
— Abrechnung
— Zahlungen

Spezielle Vertragsbedingungen sind projektbezogen. Sie ergänzen die allgemeinen Vertragsbedingungen und enthalten folgende Angaben:

— Rechnungsstellung
— Zahlungsmodalitäten
— Regelungen zu Nachunternehmerleistungen
— Preisnachlässe

Unter allgemeinen und speziellen technischen Anforderungen versteht man Normen im Sinne der allgemein anerkannten Regeln der Technik sowie projektbezogene, zusätzliche oder höhere Anforderungen an die Qualität der Ausführung.

Die Beschreibung der Situation auf der Baustelle ist für den Unternehmer in Ergänzung zum Baustelleneinrichtungsplan eine wichtige Information zur Kalkulation seines Angebotes. Folgende Angaben sind sinnvoll:

— Lage / Adresse
— Zufahrtsmöglichkeiten
— Lagermöglichkeiten
— Gerüste / Krane
— Bauwasser / Baustrom
— Sanitäreinrichtungen

Die Leistungsbeschreibung ist der Kern der Ausschreibungsunterlagen. > siehe oben

Die beigelegten Zeichnungen und Skizzen sollen dem Bieter helfen, die abgefragte Leistung umfassend zu verstehen. Grundsätzlich können die Planunterlagen als Verkleinerungen beigelegt werden. Um die Kalkulation und Mengenprüfung anhand der Pläne zu erleichtern, ist eine maßstabsgetreue Darstellung jedoch dringend anzuraten.

Die der Ausschreibung beigefügten Beschreibungselemente Muster, Fotos usw. sollen die im Textteil und in den Plänen dargestellten Leistungen bei Bedarf ergänzen.

Sonstige Beschreibungselemente

Welche Art der Ausschreibung auch immer durch den Bauherrn und Architekten gewählt wird: es sind stets vertiefte Kenntnisse der einzelnen Gewerke und Handwerksleistungen notwendig. Der Architekt wechselt in dieser Phase vom Gestalter und Entwurfsarchitekt zum versierten „Bautechniker". Die Ausschreibung stellt die Schnittstelle und das Verbindungsstück zwischen Planung und Ausführung dar. Die Umsetzung qualitätsvoller Gestaltung gelingt nur mit einer gewissenhaft erbrachten Ausschreibungsleistung.

DIE DURCHFÜHRUNG DER VERGABE

Nachdem der Architekt die erforderlichen Unterlagen zusammengestellt hat, um Angebote für die Ausführung des Bauvorhabens einholen zu können, sind nun geeignete Firmen und Handwerker zu finden, die in der Lage sind, das Bauvorhaben nach den Vorstellungen des Bauherrn und Architekten auszuführen.

Geeignete Firmen sind solche, die zum einen die notwendige Fachkenntnis und Zuverlässigkeit für die gestellten Aufgaben aufweisen, aber zum anderen auch über ausreichende Personal- und Maschinenkapazitäten zum verlangten Ausführungszeitpunkt verfügen sowie die Leistung im Rahmen der zuvor veranschlagten Kosten erbringen können.

Diese Auftragnehmer, Handwerker oder Baufirmen lassen sich auf verschiedene Weise ermitteln. Bei kleineren, privaten Bauvorhaben kann der Architekt dem Bauherrn Handwerker vorschlagen, mit denen er schon des Öfteren zusammengearbeitet und gute Erfahrungen gemacht hat, sodass ein zufriedenstellendes Ergebnis erwartet werden kann.

Bei größeren Bauvorhaben und insbesondere bei Bauten für die Öffentliche Hand (Staat, Länder, Kommunen) ist der Architekt verpflichtet, auf der Grundlage verschiedener Verfahrensmodelle Angebote für die ausgeschriebene Leistung einzuholen. > Abb. 29

Offenes Verfahren Bei öffentlichen Auftraggebern hat eine Angebotseinholung anhand einer öffentlichen Ausschreibung zu erfolgen. Die Bieter werden durch

Abb. 29: Öffentliche Vergabearten in der Europäischen Union

64

Bekanntmachung in der Presse über die Ausschreibung informiert und fordern die Vergabeunterlagen gegen Entrichtung einer Gebühr beim Bauherrn oder Architekten an. Bei diesem offenen Verfahren soll im uneingeschränkten Wettbewerb das wirtschaftlichste Angebot ermittelt werden. Grundprinzip dieser Vergabeart ist die öffentliche Aufforderung zur Abgabe eines Angebotes und keine Beschränkung der Teilnehmerzahl.

Das nicht offene Verfahren oder die beschränkte Ausschreibung darf bei öffentlichen Auftraggebern nur in begründeten Ausnahmen angewandt werden. Dabei wird eine begrenzte Anzahl von Unternehmern direkt zu Angebotsabgabe aufgefordert. Wichtig ist, vor Zusendung der Vergabeunterlagen bei den ausgewählten Firmen die grundsätzliche Bereitschaft zur Angebotsabgabe abzufragen, ansonsten besteht die Gefahr, zum Eröffnungstermin kein Angebot vorliegen zu haben. Im Unterschied zur öffentlichen Ausschreibung ist nach erfolgter Eröffnung der Angebote eine Prüfung hinsichtlich der fachlichen Kompetenz eines Bieters nicht mehr statthaft. Durch die Auswahl der anzufragenden Bieter bestätigt der Architekt dem Bauherrn zwangsläufig schon Know-how, wirtschaftliche und technische Leistungsfähigkeit sowie die Zuverlässigkeit der potenziellen Auftragnehmer.

Die ausgewählten Bieter erhalten die Unterlagen im Gegensatz zur öffentlichen Ausschreibung ohne Gebühr direkt zugesandt. Die Eröffnung der Angebote ist bei beiden Verfahren identisch.

Das Verhandlungsverfahren oder die freihändige Vergabe bedarf bei Bauvorhaben der öffentlichen Hand einer besonderen Begründung. Der geforderte Wettbewerb wird bei dieser Vorgehensweise noch weiter eingeschränkt, da hier der Auftraggeber direkt in Verhandlung mit einem Bieter tritt. > Abb. 30

Nicht offenes Verfahren

Verhandlungs-verfahren

○

○ **Hinweis:** Der private Bauherr ist selbstverständlich nicht an eines der beschriebenen Verfahren gebunden und wird sich daher eher an das nicht offene Verfahren bzw. das Verhandlungsverfahren zur Vergabe von Bauleistungen halten. Zumindest die Einholung von mehreren Angeboten ist jedoch dringend anzuraten, um einen marktgerechten Preis zu erzielen. Die Angebotspreise können beträchtliche Unterschiede aufweisen. Zudem wird ein Bieter im Wissen um Mitbewerber in der Regel ein kostengünstigeres Angebot unterbreiten.

Abb. 30: Ablauf der Vergabe

Eröffnungstermin /
Submission

Bei Vergabeverfahren für die Öffentliche Hand ist ein verbindlicher Eröffnungstermin benannt, bis zu dem die Angebote eingegangen sein müssen. Zum entsprechenden Zeitpunkt werden die Angebote im Beisein der Bieter geöffnet. Aufgrund der notwendigen Transparenz und Chancengleichheit können verspätet abgelieferte Angebote nicht mehr berücksichtigt werden.

Rechnerische und
fachtechnische
Prüfung

Nachdem die Angebote geöffnet sind, hat der Architekt sie eingehend zu prüfen und zu bewerten. Die formale Prüfung stellt fest, ob sie korrekt unterzeichnet sind und keine Streichungen oder Ergänzungen an den Vergabeunterlagen vorgenommen worden sind. Dies ist entscheidend für die Vergleichbarkeit der Angebote untereinander. Ansonsten könnte sich ein Bieter gegenüber einem Konkurrenten, der sich korrekt an die Vorgaben gehalten hat, einen unlauteren Vorteil verschaffen.

○ **Hinweis:** Der Einheitspreis ist die Kostenangabe des Bieters, bezogen auf eine Mengeneinheit einer Leistungsposition. Er bildet die Grundlage für die spätere Abrechnung der tatsächlich erbrachten Leistung. Der Gesamtpreis ergibt sich aus der Multiplikation des Einheitspreises mit dem Mengenansatz bzw. der tatsächlich abgerechneten Menge. Aus der Summe aller Gesamtpreise ergibt sich die Nettoangebotssumme.

Ausschreibung Malerarbeiten
Beschränkte Ausschreibung

Preisspiegel

LV-Pos.	Kurztext	Menge/Einheit	Bieter A	Bieter B	Bieter C
1.10	Reinigen	50 m²	3,50 EUR	4,00 EUR	4,20 EUR
			175,00 EUR	200,00 EUR	225,00 EUR
1.20	Voranstrich	50 m²	2,50 EUR	2,40 EUR	2,90 EUR
			125,00 EUR	120,00 EUR	145,00 EUR
1.30	Wandanstrich	100 m²	4,50 EUR	5,00 EUR	6,20 EUR
			450,00 EUR	500,00 EUR	620,00 EUR
1.40	Zulage Farbe	100 m²	0,50 EUR	0,80 EUR	1,20 EUR
			50,00 EUR	80,00 EUR	120,00 EUR
⋮	⋮		⋮	⋮	⋮
Summe	Titel 1	netto	850,50 EUR	915,00 EUR	1280,20 EUR
	Titel 2	netto	1320,00 EUR	1280,50 EUR	1450,90 EUR
	Titel 3	netto	720,00 EUR	835,00 EUR	830,50 EUR
⋮			⋮	⋮	⋮
Summe		netto	4.850,50 EUR	5.210,50 EUR	6.160,30 EUR
		brutto	5.771,50 EUR	6.200,50 EUR	7.330,76 EUR
		Skonto	–	–	–
		Nachlaß	–	5%	–
		Gesamtsumme	5.771,50 EUR	5.890,48 EUR	7.330,76 EUR

Abb. 31: Preisspiegel

Bei der rechnerischen Prüfung geht es nicht nur um den Vergleich der Gesamtangebotspreise, entscheidend ist hier der Vergleich der Einzelpreise und die Prüfung der Rechenschritte, da die Einheitspreise Vertragsgrundlage werden.

Um eine übersichtliche Darstellung der Angebote zu erlangen, wird ein Preisspiegel erstellt. > Abb. 31 Dabei werden alle Angebotspreise der Bieter vergleichend in ein Rechenprogramm eingegeben. Prinzipiell könnte dies auch mit Hilfe eines Tabellenkalkulationsprogramms wie z. B. Excel geschehen, am Markt sind aber AVA-Programme (Ausschreibung-Vergabe-Abrechnung) gebräuchlich, die die Erstellung des Preisspiegels erleichtern. Dabei werden die Minimal- und Maximalpreise bereits deutlich markiert und Differenzen anhand von Prozentzahlen ausgeworfen.

○ Preisspiegel

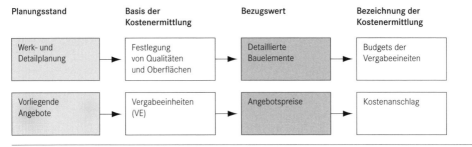

Planungsstand	Basis der Kostenermittlung	Bezugswert	Bezeichnung der Kostenermittlung
Werk- und Detailplanung	Festlegung von Qualitäten und Oberflächen	Detaillierte Bauelemente	Budgets der Vergabeineiten
Vorliegende Angebote	Vergabeeinheiten (VE)	Angebotspreise	Kostenanschlag

Abb. 32: Budgetfestlegung

Auf diese Weise lassen sich Abweichungen in den Einheitspreisen zwischen den Angeboten erkennen. Dies ist ein erster Hinweis auf die Art der Kalkulation des Bieters und mögliche Missverständnisse in Bezug auf die Texte der Vergabeunterlagen.

Vergabevorschlag
Nach Abschluss seiner Prüfung unterbreitet der Architekt dem Bauherrn einen Vorschlag für die Beauftragung, der eine wirtschaftliche Umsetzung der geforderten Leistung erwarten lässt.

Kostenkontrolle
Mit dem Vorliegen der Angebote für die einzelnen Gewerke oder Vergabeeinheiten lässt sich ein Vergleich zu dem berechneten und genehmigten Budget anstellen. > Abb. 32

Damit erhält der Bauherr den Nachweis über die Korrektheit oder Fehlerhaftigkeit der vom Architekten berechneten Kosten. Eine Aufstellung des Budgets nach Vergabeeinheiten bereits während der Kostenberechnung in der Planungsphase ist für die Nachvollziehbarkeit der Kosten von großer Bedeutung. Bei der Vergabe nach einzelnen Gewerken oder Fachlosen kann im Fall der Kostenüberschreitung bei den ausstehenden Ausschreibungen steuernd eingegriffen werden.

Vergabegespräch
Vor Beauftragung des Unternehmers durch den Bauherrn ist gegebenenfalls noch ein Vergabegespräch zu führen. Bei öffentlichen Bauvorhaben ist ein Nachverhandeln über die Angebotspreise verboten, für private Bauherren stellt dies jedoch ein Instrument zur Erzielung günstiger Preise dar. Beim Vergabegespräch im Rahmen eines öffentlichen Bauvorhabens darf jedoch Aufklärung bezüglich Fragen der Ausführung, der Leistungsfähigkeit und eventueller Alternativangebote gefordert werden.

Bauvertrag
Der eigentliche Bauvertrag zwischen Bauherrn und Unternehmer oder Handwerker ist primär nicht Angelegenheit des Architekten. Er hat den Bauherrn jedoch hinsichtlich der Vertragsinhalte wie Fristen, Vertragsstrafen, Zahlungsmodalitäten, Skonti, Gewährleistungsfristen, Sicherheitseinbehalte oder Ähnlichem zu beraten, die in einem schriftlichen Vertrag fixiert werden.

Im Abschnitt „Die Ausschreibung" wurde auf den Zeitbedarf hin- Zeitaufwand gewiesen, der nötig ist, um eine korrekte Ausschreibung zu erstellen. Für das eigentliche Vergabeverfahren ist ebenfalls ein ausreichender Zeitraum im Terminablauf einzuplanen.

Bei einem öffentlichen Bauvorhaben sind im Rahmen der Vergabe gesetzliche Fristen einzuhalten. Nach Veröffentlichung der Ausschreibung von Bauleistungen und Anforderung der Unterlagen durch die Unternehmer benötigen die Bieter genügend Spielraum, um die Angebote zu erstellen. Nach der Rücksendung erfordert die Bewertung der Angebote durch den Planer wiederum eine gewisse Zeitspanne, um eine gewissenhafte Prüfung durchführen zu können. Sollte die Vergabe aufgrund eines öffentlichen Auftraggebers durch politische Gremien erfolgen, sind sowohl Sitzungstermine als auch Fristen für die Erstellung der Sitzungsvorlagen zu berücksichtigen. Je nach Auftraggeber kann der Zeitraum zwischen Erstellung des Leistungsverzeichnisses und Beauftragung eines Unternehmers somit mehrere Monate in Anspruch nehmen. Bis zur Erbringung der Leistung auf der Baustelle haben manche Gewerke aufgrund der erforderlichen Werkstattzeichnungen, Materialbestellung und Fertigung einen langen Vorlauf, der im Rahmen der Terminplanung ebenfalls zu berücksichtigen ist.

DIE BAUAUSFÜHRUNG

Alle bisher beschriebenen umfangreichen planerischen Tätigkeiten sind notwendig, um zum eigentlichen Kern des Projektes zu gelangen: der Umsetzung der Planung am Bau.

Der Baubeginn bei öffentlichen Projekten ist Grund genug für die ■ Baubeginn Bauherrschaft, diesen Anlass feierlich zu begehen, da Öffentlichkeit und Nachbarschaft das Bauvorhaben im Allgemeinen jetzt erst nachdrücklich zu Kenntnis nehmen. Der private Bauherr wird in der Regel eher ein „Richtfest" nach Errichtung des Dachstuhles durch den Zimmermann und später die Einweihung feiern. Der öffentliche Bauherr begeht den Baubeginn aufgrund der Bedeutung des Projektes für die Allgemeinheit oft mit einem Spatenstich, einem „Baggerbiss" oder, bei einem entsprechend großen Bauvorhaben, mit einer Grundsteinlegung.

> ■ **Tipp:** Näheres zum Thema Bauausführung findet sich in *Basics Bauleitung,* S. 297 ff.

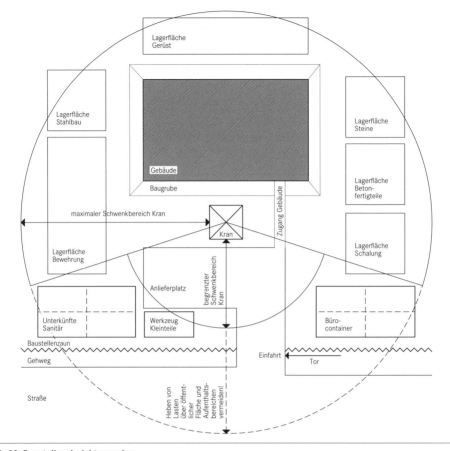

Lagerfläche
Gerüst

Lagerfläche
Stahlbau

Lagerfläche
Steine

Gebäude

Baugrube

Lagerfläche
Beton-
fertigteile

maximaler Schwenkbereich Kran

Zugang Gebäude

Kran

Lagerfläche
Bewehrung

Lagerfläche
Schalung

Anlieferplatz

begrenzter
Schwenkbereich
Kran

Unterkünfte
Sanitär

Werkzeug
Kleinteile

Büro-
container

Baustellenzaun

Einfahrt

Gehweg

Tor

Straße

Heben von
Lasten
über öffent-
licher
Fläche und
Aufenthalts-
bereichen
vermeiden!

Abb. 33: Baustelleneinrichtungsplan

Baustellen-
einrichtungsplan
Als erste Maßnahme steht die Einrichtung und Sicherung der Baustelle an. Dazu ist ein maßstäblicher Baustelleneinrichtungsplan aufzustellen, der Angaben über die Größe des Baufeldes, die Lage des Bauzauns, die Eingangstore, Anlieferung, Lagermöglichkeiten, Arbeitsflächen, Gerüstflächen, Kranstellung und Schwenkradius, Standorte für Aufenthalts- und Müllcontainer und die Baugrube macht. Die Anschlussstellen für Baustrom und Bauwasser sind zu ermitteln und gegebenenfalls auch einzuzeichnen. Da die Baustelle während der Bauzeit großen Einfluss auf die Umgebung ausübt, ist zwingend eine Abstimmung mit den örtlichen Behörden notwendig und der Kontakt mit der umliegenden Nachbarschaft

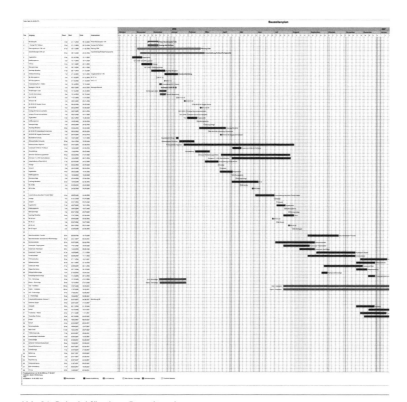

Abb. 34: Beispiel für einen Bauzeitenplan

zu empfehlen. Der tatsächliche Baubeginn ist den Behörden rechtzeitig anzuzeigen.

Ein wesentlicher Bestandteil der Bauleiteraufgaben ist die Erstellung eines Terminplans (Ausführungsterminplan/Bauzeitenplan), in der Regel als Balkendiagramm. > Kap. Rahmenbedingungen und Ziele, Termine Dieser koordiniert die wesentlichen Bauabläufe und Gewerke unter Berücksichtung des Fertigstellungstermins. Wichtig ist hierbei das möglichst fein abgestimmte Ineinandergreifen der einzelnen Handwerkerleistungen. Betrachtet man die erste Version eines Ausführungsterminplanes nach Fertigstellung des Bauvorhabens, so werden vermutlich viele Abweichungen

Terminplan

71

vom Ablauf festzustellen sein. Enorm viele Einflüsse wirken auf den Terminplan ein, zu denen Schlechtwetterperioden, Probleme bei den Vergaben, Lieferengpässe für Materialien, eventuell sogar Insolvenzen während der Bauphase und Verzögerungen durch ausführende Firmen gehören. Da der Terminplan auf einer logischen Abfolge der Gewerke basiert, haben Verzögerungen nur eines einzigen Gewerkes oft starke Auswirkungen auf die Nachfolgegewerke und den Gesamtablauf. Der Bauleiter hat alle Komponenten im Blick zu halten, um rechtzeitig gegensteuern zu können und den Bauherrn gegebenenfalls über Verschiebungen des Fertigstellungstermins zu informieren.

Eingriffe in den Terminablauf

Eine stets aktuelle Terminverfolgung ermöglicht eventuell notwendige Eingriffe in den Bauablauf. Die Zielvorgabe des Bauherrn für die Fertigstellung ist bei Bauzeitverzögerungen kurz vor Ende der Bauzeit kaum noch aufzufangen, daher sind bei Bedarf frühzeitige Eingriffe notwendig.

Die Eingriffe können darin bestehen, dass die Zahl der Arbeiter erhöht oder die Arbeitszeit verlängert werden. Eine Teilung der Leistung in Abschnitte kann ebenfalls hilfreich sein, um nachfolgende Gewerke nicht in ihrer Ausführung zu behindern. Eventuell können auch Teile der Leistung später erbracht werden, jedenfalls wenn sie keine Auswirkungen auf Zwischentermine oder nachfolgende Leistungen haben. Als letztes Mittel stehen noch Änderungen der Ausführungsqualitäten zur Verfügung, um den Bauablauf zu beschleunigen.

Allgemeine Bauaufsicht

Die Präsenz des Bauleiters an der Baustelle ist stark von der Größe und Komplexität des Bauvorhabens abhängig. Kleinere Wohngebäude werden zumeist vom Architekten selbst und ohne separates Bauleiterbüro an der Baustelle betreut. Umfangreiche Bauvorhaben erfordern jedoch ein Büro vor Ort und die Erfüllung der Bauaufsicht durch einen oder mehrere ständig präsente Bauleiter.

Der Bauleiter benötigt als Grundlage für den Umgang mit den Bauunternehmen alle aktuellen Pläne und den Bauvertrag inklusive der Leistungsverzeichnisse der bereits vergebenen Gewerke. Eine detaillierte Einarbeitung durch die Bauleitung in die Planung ist zwingend erforderlich, damit die Ausführung entsprechend den Vorgaben überwacht und angeleitet werden kann.

Baubesprechungen

Das Baubüro dient bei größeren Bauvorhaben auch als Ort für regelmäßig stattfindende Besprechungen. Dazu sind je nach Bedarf und Baufortschritt die Fachplaner und die am Bau tätigen Firmen einzuladen. Der Inhalt der Besprechungen ist zu dokumentieren, und das Protokoll sollte entsprechend dem Standard der Jour-fixe-Protokolle erstellt werden.

> Kap. Ausführungsplanung und -qualitäten

Sinnvoll ist auch ein frühzeitiger Austausch der Adressdaten aller neu hinzugekommener Baubeteiligter, wobei darauf zu achten ist, dass der Informationsfluss immer über den verantwortlichen Bauleiter laufen muss.

Bautagebuch

Um einen Nachweis über die am Bau getätigten Arbeiten zu erhalten, ist der Bauleiter verpflichtet, ein Bautagebuch zu führen. Da das Bautagebuch oft nachträglich zu Beweiszwecken herangezogen wird, sind folgende Eintragungen von großer Bedeutung:

— Datumsangabe
— Wetterdaten (Temperatur, Uhrzeit usw.)
— Tätige Firmen an der Baustelle
— Anzahl der Mitarbeiter jeder Firma
— Art der ausgeführten Tätigkeiten
— Anordnungen, Festlegungen und Abnahmen
— Übergabe von Plänen, Mustern usw.
— Materialanlieferungen
— Besondere Vorkommnisse (Besuche, Behinderungen, Unfälle usw.)

Wie bereits angedeutet, hängt die Präsenz des Bauleiters stark vom Präsenz
Bauvorhaben ab. Das Führen eines Bautagebuches erfordert zum Beispiel nicht die tägliche Anwesenheit des Bauleiters. Es muss nur dann aktualisiert werden, wenn der Bauleiter vor Ort ist bzw. sein muss. Die örtliche Bauaufsicht ist auf die Einhaltung der Baugenehmigung, der Ausführungspläne und der Leistungsbeschreibungen unter Berücksichtigung der allgemein anerkannten Regeln der Technik abzustimmen.

Unstrittig ist, dass der Bauleiter bei wichtigen und kritischen Bauabschnitten zugegen sein muss, wie zum Beispiel bei Abdichtungs- und Isolierungsarbeiten, der Einbringung von Bewehrung, der Lieferung des Betons nach der geforderten Güte, bei tragenden Konstruktionen mit entsprechenden Verankerungen, bei Ausschachtungen, bei der Anbringung von Wärmedämmung, bei der Herstellung von Schallisolierungen usw.

Bei einfachen und gängigen Arbeiten ist jedoch keineswegs eine ständige Präsenz der Bauüberwachung notwendig. Ein erfahrener Bauleiter kann den Überwachungsumfang entsprechend begrenzen.

○ **Hinweis:** Selbst der Architekt sollte, falls er nicht in Personalunion auch Bauleiter ist, keine direkten Anweisungen an Handwerker ohne Einbeziehung der Bauleitung geben. Ein Bauprojekt ist so komplex, dass einzelne am Bau Beteiligte nicht alle Abhängigkeiten und Abläufe überblicken können. Um Abstimmungsprobleme unter den Beteiligten zu vermeiden, muss der komplette Informationsfluss über den zuständigen und mit der Gesamtkoordination beauftragten Bauleiter erfolgen.

● **Beispiel:** Ist ein verantwortlicher Bauleiter auf einer anspruchsvollen Baustelle zweimal pro Woche präsent und kann so den Terminplan einhalten und die Ausführungsqualität gewährleisten, dann ist seitens des Auftraggebers dagegen nichts einzuwenden. Andererseits kann auch bei permanenter Anwesenheit ein Koordinierungsfehler unterlaufen oder die Bauüberwachung mangelhaft sein. Auch der bauleitende Architekt schuldet den „Erfolg" seiner bauleiterischen Tätigkeit.

Der Bauleiter ist verpflichtet, für die Verkehrssicherung und die Gefahrenvorsorge auf der Baustelle zu sorgen. Unterstützt wird er in seiner Überwachung durch den Sicherheits- und Gesundheitsschutzkoordinator, der in regelmäßigen Begehungen die Einhaltung der Unfallverhütungsvorschriften kontrolliert und bei Nichteinhaltung die Bauleitung auf Gefahrenpotenziale hinweist. > Kap. Die Projektbeteiligten, Die Gutachter

Hinsichtlich der am Bau tätigen Fachfirmen, die von Fachingenieuren betreut werden, hat der Bauleiter nur eine eingeschränkte und koordinierende bauleitende Tätigkeit zu erfüllen. Keinesfalls sollte er die Fachbauleitung für Gewerke übernehmen, die seine Kompetenz übersteigen.

Für die Koordinierung der Arbeiten mit den Fachgewerken ist jedoch der Bauleiter die entscheidende Schnittstelle. Zwei Beispiele sollen die Notwendigkeit der Schaltstelle „Bauleitung" illustrieren: Die Abhängigkeit zwischen Stellung und einseitiger Beplankung von Trockenbauwänden, die Einbringung der Elektroinstallation bzw. zusätzlicher Sanitärinstallation und das anschließende Schließen und Streichen der Wände sowie die folgende Fertigmontage der Elektroschalter kann nur der verantwortliche Bauleiter koordinieren, da die einzelnen Gewerke keine Veranlassung haben, die Leistung nachfolgender Gewerke mit zu berücksichtigen. Ein weiterer klassischer Fall von erhöhtem Koordinationsaufwand ist die parallele Planung einer Fußbodenheizung mit Kabelkanälen unterhalb des Estrichs. Die Taktung der Arbeitsabläufe unter Berücksichtigung der Estrichtrocknungszeiten und Erstellung von Heizprotokollen erfordert die Kenntnis aller Gewerke. Diese Informationen müssen beim zuständigen Bauleiter zusammenfließen, der seinerseits einen sinnvollen und realisierbaren Ablauf gemeinsam mit den Fachplanern erstellt.

Im Verlauf des Bauvorhabens werden sowohl baurechtliche Abnahmen als auch Abnahmen von erbrachten Bauleistungen erfolgen. Zwischen beiden Arten der Abnahme besteht ein wesentlicher Unterschied.

Die baurechtlichen Abnahmen finden zusammen mit den unterschiedlichen Behörden statt. Dabei ist zum einen das Gebäude nach Fertigstellung der Rohbauarbeiten bzw. nach der Gesamtfertigstellung abzunehmen. In diesem Zusammenhang wird die Übereinstimmung mit der Baugenehmigung bzw. mit den geltenden Bauvorschriften geprüft. Die Abnahme der Anschlüsse an das öffentliche Versorgungsnetz ist mit den zuständigen Versorgungsträgern für Wasser, Abwasser, Strom, Gas usw. durchzuführen. Die Heizungsanlage ist durch den örtlichen Schornsteinfegermeister abzunehmen. Besondere technische Anlagen, wie zum Beispiel Förderanlagen und Aufzüge, erfordern eine separate Abnahme durch technische Überwachungsdienste.

Die Abnahme von Bauleistungen berührt die vertragliche Bindung des Bauherrn zum Bauunternehmen. Dabei wird die Leistung des Handwerkers oder der Baufirma vom Auftraggeber (Bauherr, Bauleiter oder Architekt) förmlich begutachtet und bei korrekter Ausführung abgenommen. An diesen Vorgang sind wesentliche rechtliche Konsequenzen geknüpft. Bisher hatte der Bauherr gegenüber dem Auftragnehmer oder Handwerker einen „Erfüllungsanspruch". Mit der Bauleistungsabnahme beginnt das „Gewährleistungsstadium", worauf im nächsten Kapitel ausführlicher eingegangen wird. Zu beachten ist, dass der Architekt im Zuge der Abnahme nur eine fachtechnische Prüfung, keinesfalls die rechtsgeschäftliche Abnahme des Bauherrn durchführt, zu der er auch gar nicht befugt ist, da zwischen ihm und dem Handwerker kein Vertragsverhältnis besteht.

Der Handwerker wird in der Regel nicht bis zur kompletten Fertigstellung und Abnahme seiner Leistung warten, bis er eine Rechnung an den Bauherrn stellt. Daher sind „Abschlagsrechnungen" oder „Teilschlussrechnungen" je nach Baufortschritt und erbrachter Leistung üblich. In der Regel erfolgen Abrechnungen auf Grundlage der Ausführungspläne. Sind Leistungen dort nicht erfasst oder weichen von diesen ab, ist ein gemeinsames Aufmaß mit dem Handwerker vor Ort auf der Baustelle durchzuführen, um die vorliegende Rechnung korrekt prüfen zu können. _Aufmaß_

Die eigentliche Rechnung wird der Unternehmer zwar formell dem Bauherrn stellen, sie jedoch an den Architekten senden, da dieser mit der fachtechnischen und rechnerischen Prüfung beauftragt ist. Dabei hat er die Rechnung gegebenenfalls zu korrigieren und mit einem Prüfvermerk versehen an den Bauherrn weiterzuleiten. Bei der Prüfung muss der Architekt stets berücksichtigen, dass er Sachwalter des Bauherrn ist und dass er die Rechnung somit auch nicht zu Gunsten des Unternehmers, also zu Lasten des Bauherrn, zu prüfen hat. Letztendlich stellt der Prüfvermerk auf der Rechnung nur eine Empfehlung an den Bauherrn dar, die Rechnung zu begleichen. _Rechnungsprüfung_

Durch die nun vermehrt eingehenden Rechnungen der Handwerker ist der Bauherr veranlasst, neben den bereits fällig gewordenen Honorarzahlungen für die Planerleistungen für sein Bauvorhaben größere Geldbeträge zur Verfügung zu stellen. Dies ist der Grund für sein großes Interesse an der Darstellung der aktuellen Kostensituation. Das für das Bauvorhaben veranschlagte Budget ist für gewöhnlich begrenzt, abhängig von Krediten, Zuschüssen oder der Bewilligung durch Gremien, und kann daher nicht beliebig überschritten werden. Der Vergleich zwischen den Auftragssummen gemäß Angebotssumme und Bauvertrag und den tatsächlichen Abrechnungssummen nach Erbringung der jeweiligen Handwerkerleistung ist daher von entscheidender Bedeutung für den Auftraggeber. Ferner kann durch die stetige Überwachung der Kosten bei eventuellen Kostenüberschreitungen noch steuernd eingegriffen werden. Die Kostensituation wird sich gemäß Baufortschritt somit immer mehr den tatsächlichen Kosten nach Fertigstellung des Gebäudes annähern. Nach der Fertigstellung sind die endgültigen Kosten in einer Kostenfeststellung zusammenzustellen. > Abb. 35 _Kostenfeststellung_

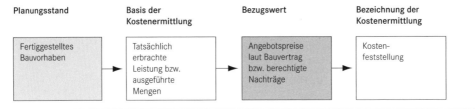

Planungsstand	Basis der Kostenermittlung	Bezugswert	Bezeichnung der Kostenermittlung
Fertiggestelltes Bauvorhaben	Tatsächlich erbrachte Leistung bzw. ausgeführte Mengen	Angebotspreise laut Bauvertrag bzw. berechtigte Nachträge	Kostenfeststellung

Abb. 35: Kostenfeststellung nach Fertigstellung

Übergabe
Nach den bereits erwähnten Abnahmen durch Behörden und der Handwerkerleistung erfolgt die Übergabe des Objektes an den Bauherrn. Dies hat nicht zwingend durch eine Begehung des Gebäudes zu erfolgen. Der Bauherr hat aber Anspruch auf die Aushändigung aller erforderlichen Planunterlagen. Die Unterlagen umfassen nicht nur einen vollständigen Satz an Werkplänen, sondern auch Installationspläne für die Gebäudetechnik, betriebstechnische Anweisungen, Bewehrungspläne, Abnahmeprotokolle und -bescheinigungen. Je nach Gebäude werden die Unterlagen unterschiedlich umfangreich sein; sie sind jedoch so zusammenzustellen, dass ein ordnungsgemäßer Gebrauch ermöglicht wird. Alle Angaben für später erforderliche Wartungsarbeiten, Instandsetzungen oder Umnutzungen müssen vorliegen. Dabei sind auch die Fachplaner gefordert, die betreffenden Angaben der Bauherrschaft zur Verfügung zu stellen.

Mit der Übergabe ist die Leistung des Architekten nicht grundsätzlich erfüllt. Es sind gegebenenfalls noch Restarbeiten und bei der Abnahme von Handwerkerleistungen beanstandete Mängel zu überwachen und zu bearbeiten.

Einweihung
Generell sollte der hoffentlich freudige Anlass einer Bauwerksfertigstellung gebührend gefeiert werden. Mit der Aushändigung eines symbolischen Schlüssels übergibt der Architekt dem Bauherrn offiziell das Gebäude. Dieser Anlass kann genutzt werden, bei einem öffentlichen Bauvorhaben Aufmerksamkeit und Beachtung in der Öffentlichkeit zu erlangen.

Unabhängig davon sollte aber allen am Bau Beteiligten für das Engagement und die erbrachten Leistungen Anerkennung ausgesprochen werden. Eine Würdigung des Bauherrn durch den Architekten sollte ebenfalls nicht unterbleiben. Nicht zuletzt der Investitionsbereitschaft des Bauherrn, sei er nun privater oder öffentlicher Natur, verdankt der Architekt sein Honorar.

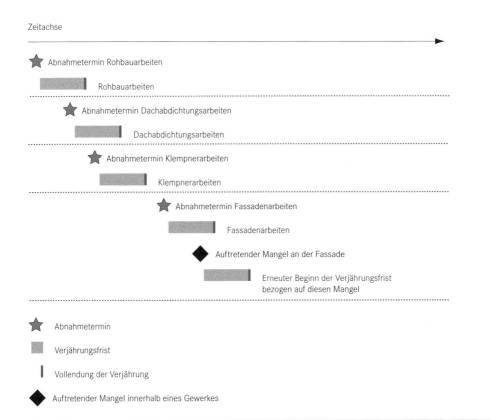

Zeitachse

Abnahmetermin Rohbauarbeiten

Rohbauarbeiten

Abnahmetermin Dachabdichtungsarbeiten

Dachabdichtungsarbeiten

Abnahmetermin Klempnerarbeiten

Klempnerarbeiten

Abnahmetermin Fassadenarbeiten

Fassadenarbeiten

Auftretender Mangel an der Fassade

Erneuter Beginn der Verjährungsfrist
bezogen auf diesen Mangel

Abnahmetermin

Verjährungsfrist

Vollendung der Verjährung

Auftretender Mangel innerhalb eines Gewerkes

Abb. 36: Ablauf der Gewährleistungsfristen – Beispiel

DIE GEWÄHRLEISTUNGSZEIT

Nach der Fertigstellung des Gebäudes kann der Architekt noch weitere für den Bauherrn wertvolle Leistungen erbringen. Eine ausführliche und systematische Dokumentation des Gebäudes, unabhängig von der beschriebenen Übergabe von Unterlagen, beinhaltet das Erfassen, Gliedern und Aufbereiten aller bei der Planung angefallenen Daten. Dabei handelt es sich nicht um die Erbringung von neuen Planungsleistungen oder die Erstellung von neuen Planunterlagen wie zum Beispiel Präsentationsplänen, sondern ausschließlich um das Zusammenstellen der im Zuge der Projektplanung erarbeiteten Unterlagen.

Ein entscheidender Teil der Leistung nach Übergabe des Bauvorhabens ist die Überwachung der Gewährleistungsfristen der einzelnen

Gewährleistungs-
fristen

Handwerkerleistungen. Die erbrachten Leistungen wurden fast alle zu einem unterschiedlichen Zeitpunkt fertiggestellt und daher auch zu unterschiedlichen Zeitpunkten abgenommen. Mit der Abnahme beginnt die Gewährleistungsfrist. Zudem können je nach Vertragsgrundlage unterschiedliche Fristen vereinbart worden sein. Daher ist eine sorgfältige Zusammenstellung aller Gewährleistungsfristen für die Überwachung zwingend notwendig. Kurz vor Ablauf der Frist hat der Architekt das Objekt auf etwaige Mängel durch Begehung zu prüfen und die betreffenden Bauteile eingehend unter die Lupe zu nehmen. Die Anwendung spezieller Untersuchungsmethoden oder -geräte ist dabei allerdings nicht notwendig.

Mängelbeseitigung   Werden im Rahmen der Prüfung Mängel festgestellt, sind diese gegenüber dem Auftragnehmer anzuzeigen. Die Behebung mit angemessener Fristsetzung kann eingefordert werden.

Nachbetrachtung   Darüber hinaus kann für den Architekten eine Nachbetrachtung des Projektes in Bezug auf Kostenrichtwerte, bezogen auf Quadratmeter, Kubikmeter oder einzelne Gewerke, hilfreich sein. Auch die Betrachtung der angefallenen Kosten und die benötigte Arbeitszeit innerhalb des Büros kann für die Planung zukünftiger Projekte nützlich sein.

Die Erbringung von Leistungen während der Gewährleistungszeit kann für den Architekten einen gegenüber dem zustehenden Honoraranspruch unverhältnismäßig hohen Zeitaufwand darstellen. Dieser Aufwand kann nicht zuletzt mit Hilfe guter Planung und einer guten Auswahl kompetenter Baufirmen und Handwerker, aber auch durch gewissenhaft durchgeführte Bauleitung wirksam eingrenzt werden.

Schlussbemerkung

Der Architekt übernimmt im Rahmen der Projektplanung die Verantwortung für die erfolgreiche Umsetzung eines Projektes. Dabei muss der verantwortliche Projektleiter in jeder Phase des Projektes die am Anfang formulierten Ziele vor Augen haben. Die Planungsvorgaben bezüglich Kosten, Terminen und Qualitäten sind die Koordinaten, an denen er seine Leistung stets auszurichten hat.

Der Architekt ist in allen Bereichen des Bauens der kompetente Ansprechpartner des Bauherrn und berät ihn in Fragen der Gebäudeplanung und der relevanten technischen, wirtschaftlichen und gestalterischen, aber auch gesellschaftlich-sozialen und ökologischen Gesichtspunkte.

Dabei tritt er als anerkannter und qualifizierter Koordinator zwischen allen am Bau Beteiligten, wie Fachplanern, Unternehmern, Handwerkern, Behörden und Ämtern, auf.

Der Architekt leitet die logisch aufeinander abfolgenden Planungsschritte ein und führt zusammen mit dem Bauherrn die in jeder Planungsstufe notwendigen Entscheidungen herbei.

Während der Ausführungsphase kontrolliert er den Ablauf auf die Einhaltung der in der Planung formulierten Zielvorgaben.

In einer Zeit zunehmender Spezialisierung in jeder Branche fordert die Umsetzung eines Bauprojektes vom Planer umfassende Kenntnisse und Fähigkeiten. Der Reiz des Architektenberufes liegt nicht nur in der kreativen Gestaltungsmöglichkeit, sondern vornehmlich auch in der Vielfältigkeit der an ihn gestellten Anforderungen. Wie in den vorangegangenen Kapiteln erläutert, haben ökonomische und strategische Fähigkeiten eine hohe Bedeutung. Im Verlauf seiner Tätigkeit muss sich der Architekt darüber hinaus auch mit den rechtlichen Rahmenbedingungen auseinandersetzen. Die Fähigkeit, im Team arbeiten und mit unterschiedlichsten Menschen umgehen zu können, erfordert eine hohe soziale Kompetenz. Im Verlauf des Projektes kommt der Architekt mit einer Fülle von anderen Berufssparten in Berührung, seien es die beteiligten Fachplaner oder die Handwerksberufe, die bei der Umsetzung des Bauvorhabens tätig werden. Jede Bauaufgabe macht die inhaltliche Auseinandersetzung mit neuen und interessanten Aufgabenfeldern erforderlich. Nicht zuletzt benötigt ein Planer die ausgeprägte Fähigkeit, seine Entwürfe und Ideen in verantwortlicher Weise der Gesellschaft zu vermitteln.

Die Umsetzung eines Projektes von der Idee bis zur Übergabe umfasst das komplette Tätigkeitsfeld des Architekten. Dabei birgt jede Planungsstufe neue Herausforderungen. Die erfolgreiche Fertigstellung und die gelungene Einweihung eines Projektes sind Bestätigung und Beleg für die Leistung des Planers.

Bert Bielefeld – Roland Schneider

Kostenplanung

Einleitung

Die geschätzten und tatsächlichen Kosten sind bei vielen Bauprojekten ein zentrales Thema zwischen Bauherr und Architekt. Dies liegt nicht zuletzt daran, dass der Bauherr für das Bauprojekt eine hohe Investitionssumme einsetzen muss, welche in vielen Fällen die sonstigen Ausgaben um ein Vielfaches übersteigt. Die Einhaltung von Budgets ist daher elementar für den Auftraggeber. Gerade wenn es um Investitionen bei Renditeobjekten geht, stehen den späteren Einnahmen (wie Mieten oder Verkäufen) die notwendigen Ausgaben (Baukosten, Finanzierungskosten, Abschreibungen, Unterhaltungskosten) gegenüber. Die Rendite bzw. der Gewinn (Einnahmen abzüglich Ausgaben) bei Immobilieninvestitionen ist wesentliches Kriterium der Projektentscheidung und des Projekterfolgs. Schon leichte Erhöhungen der Baukosten während der Bauphase können das Projekt in die Verlustzone ziehen – mit Auswirkungen für viele Jahrzehnte.

Hinzu kommt, dass Bauprojekte – anders als in der industriellen Produktion – meist einen sehr individuellen oder sogar prototypischen Charakter haben. Abläufe und Strukturen sind daher ohne Anpassungen nur bedingt von einem Projekt auf das nächste zu übertragen, sodass es zu Unwägbarkeiten und Überraschungen mit zeitlichen und monetären Auswirkungen kommen kann, welche zu Beginn des Projektes nicht oder nur teilweise voraussehbar waren. Zudem liegt eine lange Zeitspanne zwischen Projektentscheidung und Fertigstellung des Gebäudes. Es ist daher möglich, dass sich Einschätzungen, etwa zur Marktpreisentwicklung, zu Beginn eines Projektes im Laufe der Zeit als falsch erweisen können.

Lebenszykluskosten Auch wenn diese Zeitspanne erhebliche finanzielle Schwankungsbreiten beinhalten kann, ist sie, gemessen am Lebenszyklus eines Gebäudes, nur ein sehr kurzer Zeitraum, jedoch einer mit wesentlichen Auswirkungen. Finanzielle Entscheidungen, z. B. bei Konstruktions- oder Haustechnikalternativen, wirken sich über den gesamten Nutzungs- bzw. Lebenszyklus aus und erzeugen unterschiedliche Bauunterhaltskosten. Kumuliert man die entstehenden Kosten (Wärme-, Wasser- und Stromversorgung, Reparaturen, Wartung usw.) während der Nutzung des Gebäudes, so übersteigen diese die anfängliche Investition um ein Mehrfaches. Die Investition in ein Bauprojekt ist jedoch innerhalb eines recht kurzen Zeitraums von wenigen Monaten oder Jahren aufzubringen, wogegen Baunutzungskosten laufend anfallen und sich über Jahrzehnte erstrecken. Besonders durch höhere Anfangsinvestitionen im Bereich der technischen Gebäudeausrüstung lassen sich z. B. durch eine effizientere Heiztechnik über die Nutzungsdauer deutliche Einsparungen erreichen. > Abb. 2

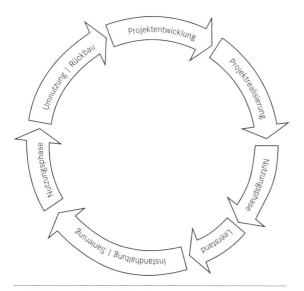

Abb. 1: Lebenszyklus von Gebäuden

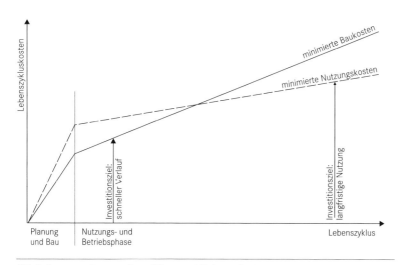

Abb. 2: Zusammenhang von Investitions- und Nutzungskosten

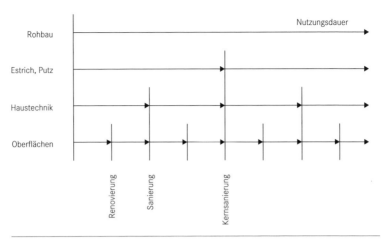

Rohbau

Nutzungsdauer

Estrich, Putz

Haustechnik

Oberflächen

Renovierung

Sanierung

Kernsanierung

Abb. 3: Lebenszyklus von Bauteilen

Investitionen während der Nutzung

Neben den Investitionskosten beim Neubau eines Gebäudes und den laufenden Bauunterhaltskosten entstehen im Lebenszyklus in verschiedenen Abständen (Instandhaltungs- und Erneuerungszyklen) immer wieder neue Kosten, um das Gebäude auf einen aktuelleren technischen Standard zu bringen bzw. größere Schäden zu beseitigen. Man unterscheidet je nach Bauteil verschiedene Zyklen, die natürlich von Projekt zu Projekt sehr unterschiedlich ausfallen können. Die Rohbausubstanz ist in der Regel das langlebigste Bauteil, dessen Gebrauchsende meist gleichbedeutend mit Abriss und Neubau ist. Grobe Ausbauteile wie die Gebäudehülle, Putze und Estriche sind in der Regel ebenfalls recht langlebig und müssen erst nach einigen Jahrzehnten ausgetauscht werden. Haustechnische Anlagen (z. B. Lüftungsanlagen, Sanitärgegenstände, Elektroinstallationen, Datentechnik) und insbesondere die Verschleißoberflächen (z. B. Anstriche, Bodenbeläge) sind deutlich kurzlebiger und bedürfen je nach Funktion, Konstruktionsweise und Instandhaltungsgrad teilweise recht kurzer Investitionszyklen. > Abb. 3

84

Daher ist es wichtig, bereits bei der Planung von Neubauten den späteren Austausch von Bauteilen und deren Investitionszyklen zu berücksichtigen. Werden haustechnische Installationen wie Datenkabel oder Lüftungsleitungen mit kurzen Lebensdauern unter langlebigen Bauteilen (z. B. Estriche oder Putze) angeordnet, müssen diese samt allen Belägen und Oberflächen bei einem Austausch ebenfalls mit entfernt und erneuert werden. So sind bei einer zukünftigen Investition deutlich höhere Kosten zu erwarten als z. B. bei reversibel und erreichbar angebrachten Installationen in einem Schacht.

Generell wird der Bauherr ein wesentliches Augenmerk auf die Einhaltung der Baukosten und – bei längerem Nutzungsinteresse – auch auf deren Auswirkungen in der Nutzungsphase legen. Architekten und Planer müssen daher das Informations- und Erfolgsinteresse im Bereich Baukosten als zentrales Planungsergebnis akzeptieren und die notwendigen Arbeitsschritte in den Prozess integrieren. Die Einhaltung der Baukosten bleibt neben der Einhaltung des geplanten Fertigstellungstermins eine der wenigen physischen Kenngrößen, anhand derer der Bauherr die Qualität und Professionalität der beteiligten Architekten und Planer bewerten kann und wird.

Erwartungshaltung des Bauherrn

Grundlagen der Kostenplanung

Zum Verständnis der Kostenplanung müssen zunächst einige Grundlagen erläutert werden. Neben der Abgrenzung der Fachbegriffe soll vor allem ein Verständnis für die Einflüsse und Schwankungsbreiten bei den Baukosten erzeugt werden, da dies eine Grundvoraussetzung ist, um die Aussagekraft von Kostenermittlungen einschätzen zu können. Gerade der transparente Umgang mit Unwägbarkeiten und Kostenrisiken ist wesentlicher Bestandteil einer verantwortungsvollen Betreuung des Bauherrn im Planungs- und Bauprozess.

BEGRIFFE UND STRUKTUREN

Kosten im Lebenszyklus

Betrachtet man den gesamten Lebenszyklus eines Gebäudes, so sind neben den eigentlichen Errichtungskosten weitere Nutzungs- und Entsorgungskosten zu berücksichtigen. Die ISO 15686-5 definiert Lebenszykluskosten (LCC) im engeren Sinne aus der Summe von Baukosten, Betriebskosten, Kosten für Reinigung und Bauunterhaltung sowie den Abbruch bzw. End-of-life-Kosten. Im weiteren Sinne umfassen Lebenszykluskosten (WLC) darüber hinaus externe bzw. nicht baubezogene Kosten wie Einnahmen, Finanzierungskosten usw. > Abb. 4

Festlegung des Budgets

● Unabhängig davon, ob es sich um einen Neubau, ein Projekt im Bestand oder um einen privaten, öffentlichen oder gewerblichen Bauherrn handelt, wird mit der Entscheidung zur Durchführung bei fast allen Projekten ein Budget festgelegt. Das Budget ist nicht gleichbedeutend mit der Geldsumme, welche die Planungsgrundlage für die Arbeit der Architekten und Fachplaner ist. In der Regel beinhaltet das Budget für den Bauherrn weitere Kostenfaktoren: z. B. Grundstückserwerb, Finanzierungskosten, interne Nebenkosten, Rechtsberatungs- und Notarkosten usw. Für das Planungsteam sind als Kostenvorgabe die projektbezogenen Kostenfaktoren relevant.

Alle im Planungs- und Bauprozess folgenden Kostenermittlungen müssen sich an dieser Vorgabe orientieren. Im Umgang mit einer Kostenvorgabe ist zwischen Maximal- und Minimalprinzip zu unterscheiden.

> ○ **Hinweis:** Es ist zwischen der Kostenvorgabe als Budgetfestlegung des Bauherrn und der Abgabe einer Kostengarantie durch den Architekten zu unterscheiden. Bei Letzterer garantiert der Architekt die Einhaltung der Kosten und haftet somit vollständig für eventuelle Mehrkosten – auch wenn er diese nicht zu verantworten hat.

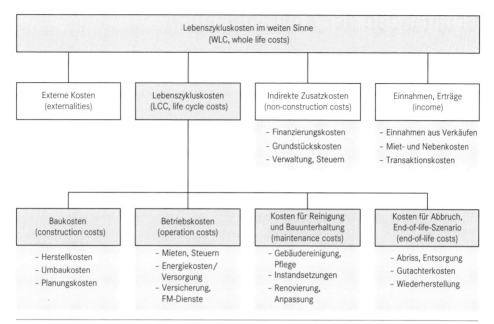

Abb. 4: Einteilung der Lebenszykluskosten in Anlehnung an ISO 15686-5

Beim Minimalprinzip wird davon ausgegangen, dass es feste Qualitätsvorgaben des Bauherrn gibt und diese zu möglichst geringen Baukosten realisiert werden sollen. Dies ist z. B. der Fall, wenn bereits feste Mietverträge mit späteren Nutzern inklusive Baubeschreibungen existieren oder wenn eine Hotelkette eine weitere Filiale nach bewährtem und wirtschaftlich optimiertem Schema baut. Minimal-/ Maximalprinzip

Das Maximalprinzip beruht dagegen auf einer fixen Kostengrenze, innerhalb derer möglichst viel Baumasse und Qualität realisiert werden soll. Dies ist z. B. im öffentlich geförderten Wohnungsbau der Fall, bei dem im Rahmen einer fixen Fördersumme möglichst viel Wohnraum realisiert werden soll. > Abb. 5

Die Kostenplanung ist der Oberbegriff aller Aktivitäten, die während des Planungs- und Bauprozesses durchgeführt werden. Generell gehören das Aufstellen von Kostenermittlungen, das Überwachen und Kontrollieren der Ergebnisse und Ereignisse im Prozess sowie steuernde Aktivitäten, die etwa zum Auffangen von Kostensteigerungen dienen, zur Kostenplanung. Kostenplanung

Kostenermittlungen werden im Verlauf des Planungs- und Bauprozesses stufenweise durchgeführt, insbesondere wenn der Bauherr wesentliche Entscheidungen treffen muss. Ist beispielsweise zu entscheiden, ob

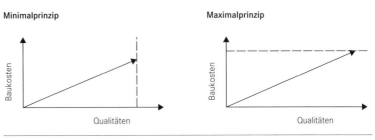

Minimalprinzip   Maximalprinzip

Baukosten   Baukosten

Qualitäten   Qualitäten

Abb. 5: Minimal- und Maximalprinzip

eine Vorentwurfsvariante weiterverfolgt oder eine Planung als Bauantrag bei der Genehmigungsbehörde eingereicht werden soll, so ist auch der aktuelle Kostenstand als Entscheidungsvorlage zu ermitteln.

Die <u>Kostenkontrolle</u> hat zwei wesentliche Faktoren. Einerseits bezieht sie sich auf den Abgleich der aktuellen Kostenermittlung mit der Kostenvorgabe und den bisherigen Kostenermittlungsstufen, um Abweichungen im Prozess benennen und bewerten zu können. Andererseits sind die Kosten im Prozess laufend zu verfolgen, um den Bauherrn bei wesentlichen Abweichungen rechtzeitig informieren zu können. Dieser kann dann eventuell notwendig werdende Maßnahmen zur Anpassung wie Qualitätsänderungen oder Flächenreduzierungen direkt anweisen. Entsprechende Eingriffe in den Prozess werden als <u>Kostensteuerung</u> bezeichnet.

Kostengliederung

Ein weiterer wesentlicher Faktor ist die Art, wie Kosten dargestellt und strukturell gegliedert werden. Hierbei unterscheidet man grundsätzlich zwei verschiedene Sichtweisen:

Die <u>bauteilorientierte Kostengliederung</u> strukturiert die ermittelten Baukosten anhand der Gebäudesystematik. Je nach Detaillierungsgrad werden anhand der Bauteile (Decke, Wand, Dach usw.) oder der einzelnen Bauelemente (Bodenbelag, Estrich, Decke, Deckenputz usw.) die Kostenverursacher aufgelistet. Die Einteilung der Kosten erfolgt dabei in sogenannte <u>Kostengruppen</u>. > Kap. Grundlagen der Kostenplanung, Kostenkennwerte

Die <u>vergabeorientierte Kostengliederung</u> richtet sich nach der späteren Struktur der Vergabeeinheiten der Bauleistung. Es werden also gewerkebezogene Kostenstrukturen (Rohbau, Dachdeckung, Estrich, Putz, Maler, Elektroarbeiten usw.) zugrunde gelegt. > Kap. Fortschreiben der Kostenplanung, Arbeiten mit einer gewerkeorientierten Kostenermittlung in der Vergabephase

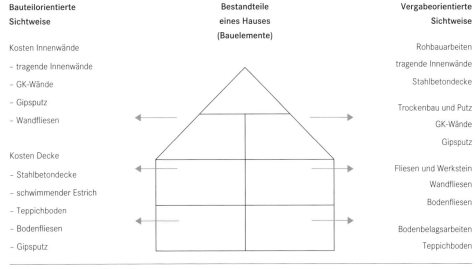

Bauteilorientierte Sichtweise	Bestandteile eines Hauses (Bauelemente)	Vergabeorientierte Sichtweise
Kosten Innenwände		Rohbauarbeiten
– tragende Innenwände		tragende Innenwände
– GK-Wände		Stahlbetondecke
– Gipsputz		Trockenbau und Putz
– Wandfliesen		GK-Wände
		Gipsputz
Kosten Decke		Fliesen und Werkstein
– Stahlbetondecke		Wandfliesen
– schwimmender Estrich		Bodenfliesen
– Teppichboden		
– Bodenfliesen		Bodenbelagsarbeiten
– Gipsputz		Teppichboden

Abb. 6: Bauteil- und vergabeorientierte Sichtweise

KOSTENKENNWERTE

Die Berechnung von Baukosten erfolgt grundsätzlich nach dem Schema der Multiplikation von Massen oder Mengen mit einem <u>Kostenkennwert</u> und der Addition der ermittelten einzelnen Kostenelemente. Dabei sind verschiedene Arten von Kostenkennwerten zu unterscheiden:

— Volumen-/grundflächenbezogene Kostenkennwerte
— Kostenkennwerte zu Bauteilen/Grobelementen (Decke, Dach, Wand)
— Kostenkennwerte zu Bauelementen/Feinelementen (Deckenputz, Stahlbetondecke, Estrich, Bodenbelag)
— Einheitspreise/Angebotspreise (Abfrage von Angeboten oder bereits abgeschlossene Projekte)
— Unternehmerseitige Baukalkulation (Personalkosten, Materialkosten, Baustellengemeinkosten)

<u>Volumen- bzw. grundflächenbezogene Kennwerte</u> überschlagen die Gesamtkosten eines Bauwerks mit Hilfe einfach zu berechnender Kenngrößen eines Entwurfs. Hierzu werden die abgerechnete Gesamtsumme eines Gebäudes und entsprechende Kenngrößen wie

— Bruttorauminhalt (BRI) als Volumen des Gebäudes,
— Bruttogrundflächen (BGF) als Summe aller Geschosse inkl. Konstruktionsflächen oder
— Nutzflächen (NF)

Volumen- bzw. grundflächenbezogene Kennwerte

Abb. 7: Beispiel einer bauteilorientierten Kostengliederung nach deutscher DIN 276

100 Grundstück	110 Grundstückswert
	120 Grundstücksnebenkosten
	130 Freimachen
200 Herrichten und Erschließen	210 Herrichten
	220 Öffentliche Erschließung
	230 Nicht öffentliche Erschließung
	240 Ausgleichsabgaben
	250 Übergangsmaßnahmen
300 Bauwerk – Baukonstruktionen	310 Baugrube
	320 Gründung
	330 Außenwände
	340 Innenwände
	350 Decken
	360 Dächer
	370 Baukonstruktive Einbauten
	390 Sonstige Maßnahmen für Baukonstruktionen
400 Bauwerk – Technische Anlagen	410 Abwasser-, Wasser-, Gasanlagen
	420 Wärmeversorgungsanlagen
	430 Lufttechnische Anlagen
	440 Starkstromanlagen
	450 Fernmelde- und informationstechnische Anlagen
	460 Förderanlagen
	470 Nutzungsspezifische Anlagen
	480 Gebäudeautomation
	490 Sonstige Maßnahmen für technische Anlagen
500 Außenanlagen	510 Geländeflächen
	520 Befestigte Flächen
	530 Baukonstruktionen in Außenanlagen
	540 Technische Anlagen in Außenanlagen
	550 Einbauten in Außenanlagen
	560 Wasserflächen
	570 Pflanz- und Saatflächen
	590 Sonstige Außenanlagen
600 Ausstattungen und Kunstwerke	610 Ausstattung
	620 Kunstwerke

700 Baunebenkosten	710 Bauherrenaufgaben
	720 Vorbereitung der Objektplanung
	730 Architekten- und Ingenieurleistungen
	740 Gutachten und Beratung
	750 Künstlerische Leistungen
	760 Finanzierungskosten
	770 Allgemeine Baunebenkosten
	790 Sonstige Baunebenkosten

ermittelt. Ihre Division ergibt für zukünftige Projekte grobe Kennwerte pro Quadrat- oder Kubikmeter. Derartige Kennwerte werden gerne zu Beginn eines Projektes genutzt, solange noch keine präzisen Daten, Planunterlagen oder Qualitätsfestlegungen existieren.

Ein großes Problem bei der Nutzung von volumen-/grundflächen- bezogenen Kennwerten ergibt sich aus der Tatsache, dass diese Kennwerte keinen Bezug zu den eigentlichen <u>Kostenverursachern</u> haben. > Abb. 8

Entsprechend genauer sind Kennwerte, die sich an den Kostenverursachern (Bauteilen, technischen Anlagen usw.) eines Gebäudes orientieren. Hierbei unterscheidet man bauteil- und bauelementbezogene Kennwerte. Die <u>bauteilbezogenen Kennwerte</u> (auch <u>Grobelemente</u> genannt) erfassen die Kosten eines kompletten Bauteils (Preis/m² Decke, Preis/m² Dach) und sind somit nach oberflächlicher Massenermittlung aller Bauteile recht einfach zu berechnen. <u>Bauelementbezogene Kennwerte</u> (auch <u>Feinelemente</u> genannt) hinterlegen jedes einzelne Bauelement (m² Bodenbelag, m² Estrich, m² Stahlbetondecke, m² Deckenputz, m² Deckenanstrich) mit einer ermittelten Masse und einem spezifischen Kostenkennwert. So lassen sich Baukosten weitaus präziser ermitteln als mit Grobelementen.

Bauelemente umfassen jedoch weiterhin sämtliche typischen Nebenbestandteile. So werden für den Bodenbelag in einen Preis/m² die Fußleisten, Anschlussschienen, Durchdringungen usw. und für eine

Kostenverursacher

○

Grob- und Bauelemente

●

Inklusivpreis

○ **Hinweis:** Als Kostenverursacher wird ein Bauteil bezeichnet, dass bei der Herstellung Baukosten produziert. 1 m² Stahlbetondecke oder 1 m² Mauerwerkswand sind beispielsweise direkte Kostenverursacher, 1 m³ Hausvolumen oder 1 m² Nutzfläche erzeugen nur indirekt Kosten, weil diese anteilig verschiedene Kostenverursacher berücksichtigen. Es kommt daher zwangsläufig zu Umrechnungsproblemen.

● **Beispiel:** Der Preis für ein Grobelement Decke sagt zunächst nichts über die einzelnen Bauelemente der Decke aus. Es gibt jedoch deutliche Preisunterschiede hinsichtlich der Deckenkonstruktion (Holzbalken, Stahlbeton) oder der Bodenbeläge (Naturstein, Parkett, PVC-Beläge usw.). Bestehende Preise sind daher immer mit zusätzlichen Informationen zu hinterlegen und passen bei einem individuellen Projekt eventuell erst nach aufwendigeren Umrechnungen.

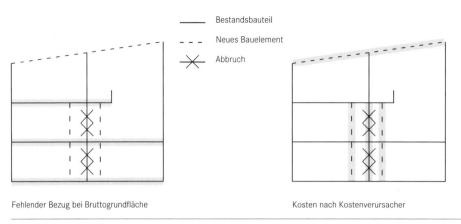

Fehlender Bezug bei Bruttogrundfläche	Kosten nach Kostenverursacher

Bestandsbauteil

--- Neues Bauelement

✕ Abbruch

Abb. 8: Ungenauigkeiten bei der volumen-/grundflächenbezogenen Ermittlung von Baukosten

Trockenbauwand in einen Preis/m² die Türöffnungen, Wandenden, Verstärkungen, Anschlüsse usw. eingerechnet. Man bezeichnet diese Preise daher auch als Inklusivpreise. Wird der Inklusivpreis mit einem Leistungsverzeichnis verglichen, welches der anbietende Bauunternehmer bepreist, so sind alle Positionen und deren Einheitspreise, die z. B. einer Trockenbauwand zuzuordnen sind, im Inklusivpreis eingerechnet. > Abb. 9

Einheitspreis

Einheitspreise sind die unternehmerseitig angebotenen Abrechnungspreise pro einzelne Position in einer Ausschreibung. Der Einheitspreis bildet bei Abrechnungsverträgen nach exaktem Aufmaß (keine Pauschalverträge) die vertragliche Grundlage zwischen Bauherr und Bauunternehmer. Es ist auch möglich, vor der Vergabe die Kosten über Einheitspreise zu ermitteln. Dazu werden vorgezogene Ausschreibungen erstellt und mit statistisch ermittelten Einheitspreisen hinterlegt.

Baukalkulation

Die von einem Bauunternehmen angebotenen Einheitspreise werden wiederum auf Basis ihrer einzelnen Kostenbestandteile ermittelt. Betrachtet man die unternehmerseitige Kostenberechnung, so spricht man von einer Kalkulation. Die Kalkulation eines Angebotes für eine Bauleistung – ob es sich nun um einen pauschalen Preis oder viele Einheitspreise in einem Leistungsverzeichnis handelt – wird nach betriebswirtschaftlichen Grundsätzen der Kosten-/Leistungsrechnung durchgeführt. Daher wird direkt zwischen Kosten, die der angefragten Leistung zuzuordnen sind, und Kosten und Zuschlägen für Gemein- bzw. Geschäftskosten unterschieden. > Abb. 10

Einzelkosten der Teilleistung

Direkt zuzuordnende Kosten werden als Einzelkosten der Teilleistung (EKT) bezeichnet. Diese umfassen Lohnkosten, Material-/Stoffkosten, Geräte-/Maschinenkosten und eventuelle Fremdleistungskosten, welche sich beispielsweise einer Leistung zuordnen lassen, die in einer Position ausgeschrieben ist.

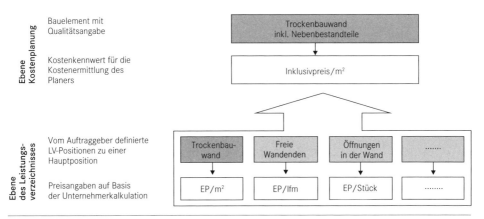

Abb. 9: Zusammenhang zwischen Bauelementen und Einheitspreisen eines Angebotes

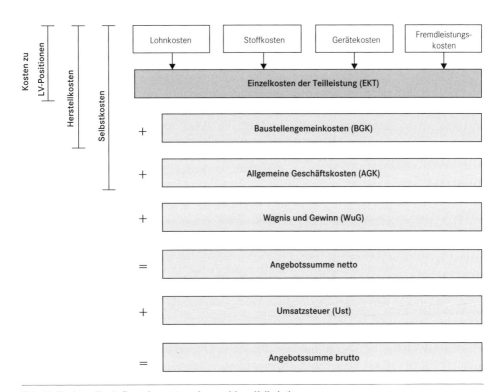

Abb. 10: Struktureller Aufbau einer unternehmerseitigen Kalkulation

Die anteiligen <u>Lohnkosten</u> eines Einheitspreises berechnen sich aus dem Mittellohn und dem zeitlichen Aufwand, der zur Herstellung beispielsweise eines Quadratmeters Fliesenbelag eingerechnet werden muss. Der Mittellohn umfasst neben dem eigentlichen Lohn der Mitarbeiter auch alle Sozialkosten und Lohnnebenkosten. Zur Berechnung werden alle im Jahr anfallenden Kosten für einen Mitarbeiter durch die Anzahl der effektiven Arbeitsstunden pro Jahr (abzüglich Urlaub, Krankheit, Fortbildung, Feiertagen usw.) geteilt.

Die anteiligen <u>Material- bzw. Stoffkosten</u> eines Einheitspreises umfassen etwa bei Fliesenarbeiten neben den Einkaufspreisen für das Material wie Fliesen, Fliesenkleber und Fugenmörtel auch Zuschläge für Bruch, Verschnitt usw. Des Weiteren werden Bauhilfsstoffe (z. B. Schalungen, Abstützungen) und Betriebsstoffe (z. B. Kraftstoff eines Baggers, Stromverbrauch einer Estrichmaschine) eingerechnet.

<u>Gerätekosten</u> bestehen aus der anteiligen Nutzung von Großgeräten wie Bagger, Kräne, Putz-/Estrichmaschinen, Betonpumpen usw. Unter Berücksichtigung von Abschreibungs- und Reparaturkosten werden die jeweils notwendigen Einsatzzeiten angerechnet.

<u>Fremdleistungskosten</u> sind alle Kosten, die durch Subunternehmer entstehen, wie Anmietungen (z. B. eines mobilen Krans oder einer Betonpumpe) oder Leistungen separater Unternehmen (z. B. Unterbeauftragung von Spachtelarbeiten eines Trockenbauers).

Sind alle genannten Kosten, die direkt einer Position zuzuordnen sind, kalkuliert, so werden diese zu Einzelkosten der Teilleistung addiert. Ergänzend werden alle Positionen durch Zuschläge für weitere entstehende Kosten erhöht. Hierzu gehören Baustellengemeinkosten, Allgemeine Geschäftskosten und Zuschläge für Wagnis/Gewinn.

<u>Baustellengemeinkosten (BGK)</u> umfassen alle nicht direkt der Bauleistung zuzuordnenden Kosten, die jedoch ebenfalls im Rahmen der Baustelle anfallen. Hierzu gehören z. B. Unterkunftskosten, Baustellensicherung, Kosten der unternehmerseitigen Bauleitung usw.

<u>Allgemeine Geschäftskosten (AGK)</u> sind die nicht operativen Betriebskosten des Bauunternehmens, welche anteilig über alle Baustellen gedeckt werden müssen. Hierzu gehören Büromiete/-unterhaltung, Gehaltskosten der Geschäftsführung, Unterhaltung/Überwachung eines Bauhofs, Rechts- und Steuerberatungskosten usw.

<u>Wagnis und Gewinn (WuG)</u> sind schlussendlich über die bisherigen Selbstkosten hinaus das unternehmerische Ergebnis, welches das Bauunternehmen erzielen möchte.

Allgemein lassen sich so verschiedene Detaillierungsebenen von den volumen-/grundflächenbezogenen Kostenkennwerten bis hin zu detaillierten betriebswirtschaftlichen Kostenelementen in der unternehmerseitigen Kalkulation abstufen. Je nach Methodik der Kostenermittlung werden entsprechende Kennwerte zugrunde gelegt. > Kap. Methoden der Kostenermittlung

Gemein- und Geschäftskosten

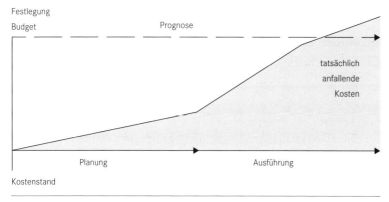

Festlegung
Budget   Prognose

tatsächlich
anfallende
Kosten

Planung   Ausführung

Kostenstand

Abb. 11: Prinzip der Kostenprognose

PRINZIP DER KOSTENPROGNOSE

Der Zeitpunkt, zu dem die Kosten ermittelt werden, wird <u>Kostenstand</u> Kostenstand genannt. Teilweise liegen zwischen dem Kostenstand in den frühen Planungsphasen und der Vergabe der Bauleistung oder der finalen Kostenfeststellung der abgerechneten Bauleistungen einige Jahre. Es ist aber schwierig, zukünftige Marktpreisentwicklungen vorauszusehen und diese in die Kostenermittlung einzubeziehen.

Die Kostenermittlung kann also eigentlich nur auf den zum Zeitpunkt der Erstellung geltenden Rahmenbedingungen basieren, da zukünftige Entwicklungen spekulativ sind. Für den Bauherrn ist jedoch wesentlich, wie viel Geld er am Ende für ein Projekt zu zahlen hat.

Um diese Differenz zu reduzieren, bieten sich folgende Möglichkeiten an:

1. Mögliche Variablen in der zukünftigen Kostenentwicklung bewerten und einschätzen. > Kap. Grundlagen der Kostenplanung, Kosteneinflüsse

2. Möglichst realistische Risikountersuchungen durchführen.
   > Kap. Grundlagen der Kostenplanung, Bewertung von Kostenrisiken

3. Kostenermittlung nicht statisch sehen, sondern über den gesamten Prozess fortschreiben und immer wieder an aktuelle Entwicklungen anpassen. > Kap. Fortschreiben der Kostenplanung

KOSTENEINFLÜSSE

Um zielgerichtet und realitätsnah Baukosten zu ermitteln, ist es nicht nur erforderlich, die Kostenermittlung durchzuführen, sondern vor allem auch, den Zusammenhang von Planungsqualitäten und Kosten zu verstehen. Für alle unter „Kostenkennwerte" vorgestellten Ebenen sind mit Hilfe von statistischen Erfassungen, Online-Plattformen oder Buchveröffentlichungen Vorgaben verfügbar. Die Adaption auf das jeweilige Projekt kann aber nur durch den bearbeitenden Architekten erfolgen.

Gerade bei Kennwerten, die nicht direkt an Kostenverursacher anknüpfen, sind allgemeine Einflussfaktoren zu berücksichtigen, die das Referenzprojekt möglicherweise vom eigenen unterscheiden. > Abb. 12

Größe und Umfeld Die Größe eines Projektes ist für die Kosten pro Quadratmeter sehr relevant, da kleine Projekte proportional oft mit höherem Aufwand verbunden sind.

Handelt es sich um schwierige Grundstücke wie beispielsweise eine vollständig zu bebauende Innenstadtlage, so wird die Baustellenorganisation extrem schwierig und kostspielig, da vielleicht externe Flächen angemietet und Straßenräume gegen Gebühr gesperrt werden müssen. Sollte das Grundstück an keiner erschlossenen Straße liegen (z. B. bei einem Forschungsobservatorium auf einem hohen Bergmassiv), sind erhebliche Kosten für die Baustellenzufahrt zu kalkulieren.

Funktion und Komplexität Es ist selbstverständlich, dass sich verschiedene Funktionen wie Wohnungen, Büronutzung, Lagerhallen oder Labore nicht über volumen- bzw. grundflächenbezogene Kennwerte vergleichen lassen, weil der Installationsgrad und die Komplexität der Projekte sehr unterschiedlich ausfallen können. Gerade bei Projekten mit hohem haustechnischen Installationsgrad sind die Baukosten von den technischen Anlagen abhängig. Bei volumen-/grundflächenbezogenen Kennwerten ist daher immer eine ähnliche Funktion als Vergleichsobjekt heranzuziehen.

Projekte im Bestand Bei Bestandsgebäuden, welche umgebaut oder saniert werden sollen, sind gegenüber dem Neubau erhebliche Mehrkosten zu berücksichtigen. Gerade im Bereich der Denkmalpflege werden oft individuelle Nacharbeiten und Anpassungsarbeiten mit hohem Personalaufwand notwendig. Viele Bauunternehmen kalkulieren allein aufgrund der Tatsache, dass es sich um ein Bestandsgebäude handelt, mit höheren Aufwandswerten. Die Erfahrung lehrt, dass sich aufgrund von vielfältigen Problemen und Besonderheiten die gleiche Effizienz wie im Neubau im Bestand nicht erreichen lässt.

● **Beispiel:** Berücksichtigt man den Aufwand der Baustelleneinrichtung und -räumung bei einer Estrich-verlegung, so ist dieser unabhängig davon, ob ein mittelgroßes Haus oder lediglich ein Raum verlegt werden soll, gleich groß. Auf den Quadratmeterpreis des Estrichs gerechnet, sind die anteiligen Baustellen-gemeinkosten bei einem sehr kleinen Projekt daher deutlich höher.

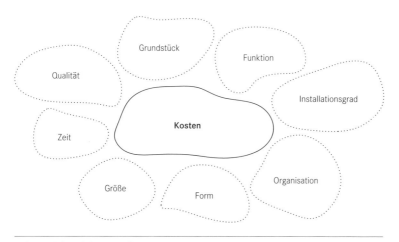

Abb. 12: Einflussfaktoren auf Baukosten

Wenn Baumaßnahmen besonders schnell oder mit zahlreichen Unterbrechungen durchgeführt werden sollen, kann auch die Bauzeit eines Projektes eine große Rolle spielen. Kann der Bauunternehmer aufgrund von notwendigen Ruhephasen in weiterhin genutzten Bestandsprojekten seine Mitarbeiter nur in kurzen Abschnitten einsetzen, muss er die Lohnkosten auch für die unproduktiven Zwischenzeiten einkalkulieren. Bei sehr kurzen Ausführungszeiten sind entsprechend zusätzliche Personal- und Maschinenkosten zu kalkulieren. Auch die Vorhaltung der Baustelleneinrichtung kann ein entscheidender Faktor für die Gesamtkosten sein, zumal diese Kosten sich nicht im physischen Endergebnis – der Bausubstanz – widerspiegeln.

Bauzeit

Die Qualität der Architektur und der eingesetzten Materialien ist ebenfalls von großer Bedeutung. Insbesondere bei Produkten, die industriell in großen Stückzahlen maschinell hergestellt werden, sind wesentliche Kostenersparnisse gegenüber handwerklich gefertigten Bauteilen zu erzielen. Im Luxussegment steigen bei exklusiven Küchen, Sanitärgegenständen, Fliesen, Fassaden usw. die Materialpreise teilweise exponentiell. Bei individuell entworfenen und hergestellten Bauteilen sind womöglich neben der handwerklichen Fertigung weitere Kosten durch Einzelzulassungen, technische Gutachter usw. zu berücksichtigen, etwa bei besonderen Fassadenkonstruktionen oder Fenstern.

Qualitäten

Generell ist die Frage zu berücksichtigen, inwieweit ein Bauelement in der Herstellung sehr arbeitsintensiv und der Preis durch Lohnkosten dominiert ist. Auch Lieferzeiten, die Montage und eventuell hohe Materialpreise sind Faktoren, die sich auf die Kosten auswirken. Gerade in Ländern mit hohem Lohnniveau werden anstelle von handwerklichen

Lohn-/Materialkosten

Arbeiten und der Verarbeitung von Rohmaterialien auf der Baustelle eher industrielle Vorfertigungen und einfache Lieferung und Montage vor Ort bevorzugt.

Handelt es sich bei dem zu berechnenden Bauteil um ein arbeitsintensives Bauelement, können Lohnkostensteigerungen im Planungs- und Bauprozess relevant werden. Neben tariflichen Veränderungen der Lohnkosten ist auch die Entwicklung der Lohnnebenkosten zu beachten. Einige Materialien unterliegen zudem hohen Schwankungsbreiten hinsichtlich der Rohstoffkosten. Gerade Metallpreise (z. B. für Stahlträger, Bewehrungen oder Elektrokabel) sind sehr stark abhängig von der weltweiten Nachfrage, insbesondere aus China, Indien und weiteren großen,
● sich rasch entwickelnden Märkten.

Marktpreise/
Konjunktur Konjunkturell zu beachten sind jedoch nicht nur der Welthandel und die internationalen Rohstoffpreise, sondern auch regionale oder lokale Marktentwicklungen. Geht es der Baubranche gut und die Auftragsbücher der bietenden Bauunternehmen sind gefüllt, werden erheblich höhere Preise angeboten als in Zeiten der Unterbeschäftigung, wenn jedes Bauunternehmen dringend Aufträge erhalten muss. Teilweise schwanken Marktpreise zwischen Rezessions- und Wachstumsphasen bis zu 20–30%.

BEWERTUNG VON KOSTENRISIKEN

Die bisherigen Erläuterungen machen deutlich, dass eine Risikoeinschätzung der Baukosten sinnvoll oder sogar notwendig ist. Der Begriff des „Risikos" ist zunächst nicht als negative Auswirkung zu verstehen. Vielmehr beziffert ein Risiko im Gegensatz zur „Sicherheit" zunächst die Unkenntnis einer Sachlage bzw. eine Ungewissheit, ob ein Ereignis eintreten wird.

Risiken lassen sich generell nicht ausschließen, sondern nur eingrenzen oder minimieren. Die hierzu erforderlichen Aufwendungen (z. B. vorgezogene Baugrund- oder Kontaminationsuntersuchungen) werden als Sorgfaltskosten bezeichnet. So ist abzuwägen, wie viel Kosten zur Eingrenzung möglicher Schadensauswirkungen innerhalb des Projektrahmens sinnvoll sind. > Abb. 13

● **Beispiel:** Wurden noch vor einigen Jahrzehnten Dachstühle auf der Baustelle aus Rohbalken gezimmert, so werden heute auf Basis von CAD-Zeichnungen alle notwendigen Pfetten und Sparren mit Abbundmaschinen montagefertig im Werk hergestellt. Die teils hochpreisigen Maschinen sind gegenüber einer handwerklichen Herstellung erheblich kosteneffizienter.

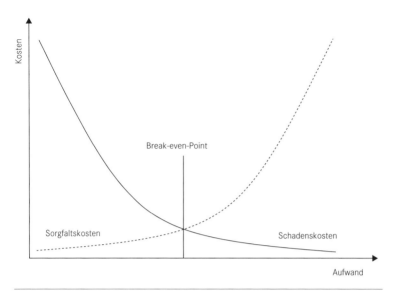

Abb. 13: Zusammenhang von Schadens- und Sorgfaltskosten

Risiken im engeren Sinne werden grundsätzlich auf ihre Eintrittswahrscheinlichkeit und Schadensauswirkung untersucht. Gerade Risiken, die sowohl eine hohe Schadensauswirkung mit fatalen Folgen und eine hohe Eintrittswahrscheinlichkeit besitzen, müssen vorab eingegrenzt werden. Die Abstufung der Betrachtungs- und Sorgfaltsgrenzen sind bei jedem Projekt individuell festzulegen. Um die Risikominimierung auf ein tolerierbares und vor allem finanzierbares Maß zu beschränken, kann z. B. eine Risikobewertung nach der ALARP-Methode (As Low As Reasonably Practicable) hilfreich sein. > Abb. 14

Schadensauswirkung und Eintrittswahrscheinlichkeit

Kostenrisiken lassen sich je nach Herkunft verschiedenen Risikobereichen zuordnen. Allgemein können wie bereits beschrieben Marktrisiken wie Konjunkturschwankungen zu erheblichen Budgetveränderungen führen. Betriebliche Risiken wie Streiks oder Insolvenzen sind ebenfalls ein hoher Unsicherheitsfaktor für den Projekterfolg.

Markt- und Betriebsrisiko

Darüber hinaus sind Baugrundrisiken zu berücksichtigen. Hohe Grundwasserstände können beispielsweise zu aufwendigen Abdichtungsmaßnahmen im Keller und zu temporären Grundwasserabsenkungen in der Bauphase führen. Stellt sich der Baugrund in dieser Zeit als nicht tragfähig dar, müssen meist komplizierte und sehr kostenintensive Kompensationsmaßnahmen (Pfahlgründungen, Bodenverbesserungen, Verankerungen, Lastverteilplatten usw.) ergriffen werden.

Baugrundrisiko

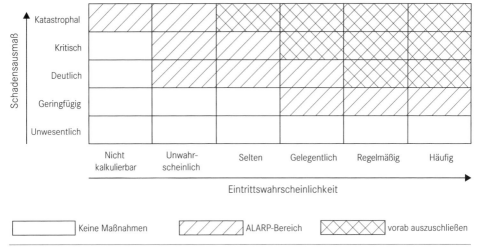

Abb. 14: Risikografik nach der ALARP-Methode

Bestandsrisiko — Gerade bei Projekten im Bestand sind aufgrund der Bausubstanz besondere Bestandsrisiken zu beachten. Einige der wichtigsten sind im Folgenden aufgeführt:

- Kontaminationen (Asbest, PCB, PAK, KMF, Holzschutzmittel usw.)
- Nicht mehr gewährleistete Statik (Nachweise nicht mehr gegeben, Korrosion, unsachgemäße Eingriffe usw.)
- Datenlage (fehlende Planungsunterlagen/Baugenehmigung für das Projekt, nicht verzeichnete Umbauten, Bestandsgeometrien usw.)
- Bauteilschäden (Durchfeuchtung, Schimmelbildung, Risse usw.)
- Wegfall des Bestandsschutzes (Anpassung an aktuelle Vorschriften notwendig)
- Haustechnik (marode Grundleitungen, fehlende Ersatzteile, Anpassung an aktuelle Vorschriften usw.)
- Brandschutzanforderungen (Ertüchtigung, Ausgleichsmaßnahmen, Nachrüsten usw.)

Diese Aufzählung verdeutlicht die Notwendigkeit, zu Beginn eines Projektes eine sorgfältige Analyse des Baugrundes und gegebenenfalls des Bestandsgebäudes durchzuführen, um diese meist projektgefährdenden Risiken einzudämmen.

Risiken in der Kostenermittlung — Große Unsicherheiten hinsichtlich der Kosteneinhaltung entstehen häufig auch aus einer zu frühen und auf zu wenigen Daten basierenden Festlegung des Projektbudgets. Schwankungsbreiten aus den flächen- bzw. volumenbezogenen Kennwerten sind aufgrund des fehlenden Bezugs zu Kostenverursachern bereits beschrieben, hinzu kommen zu

Projektbeginn häufig ungenaue Qualitätsbeschreibungen wie „mittlere Qualität", welche einen großen Interpretationsspielraum lassen.

Eine wesentliche Grundlage zur Bewertung von Kostenrisiken ist zunächst die Erfassung möglicher Risikofelder. Auf der einen Seite können durch frühzeitige Analysen und Gutachten Unsicherheiten reduziert werden, final ausschließen lassen sich Risiken aber immer erst mit Fertigstellung und Schlussrechnung. Mögliche Risikofelder müssen also von Beginn an erfasst, hinsichtlich ihrer Schadensauswirkung und Eintrittswahrscheinlichkeit bewertet und im laufenden Prozess beobachtet und fortgeschrieben werden, um ein vollständiges Risikomanagement zu gewährleisten. Da dies einen nicht unerheblichen Aufwand darstellt, ist projektbezogen zu prüfen und abzustimmen, welcher Detaillierungs- und Bewertungsgrad zugrunde zu legen ist.

Methoden zur Risikobewertung

Meist werden nur aus einigen wenigen Gefahren während des Planungs- und Bauprozesses auch Schäden, sodass es wenig hilft, mögliche Risikokosten einfach zu addieren. Das <u>Risikobudget</u> kann jedoch mit Hilfe verschiedener mathematischer Verfahren ermittelt werden. Es ist stark abhängig von dem Risikobewusstsein des Auftraggebers. Eine Möglichkeit besteht darin, die Risiken unter Nutzung folgender Formel zu erfassen:

Eine typische Vorgehensweise zum Umgang mit Kostenrisiken ist das Einkalkulieren eines Risikopuffers. Dieser kann als Kostenposition mit in die Kostenermittlung aufgenommen oder als mögliche Qualitätsreduktion optional eingeplant werden. > Abb. 16

Risikopuffer

$$\text{Risikobudget} = \sqrt{K_{\text{Risiko }1}^2 + K_{\text{Risiko }2}^2 + K_{\text{Risiko }3}^2 + \cdots}$$

Abb. 15: Beispiel einer Risikobewertung

Risiko	Kosten	Auswirkung/ Konsequenz	Prozentuales Risiko	Risikokosten
Baugenehmigung wird nicht erteilt	70 000 EUR	Projektende – bisherige Planungskosten fallen an	30%	21 000 EUR
Baugrund ist nicht tragfähig	40 000 EUR	Es muss eine Bodenverbesserung erfolgen	25%	10 000 EUR
Steigerung des Stahlpreises	80 000 EUR	Angebotspreise müssen angepasst werden	10%	8 000 EUR
Insolvenz des Rohbauunternehmers	250 000 EUR	Mehrpreis durch Verzögerung und neues Unternehmen	3%	7 500 EUR
…	…	…	…	…

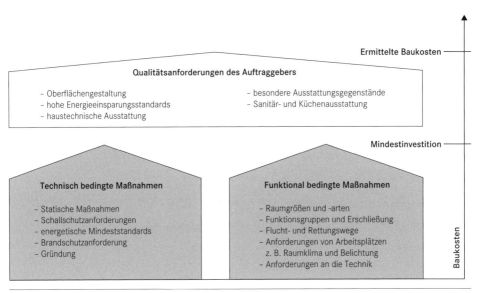

Abb. 16: Abpufferung von Kostenschwankungen

Bei diesem Vorgang werden Module identifiziert, welche im Falle eines Risikoeintritts zur Abpufferung herangezogen werden können. In der Regel werden hierzu im späteren Projektverlauf vergebene Ausbau- qualitäten wie Bodenbeläge, Außenanlagen usw. genutzt. Wesentliche Grundvoraussetzungen dieser Methode sind:

— das Einverständnis des Bauherrn
— die Kostenrelevanz der gewählten Bauelemente (bei einem Projekt von 20 Mio. Euro stellt etwa die Qualität der WC-Trennwände nur einen sehr kleinen Puffer dar)
— die noch nicht erfolgte Vergabe der Leistung (werden Teile eines bereits geschlossenen Bauvertrags gekündigt, sind trotzdem weitere Aufwendungen an das Bauunternehmen zu zahlen)

Unvorhergesehene Kosten können beispielsweise durch abschnitts- weises Bauen, das Festlegen optionaler Ausbaustufen (z. B. Ausbau des Dachgeschosses), das Offenhalten von Alternativen bei großen Kosten- verursachern (PVC-Fußboden statt Granitboden) oder die Möglichkeit von Eigenleistungen (Malerarbeiten im Keller, Schlussreinigung usw.) auf- gefangen werden. Das Einsparpotenzial dieser Puffer muss berechnet und mit einem finalen Datum, bis wann die jeweilige Option im Prozess frei verfügbar ist, versehen werden. > Abb. 17

102

Abb. 17: Beispiel einer modularen Risikoabpufferung

Kostenmodul	Gesamtkosten des Moduls	Einsparungs- potenzial	Verfügbar bis Vergabetermin
Anbau von zwei Garagen, ggf. Carport	18 000 EUR	15 000 EUR	März 2014
Ausbau Dachgeschoss, ggf. nur Dämmung Deckenplatte	30 000 EUR	25 000 EUR	Juli 2014
Werksteinbeläge, ggf. Linoleum	25 000 EUR	12 000 EUR	August 2014
Außenanlagen, ggf. einfach Grünflächen	50 000 EUR	20 000 EUR	November 2014

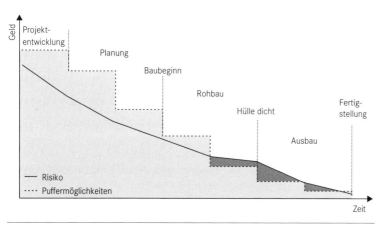

Abb. 18: Gegenüberstellung von Risiken und Puffern

Auf diese Weise können auf der einen Seite Risiken und deren finanzielle Auswirkungen, auf der anderen Seite Risikopuffer und deren Einsparpotenzial gegenübergestellt und auf einer Zeitschiene in Bezug
gebracht werden. Mögliche Deckungslücken lassen sich so darstellen.
> Abb. 18

Methoden der Kostenermittlung

Es gibt verschiedene Methoden, eine Kostenermittlung durchzuführen. Die Wahl hängt von der jeweiligen Projektphase bzw. der Planungstiefe ab. Grundsätzlich werden bei der Kostenermittlung immer Kostenkennwerte mit einer Mengeneinheit multipliziert, um eine Aussage bezüglich der zu erwartenden Kosten machen zu können. > Kap. Grundlagen der Kostenplanung, Kostenkennwerte Je mehr Festlegungen es beispielsweise zu Qualitäten von Wand- und Bodenoberflächen oder zu haustechnischen Standards gibt, desto genauer können diese in der Kostenermittlung berücksichtigt werden. Zu Projektbeginn gibt es in der Regel nur wenige Festlegungen und Informationen, da diese in Abstimmung mit dem Bauherrn oder verschiedenen Fachplanern im Laufe der Planung noch festgelegt werden müssen. Zu Projektbeginn steht jedoch meist schon der Raumbedarf fest, der sich aus der Nutzung selbst oder aus dem vorgegebenen Raumprogramm ergibt. Daraus lassen sich entsprechende Rauminhalte und Grundflächen ableiten und Kosten berechnen. Je mehr Details der Ausführung feststehen, desto detaillierter sollte auch die Ermittlung der Kosten durchgeführt werden. Nachfolgend werden die unterschiedlichen Methoden der Kostenermittlung und deren Anwendbarkeit in verschiedenen Projektphasen beschrieben.

KOSTENERMITTLUNG MIT HILFE VON RAUMINHALTEN

Eine Möglichkeit der Kostenermittlung in einer sehr frühen Projektphase besteht darin, den Rauminhalt der Gebäudekubatur zu berechnen und mit einem Kostenkennwert zu multiplizieren.

Der Rauminhalt ergibt sich aus der Grundfläche des Gebäudes und der Gebäudehöhe, von der Gründung der Bodenplatte bis zur Oberkante der Dachhaut. In Deutschland ist die Berechnung des Rauminhalts in der DIN 277 genau definiert und wird hier als <u>Bruttorauminhalt (BRI)</u> bezeichnet. Die Kostenkennwerte können über nationale Baukosteninformationsdienste (> Anhang, Literatur) bezogen werden, die diese nach Projektart, Ausstattungsstandard und Nutzungsart statistisch erfassen und auswerten. > Abb. 20 Kostenkennwerte können auch selbst ermittelt werden, sofern eine größere Zahl von Projekten gleicher Nutzungsart, ähnlicher Größe und Ausstattungsstandards geplant, ausgeführt und abgerechnet worden sind. Hierbei werden die Baukosten nach Projektende abschließend ermittelt und auf den Rauminhalt des Gebäudes als grobe Bezugseinheit zurückgerechnet. Grundsätzlich muss immer darauf geachtet werden, dass es einheitliche Bezüge der Kostenkennwerte und Mengen gibt. Die über die Kubatur des Gebäudes ermittelten Baukosten bleiben immer sehr ungenau, da nur grobe Annahmen zu Qualitäten und

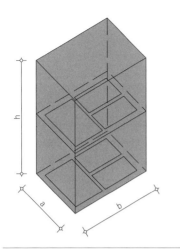

Abb. 19: Berechnung des Bruttorauminhalts

zum Teil auch zu Quantitäten zugrunde gelegt werden können und ein konkreter Gebäudeentwurf unter Umständen noch nicht vorliegt. Zudem fehlt die direkte Verknüpfung mit den Kostenverursachern. > Kap. Grundlagen der Kostenplanung, Kostenkennwerte Die Ermittlung der zu erwartenden Baukosten über den Bruttorauminhalt ist somit lediglich ein Planungsinstrument, um das Bausoll hinsichtlich Quantität und Qualität zu definieren.

Steht der notwendige BRI eines Bauprojekts bereits fest, lässt sich anhand projektspezifischer Kostenkennwerte die grundsätzliche Durchführbarkeit bzw. Finanzierbarkeit überprüfen. Nach dem Minimalprinzip (> Kap. Grundlagen der Kostenplanung, Begriffe und Strukturen) werden hierbei Quantitäten durch den BRI und Qualitäten durch die Wahl des projektspezifischen Kostenkennwerts vorgegeben. Nach dem Maximalprinzip kann der Bauherr dagegen eine bestimmte Baukostensumme als Zielkostenvorgabe nennen. Auf dieser Basis können dann die maximal erzielbare Gebäudegröße und bestmögliche Qualitäten und Ausstattungsmerkmale für die feststehenden Kosten bestimmt werden. Die unterschiedlichen Verfahren werden nachfolgend anhand von drei Beispielen erläutert, wobei besonders auf typische Unwägbarkeiten hingewiesen wird.

Ein Investor möchte ein neues Bürogebäude errichten. Der Bruttorauminhalt ist durch die maximale Bebaubarkeit des Grundstücks mit 3.000 m³ vorgegeben. Der Investor macht dem Architekten grobe Angaben zum gewünschten Ausstattungsstandard und zur Materialität des

Beispiel 1:
Vorgabe des
Bruttorauminhalts

Abb. 20: Kostenkennwerte für Büro- und Verwaltungsgebäude mittleren Standards

Büro- und Verwaltungsgebäude, mittlerer Standard
Kostenkennwerte für Baukonstruktionen und technische Anlagen
15 Vergleichsobjekte von 30, siehe Objektnachweis
BRI von 2200 m³ bis 29 000 m³, BGF von 780 m² bis 9500 m², NF von 580 m² bis 7500 m²

Bezugseinheit	Unterer Wert	Mittlerer Wert	Oberer Wert
BRI	300 EUR/m³	375 EUR/m³	475 EUR/m³
BGF	1250 EUR/m²	1500 EUR/m²	1750 EUR/m²
NF	2000 EUR/m²	2500 EUR/m²	3000 EUR/m²

Gebäudes. Da noch keine konkrete Planung zu dem Bürogebäude besteht, kann der Architekt eine Kostenermittlung nur anhand der Vorgaben des Investors durchführen. Da keine eigenen Kostenkennwerte zu ähnlichen Gebäuden vorliegen, sucht der Architekt ein Vergleichsobjekt bei einem Baukosteninformationsdienst, welches seinen gestalterischen Vorstellungen und den Vorgaben am nächsten kommt. > Abb. 20

In der Regel sind gewisse Preisspannen (von – bis) der Kostenkennwerte angegeben. Bei nicht weiter definierten Angaben zum Gebäude ist anzuraten, zunächst den mittleren Kostenkennwert anzusetzen und den Bauherrn auf die Schwankungsbreiten mit Zu- und Abschlägen hinzuweisen.

Die zu erwartenden Baukosten werden dementsprechend zunächst wie folgt geschätzt:

Bruttorauminhalt × Kostenkennwert =
zu erwartende Baukosten
3000 m³ × 375 EUR/m³ = 1 125 000 EUR

Die angegebenen Kostenkennwerte lagen jedoch tatsächlich zwischen 300 EUR/m³ und 475 EUR/m³. Die Schwankungsbreite der geschätzten Baukosten bewegt sich also zwischen 225 000 EUR nach unten und 200 000 EUR nach oben.

Beispiel 2:
Vorgabe der
Baukosten

Ein Investor gibt ein festes Volumen von 800 000 EUR für den Neubau eines Bürogebäudes vor. Da er das Gebäude später vermieten will, möchte er vom Architekten Informationen zur maximal erzielbaren Fläche erhalten. Über die Festlegung des Standards können analog zu Beispiel 1 Kostenkennwerte recherchiert und somit auch Aussagen über den realisierbaren BRI getätigt werden. Die nachfolgende Rechnung stellt keine Kostenermittlung im eigentlichen Sinne dar, ist aber ein wichtiges Planungsinstrument in der frühen Projektphase.

Der realisierbare BRI des Bürogebäudes wird wie folgt geschätzt:

Feststehende Investitionssumme:
Kostenkennwert = möglicher BRI
800 000 EUR : 375 EUR/m³ = ca. 2133 m³

Aufgrund der Kostenkennwerte, die von 300 EUR/m³ bis 475 EUR/m³ reichen > Abb. 20, sollte der Architekt den Investor bezüglich entsprechender Konsequenzen auf den realisierbaren Bruttorauminhalt hinweisen. Die Schwankungsbreite des geschätzten Bruttorauminhalts bewegt sich also zwischen ca. 2666 m³ und 1684 m³.

Es ist nicht unüblich, dass der Bauherr dem Architekten sowohl den gewünschten Bruttorauminhalt als auch ein festes Budget für die Baukosten vorgibt. Unter diesen Voraussetzungen kann durch eine Division der Zielkosten durch den gewünschten Bruttorauminhalt ein Kostenkennwert berechnet werden, der Aufschlüsse auf die erzielbaren Qualitäten bzw. die Realisierbarkeit des Projekts gibt.

Beispiel 3: Vorgabe des Bruttorauminhalts und der Baukosten

Der Bauherr möchte ein Bürogebäude mit 3500 m³ Bruttorauminhalt für 800 000 EUR bauen. Durch folgende Gleichung kann der projektspezifische Kostenkennwert berechnet werden:

○

Feststehende Investitionssumme:
Bruttorauminhalt = Kostenkennwert
800 000 EUR : 3500m³ = ca. 228 EUR/m³

Der Architekt muss nun den errechneten Kostenkennwert anderen Vergleichsobjekten gegenüberstellen, um zu überprüfen, ob die Vorstellungen des Bauherrn überhaupt realisierbar sind. Der unterste Kostenkennwert für vergleichbare Bürogebäude liegt bei 300 EUR/m³ Bruttorauminhalt. > Abb. 20 Liegt der errechnete Kostenkennwert innerhalb der Schwankungsbreiten der Vergleichsobjekte, ist das Bauprojekt grundsätzlich in der gewünschten Form realisierbar. Sollte der errechnete Wert wie in der Beispielsrechnung deutlich unterhalb der Vergleichsobjekte

○ **Hinweis:** Ist der realisierbare BRI bekannt, kann mit Hilfe der Umrechnungsfaktoren für die Geschosshöhen (inklusive Boden- und Deckenaufbauten) die Bruttogrundfläche errechnet und als Planungsvorgabe in den Vorentwurf des Gebäudes übernommen werden. Eine weitere Umrechnung auf die Nettogrundflächen des Gebäudes und Abzüge notwendiger Nebenflächen ermöglicht auch eine Aussage über die realisierbare vermietbare Fläche, ohne dass ein konkreter Gebäudeentwurf vorliegt.

liegen, sind die Ziele des Bauherrn in Frage zu stellen. Der Architekt kann in diesem Fall gemeinsam mit dem Bauherrn abwägen, ob die Einhaltung der Zielkosten oder aber die Einhaltung des gewünschten Bruttorauminhalts verfolgt wird, da das Projekt in der gewünschten Größe nicht im Rahmen der Zielkosten realisierbar scheint. Soll der gewünschte Bruttorauminhalt weiterhin erreicht werden, müssen zwangsläufig die Zielkosten nach oben korrigiert werden. Ist der Bauherr bereit, das Projekt zu verkleinern, kann der Architekt analog zu Beispiel 1 den erzielbaren Bruttorauminhalt mit Hilfe eines realistischen Kostenkennwerts berechnen.

Vor- und Nachteile der Kostenermittlung durch den BRI

Die Berechnung von Baukosten mit Hilfe des Rauminhalts stellt, wie in den Beispielen gezeigt, ein sehr flexibles Planungsinstrument für frühe Projektphasen ohne konkreten Gebäudeentwurf dar. Die Ergebnisse sind jedoch immer kritisch zu betrachten, und es sollte unbedingt auf die

O   systembedingten Schwankungsbreiten hingewiesen werden.

Typische Unwägbarkeiten dieser Methode sind: Vorgaben beteiligter Fachplaner oder von Behörden können die Kosten im weiteren Projektverlauf stark beeinflussen und sind zu Projektbeginn nicht immer absehbar. Neben den Schwankungsbreiten der Kostenkennwerte und unklaren Definitionen der gewünschten Qualitäten des Ausbaustandards kann die Änderung der angenommenen Geschosshöhen einen großen Einfluss auf die ermittelten Baukosten haben. Veränderte Aufbauhöhen von Decken oder Böden können sich erheblich auf den Bruttorauminhalt auswirken. Je nachdem, wie hoch der technische Installationsgrad eines Gebäudes ist (BUS-System, Lüftungsanlagen usw.), können zusätzliche Installationsebenen wie Doppelboden und abgehängte Decken erforderlich werden. Bei einer geplanten lichten Raumhöhe von 3,00 m kann die notwendige Geschosshöhe somit leicht zwischen 3,40 m und 4,50 m variieren. Ohne Mitwirken eines Fachplaners, der eine Dimensionierung der Installationsebenen vornimmt, kann in den frühen Projektphasen die tatsächliche Geschoss- und somit Gebäudehöhe nicht abschließend geklärt werden. Diese hat aber einen erheblichen Einfluss auf die Baukosten.

Andererseits muss eine Vergrößerung des Bruttorauminhalts nicht zwangsläufig mit einer drastischen Kostenerhöhung einhergehen.

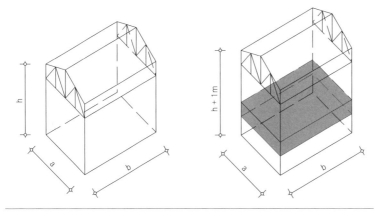

Abb. 21: Industriehallen mit gleicher Grundfläche und unterschiedlichem
Bruttorauminhalt

Bei einer Industriehalle (z. B. mit den Abmessungen: 20 m × 80 m × 9 m)
hat die Erhöhung des Gebäudes um 1 m einen geringeren Einfluss auf die
Baukosten, da die Kostenverursacher Gründung bzw. Bodenplatte und
Dachkonstruktion gleich bleiben und lediglich die Fassadenfläche um
200 m² größer wird. > Abb. 21 In dem Gebäude selbst wird also im Wesentlichen nur der umbaute „Luftraum" größer, der aber nicht als kosten-
steigernd angesehen werden kann.

KOSTENERMITTLUNG MIT HILFE VON GRUND- UND NUTZFLÄCHEN
Eine weitere Möglichkeit, Baukosten zu ermitteln, stellt die Berechnung der Grundflächen bzw. Nutzflächen und die Multiplikation mit
einem entsprechenden Kostenkennwert dar. Hierbei wird die Gebäudehöhe mehr oder weniger außer Acht gelassen. Deswegen ist es von großer Bedeutung, dass Kostenkennwerte von Vergleichsobjekten mit ähnlichen absoluten Geschosshöhen (inklusive der konstruktiven Aufbauten
von Gründung, Geschossdecken und Dächern) verwendet werden. Die
Kostenermittlung unter Hinzuziehung von Grund- und Nutzflächen ist aber
ebenfalls nur bedingt geeignet, verlässliche Aussagen über die tatsächlich zu erwartenden Kosten zu tätigen, da hier – wie auch bei der Berechnung mit Hilfe des Bruttorauminhalts – die direkte Verknüpfung mit
den Kostenverursachern fehlt. Vielmehr ist diese Kostenermittlungsmethode in Verbindung mit der Kostenermittlung über den Bruttorauminhalt und gebäude- bzw. nutzungsspezifische Umrechnungsfaktoren als
Planungsinstrument in den frühen Projektphasen zu verstehen. In jedem
Fall ist ein Vergleich mit den Ergebnissen der raum- und grundflächenbe-
zogenen Kostenermittlungsmethoden anzuraten, da so die Resultate
überprüft werden können und auf eine realistische Annäherung an die

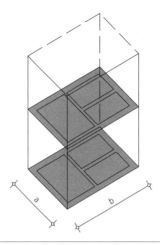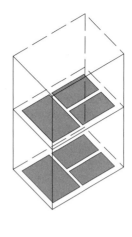

Abb. 22: Berechnung von Grund- und Nutzflächen

tatsächlichen Baukosten abgezielt werden kann. Nachfolgend wird die Kostenermittlung über Grund- und Nutzflächen anhand von Beispielen erläutert.

Berechnung mit Hilfe der Bruttogrundfläche Die Ermittlung der zu erwartenden Baukosten unter Hinzuziehung der Bruttogrundfläche erfolgt durch ähnlich einfache Berechnungsmethoden, wie sie für den Bruttorauminhalt beschrieben worden sind.

Wie bereits erwähnt, besteht keine direkte Verbindung zwischen den Kostenkennwerten und den tatsächlichen Kostenverursachern. Kostensteigernde Faktoren wie zusätzliche Aufzugsanlagen, weitere Treppenhauskerne für kürzere Wege innerhalb des Gebäudes oder besonders hohe Decken- und Bodenaufbauten aufgrund eines hohen technischen Installationsgrads werden nicht gesondert berücksichtigt. Wie auch bei der Berechnung mit Hilfe des Bruttorauminhalts können die Kostenkennwerte für Bruttogrundflächen auf verschiedene Art und Weise in die Baukostenplanung einbezogen werden. Folgende Möglichkeiten sind gegeben:

1. Die notwendige Bruttogrundfläche wird direkt vom Bauherrn vorgegeben, oder die auf dem Grundstück realisierbare Bruttogrundfläche wird ermittelt. Durch Multiplikation mit dem Kostenkennwert werden anschließend die Baukosten berechnet.

2. Der Bauherr macht eine Zielkostenvorgabe. Durch Division der Zielkosten durch einen entsprechenden Kostenkennwert (unter Berücksichtigung der gewünschten Qualitäten) wird die im Kostenrahmen erzielbare Bruttogrundfläche berechnet.

Ein Investor möchte ein Bürogebäude mit einer Bruttogrundfläche von 3000 m² errichten. Für seine Finanzierung benötigt er vom Architekten eine Aussage über die zu erwartenden Baukosten. Der Architekt recherchiert Kostenkennwerte für vergleichbare Bauprojekte derselben Nutzungsart und Objektgröße (Bezug der Kennwerte durch Baukosteninformationsdienste oder aus selbst gebildeten Kennwerten) und kann somit eine erste grobe Aussage über die Baukosten tätigen.

Beispiel 1: Vorgabe der Bruttogrundfläche

Bei der Berechnung sollte zunächst der Mittelwert von 1500 EUR/m² BGF verwendet werden. Anschließend können die Schwankungsbreiten mit Zu- und Abschlägen bei der Kostenprognose berücksichtigt werden. > Abb. 20

Bruttogrundfläche × Kostenkennwert =
zu erwartende Baukosten
$3500 m^2 \times 1500 \ EUR/m^3 = 4\,500\,000 \ EUR$

Das errechnete Ergebnis von 4 500 000 EUR kann aufgrund der referenzierten Kostenkennwerte nach oben und unten um bis zu 750 000 EUR abweichen.

Werden vom Bauherrn hingegen Vorgaben bezüglich der Zielkosten oder der Bruttogrundfläche und der Zielkosten gemacht, so können einfache Rechenwege gewählt werden, wie sie in den Beispielen 2 und 3 bei der Berechnung über den Bruttorauminhalt vorgestellt wurden.

Die beschriebene Berechnung der Baukosten mit Hilfe der Bruttogrundfläche eines Gebäudes ist für den Architekten sehr einfach anwendbar und leicht nachvollziehbar. Die meisten Bauherren sind jedoch keine Immobilienfachleute und können mit diesem Planungswert nur bedingt arbeiten. Beim privaten Wohnungsbau und bei vermieteten Büroimmobilien stehen die tatsächlich nutzbaren oder vermietbaren Flächen im Vordergrund, da mit diesen der spätere Nutzen und Erträge erzielt werden. Eine Kostenaussage, bezogen auf die Nutzfläche (NF), wird sich dem Bauherrn eher erschließen, da er seinen nutzungsspezifischen Raumbedarf aus eigener Erfahrung kennt und das Projekt hinsichtlich der Wirtschaftlichkeit so besser bewerten kann. Anhand des bisherigen Flächenbedarfs und des zukünftig notwendigen Zuwachses kann der Bauherr

Berechnung anhand der Nutzfläche

■ **Tipp:** Bei jeder Kostenermittlung sollten die oberen und unteren Grenzwerte der Kostenkennwerte in der Berechnung aufgeführt werden, da somit direkt auf die systembedingten Schwankungsbreiten der Kostenermittlungsmethoden hingewiesen wird. Teilt der Architekt dem Bauherrn lediglich eine einzelne Zahl zu den möglichen Baukosten mit, erhält diese eine zu hohe Bedeutungskraft.

dem Architekten relativ einfach Vorgaben zur Nutzfläche machen. Es kommt jedoch nicht selten vor, dass wesentlich abstraktere Angaben gemacht werden, die sich z. B. auf die notwendige Mitarbeiterzahl eines Unternehmens (mindestens 1500 Mitarbeiter in Zellenbüros), auf eine erforderliche Anzahl von Betten in einem Hotel oder auf eine bestimmte Anzahl von Ein- oder Zweibettzimmern in Krankenhäusern beziehen.

Werden eher abstrakte Vorgaben durch den Bauherrn an den Architekten weitergegeben, muss dieser den notwendigen Flächenbedarf klären und die sich daraus ergebende Nutzfläche ermitteln, da dies die für seine Baukostenplanung relevante Kenngröße ist. Die mit Hilfe der Flächen- oder Rauminhalte berechneten Baukosten können im Nachhinein auf die projektspezifischen abstrakten Bezugsfaktoren umgerechnet werden, sodass der Bauherr dies im Rahmen einer Wirtschaftlichkeitsprüfung immer im Blick behalten kann. Die Ermittlung des Flächenbedarfs und die Umrechnung auf spezielle Bezugseinheiten sollten immer in enger Absprache mit dem Bauherrn durchgeführt werden.

Beispiel 1:
Vorgabe der
Mitarbeiteranzahl

Ein Bauherr möchte ein Bürogebäude für 600 Mitarbeiter errichten. Neben einzelnen Büroräumen für die Mitarbeiter sollen genau wie in seinem jetzigen Bürogebäude ca. 400 m² an Nebenflächen für WCs, Flure, Foyer, Teeküchen, Lager usw. und zusätzlich vier Besprechungsräume mit je 60 m² vorhanden sein. Der Architekt geht von reinen Zellenbüros mit jeweils 14 m² Fläche aus. Bei mit dem bisherigen Gebäude gleicher Flächenwirtschaftlichkeit und den im Neubau gewünschten zusätzlichen Besprechungsräumen ergibt sich folgende Berechnung zu der Nutzfläche:

Platzbedarf / Mitarbeiter × Anzahl Mitarbeiter +
zusätzlicher Flächenbedarf = Nutzfläche
14 m² × 600 + 400 m² + (4 × 60 m²) = 9040 m²

Die Kostenkennwerte von Vergleichsobjekten liegen zwischen 2000 EUR/m² und 3000 EUR/m² Nutzfläche (Mittelwert 2500 EUR/m²).

> Abb. 20

Die zu erwartenden Baukosten errechnen sich wie folgt:

Nutzfläche × Kostenkennwert = zu erwartende Baukosten
9040 m² × 2500 EUR/m² = 22 600 000 EUR

Bezüglich der zu erwartenden Baukosten ist mit einer Schwankungsbreite von 4 520 000 EUR nach oben und unten zu rechnen.

Vor- und Nachteile
der Kostenermittlung
anhand von Grund-
und Nutzflächen

Die Kostenermittlung über die Bruttogrundfläche eines Gebäudes ist ähnlich einfach und schnell durchzuführen wie die Berechnung über den Bruttorauminhalt, sie ist jedoch ebenso ungenau. Wird die notwendige Nutzfläche vom Bauherrn vorgegeben und durch den Architekten berechnet, können entsprechende Kostenkennwerte zugrunde gelegt werden. Bei der Wahl dieser Kennwerte ist jedoch zu klären, ob bei dem geplanten Projekt eine ähnliche Flächenwirtschaftlichkeit möglich ist. Bei grundsätzlich verschiedenen Voraussetzungen hinsichtlich der Grundrissanordnung und der Erschließung wären problematische Auswirkungen auf die berechneten Baukosten die Folge. Deswegen ist die korrekte Auswahl von Vergleichsobjekten von besonders großer Bedeutung. Auch muss geklärt werden, inwiefern Nebenflächen in die Nutzfläche oder die später vermietbare Fläche eingerechnet werden dürfen. Die Tatsache, dass bei dieser Methode die Gebäudehöhe nicht berücksichtigt wird, kann bei von der Norm abweichenden Geschosshöhen zu weiteren Ungenauigkeiten führen. Da die Nutzfläche für nahezu jeden Bauherrn eine greifbare und bekannte Kenngröße darstellt, lassen sich Vorgaben und Wünsche am besten anhand dieser Größe überprüfen, und die Kosten bleiben am besten bewertbar. Die Berechnung der zu erwartenden Baukosten mit Hilfe dieser Größe kann bei richtiger Anwendung die Genauigkeit der Ergebnisse deutlich steigern, da in den Kostenkennwerten weitere Informationen zur Flächenwirtschaftlichkeit berücksichtigt sind. Allerdings können diese versteckten Informationen auch große Ungenauigkeiten mit sich bringen, wenn es keine konkret vergleichbaren Bezugsobjekte mit realistischen Kostenkennwerten gibt oder wenn die Planungstiefe O des Projekts hierzu noch keine Aussagen zulässt.

KOSTENERMITTLUNG ANHAND VON GROBELEMENTEN

In den beschriebenen Berechnungsmethoden fehlt der Bezug zu den eigentlichen Kostenverursachern. Das ist tolerierbar, denn in frühen Projektphasen geht es darum, die Realisierbarkeit im Rahmen eines gewissen Kostenrahmens zu überprüfen, das Bausoll zu definieren und unter diesen Bedingungen einen Gebäudeentwurf zu entwickeln.

Im weiteren Planungsverlauf werden diese groben Berechnungsmethoden jedoch zu ungenau, weswegen auf eine detailliertere Berechnungsmethode zurückgegriffen werden sollte. Eine Möglichkeit bietet die Berechnung der Baukosten über sogenannte Grobelemente. Dies setzt jedoch einen konkreten Gebäudeentwurf voraus, anhand dessen eine Mengenermittlung der einzelnen konstruktiven Bauteile (Grobelemente) des geplanten Gebäudes durchgeführt werden kann. Bei der Mengenermittlung der einzelnen Grobelemente muss einheitlich verfahren werden. In Deutschland beispielsweise sind die Bezugseinheiten zur Mengenermittlung in der DIN 277 geregelt. Alle Kostenkennwerte werden auf dieser maßlichen Grundlage errechnet. Ein Grobelement beschreibt einzelne Bauteile wie z. B. eine Außenwand, eine Geschossdecke oder ein Dach und ist unterteilbar in Bauelemente.

So kann das Grobelement einer Geschossdecke wie folgt aufgebaut sein:

1. Fliesen, d = 15 mm + Kleber
2. Schwimmender Zementestrich 6,0 cm
3. Wärmedämmung, Trittschalldämmung 5,0 cm
4. Stahlbetondecke 25 cm
5. Gipsdeckenputz 1,5 cm
6. Anstrich

Vorgehensweise   Bei der Berechnung der zu erwartenden Baukosten geht der Architekt wie folgt vor: Der vorhandene Gebäudeentwurf wird hinsichtlich seiner konstruktiven Bauteile ausgewertet. Die einzelnen Grobelemente werden tabellarisch erfasst und wenn möglich genauer beschrieben. Anschließend werden für jedes einzelne Grobelement separat Mengen ermittelt und ebenfalls in die Tabelle eingetragen. > Abb. 24 Anhand der einzelnen Grobelementbeschreibungen können vergleichbare Kostenkennwerte bei Baukosteninformationsdiensten recherchiert oder selbst ermittelte Kennwerte verwendet werden. Diese Kostenkennwerte sind dann nicht mehr auf eine Gebäudetypologie, sondern auf das jeweilige Bauteil bezogen. Dadurch wird ein direkter Bezug von Kostenverursacher und Kostenkennwert hergestellt. Außerdem können so auch Kostenkennwerte verschiedener Vergleichsobjekte herangezogen werden, da die Vergleichbarkeit hinsichtlich des konstruktiven Aufbaus bewertet wird. Die Kostenkennwerte der einzelnen Grobelemente werden mit den ermittelten Mengen multipliziert und ergeben in der Summe zunächst die Baukosten für die einzelne Grobelementgruppe. Die gesamten Baukosten resultieren aus den Teilsummen der einzelnen Grobelementgruppen (Dach, Außenwand, Innenwand, Decke, Gründung). Werden einzelne Bestandteile in der Mengenermittlung vergessen, hat dies erhebliche
■ Auswirkungen auf die errechneten Baukosten.

■ **Tipp:** Selten besteht ein Gebäude aus immer gleichen Grobelementen. Deswegen sollte bei der Ermittlung der Baukosten frühzeitig nach möglichen Decken-, Wand- und Dachaufbauten unterschieden werden, da dies die Genauigkeit der Kostenermittlung erheblich steigert. Ohne verlässliche Angaben über die einzelne Bauteilzusammensetzung können nur bedingt verlässliche Kostenaussagen getroffen werden.

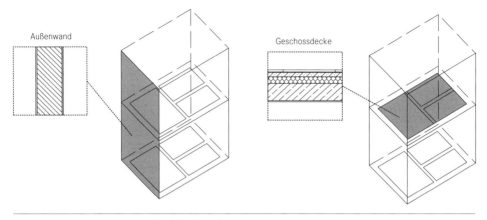

Abb. 23: Grobelemente Außenwand und Geschossdecke

Abb. 24: Beispiel einer einfachen Kostenermittlung über Grobelemente mit Zuordnung der Kostengruppen nach der deutschen DIN 276

Kostengruppe	Grobelement	Menge	Kostenkennwert	Gesamtpreis
DIN 276	Beschreibung	Mengeneinheit	Euro/ME	Euro
310	Baugrube	900 m³	8	7 200
320	Gründung	120 m²	150	18 000
330	Außenwände	200 m²	300	60 000
340	Innenwände	80 m²	150	12 000
350	Decken	120 m²	165	19 800
360	Dächer	120 m²	220	26 400
......	....	....	......	....
Summe der Baukosten				**230 800**

Diese Form der Kostenermittlung bietet die Möglichkeit, die Kosten anhand der Kostenverursacher zu berechnen, und ist somit wesentlich genauer als Berechnungsmethoden auf der Basis von Rauminhalten oder Grundflächen. Problematisch ist jedoch die Reduktion der Grobelemente auf jeweils nur einen konstruktiven Aufbau. Werden sie differenziert erfasst, sodass alle verschiedenen Konstruktionsaufbauten berücksichtigt werden, steigert sich der Zeitaufwand für die Berechnung erheblich. Wie bereits angemerkt, stehen jedoch gerade Qualitäten von Oberflächen, die einen erheblichen Einfluss auf die Kosten des Grobelements haben,

Vor- und Nachteile der Kostenermittlung anhand von Grobelementen

erst viel später fest. Bei sehr einfachen Gebäuden mit einer geringen Anzahl von verschiedenen Konstruktionsaufbauten lassen sich mit dieser
Methode die Baukosten sehr schnell und unkompliziert ermitteln. Wird
ein Gebäude hingegen sehr individuell, technisch und architektonisch
anspruchsvoll geplant, birgt diese Berechnung ein hohes Ungenauigkeits-
potenzial.

Wie auch für die anderen beschriebenen Methoden der Kostenermittlungen gilt: Bauprojekte im Bestand lassen sich sehr schlecht über
Grobelemente abbilden oder berechnen. Ein weiteres Problem besteht
darin, dass bei einem Kostenkennwert für ein Grobelement verschiedene
Leistungsbereiche oder ausführende Gewerke vermischt werden.

Welche ausführenden Gewerke bei dem oben angeführten Beispiel
der Geschossdecke beteiligt wären, kann der nachfolgenden Auflistung
entnommen werden:
1. Fliesen- und Plattenarbeiten für den Bodenbelag (33%)
2./3. Estricharbeiten für den Estrich inkl. der Dämmung (13%)
4. Beton- und Stahlbetonarbeiten für die tragende
    Geschossdecke (44%)
5. Putz- und Stuckarbeiten für den Innendeckenputz (7%)
6. Maler- und Lackierarbeiten für den Anstrich des
    Deckenputzes (3%)

Bei einem Grobelement einer Außenwand können z.B. folgende
Gewerke beteiligt werden:
1. Mauerarbeiten für die Außenwand (65%)
2. Putz- und Stuckarbeiten für den Innen- und den Außenputz (27%)
3. Maler- und Lackierarbeiten für den Fassadenanstrich und den
    Anstrich Innenwandputz (8%)

Wie die beiden beispielhaften Grobelemente für eine Geschoss-
decke und eine Außenwand zeigen, können die veranschlagten Baukos-
ten beim späteren Übergang des Projekts von der Planung in die Ausfüh-
rung nur auf sehr umständlichem Wege in die Budgets für die einzelnen
Vergabeeinheiten umgerechnet werden. <small>> Kap. Fortschreiben der Kostenplanung,
Arbeiten mit einer gewerkeorientierten Kostenermittlung</small> Dies ist nur möglich, wenn eine
Aufschlüsselung der prozentualen Anteile des Kostenkennwerts eines
Grobelements für die einzelnen beteiligten Gewerke erstellt wird. Diese
Vorgehensweise ist jedoch fragwürdig, da der prozentuale Anteil sehr
stark von projektspezifischen Rahmenbedingungen der herangezogenen
Vergleichsobjekte beeinflusst wird.

KOSTENERMITTLUNG ANHAND VON BAUELEMENTEN

Die Berechnung mit Grobelementen eröffnet zwar die Möglichkeit,
die Baukosten anhand der Kostenverursacher zu ermitteln, ist jedoch
trotzdem mit Ungenauigkeiten und Anwendungsproblemen im weiteren

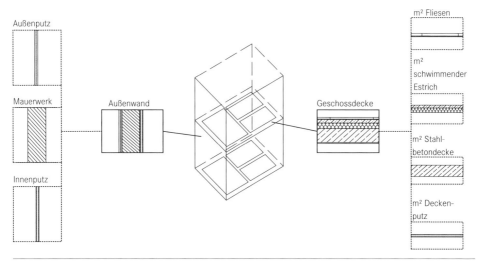

Abb. 25: Aufgliederung der Grobelemente Außenwand und Geschossdecke in Bauelemente

Projektverlauf verbunden. Deswegen sollte, sobald ausreichend genaue Informationen zu geplanten Konstruktionsaufbauten und Qualitäten der Oberflächen verfügbar sind, eine genauere Aufgliederung der Kosten bis hin zu einzelnen Bauelementen durchgeführt werden. > Kap. Fortschreiben der Kostenplanung, Arbeiten mit einer bauelementorientierten Kostenermittlung

An dieser Stelle ist zunächst der Begriff „Bauelement" zu bestimmen. Ein Bauelement wird auch als Feinelement, Bauteil, Konstruktionselement, Leitposition oder Gebäudebestandteil bezeichnet. Alle diese Begriffe lassen jedoch keine genaue Definition zu. Eindeutig ist folgende Erklärung: Ein Bauelement ist ein Teil eines Gebäudes, der sowohl einem Bauteil als auch einem Leistungsbereich eindeutig zugeordnet werden kann.

Alle Grobelemente eines Gebäudes lassen sich in einzelne Bau- ○ elemente unterteilen. Beispielhaft sind in Abbildung 25 die Grobelemente Außenwand und Geschossdecke dargestellt.

○ **Hinweis:** Ein Bauelement lässt sich nicht nach seiner Funktion im Gebäude weiter unterteilen (z. B. wird das Bauteil „Wand, nichttragend oder tragend, inkl. Türen" in nichttragende Wände, tragende Wände und Türen unterteilt.). Zudem gibt es keine Bauelemente, die mehreren Leistungsbereichen bzw. Vergabeeinheiten angehören – so ist ein „Decken-Gipsputz mit Dispersionsanstrich" unterteilt in ein Bauelement „Decken-Gipsputz, Putzarbeiten" und ein Bauelement „Dispersionsanstrich, Malerarbeiten".

Die Grundlage für diese Kostenermittlungsmethode bildet eine Baubeschreibung, die alle Bauelemente des geplanten Gebäudes enthalten muss. Den einzelnen Bauelementen können aufgrund ihrer beschriebenen Eigenschaften verschiedene Kostenkennwerte zugeordnet werden. Da jedes Bauelement eindeutig beschrieben ist, können die zum Vergleich herangezogenen Kostenkennwerte ebenfalls sehr realitätsgetreu ausgewählt werden. Dieser Bauelementkatalog fasst alle im Gebäude enthaltenen Bauelemente tabellarisch zusammen. Im Gegensatz zu einem Raumbuch werden alle konstruktiv gleich ausgebildeten Bauelemente nur einmal beschrieben, sodass sich der Umfang auch bei größeren Projekten in einem übersichtlichen Rahmen hält. Der Bauelementkatalog bleibt bearbeitbar. Die Beschreibung sollte sich auf die wesentlichen Merkmale zur Unterscheidung der Qualitäten beschränken. Die Bauteile müssen jedoch lückenlos erfasst und mengenmäßig ermittelt werden, damit die spätere Kostenermittlung genau durchgeführt werden kann.

Vorgehensweise
Bei der Aufstellung des Bauelementkatalogs geht der Architekt die einzelnen Kostengruppen eines Gebäudes durch und erfasst dabei alle für das Gebäude relevanten Bauelemente. So werden beispielsweise alle nichttragenden Innenwände aufgenommen und kurz und knapp mit ihren Eigenschaften und Anforderungen beschrieben. Das Gleiche wird für alle anderen Bauelemente wie tragende Innenwände, tragende Außenwände, Außenwandbekleidungen usw. durchgeführt. Damit später die Umwidmung der errechneten Baukosten einzelner Bauelemente in Budgets für die Vergabeeinheiten vollzogen werden kann, sollten in dieser Tabelle nicht nur die Kostengruppen, sondern ebenfalls die entsprechenden Leistungsbereiche (ausführenden Gewerke) benannt werden. Auf diese Weise ist eine Umstellung von der gebäude- zur ausführungsorientierten Sichtweise innerhalb einer Tabellenkalkulationssoftware jederzeit problemlos möglich. Die Zusammenfassung der Leistungsbereiche zu den späteren Vergabeeinheiten kann je nach Leistungsspekt
○ rum der ausführenden Firmen auch projektspezifisch vollzogen werden.

○ **Hinweis:** Bei einer Trockenbauwand z. B. sind Angaben zur Wanddicke, zu Materialeigenschaften der Dämmung sowie zu Materialeigenschaften und Dicke der Beplankungslagen wichtig, da sich hieraus gewisse Brand- und Schallschutzeigenschaften ergeben, die die Kosten wesentlich bestimmen. Besteht eine Wand aus zwei separat errichteten Ständerwänden, so beeinflusst auch dies die Kosten, da sich der zeitliche Arbeitsaufwand und somit der Lohnanteil deutlich steigert.

Abb. 26: Bauelementkatalog (mit Zuordnung von Kostengruppen nach der deutschen DIN 276)

Kostengruppe DIN 276	Bauelement Beschreibung	Leistungsbereich
350	**Decken**	
351	Stahlbetondecke 20 cm, Deckenunterseiten ohne Anforderungen	Rohbau
352	Schwimmender Zementestrich ZE20, Dicke 50 mm auf Trittschalldämmung 20 mm, restlicher Aufbau aus Wärmedämmung PS 20 WLG 035, Gesamthöhe 150 mm	Estricharbeiten
352	Parkett, Eiche Landhausdiele, 22 mm, Oberfläche weiß geölt	Parkettarbeiten
353	Gipsputz unter der Decke, Dicke im Mittel 15 mm	Putzarbeiten
340	**Innenwände**	
341	Stahlbetonwand 15 cm, Oberflächen ohne Anforderungen	Rohbau
345	Innenputz beidseitig, Dicke im Mittel 15 mm	Putzarbeiten

Es ist durchaus sinnvoll, den Bauelementkatalog durch eine räumliche Zuordnung zu erweitern. Dies hilft insbesondere dem Bauherrn, die geplanten Qualitäten des Gebäudes zu verstehen. Die räumliche Zuordnung kann durch Raumgruppen oder Raumnummern erfolgen. Sind zum Beispiel die Bodenbeläge aller Besprechungsräume in einem Bürogebäude identisch ausgeführt, so können auch Bodenbeläge anderer Räume mit dieser Beschreibung eindeutig definiert werden (z. B.: „Parkettboden, Eiche wie in Besprechungsräumen"). Wird die räumliche Zuordnung penibel und vollständig erfasst, erfüllt die Baubeschreibung mit Bauelementen auch die Funktionen eines Raumbuches, da alle in einem Raum oder einer Raumgruppe vorkommenden Bauelemente übersichtlich dargestellt werden können. Gegenüber einem Raumbuch ist die Tabelle des Bauelementkatalogs jedoch wesentlich leichter zu handhaben.

Die Mengenermittlung für den Bauelementkatalog sollte möglichst leicht nachvollziehbar in einer Tabelle durchgeführt werden, damit Synergieeffekte für die Terminplanung (Dauer einzelner Abläufe) und vor allem für die Mengenberechnung bei der Ausschreibung genutzt werden können.

Ergänzt man den Bauelementkatalog mit den jeweiligen Kostenkennwerten, kann die Kostenermittlung durchgeführt werden. Der Gesamtpreis eines Bauelementes ergibt sich aus der Multiplikation der Menge des Bauelementes mit dem Kostenkennwert des Bauelementes. Durch einfaches Umsortieren der Tabelle können wahlweise Kosten für übergeordnete Grobelemente bzw. Kostengruppen oder auch Leistungsbereiche berechnet werden.

Der wesentliche Vorteil einer Kostenermittlung mit Hilfe von Bauelementen liegt eindeutig in der Weiterverwendung der errechneten Kosten für die Umwidmung in Budgets der Vergabeeinheiten von einzelnen

Räumliche Zuordnung

Mengenermittlung der Bauelemente

Zuordnung von Kostenkennwerten

Vor- und Nachteile der Kostenermittlung über Bauelemente

Abb. 27: Bauelementkatalog inklusive räumlicher Zuordnung und Mengenermittlung

Kostengruppe DIN 276	Bauelement Beschreibung	Leistungsbereich	Raumgruppen Raumnummern	Menge Mengeneinheit
350	**Decken**			
351	Stahlbetondecke 20 cm, Deckenunterseiten ohne Anforderungen	Rohbau	Büroräume und Flure	120 m²
352	Schwimmender Zementestrich ZE20, Dicke 50 mm auf Trittschalldämmung 20 mm, restlicher Aufbau aus Wärmedämmung PS 20 WLG 035, Gesamthöhe 150 mm	Estricharbeiten	Büroräume und Flure	120 m²
352	Parkett, Eiche Landhausdiele, 22 mm, Oberfläche weiß geölt	Parkettarbeiten	Büroräume und Flure	120 m²
353	Gipsputz unter der Decke, Dicke im Mittel 15 mm	Putzarbeiten	Büroräume und Flure	120 m²
340	**Innenwände**			
341	Stahlbetonwand 15 cm, Oberflächen ohne Anforderungen	Rohbau	Treppenhaus	80 m²
345	Innenputz beidseitig, Dicke im Mittel 15 mm	Putzarbeiten	Treppenhaus	160 m²

Gewerken. Die Baubeschreibung mit Bauelementen ermöglicht es, die beschriebenen Qualitäten des Gebäudes auch im Projektverlauf genauer zu definieren und anzupassen. Sie bildet schlussendlich die Grundlage für die Erstellung der Leistungsverzeichnisse der einzelnen Leistungsbereiche. Die übersichtlich zusammengefassten projektspezifischen Qualitäten sind für den Bauherrn als Laien wesentlich besser verständlich als einzelne Positionen von Leistungsverzeichnissen, da das Bauelement immer das fertige Bauteil beschreibt und nicht die Arbeiten, die zur Herstellung notwendig sind. Trotz des großen Detaillierungsgrads bleibt die Struktur sehr flexibel, da jedes Bauelement genau einer Kostengruppe (z. B. in Deutschland nach der dritten Ebene der DIN 276) und genau einem Leistungsbereich zuzuordnen bleibt. > Kap. Grundlagen der Kostenplanung, Begriffe und Strukturen

KOSTENERMITTLUNG ANHAND VON LEISTUNGSVERZEICHNISSEN

Durch die Aufgliederung der Grobelemente in einzelne Bauelemente kann der Detaillierungsgrad und somit der Genauigkeitsgrad der Kostenermittlung wie beschrieben wesentlich erhöht werden. Um eine noch größere Genauigkeit zu erreichen, können alle kostenrelevanten Informationen zu den einzelnen Bauelementen in Leistungsverzeichnissen verfeinert werden. Ein Leistungsverzeichnis beschreibt alle für die

Abb. 28: Bauelementkatalog inklusive räumlicher Zuordnung, Mengenermittlung und Zuordnung von Kostenkennwerten

Kosten-gruppe	Bauelement	Leistungs-bereich	Raumgruppen	Menge	Inklusivpreis	Gesamtpreis
DIN 276	Beschreibung		Raumnummern	Mengen-einheit	Euro/ME	Euro
350	**Decken**					**19 800,00**
351	Stahlbetondecke 20 cm, Decken-unterseiten ohne Anforderungen	Rohbau	Büroräume und Flure	120 m²	87,00	10 440,00
352	Schwimmender Zementestrich ZE20, Dicke 50 mm auf Trittschall-dämmung 20 mm, restlicher Aufbau aus Wärme-dämmung PS 20 WLG 035, Gesamthöhe 150 mm	Estrich-arbeiten	Büroräume und Flure	120 m²	16,00	1920,00
352	Parkett, Eiche Landhausdiele, 22 mm, Oberfläche weiß geölt	Parkett-arbeiten	Büroräume und Flure	120 m²	47,00	5640,00
353	Gipsputz unter der Decke, Dicke im Mittel 15 mm	Putz-arbeiten	Büroräume und Flure	120 m²	15,00	1800,00
340	**Innenwände**					**12 000,00**
341	Stahlbetonwand 15 cm, Oberflächen ohne Anforderungen	Rohbau	Treppenhaus	80 m²	120,00	9600,00
345	Innenputz beidseitig, Dicke im Mittel 15 mm	Putz-arbeiten	Treppenhaus	160 m²	15,00	2400,00

Ausführung relevanten Informationen für einzelne Leistungsbereiche (Gewerke) sozusagen in Form einer textlichen Bauanleitung. Während die Bauelementmethode lediglich die fertiggestellten Konstruktionen im Fokus hat, wird bei der Kostenermittlung über Leistungsverzeichnisse zusätzlich die Art und Weise der Herstellung berücksichtigt. Projektspezifisch kann die Art und Weise der Herstellung wesentlichen Einfluss auf die Kosten haben, da Lohnanteile entsprechend erhöht oder vermindert werden können. Bei den bisher erläuterten Kostenermittlungsmethoden werden diese Einflüsse nicht beachtet.

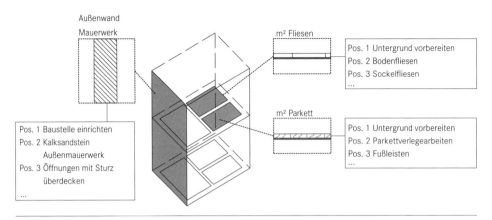

Außenwand

Mauerwerk

m² Fliesen

Pos. 1 Untergrund vorbereiten
Pos. 2 Bodenfliesen
Pos. 3 Sockelfliesen
...

Pos. 1 Baustelle einrichten
Pos. 2 Kalksandstein
    Außenmauerwerk
Pos. 3 Öffnungen mit Sturz
    überdecken
...

m² Parkett

Pos. 1 Untergrund vorbereiten
Pos. 2 Parkettverlegearbeiten
Pos. 3 Fußleisten
...

Abb. 29: Aufgliederung der Bauelemente in einzelne Leistungspositionen

Alle Bauelemente eines Gebäudes lassen sich in einzelne Leistungspositionen unterteilen, die in entsprechende Leistungsbereiche (Gewerke) zusammengefasst werden. In Abbildung 29 ist dies beispielhaft für einen Fliesen- und einen Parkettboden sowie eine tragende Außenwand dargestellt.

Beispiel: Kostenermittlung anhand von Leistungsverzeichnissen

Ein Leistungsverzeichnis für Parkettarbeiten würde beispielsweise alle zur Herstellung des fertigen Oberbodens erforderlichen Positionen einschließlich der Nebenbestandteile (alle Materialien, Schutzmaßnahmen, Untergrundvorbereitung, Verkleben des Parketts, Schleifen und Ölen des Parketts, Anbringen von Fußleisten usw.) für das gesamte Bauprojekt in allen Geschossen erfassen. Ist das Leistungsverzeichnis vollständig aufgestellt, kann der Architekt für die einzelnen Leistungs-

> O **Hinweis:** Wenn Mengen einzelner Leistungspositionen ermittelt werden, muss sichergestellt sein, dass der Mengenbezug der herangezogenen Einheitspreise auf denselben Abrechnungsmodalitäten beruht. National gibt es hierzu verschiedene Abrechnungsmöglichkeiten, wobei unterschiedliche Übermessungsregeln existieren. In Deutschland sind Abrechnungsmodalitäten z. B. in der VOB/C geregelt. Unter Umständen müssen die zum Vergleich herangezogenen Einheitspreise umgerechnet werden. Eine nachhaltige Dokumentation und Auswertung von Einheitspreisen aus Angeboten für einzelne Leistungsverzeichnisse der eigenen Projekte ermöglicht dem Architekten langfristig eine zusätzliche Sicherheit in der Kostenplanung.

Abb. 30: Kostenermittlung für Parkettarbeiten mit Hilfe eines Leistungsverzeichnisses

Position	Leistungsposition	Menge	Einheitspreis	Summe
Nr.	Beschreibung	ME	EUR	EUR
1	Reinigen des Untergrunds, Entfernen von Sinterschichten	500 m²	5,00	2500
2	Verklebung Landhausdiele 14 cm breit, 22 mm stark, Eiche hell	500 m²	85,00	42 500
3	Schleifen der Parkettoberfläche	500 m²	10,00	5000
4	Ölen der Parkettoberfläche mit weiß pigmentiertem Öl	500 m²	5,00	2500
5	Anbringen von Fußleisten, 20 × 50 mm, MDF, weiß	100 m	12,00	1200
6	Schutzabdeckung des fertigen Parketts mit Pappe	500 m²	2,50	1250
7	Spachtel zum Toleranzausgleich auf Betonstufen (110 × 30 cm) aufbringen	50 Stk.	25,00	1250
8	Tritt- und Setzstufen, Eiche hell, 3 cm × 110 cm × 30 cm bzw. 17,5 cm) passend zum Parkett verkleben	50 Stk.	150,00	7500
9	Stufen schleifen	50 Stk.	10,00	500
10	Stufen ölen mit weiß pigmentiertem Öl	50 Stk.	5,00	250
Summe Parkettarbeiten				**64 450**

positionen durchschnittliche Einheitspreise einsetzen und erhält durch Multiplikation mit den ermittelten Mengen die Gesamtsumme für die Parkettarbeiten. Wenn alle Leistungsverzeichnisse der erforderlichen Leistungsbereiche entsprechend aufgestellt worden sind, können auch hierfür die einzelnen Leistungspositionen mit Einheitspreisen versehen werden. Die Endsummen der einzelnen Leistungsverzeichnisse stellen im Planungsstadium vor der Ausführung die Budgets der Vergabeeinheit dar. Durch Addition der Ergebnisse aller mit Einheitspreisen versehenen Leistungsverzeichnisse ergibt sich eine sehr realitätsgetreue Aussage über die zu erwartenden Gesamtkosten des Bauprojekts. Die Leistungsverzeichnisse können zunächst auch in vereinfachter Form erstellt werden, wobei alle Positionen nur über den Kurztitel beschrieben werden.

Diese Art der Kostenermittlung garantiert eine realitätsnahe Aussage über die zu erwartenden Baukosten. Dies setzt jedoch voraus, dass es finale Festlegungen zu allen Qualitäten und Detailausbildungen in der Planung gibt und dass alle Mengen lückenlos erfasst werden. Deswegen kann diese Methode nicht angewendet werden bzw. liefert keine verlässlichen Ergebnisse, wenn genauere Angaben zur Ausführung fehlen. Wenn also die Planungstiefe eines Projekts noch nicht entsprechend weit fortgeschritten ist, sollte auf eine andere Kostenermittlungsmethode zurückgegriffen werden.

Vor- und Nachteile der Kostenermittlung über Leistungsverzeichnisse

Außerdem bringt die Erstellung aller notwendigen Leistungsverzeichnisse einen vergleichsweise großen Zeitaufwand mit sich. Der Architekt muss je nach Projektphase abwägen, ob nicht eher die Bauelement- oder Grobelementmethode das richtige Werkzeug zur Kostenermittlung darstellt. In einem sehr weit fortgeschrittenen Planungsstadium entsteht jedoch kein zusätzlicher Zeitaufwand im eigentlichen Sinne. Die Kostenermittlung durch Leistungsverzeichnisse stellt vielmehr eine Vorwegnahme von Planungsleistungen dar, die im Rahmen der Ausschreibung von Bauleistungen sowieso vom Architekten erbracht werden müssen. Über vereinfachte Leistungsverzeichnisse, die dennoch alle Positionen enthalten, kann der Aufwand etwas reduziert werden, jedoch müssen die Leistungspositionen dann im Nachhinein ergänzt und angepasst werden, sodass sie als Grundlage zur Angebotsanfrage bei Bauunternehmen dienen können.

Im Einzelfall kann die Kostenermittlung durch Leistungsverzeichnisse auch mit anderen Kostenermittlungsmethoden kombiniert werden. Einzelne Leistungsbereiche, zu denen es bereits weitreichende Informationen und somit Planungssicherheit gibt, können entsprechend genau durch Leistungsverzeichnisse beschrieben und bepreist werden, wogegen in anderen Bereichen weiterhin eine Kostenermittlung mit Hilfe von Bauelementen sinnvoll sein kann.

○ **Hinweis:** Findet der Architekt für seltene oder ungewöhnliche Bauelemente keine Kostenkennwerte in der Literatur, bietet die Kostenermittlung über Leistungsverzeichnisse eine Möglichkeit, dennoch einen eigenen Kostenkennwert zu bilden. Hierbei werden dann die einzelnen notwendigen Leistungspositionen zur Erstellung des Bauelements ermittelt, und anhand aller Einheitspreise wird ein Inklusivpreis gebildet.

Fortschreiben der Kostenplanung

Eine von vornherein zu niedrig angesetzte Baukostenkalkulation kann unter keinen Umständen mehr ein zufriedenstellendes Ergebnis hervorbringen, da gewünschte Qualitäten nicht realisiert werden können oder ein notwendiges Raumprogramm nicht vollständig umgesetzt werden kann. Deswegen ist eine fortlaufende und stufenweise aufbauende Kostenplanung essenziell für die Einhaltung des Projektbudgets und somit für die Zufriedenheit des Bauherrn. Der Grundstein hierfür wird mit der ersten Festlegung des Projektbudgets gesetzt. In welchen Projektphasen sich die Kostenplanung in sinnvolle Stufen einteilen lässt und wie die Erkenntnisse bzw. Ergebnisse jeweils in der nächsten Projektphase fortgeschrieben werden sollten, wird nachfolgend beschrieben.

GRUNDLAGEN ZUM FORTSCHREIBEN UND PFLEGE EINER KOSTENPLANUNG

Die Kostenvorgabe bzw. die Einhaltung des Projektbudgets ist in der Regel eine wesentliche Kenngröße für den Projekterfolg. Da zum Zeitpunkt der Entscheidung zur Durchführung eines Projektes meist nur wenige detaillierte Festlegungen erfolgt sind, muss die Kostenentwicklung über den gesamten Planungs- und Bauprozess fortgeschrieben werden. Fast alle Entscheidungen im laufenden Prozess – egal ob es sich um Entwurfsabstimmungen, Details, Qualitäten oder nachträgliche Änderungen handelt – führen zu Veränderungen in der Kostenstruktur des Projektes.

Bei jeder wesentlichen Entscheidung des Auftraggebers im Projektablauf sind die Kosten vollständig aufzuarbeiten und als Entscheidungsgrundlage zusammen mit den eigentlichen Projektunterlagen wie den Plänen zu übergeben. Wesentliche Entscheidungsebenen sind in der Regel:

Kostenermittlungsstufen

1. Kostenrahmen: Entscheidung zur Durchführung des Projektes

Im ersten Schritt überprüft der Architekt, ob die vom Bauherrn gewünschten Rahmenbedingungen (Nutzung des Grundstücks, Nutzfläche, Kostenrahmen, Zeitschiene usw.) unter den gegebenen Voraussetzungen umsetzbar sind. Hierzu untersucht er die Bebaubarkeit und mögliche Ausnutzung des Grundstücks anhand von Bebauungsplänen und prüft, inwieweit gegebene Kosten- und Zeitrahmen realistisch sind – ohne dass direkt ein Entwurf entwickelt wird. Lässt sich innerhalb dieser Projektparameter ein Bauwerk grundsätzlich abbilden, so werden die Entscheidungshilfen dem Bauherrn vorgelegt, und dieser bestimmt über die Entwicklung von Entwürfen. Dies hat wesentliche finanzielle Konsequenzen, weil auf Basis der gegebenen Parameter nun diverse Objekt-/Fachplaner sowie Sachverständige hinzugezogen und beauftragt werden.

In diesem Schritt ist hinsichtlich der Kosten vor allem zu prüfen, ob Kostenvorgabe und gewünschte Nutzfläche anhand von abgerechneten Beispielprojekten statistisch realistisch sind.

2. Kostenschätzung: Entscheidung über die Entwurfsidee/ den Vorentwurf

Nachdem der Architekt eine erste Entwurfsidee entwickelt hat, wird er diese dem Bauherrn vorstellen und eventuell auch Alternativen zur Entscheidung vorlegen. Der Bauherr muss nun festlegen, ob der Vorentwurf oder eine Alternative weiter fortgeschrieben werden sollen. Hierzu benötigt er die Information, ob der entwickelte Entwurf innerhalb der Kostenvorgabe zu realisieren ist und welche Alternative zu welchen Baukosten führt. Die Fixierung des Entwurfsgedankens hat insoweit starke finanzielle Auswirkungen, als der Entwurf mit der Freigabe in Richtung auf eine genehmigungsfähige Entwurfsplanung fortgeschrieben und also nicht mehr vollständig in Frage gestellt wird.

In dem Schritt Kostenschätzung werden daher die Kosten durch Architekten entwurfsbezogen anhand von volumen-/flächenbezogenen oder besser bereits anhand von bauteil-/bauelementbezogenen Kostenkennwerten mit hinterlegter Massenermittlung zusammengestellt.

3. Kostenberechnung: Entscheidung über die Einreichung des Bauantrags

Ist der Entwurf so weit fortgeschrieben und durchgeplant, dass er „genehmigungsreif" ist, muss der Bauherr entscheiden, ob er ihn in der vorgelegten Form umsetzen will und somit den Bauantrag bei der zuständigen Behörde einreichen möchte. Der Bauantrag schafft in dieser Hinsicht Fakten, da die daraufhin erteilte Baugenehmigung den umzusetzenden Entwurfsstand widerspiegelt und bei Änderungswünschen wiederum die Behörde über Änderungsanträge zu befragen ist.

In dieser Phase werden die Kosten entwurfsbezogen anhand von bauteil-/bauelementbezogenen Kostenkennwerten mit hinterlegter Massenermittlung zusammengestellt. Diese Aufstellung ist detaillierter als im zweiten Schritt, da erheblich mehr Informationen zum Projekt und dessen Ausgestaltung als Basis der Kostenermittlung vorliegen.

4. Kostenanschlag: Entscheidung über die Einholung von Angeboten und Fixierung des Bausolls

Nach Einholung der Baugenehmigung werden die Vergabe der Bauleistungen und die eigentliche Bauausführung vorbereitet. Je nach Ausschreibungs- und Vergabeart werden hierzu Leistungsbeschreibungen und gegebenenfalls Ausführungspläne mit Details erstellt. In Abhängigkeit vom Detaillierungsgrad der Qualitätsanforderungen in der Ausschreibung, der von globalen Funktionalbeschreibungen bis zu detaillierten Leistungsverzeichnissen reichen kann, werden Präzisierungen in der Planung vorgenommen, welche zu deutlichen Kostenveränderungen führen können. Gerade bei öffentlichen Auftraggebern ist es nach Versendung der Unterlagen nur noch bedingt möglich, diese relevant zu verändern. Somit ist die Festlegung des „Bausolls" in den Ausschreibungen von hoher Relevanz.

In diesem Schritt werden die Kosten folglich bauelementbezogen dargestellt, zunächst in Analogie zum Detaillierungsgrad der Ausschreibung bauteilorientiert, anschließend wird in die vergabeorientierte Sichtweise umgeschrieben. Insbesondere bei Einzelvergaben sind somit Budgets der einzelnen Vergabeeinheiten einfach aufzuschlüsseln und bei Vorliegen von Angeboten zu prüfen.

5. Preisspiegel: Entscheidung über die Vergabe der Bauleistung

Nach der Einholung von Angeboten muss der Bauherr darüber entscheiden, welchem Bauunternehmen er den Auftrag zur Durchführung der Bauarbeiten geben möchte. Grundlage dieser Entscheidung ist die Angebotsprüfung des Architekten, welche aus der Gegenüberstellung der Preise und einer Bewertung von Abweichungen, Nebenangeboten usw. sowie einer Vergabeempfehlung besteht. Die Vergabe der Bauleistungen an einen Generalunternehmer oder an mehrere einzelne Handwerksbetriebe (Gewerke) setzt einen Meilenstein in der Kostenentwicklung, weil nach Vergabe Änderungen am Bausoll mit dem Bauunternehmen monetär abzurechnen sind. Gerade bei der Herausnahme bzw. Kündigung von Teilleistungen durch den Bauherrn sind meist trotzdem Zahlungen an den Bauunternehmer zu leisten, weil dieser entweder die komplette Vergütung abzüglich ersparter Aufwendungen oder zumindest seine über die Vertragssumme begründeten Gewinnansprüche erhält.

Die kostenbezogene Aufbereitung der Angebote erstellt der Architekt in der Regel mit einem sogenannten Preisspiegel, welcher die angebotenen und durch den Architekten geprüften Einzelpreise der Bauunternehmen nebeneinanderstellt. > Abb. 31

6. Kostenfeststellung: Ermittlung der tatsächlichen Kosten

Nach Abschluss aller Bauarbeiten und nachdem alle geprüften Schlussrechnungen vorliegen, stellt der bauleitende Architekt die entstandenen Kosten in einer Kostenfeststellung zusammen. Dies dient neben dem eigenen Projektabschluss des Architekten vor allem der Information der Finanzierungsträger bzw. der Prüfungsinstanzen des Bauherrn. So kann beispielsweise die finanzierende Bank oder eine auftraggeberseitige Revisionsabteilung prüfen, ob die überwiesenen Geldmittel auch zweckgebunden für das Gebäude verwendet wurden.

Jede Kostenermittlungsstufe beinhaltet zwangsläufig Abweichungen zur vorherigen, weil es zu Festlegungen, Änderungen oder Konkretisierungen im Prozess kommt. Daher ist stets der Abgleich einer Kostenermittlungsstufe mit den vorhergehenden und der ursprünglichen

Kostenkontrolle

Abb. 31: Beispiel eines Preisspiegels

| Position | Leistung | Menge | Bieter 1 | | Bieter 2 | | ... |
			EP	GP	EP	GP	
01.001	Baustelleneinrichtung	pauschal	200,00 EUR	200,00 EUR	450,00 EUR	450,00 EUR	
01.002	Deckenputz	60 m²	19,00 EUR	1140,00 EUR	22,00 EUR	1320,00 EUR	
01.003	Wandputz innen	40 m²	25,00 EUR	1000,00 EUR	20,00 EUR	800,00 EUR	
01.003	Wandputz außen	40 m²	42,00 EUR	1680,00 EUR	46,00 EUR	1840,00 EUR	
01.004	...	...	...	...	...	...	...
...	...	...	...	...	...	...	...
...	...	...	...	...	...	...	...
	Gesamtpreis						...

Abb. 32: Beispiel einer Entscheidungs- und Änderungsliste

Nr.	Datum	Entscheidung/Änderung	freigegeben/ angewiesen	Kosten- auswirkung	Mehrkosten (+) Minderkosten (–)
1	10.03.14	Bemusterung des Fliesenproduktes durch AG	ja	ja	–1535,00 EUR
2	20.03.14	Änderung der Fliesenfarbe	ja	nein	0,00 EUR
3	25.04.14	Nachtrag 01 für Ausgleich des unebenen Untergrunds	nein	ja	+2670,00 EUR
...	...	...	...	...	...

Kostenvorgabe notwendig. Hierbei ist aufzuschlüsseln, was die Gründe für eventuelle Veränderungen der Gesamtkosten sind und wie diese möglicherweise wieder aufgefangen werden könnten. Eine Möglichkeit, dies für den Planungs- und Bauprozess darzustellen, ist eine Entscheidungs- und Änderungsliste, in der die wesentlichen kostenrelevanten Ereignisse nach Beauftragung chronologisch erfasst werden. > Abb. 32

Teilweise wird auftraggeberseitig bzw. durch das Projektmanagement sogar gefordert, jede Entscheidung bzw. alle Änderungswünsche des Auftraggebers mit Kostenrelevanz zu bewerten und diese dem Bauherrn vorzulegen. Dies schafft eine präzise Dokumentation über die kostenrelevanten Prozesse.

Steuernde Eingriffe   Ziel ist es, den Bauherrn in die Lage zu versetzen, seine Entscheidungen zu überdenken oder vielleicht durch andere Maßnahmen zu kompensieren. Dies kann z. B. eine Minderung von anderen Ausbauqualitäten, eine Verkleinerung der Nutzfläche oder Nachfinanzierung mit zusätz-

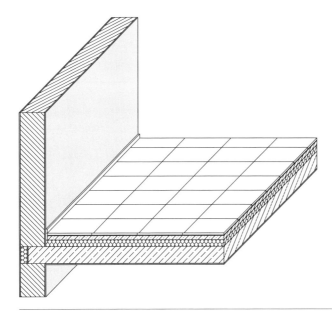

Wandaufbau
Fassadenanstrich, weiß
Kalkzementputz, 3,0 cm
Porenbeton, 36,5 cm
Innenwandputz, Gips 1,0 cm
Dispersionsanstrich, weiß

Deckenaufbau
Steingutfliese, 1,5 cm + Kleber
Zementheizestrich, 6,0 cm
Trittschalldämmung, 5,0 cm
Stahlbetondecke, 25,0 cm
Deckenputz, Gips 1,5 cm
Dispersionsanstrich, weiß

Abb. 33: Bauteilbeispiel Wand/Decke

lichen Mitteln bedeuten. Wesentlich ist dabei, dass er die notwendigen Informationen unmittelbar zur Entscheidung erhält. Später nachgereichte Übersichten, welche Anordnungen in der Vergangenheit zu welchen Konsequenzen geführt haben, sind in der Projektrevision nicht vorteilhaft. Somit beschränkt sich diese Arbeit nicht nur auf die jeweiligen Kostenermittlungsstufen, sondern ist prozessbegleitend und fortlaufend durchzuführen.

ARBEITEN MIT EINER BAUELEMENTBEZOGENEN KOSTENERMITTLUNG IN DER PLANUNGSPHASE

Stellt man im Entwurfsprozess erstmalig eine bauelementbezogene Kostenermittlung auf, so enthält diese in der Regel noch wenig spezifische Angaben zu exakten Qualitäten und Oberflächen. Dies ist der Tatsache geschuldet, dass die Festlegungen der Materialien und Qualitäten in der Regel sukzessive im laufenden Planungsprozess erfolgen. So wird die Aufstellung der Kosten zunächst anhand von allgemeinen Qualitätsannahmen erarbeitet. > Abb. 33 und 34

Grundlagen im Vorentwurf

Oftmals hat der Bauherr zu einzelnen Materialien oder Qualitäten noch keinerlei Aussage gemacht, sodass der Architekt zunächst einen allgemeinen Qualitätsstandard festlegt. Der Bauherr sieht so anhand der

Abb. 34: Einfache bauelementorientierte Kostenermittlung zu Abbildung 33

Bauteil	Menge	Mengeneinheit	IP (EUR/ME)	Gesamtpreis
Decke				
Fliesen	60	m²	80	4800,00 EUR
Schwimmender Estrich	60	m²	25	1500,00 EUR
Stahlbetondecke	60	m²	115	6900,00 EUR
Putz	60	m²	19	1140,00 EUR
Anstrich	60	m²	4	240,00 EUR
			gesamt	**14 580,00 EUR**
Wand				
Fassadenanstrich	40	m²	13	520,00 EUR
Außenputz	40	m²	42	1680,00 EUR
Mauerwerk	40	m²	105	4200,00 EUR
Innenputz	40	m²	25	1000,00 EUR
Innenanstrich	40	m²	4	160,00 EUR
			gesamt	**7560,00 EUR**

Aufstellung, wovon der Architekt als Standard ausgeht und welche allgemeinen Qualitäten den vom Architekten genannten Baukosten zugrunde liegen.

Fortschreiben im Planungsprozess

Während des Planungsprozesses werden immer wieder neu Entscheidungen getroffen oder Präzisierungen vorgenommen, beispielsweise in Bauherrenbesprechungen. Diese können dann in die aktuelle Kostenermittlung eingearbeitet werden. > Abb. 35 Durch Anpassung der Qualitäten in der Liste und des zugehörigen Kostenkennwerts lassen sich Kostenveränderungen direkt erkennen und gegenüber dem Bauherrn

● kommunizieren.

● **Beispiel:** In der Findungsphase des Vorentwurfs sind Abstimmungen zwischen Bauherr und Architekt meist auf die groben gestalterischen Themen des Entwurfs beschränkt. Der Bauherr hat geäußert, dass er einen „guten mittleren Standard" wünscht. In der Kostenermittlung wird durch den Architekten zunächst ohne weitere Spezifika ein einfaches Parkett als Bodenbelag, eine Fliese mit durchschnittlichen Kosten und ein Gipsputz, weiß gestrichen, für die Oberflächen angenommen.

Abb. 35: Konkretisierung der bauelementorientierten Kostenermittlung

Bauteil	Bauelement	Menge	Mengen-einheit	IP (EUR/ME)	Gesamtpreis
Decke					
	Steingutfliese 30 × 60 cm, anthrazit, im Dünnbettverfahren verlegt, Verfugung im Fliesenfarbton, Sockelfliesen	60	m²	80	4800,00 EUR
	Zementestrich als schwimmender Heizestrich, d = 6 cm, auf Trittschall-dämmung 5 cm	60	m²	25	1500,00 EUR
	Stahlbetondecke, Ortbeton, d = 25 cm, Schalung, Bewehrung, Unterzüge	60	m²	115	6900,00 EUR
	Deckenputz als Maschinenputz, Gipsputz, d = 1,5 cm, Untergrundvorbehandlung	60	m²	19	1140,00 EUR
	Dispersionsanstrich innen, Decke, weiß	60	m²	4	240,00 EUR
				gesamt	**14 580,00 EUR**
Wand					
	Außenanstrich mineralischer Untergründe, weiß	40	m²	13	520,00 EUR
	Wandputz außen, Kalkzementputz, d = 3,0 cm, Untergrundvorbehandlung	40	m²	42	1680,00 EUR
	Mauerwerkswand, Porenbeton, d = 36,5 cm	40	m²	105	4200,00 EUR
	Wandputz innen, Gipsputz, d = 1,5 cm Untergrundvorbehandlung	40	m²	25	1000,00 EUR
	Dispersionsanstrich innen, Wand, heller Farbton	40	m²	4	160,00 EUR
				gesamt	**7560,00 EUR**

Auf diese Weise wird die Kostenfortschreibung zum iterativen Bestandteil der Planung, weil Planungsentscheidungen durch das Feedback der Kostenhinterlegung immer wieder überprüft, angepasst und modifiziert werden, bis eine tragfähige und budgetgerechte Lösung gefunden ist. Durch die Fortschreibung bis zum Ende der Planungsphase wird ein finales Bausoll als Basis der Ausschreibung und Vergabe erzeugt.

Abb. 36: Vergabeorientierung der Kostenermittlung

Gewerk	Bauelement	Menge	IP (EUR/ME)	Gesamtpreis
Rohbau				**11 100,00 EUR**
	Stahlbetondecke, Ortbeton, d = 25 cm, Schalung, Bewehrung, Unterzüge	60 m²	115,00	6900,00 EUR
	Mauerwerkswand, Porenbeton, d = 36,5 cm	40 m²	105,00	4200,00 EUR
Putzarbeiten				**3820,00 EUR**
	Deckenputz als Maschinenputz, Gipsputz, d = 1,5 cm, Untergrundvorbehandlung	60 m²	19,00	1140,00 EUR
	Wandputz innen, Gipsputz, d = 1,5 cm Untergrundvorbehandlung	40 m²	25,00	1000,00 EUR
	Wandputz außen, Kalkzementputz, d = 3,0 cm, Untergrundvorbehandlung	40 m²	42,00	1680,00 EUR
Malerarbeiten				**920,00 EUR**
	Dispersionsanstrich innen, Wand, heller Farbton	40 m²	4,00	160,00 EUR
	Dispersionsanstrich innen, Decke, weiß	60 m²	4,00	240,00 EUR
	Außenanstrich mineralischer Untergründe, weiß	40 m²	13,00	520,00 EUR
Estricharbeiten				**1500,00 EUR**
	Zementestrich als schwimmender Heizestrich, d = 6 cm, auf Trittschalldämmung 5 cm	60 m²	25,00	1500,00 EUR
Fliesenarbeiten				**4800,00 EUR**
	Steingutfliese 30 × 60 cm, anthrazit, im Dünnbettverfahren verlegt, Verfugung im Fliesenfarbton, Sockelfliesen	60 m²	80,00	4800,00 EUR
			gesamt	**22 140,00 EUR**

ARBEITEN MIT EINER GEWERKEORIENTIERTEN KOSTENERMITTLUNG IN DER VERGABEPHASE

Vergabeorientierte Sichtweise

Mit Aufstellen der Vergabeunterlagen ändert sich der Blickwinkel der Kostenfortschreibung. Waren bisher der Entwurf und die damit verbundenen Bauteile der wesentliche Fokus, werden nun konkrete Bauleistungen an eine oder mehrere Bauunternehmen vergeben, welche fortan die relevante Strukturierung der Kosten vorgeben.

Die bisher bauteilorientierte Kostentabelle wird daher so umsortiert, dass die einzelnen Bauteile den Vergabeeinheiten bzw. Gewerken untergeordnet werden. Wie beschrieben, > Kap. Methoden der Kostenermittlung, Kostenermittlung über Bauelemente ist die wesentliche Voraussetzung, dass sich jedes

Abb. 37: Abgleich von Budgets und Vergabesummen

Gewerk	Bauelement	Menge	IP (EUR/ME)	Gesamtpreis/ Budget	Vergabepreis	Abweichung
Rohbau				**11 100,00 EUR**	**11 460,00 EUR**	**+360,00 EUR**
	Stahlbetondecke, Ortbeton, d = 25 cm, Schalung, Bewehrung, Unterzüge	60 m²	115,00	6900,00 EUR	7140,00 EUR	+240,00 EUR
	Mauerwerkswand, Porenbeton, d = 36,5 cm	40 m²	105,00	4200,00 EUR	4320,00 EUR	+120,00 EUR
Putzarbeiten				**3820,00 EUR**	**3620,00 EUR**	**−200,00 EUR**
	Deckenputz als Maschinenputz, Gipsputz, d = 1,5 cm, Untergrund-vorbehandlung	60 m²	19,00	1140,00 EUR	1020,00 EUR	− 120,00 EUR
	Wandputz innen, Gipsputz, d = 1,5 cm Untergrund-vorbehandlung	40 m²	25,00	1000,00 EUR	1080,00 EUR	+80,00 EUR
	Wandputz außen, Kalkzementputz, d = 3,0 cm, Untergrund-vorbehandlung	40 m²	42,00	1680,00 EUR	1520,00 EUR	− 160,00 EUR
…	…	…	…	…	…	…

Bauelement einwandfrei sowohl einem Bauteil als auch einem Gewerk oder einer Vergabeeinheit zuordnen lässt. So können die Bauelemente ohne Umrechnungen oder Anpassungen einfach umsortiert und vergabe-orientiert zusammengefasst werden.

Durch Summenbildung der einzelnen Bauelemente unterhalb einer Vergabeeinheit werden die Vergabebudgets gebildet, welche bei Submission und Auswertung der Angebote direkt verglichen werden können. Diese Aufstellung ist Grundlage für die Kostenverfolgung in der gesamten Bauphase. _Bildung von Vergabebudgets_

Bei einer gewerkeweisen Vergabe an einzelne Handwerker können so Über- oder Unterschreitungen der berechneten Vergabebudgets bei im Bauprozess späteren Vergaben wieder aufgefangen werden. Wird z. B. der Rohbau teurer vergeben als ursprünglich in der Kostenermittlung prognostiziert, können bei Ausbaugewerken noch Qualitätsstandards reduziert werden oder anteilig mehr kostengünstigere Oberflächen verwendet werden, um das Projektbudget einzuhalten. > Abb. 38

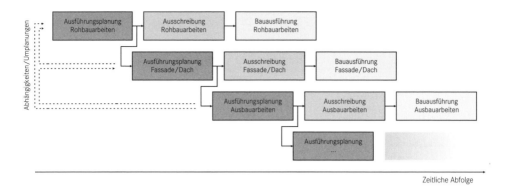

Abb. 38: Typischer Ablauf einer baubegleitenden Planung und Vergabe

KOSTENVERFOLGUNG IN DER BAUPHASE

Mit Vergabe der Bauleistung werden die Baukosten durch die vertragliche Vereinbarung der Vergütung als pauschale oder vorläufige (bei Abrechnungs-/Einheitspreisverträgen) Summe fixiert. Unabhängig davon, ob die Leistung pauschaliert wird oder nach Aufwand abgerechnet wird, gibt es bei fast allen Projekten während der Ausführung Anpassungen des Bausolls.

Daher ist es notwendig, während der gesamten Bauzeit die Kosten fortzuschreiben und zu kontrollieren. Spürbare Kostenveränderungen müssen dem Bauherrn direkt kommuniziert werden, damit dieser bei Bedarf steuernd eingreifen kann. Kleinere Kostenänderungen sind hingegen normal und bedürfen nicht zwangsläufig der Intervention.

○ Je Vergabeeinheit entsteht folgender Ablauf in der Kostenverfolgung:

Struktur der Kostenverfolgung

> Kap. Fortschreiben der Kostenplanung, Arbeiten mit einer gewerkeorientierten Kostenermittlung in der Vergabephase

1. Festlegung der Budgets
2. Ausschreibung und Angebotseinholung
3. Auswertung und Abgleich der Vergabesumme mit der Budgetvorgabe
4. Kostenprognosen und Kostenverfolgung während des Bauprozesses

○ **Hinweis:** Bei einem Einheitspreisvertrag wird nach erbrachter Leistungsmenge abgerechnet. Eine Pauschalierung der Vergütung bewirkt, dass das Mengenrisiko auf Seiten des Bauunternehmers liegt. Dies ist unabhängig davon, wie detailliert oder funktional das Bausoll beschrieben ist.

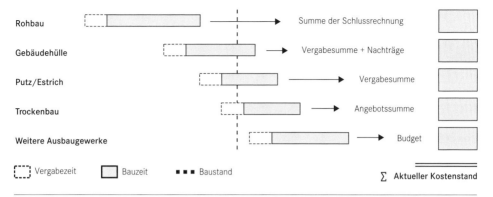

Rohbau	Summe der Schlussrechnung	
Gebäudehülle	Vergabesumme + Nachträge	
Putz/Estrich	Vergabesumme	
Trockenbau	Angebotssumme	
Weitere Ausbaugewerke	Budget	

⌐ ¬ Vergabezeit ☐ Bauzeit ■ ■ ■ Baustand   ∑ Aktueller Kostenstand

Abb. 39: Ermittlung des aktuellen Kostenstands in der Bauphase

5. Nachhalten von Änderungen des Leistungsumfangs oder -inhalts
6. Kostenfeststellung nach Prüfung der Schlussrechnung

Wenn die Bauleistungen an mehrere Unternehmen vergeben werden, ist anhand dieses Schemas jedes einzelne hinsichtlich der Kosten zu überwachen. Grund: Alle Bauunternehmen werden zu unterschiedlichen Zeitpunkten eingesetzt. So kann es im Bauprozess vorkommen, dass einzelne Gewerke (z. B. Erdarbeiten, Rohbau) schon final abgerechnet sind, wogegen spätere Ausbaugewerke noch nicht einmal ausgeschrieben und vergeben sind. Wieder andere Gewerke befinden sich unter Umständen mitten in der Ausführung. Wenn nun ein aktueller Kostenstand ermittelt werden soll, müssen unterschiedliche Vergabe- und Leistungsstände der Gewerke berücksichtigt werden. Bei abgeschlossenen Leistungsbereichen wird dazu die Summe der Schlussrechnung übernommen, bei aktuell tätigen Gewerken werden die Vergabesummen zuzüglich bekannter Nachträge und Leistungsabweichungen zum Bausoll herangezogen. Gewerke, die noch nicht ausgeschrieben sind, werden weiterhin mit dem errechneten Budget geführt. Sobald Angebote vorliegen oder die Beauftragung erfolgt ist, werden die entsprechenden Vertragssummen übernommen. > Abb. 39

Auf diese Weise entsteht eine gewerkebezogene Kostentabelle, die auf Basis der vergabeorientierten Kostenermittlung weitergeführt werden kann. In der letzten Spalte werden jeweils die aktuellsten Kostendaten eines Gewerks zusammengefasst, sodass die Summe dieser Spalte den Kostenstand widerspiegelt. > Abb. 40

Bei der Prüfung unternehmerseitiger Rechnungen kann sich herausstellen, dass sich die ursprünglich angenommenen Mengenansätze deutlich von der Abrechnungsmenge unterscheiden. Bestehen Mengenabwei-

Ablauf bei Einzelvergabe

Erkenntnisse aus der Rechnungsprüfung

Abb. 40: Struktur einer Kostentabelle in der Bauphase

Gewerk/ Vergabe- einheit	Bauelemente	Menge ME	Budget Kosten- anschlag	Vergabe- summe	Nach- träge/ Kosten- prognose	Schluss- rechnung	Aktueller Kosten- stand
Gewerk 1	Bauelement 1						
	Bauelement 2						

chungen bei kostenrelevanten Positionen, sollte die Abweichung in die Kostentabelle übernommen werden.

Einarbeitung von Nachträgen Vielfach müssen Leistungen ausgeführt werden, die nicht vom vereinbarten „Bausoll" erfasst sind, weil sie bei der Ausschreibung vergessen wurden, nicht zu erkennen waren, erst im Bauablauf auftreten oder durch den Bauherrn im Nachhinein angeordnet werden. Abweichungen vom „Bausoll" (auch als Nachträge bezeichnet) können neben den bereits beschriebenen Mengenabweichungen aus Leistungsmodifikationen oder Bauzeitverzögerungen entstehen. Leistungsmodifikationen umfassen alle Änderungsanordnungen des Bauherrn, zusätzlich notwendige Leistungen, Herausnahmen oder Teilkündigungen usw. Unter Bauzeitverzögerungskosten versteht man alle zusätzlichen Kosten, die etwa durch Behinderungen im Bauprozess, Verlängerungen der Bauzeit oder Beschleunigungen resultieren.

Nachtragsforderungen seitens der Bauunternehmen werden nach Anspruchsgrundlage, Berechtigung und Höhe geprüft. In der Regel muss der Nachtragspreis dem Vertragspreisniveau entsprechen. Wenn also ein Unternehmer ein sehr günstiges Angebot abgegeben hat, muss auch der Nachtragspreis entsprechend niedrig liegen. Nachtragskosten werden dann in die Kostentabelle übernommen, wobei nach ungeprüften, geprüften und beauftragten Nachträgen unterschieden werden kann. Bei größeren Projekten werden meist separate Nachtragslisten geführt, die chronologisch alle bisherigen Nachträge erfassen und bewerten. Die Summen dieser Nachtragslisten werden dann in die Kostenaufstellung übertragen.

Kostenprognosen Es muss jedoch nicht immer ein Nachtrag vorliegen, um Mehrkosten im Bauprozess zu erkennen. Vielfach bemerkt der Bauleiter Dinge, die

● **Beispiel:** Oftmals wird im Vorfeld der Baugrund nur stichprobenhaft mit Probebohrungen untersucht. Die daraus resultierenden Mengenannahmen bei verschiedenen gefundenen Bodenklassen können sich während des Erdaushubs als falsch herausstellen. Die Kosten bei Einheitspreisverträgen sind daher in der Kostentabelle entsprechend anzupassen.

Gewerk/Vergabeeinheit	Summe Schlussrechnung
Rohbauarbeiten	512 134,50 EUR
Dachabdichtungsarbeiten	64 478,42 EUR
Fassadenarbeiten	83 210,00 EUR
Fenster	51 619,36 EUR
Putzarbeiten	12 820,00 EUR
Trockenbau	21 143,67 EUR
Malerarbeiten	10 405,50 EUR
Heizung/Sanitär	134 685,08 EUR
...	...
Baukosten gesamt	**1 105 680,05 EUR**

noch nicht thematisiert wurden, jedoch im weiteren Bauprozess zu Mehrkosten führen könnten. Wurden beispielsweise Positionen in der Ausschreibung vergessen, so sind die Kosten direkt bei Kenntnisnahme als Prognose in die Kostenaufstellung zu integrieren – auch wenn das ausführende Bauunternehmen hierzu noch keinen Nachtrag gestellt hat.

KOSTENFESTSTELLUNG UND AUSWERTUNG

Wenn das Projekt abgenommen ist und die Mängelbeseitigung durchgeführt wurde, stellen die ausführenden Bauunternehmen innerhalb einer vertraglich fixierten Frist ihre Schlussrechnungen. Diese umfassen alle im Projekt angefallenen Kosten auf Basis der vertraglich vereinbarten und ergänzend entstandenen Nachträge. Die Schlussrechnungen werden durch den Architekten auf Richtigkeit geprüft und gegebenenfalls korrigiert.

Die Kostenfeststellung, die dem Nachweis der tatsächlichen Projektkosten dient > Kap. Fortschreiben der Kostenplanung, Grundlagen zum Fortschreiben und Pflege einer Kostenplanung, wird aus der Summe aller beim Projekt angefallenen Kosten gebildet und ist als letzte Kostenermittlungsstufe eine Rückschau auf die entstandenen Kosten. Meist wird eine Liste aller schlussgerechneten Kosten erstellt und als Gesamtsumme erfasst, welche dem Informationsinteresse des Bauherrn in der Regel genügt. *Summe aller Schlussrechnungen*

Falls die Tabellenstruktur nach Planungs- und Bauprozess geordnet fortgeschrieben wurde, können die vergabeorientierten Abrechnungssummen ohne großen Aufwand wieder den ursprünglichen Bauelementen zugeordnet werden. Dies hat für den Architekten entscheidende Vorteile, da er das Projekt auswerten kann und somit Rückschlüsse sowie Kostenkennwerte für zukünftige Projekte ermittelt werden. *Umsortierung nach Bauteilen*

Abb. 42: Ermittlung von Kostenkennwerten

Gewerk/ Vergabeeinheit	Titel	Abrechnungs- summe Titel	Abrechnungs- menge	Kostenkennwert Inklusivpreis
Trockenbau				
	Trockenbauwände	24 154,50 EUR	517,56 m²	ca. 47,00 EUR/m²
	Brandschutzwände	3468,36 EUR	46,50 m²	ca. 75,00 EUR/m²
	Abhangdecken	11 210,42 EUR	214,67 m²	ca. 52,00 EUR/m²
	...	...		

Bildung von
Kostenkennwerten

Zu diesem Zweck werden die tatsächlich abgerechneten Summen inklusive aller Änderungen, Nachträge usw. durch die abgerechneten Mengen dividiert. Bei der Bildung eigener bauelementbezogener Kostenkennwerte ist zu berücksichtigen, dass zur Ermittlung alle Nebenbestandteile wieder eingerechnet werden. Am einfachsten gelingt dies, wenn bereits in der Ausschreibung alle wesentlichen Bauteile in eigenen Titeln einschließlich der zugehörigen Nebenpositionen erfasst wurden. So kann der Kennwert aus abgerechneter Titelsumme und Menge der Hauptposition ermittelt werden. > Abb. 42

Zur Aufbereitung von Grobelement-Kennwerten sind die entsprechenden Kosten aus der zurücksortierten bauteilorientierten Kostenaufgliederung als Summe zu bilden. Für die Bildung von volumen-/flächenbezogenen Kostenkennwerten sind die abgerechneten Baukosten durch die in der Regel bereits zum Bauantrag ermittelten Grundflächen und den Bruttorauminhalt zu dividieren.

○ **Hinweis:** Das Anlegen eigener Kostendatenbanken generiert wichtiges Knowhow für Planungsbüros. Kostenkennwerte, die aus eigenen Projekten ermittelt wurden, beschreiben Kosten nach den individuellen Qualitätsanforderungen, Konstruktionen und Detaillierungsgraden des Büros und sind daher wesentlich präziser als allgemein zugängliche statistische Mittelwerte.

■ **Tipp:** Man sollte Kostenkennwerte in der eigenen Datenbank immer ohne Mehrwertsteuer sammeln, denn diese kann gesetzlich verändert werden. Ebenso ist die Verknüpfung mit dem Baujahr sinnvoll, um auch Jahre später noch Kostenkennwerte über Inflation und statistische Anpassung nutzen zu können. Die Statistikämter fast aller Staaten erfassen hierzu dezidierte Preisentwicklungen im Bausektor.

Die Methoden zur Kostenermittlung und wesentliche Aspekte der Baukostenplanung unterliegen national verschiedenen Normungen und sind bisher nur auf einer allgemeingültigen Basis behandelt worden. Im folgenden Abschnitt werden deswegen speziell für Deutschland, Österreich und die Schweiz wesentliche Normen kurz beschrieben. Für detaillierte Informationen sollten in jedem Fall die einzelnen Normtexte in der aktuell gültigen Fassung herangezogen werden.

DIN 276 IN DEUTSCHLAND

In Deutschland werden die Baukosten in der DIN 276 – Kosten im Bauwesen geregelt. Diese Norm definiert alle wichtigen Begriffe, macht Vorgaben zu Art, Umfang und Zeitpunkt der jeweiligen Kostenermittlungsstufen und gibt eine feste Kostenstruktur mit Kostengruppen (KG 100–700) > Abb. 7 vor, nach der die Berechnungen aufgebaut sein müssen. Die Kostengruppen sind in jeweils drei Ebenen untergliedert (1. Ebene: Bauwerk, 2. Ebene: Grobelemente, 3. Ebene: Bauelemente). Die Kostenermittlungen nach DIN 276 können jedoch ebenso in einer ausführungsorientierten Gliederungsstruktur nach Vergabeeinheiten erstellt werden. >Kap. Fortschreiben der Kostenplanung, Arbeiten mit einer gewerkeorientierten Kostenermittlung in der Vergabephase Als Grundlage für die notwendige Massen- und Mengenermittlung der Kosten nach DIN 276 dient die DIN 277 – Grundflächen und Rauminhalte von Bauwerken im Hochbau.

Den Ausgangspunkt der Kostenplanung nach DIN 276 stellt die Kostenvorgabe durch den Bauherrn zu Beginn des Projektes dar, an der sich im Projektverlauf alle anderen Kostenermittlungsstufen orientieren sollen und kontrolliert werden können. Bei der Kostenvorgabe wird grundsätzlich zwischen dem Minimal- und dem Maximalprinzip unterschieden. > Kap. Grundlagen der Kostenplanung, Begriffe und Strukturen

Im Rahmen der Kostenplanung definiert die DIN 276 die folgenden Tätigkeiten: Kostenplanung
— Kostenermittlung: Bezogen auf den jeweils aktuellen Planungsstand, werden Kosten als Entscheidungsgrundlage für den Bauherrn ermittelt.
— Kostenkontrolle: Alle Kostenermittlungen werden fortwährend mit der Kostenvorgabe und vorangegangenen Kostenermittlungen verglichen, um Abweichungen und deren Ursachen zu erkennen.
— Kostensteuerung: Bei festgestellten Abweichungen wird steuernd eingegriffen, sodass die Kostenvorgabe nach Möglichkeit eingehalten werden kann.

Im Rahmen der Kostenermittlung sind fünf Kostenermittlungsstufen vorgesehen, die als Entscheidungsgrundlage zur Fortführung des Projekts an verschiedene Leistungsphasen nach HOAI geknüpft sind.

1. Kostenrahmen (Leistungsphase 1 – Grundlagenermittlung)
2. Kostenschätzung (Leistungsphase 2 – Vorplanung)
3. Kostenberechnung (Leistungsphase 3 – Entwurfsplanung)
4. Kostenanschlag (Leistungsphase 5/6 – Ausführungsplanung/Ausschreibung)
5. Kostenfeststellung (Leistungsphase 8 – Bauobjektüberwachung)

Der Kostenrahmen wird in der Grundlagenermittlung (Leistungsphase 1) gesetzt. Da es zu diesem Zeitpunkt noch kein Entwurfskonzept gibt, wird die Umsetzbarkeit innerhalb der Kostenvorgabe des Projekts hinsichtlich der Größe und der gewünschten Qualitäten überprüft. Die Kosten werden nur bis zur ersten Ebene der Kostengliederung aufgeschlüsselt (Kostengruppen 300 und 400 können zusammengefasst werden). Anhand des Kostenrahmens soll der Bauherr entscheiden, ob die Planung für das Bauvorhaben begonnen werden soll.

Die Kostenschätzung wird anhand des Vorentwurfs (Leistungsphase 2) durchgeführt. Mit Hilfe der Vorentwurfspläne muss der Bauherr entscheiden, ob er das Projekt unter den bisherigen Rahmenbedingungen weiterverfolgen möchte. Die Kosten werden hierbei nach DIN 277 mit Hilfe des Bruttorauminhalts, der Bruttogrundfläche oder der Nutzfläche bis zur ersten Ebene der Kostengliederung ermittelt, die sich aus den Plänen ableiten lassen.

Die Kostenberechnung wird anhand der Entwurfsplanung (Leistungsphase 3) durchgeführt. Unter Hinzuziehung der technisch mit dem Statiker, dem Haustechnikplaner und weiteren Fachplanern abgestimmten Entwurfspläne muss der Bauherr entscheiden, ob er das Projekt unter den bisherigen Rahmenbedingungen als Bauantrag einreichen möchte. In dieser Phase müssen die Kosten bis zur zweiten Ebene der bauteilorientierten Kostengliederung aufgegliedert werden.

Der Kostenanschlag muss vor der Einholung von Angeboten durchgeführt werden. Er soll dem Bauherrn ermöglichen, eine Entscheidung über die geplanten Qualitäten vor der Vergabe zu treffen. Alle in Ausführungsplanung und Vorbereitung der Ausschreibungen genauer definierten Qualitätsinformationen müssen berücksichtigt werden, deswegen soll der Kostenanschlag bis zur dritten Ebene durchgeführt werden. In der Kostenermittlung soll ebenfalls die vergabeorientierte Sichtweise ergänzt werden, sodass die einzelnen Budgets der Vergabeeinheiten ermittelt werden können. Während der Vergabe und in der Bauphase erfolgt eine stetige Fortschreibung, wobei die geplanten Kosten anhand der Marktpreise immer weiter verifiziert werden.

○ **Hinweis:** In der DIN 276 ist eine durchlaufende Kostenkontrolle und -steuerung unter Punkt 3.5 festgeschrieben. So wird der Prozesscharakter des Planungs- und Bauprozesses auch in der Kostenplanung berücksichtigt.

○ **Hinweis:** Nach DIN 276 muss der Architekt den Bauherrn auf mögliche Kostenrisiken hinweisen und Aussagen über die Art, den Umfang und die Eintrittswahrscheinlichkeit in seinen Kostenermittlungen aufnehmen. Gerade im Bestand gibt es viele Unwägbarkeiten, die aus der vorhandenen Gebäudesubstanz entstehen. Der Architekt ist gut beraten, den Bauherrn frühzeitig auf diese Probleme hinzuweisen und wenn notwendig weitere Fachplaner frühzeitig mit einzubeziehen.

Die Kostenfeststellung wird nach Abschluss der Bauobjektüberwachung (Leistungsphase 8) durchgeführt. Hierbei werden alle Schlussrechnungssummen der einzelnen Gewerke erfasst und auch bauteilorientiert bis zur dritten Ebene aufgeschlüsselt. Diese finale Dokumentation der tatsächlich entstandenen Kosten stellt vor allem für den Finanzierungsträger des Bauherrn eine Notwendigkeit dar.

Bei Projekten im Bestand fordert die DIN 276 eine Unterteilung der Kosten in die Bereiche Abbruch, Instandsetzung und Neubau, um die Kostenentstehung besser nachvollziehen zu können. Auch soll der Wert vorhandener Bausubstanz und wieder verwendeter Bauteile gesondert ausgewiesen werden.   Besonderheiten

ÖNORM B 1801 IN ÖSTERREICH

In Österreich werden die Baukosten in der ÖNORM B 1801– Bauprojekt- und Objektmanagement geregelt (früher ÖNORM B 1801 – Kosten im Hoch- und Tiefbau). Diese Norm definiert ähnlich wie die deutsche DIN 276 einzelne Begriffe und beschreibt Anforderungen an die Kostenermittlungsstufen. Diese sind ebenfalls nach einer vorgeschriebenen Kostengliederung zu strukturieren und zeitlich an verschiedene Leistungsphasen nach HOA geknüpft.

Diese Kostengliederung wird in die folgenden zusammenhängenden Kostenbereiche unterteilt: Kostengliederung

0: Grund
1: Aufschließung
2: Bauwerk-Rohbau
3: Bauwerk-Technik
4: Bauwerk-Ausbau
5: Einrichtung
6: Außenanlagen
7: Honorare
8: Nebenkosten
9: Reserven

Weiterhin erfolgt eine Zusammenfassung der Kosten von einzelnen Hauptgruppen in die folgenden Gruppen:

Bauwerkskosten	=	Summe der Kostenbereiche 2 bis 3
Baukosten	=	Summe der Kostenbereiche 1 bis 6
Errichtungskosten	=	Summe der Kostenbereiche 1 bis 9
Gesamtkosten	=	Summe der Kostenbereiche 0 bis 9

Kostenermittlungs-
stufen

Im Rahmen der Kostenermittlung sind in der ÖNORM B 1801 folgende fünf Kostenermittlungsstufen vorgesehen:

1. Kostenrahmen
2. Kostenschätzung   (Vorentwurf, Leistungsphase 1 nach HOA)
3. Kostenberechnung   (Entwurf, Leistungsphase 2 nach HOA)
4. Kostenanschlag   (Kostenermittlungsgrundlagen, Leistungsphase 4 nach HOA)
o 5. Kostenfeststellung (Geschäftliche Oberleitung, Leistungsphase 7 nach HOA)

BAUKOSTENPLAN HOCHBAU IN DER SCHWEIZ

In der Schweiz werden alle Kosten zur Erstellung (Anlagekosten) eines Hochbaus in einem Baukostenplan (eBKP-H) zusammengefasst. Die Erstellung und Gliederungsstruktur dieses Baukostenplans ist in der Norm SN 506 511– Baukostenplan Hochbau geregelt. Diese Norm definiert ähnlich wie die deutsche DIN 276 und die ÖNORM 1801 einzelne Begriffe und beschreibt Anforderungen an die Kostenermittlungsstufen.

Kostengliederung

Der Baukostenplan Hochbau unterscheidet die vier normierten Ebenen der Hauptgruppen, der Elementgruppen, der Elemente und der Teilelemente und deren jeweilige Bezugsgrößen.

o Die Hauptgruppen werden wie folgt gegliedert:

A: Grund
B: Vorbereitungsarbeiten
C: Konstruktion Gebäude
D: Technik Gebäude
E: Äußere Wandbekleidung Gebäude
F: Bedachung Gebäude
G: Ausbau Gebäude

O **Hinweis:** Ähnlich wie in der DIN 276 gibt es zwei Gliederungsmöglichkeiten, nach denen Baukosten aufgestellt werden können. Die ausführungsorientierte Gliederung erfolgt nach Leistungsbereichen, die planungsorientierte Gliederung nach Grobelementen, Elementen und Elementtypen.

O **Hinweis:** Die Zentralstelle zur Rationalisierung im Bauwesen (CRB) erfasst und analysiert für die Schweiz Baukostendaten von abgeschlossenen Projekten. Es werden nutzungsspezifische Kostenkennwerte gebildet, die als umfangreiche Dokumentation für die Planung verwendet werden können.

H: Nutzungsspezifische Anlage Gebäude
I: Umgebung Gebäude
J: Ausstattung Gebäude
V: Planungskosten
W: Nebenkosten zur Erstellung
Y: Reserve, Teuerung
Z: Mehrwertsteuer

Für die Zusammenfassung der Kosten von einzelnen Hauptgruppen
werden folgende Begriffe definiert:

Anlagekosten	=	Summe der Hauptgruppen A bis Z
Erstellungskosten	=	Summe der Hauptgruppen B bis W
Bauwerkskosten	=	Summe der Hauptgruppen C bis G

Folgende Kostenermittlungsstufen werden unterschieden, die jeweils   Kostenermittlungs-
stufen
mit Teilphasen nach Ordnung SIA 112 verknüpft sind:

1. Schätzung des Finanzbedarfs (strategische Planung)
2. Kostengrobschätzung (Vorstudie)
3. Kostenschätzung (Vorprojekt)
4. Kostenvoranschlag (Bauprojekt)
5. Revidierter Kostenvoranschlag (Ausschreibung und Realisierung)
6. Schlussabrechnung (am Ende der Realisierung)

○ **Hinweis:** Der Baukostenplan für den Tiefbau ist in
der Norm SN 506 512 – Baukosten Tiefbau geregelt.
Die tiefbauspezifischen Hauptgruppen sind von L bis T
gegliedert. Bei Bedarf können somit Baukostenpläne
für den Hoch- und Tiefbau in einem gemeinsamen
Kostenplan kombiniert werden.

Schlussbemerkung

Bei fast allen Architekturprojekten stehen die Baukosten im Blickfeld des Auftraggebers und entscheiden über den Erfolg oder Misserfolg eines Projektes. Die ästhetische Qualität eines Gebäudes ist sehr wichtig, unterliegt aber subjektiven Bewertungskriterien – technisch kann der Bauherr sein Gebäude als fachlicher Laie meist nur bedingt bewerten. Neben der Nutzerfreundlichkeit eines Gebäudes ist die Einhaltung von Kosten und Terminen jedoch eine Fixgröße, die auf der einen Seite für den Bauherrn extrem wichtig, auf der anderen Seite für ihn auch sehr gut bewertbar ist. Die Einhaltung der geplanten Baukosten kann immer mit Hilfe von konkreten Zahlen bewertet werden. Hohe gestalterische Ansprüche und gute architektonische Konzepte können nur dann ansprechend verwirklicht und umgesetzt werden, wenn sie auch auf einer professionellen Kostenplanung basieren. Diese sichert zum einen die gewünschten Qualitäten, gewährleistet aber zunächst einmal überhaupt erst die allgemeine Finanzierbarkeit des Projekts, ohne die gar keine Architektur geschaffen werden könnte. Daher ist es essenziell, dass Architekten Kosten als wesentliches Planungselement begreifen und die entstehenden Entwürfe und Projekte strukturiert und mit hinterlegten Kosten vernetzt fortschreiben.

Obwohl das Thema Kosten im Architekturstudium oftmals keine wichtige Rolle spielt, ist die Kostenkompetenz von Architekten im späteren Berufsleben eine wesentliche Voraussetzung für eine erfolgreiche Tätigkeit. Aus diesem Grund sind die hier präsentierten Methoden und praxisnahen Vorgehensweisen ein wichtiger Baustein des Architekturstudiums in Vorbereitung auf das spätere Berufsleben. Kreatives Entwerfen, technisches Konstruieren, ganzheitliche Koordination und kompetentes Kostenplanen als iterativen Prozess zu verstehen, macht das Repertoire eines guten Architekten aus. So wie sich der Entwurfsprozess nicht schematisieren lässt, ist auch die Kostenplanung ein projektbezogen heterogener Prozess, der sich einerseits den speziellen Bedürfnissen und dem Informationsinteresse des Bauherrn anpasst und auf der anderen Seite das individuelle Projekt mit seinen spezifischen Eigenarten abzubilden versteht.

Bert Bielefeld

Terminplanung

Einleitung

Der Weg von der ersten Idee bis zum bezugsfertigen Gebäude ist lang und äußerst vielschichtig. Zahlreiche Beteiligte auf Seiten der Bauausführung, der Planung und gegebenenfalls des Bauherrn bedingen eine intensive Koordination der einzelnen Beiträge an diesem Prozess. Der Architekt bzw. Objektplaner übernimmt dabei die fachliche Vertretung des Bauherrn und muss zielgerichtet für einen möglichst reibungslosen Ablauf des gesamten Prozesses sorgen. Er koordiniert im Sinne des Bauherrn alle an der Planung Beteiligten und überwacht die bauausführenden Firmen auf der Baustelle.

Da bei größeren Projekten sowohl auf der Planungs- wie auch auf der Ausführungsseite vielfach mehr als 20 bis 30 Beteiligte agieren, entstehen komplexe Verknüpfungen und Abhängigkeiten der Arbeiten untereinander. Oft ist es für einzelne Beteiligte aufgrund ihres fachspezifischen Ausschnitts nicht möglich, die Vernetzung der eigenen Arbeitsschritte in der Gesamtheit der Projektabläufe beurteilen und einordnen zu können. Somit trifft den Architekten hier eine besondere Koordinationspflicht, da in seiner Planung die Ergebnisse der Fachdisziplinen zusammenlaufen und er als einziger am Prozess Beteiligter den Gesamtüberblick über das Projekt hat.

Die Terminplanung ist ein allgegenwärtiges Instrument dieses Prozesses. Ihre Grundlagen und die praktische Anwendung werden in diesem Buch erläutert. Dabei werden alle Darstellungsarten und Detaillierungsstufen angesprochen und mit praktischen Hinweisen zu typischen Abläufen hinterlegt, damit Studenten schnell und praxisnah einen Einstieg finden. Die Koordination ist jedoch nicht mit der Aufstellung eines Terminplans abgeschlossen, sie ist ein Arbeitsprozess, der stetig fortgeschrieben und präzisiert werden muss. Bis zur Festlegung einzelner Produktionsschritte auf der Baustelle sind zahlreiche Vorüberlegungen und Detaillierungen erfolgt. Welche Beteiligten und welche Arbeitsschritte bei der Terminplanung betrachtet werden sollten, wird in den folgenden Kapiteln dargestellt.

Aufstellung eines Terminplans

ELEMENTE EINES TERMINPLANS

Zu Beginn ist es notwendig, einige Begriffe und die einzelnen Elemente der Terminplanung zu erläutern.

Man unterscheidet zwischen den Begriffen Termin und Frist. Unter einer <u>Frist</u> wird eine Zeitspanne (z. B. Fertigstellung der Arbeiten innerhalb von 14 Tagen) verstanden, während ein <u>Termin</u> einen bestimmten Zeitpunkt wie etwa den Fertigstellungstag eines Teilabschnitts bezeichnet.

Frist und Termin

Die Grundlage jedes Terminplans sind die Vorgänge. Ein <u>Vorgang</u> benennt einen in sich geschlossenen Arbeitsschritt (z. B. Bodenfliesen Erdgeschoss). Werden mehrere einzelne Vorgänge unter einem Dach gebündelt (z. B. Fliesen- und Plattenarbeiten), so wird dies <u>Sammelvorgang</u> genannt. > Kap. Aufstellung eines Terminplans, Aufbau eines projektorientierten Terminplans

Vorgang

Die zur Erarbeitung des Vorgangs benötigte Zeit wird Vorgangsdauer genannt. Sie ergibt sich in der Regel aus der Fertigungsmenge und dem Aufwand. > Kap. Aufstellung eines Terminplans, Dauerplanung der Vorgänge

Dauer- und Ablaufplanung

Bei der Berechnung der <u>Vorgangsdauer</u> wird von <u>Dauerplanung</u> gesprochen. Demgegenüber wird die Bestimmung der Abhängigkeiten zwischen den Vorgängen als <u>Ablaufplanung</u> bezeichnet. Dauer- und Ablaufplanung ergeben zusammen eine komplette <u>Terminplanung</u>. > Abb. 1

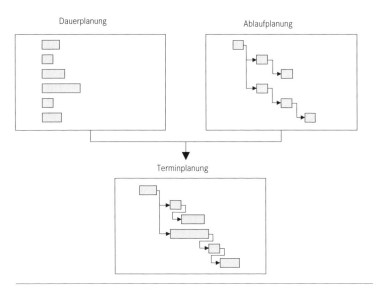

Dauerplanung

Ablaufplanung

Terminplanung

Abb. 1: Zusammenhang der Begriffe Termin-, Dauer- und Ablaufplanung

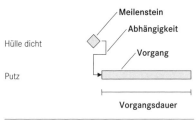

Hülle dicht

Putz

Meilenstein

Abhängigkeit

Vorgang

Vorgangsdauer

Abb. 2: Typische Begriffe der Terminplanung

Bauverfahren und
Kapazitäten

Als <u>Bauverfahren</u> wird die technische Art der Durchführung eines Vorgangs bezeichnet.

● Die für einen Vorgang notwendigen Ressourcen an Maschinen und Arbeitskräften werden <u>Kapazitäten</u> genannt. Ein Bauunternehmen plant seine Kapazitäten während der Vorbereitung einer Baumaßnahme, um die auftretenden Kosten und Bauverfahren als Grundlage des Angebots möglichst gut berechnen zu können. Die Berechnung von Kapazitäten ist für den terminplanenden Architekten nur bedingt von Bedeutung, allerdings ist auf dieser Basis die Aufnahme realistischer Vorgangsdauern für einen reibungslosen Ablauf notwendig. > Kap. Aufstellung eines Terminplans, Darstellungstiefe

Meilenstein

Ein <u>Meilenstein</u> ist ein Vorgang, der keine Vorgangsdauer besitzt. Es ist ein besonderes Ereignis, das gesondert in den Terminplan aufgenommen wird. Typische Meilensteine in einem Terminplan sind Baubeginn, Fertigstellung Rohbau, Hülle dicht, Schlussabnahme und Inbetriebnahme. > Abb. 2

Abhängigkeiten
zwischen
verschiedenen
Vorgängen

Ein Vorgang steht in einem Terminplan meist nicht isoliert für sich, sondern ist eingebunden in ein Geflecht von gegenseitigen Abhängigkeiten zwischen unterschiedlichen Vorgängen. Dies kann verschiedene Ursachen haben. Der Regelfall ist die <u>Folgeabhängigkeit</u>. Ein Vorgang B

● **Beispiel:** Es gibt oft mehrere Möglichkeiten, im Bauprozess zu einem gewünschten Ergebnis zu gelangen. So lassen sich beispielsweise eine Stahlbetondecke aus Fertigteilen oder im Ortbeton-Verfahren herstellen und Wandfliesen im Dünnbett auf einen Putz oder im Dickbett direkt auf die Rohbauwand aufbringen.

kann erst beginnen, wenn der Vorgang A abgeschlossen ist (z. B. Wände EG → Decke EG → Wände OG).

Es gibt jedoch auch Vorgänge, die nur gemeinsam in einem parallelen Prozess ablaufen können (z. B. sukzessive Gerüstaufstellung während der Rohbauphase bei mehrgeschossigen Gebäuden). Meist lassen sich diese Prozessabhängigkeiten durch einen höheren Detaillierungsgrad in einzelne Folgeabhängigkeiten aufschlüsseln.

Im Gegenzug zu parallelen Vorgängen tritt gerade im Bereich der Ausbaugewerke häufig der Fall auf, dass Firmen nicht parallel in einem Bauabschnitt arbeiten können (z. B. Estrich und Putz). Man spricht dann von einer Behinderung durch andere Arbeiten. Daher sind gegenseitige Abhängigkeiten zwischen einzelnen Gewerken zu prüfen und gegebenenfalls durch eine sinnvolle Einteilung des Projektes in Bauabschnitte zu vermeiden. > Kap. Aufstellung eines Terminplans, Ablaufplanung der Vorgänge und Kap. Abläufe im Planungs- und Bauprozess

In der technischen Darstellung von Abhängigkeiten zwischen zwei Vorgängen wird der Begriff Beziehungsart benutzt. In der Terminplanung werden vier Beziehungsarten unterschieden: > Abb. 3

Beziehungsarten

- Ende-Anfang-Beziehung: Nach Abschluss von Vorgang A kann Vorgang B beginnen. Diese Beziehungsart kommt am häufigsten vor und gilt beispielsweise für die Vorgänge Innenwände (A) und Innenputz (B).
- Ende-Ende-Beziehung: Vorgang A und Vorgang B sollen zum selben Termin beendet werden. Diese Beziehungsart kommt in Betracht, wenn die Vorgänge A und B erst zusammen die Grundlage für einen weiteren Vorgang bilden. Das ist beispielsweise für die Vorgänge Einbau der Fenster (A) und Dachabdichtung (B) denkbar, die zusammen eine dichte Gebäudehülle für Arbeiten im Innenbereich schaffen.
- Anfang-Ende-Beziehung: Vorgang B soll enden, wenn Vorgang A beginnt. Mit Hilfe dieser Beziehung kann ein Vorgang zum spätesten möglichen Zeitpunkt positioniert werden, bevor er eine Behinderung bei einem anderen Vorgang auslöst.

○ **Hinweis:** Werden Folgeabhängigkeiten in einem Terminplan nicht im Detail untersucht, entstehen oftmals Störungen und Verschiebungen im Bauprozess. Soll beispielsweise eine behindertengerechte Stahlrahmentür nach den Putzarbeiten eingebaut werden, sind vor dem Verputzen entsprechende elektrische Anschlüsse zu legen. Derartige Abhängigkeiten können zu einem erneuten Bearbeiten bereits fertiggestellter Flächen führen.

■ **Tipp:** Die beschriebenen Beziehungsarten werden von den gängigen Terminplanungsprogrammen unterstützt. Jedem Vorgang wird in der Regel automatisch eine eindeutige Vorgangsnummer zugewiesen, über die Abhängigkeiten angelegt werden können. Soll ein Vorgang beispielsweise nach Vorgang Nr. 5 beginnen, so wird der Vorgänger mit „5ea" gekennzeichnet. Dabei steht „ea" für eine Ende-Anfang-Beziehung.

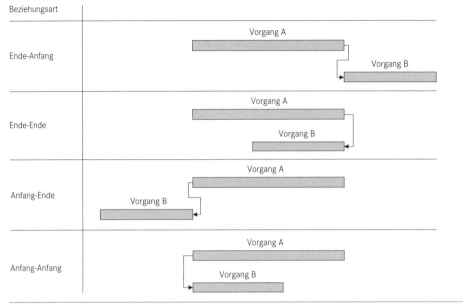

Beziehungsart	
Ende-Anfang	Vorgang A / Vorgang B
Ende-Ende	Vorgang A / Vorgang B
Anfang-Ende	Vorgang A / Vorgang B
Anfang-Anfang	Vorgang A / Vorgang B

Abb. 3: Schematische Darstellung der verschiedenen Beziehungsarten

— Anfang-Anfang-Beziehung: Vorgang A und Vorgang B sollen zeit-
gleich beginnen, was sinnvoll ist, wenn parallel gearbeitet werden
kann. Dies kann beispielsweise eintreten, wenn ein Kran zur
Lieferung sperriger Bauteile einer ausführenden Firma auch von
einem anderen Gewerk genutzt werden soll.

DARSTELLUNGSARTEN

Beim Erarbeiten eines Terminplans gibt es verschiedene Möglichkeiten der grafischen Darstellung. Um je nach Ziel und Zweck des Terminplans die Inhalte möglichst übersichtlich und nutzbar vermitteln zu können, werden folgende Darstellungsarten unterschieden: > Abb. 4

— Balkenplan
— Liniendiagramm
— Netzplan
— Terminliste

Balkenplan

Nr.	Vorgangsname
1	Bodenplatte
2	Wände EG
3	Decke EG
4	Wände DG
5	Dachstuhl

Liniendiagramm

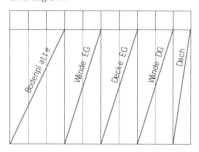

Netzplan

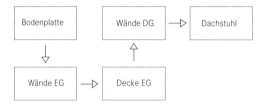

Terminliste

Vorgang	Anfang	Ende
Bodenplatte	01.06.	22.06.
Wände EG	23.06.	07.07.
Decke EG	08.07.	22.07.
Wände DG	23.07.	06.08.
Dachstuhl	07.08.	14.08.

Abb. 4: Verschiedene Darstellungsarten der Terminplanung

Im Hochbau werden Terminpläne in der Regel als <u>Balkenplan</u>, auch <u>Gantt-Diagramm</u> genannt, dargestellt. Im Balkenplan wird in der horizontalen Achse die Zeitachse angetragen, und in der vertikalen Achse werden die einzelnen Vorgänge dargestellt. Die Vorgangsdauer wird dann für jeden Vorgang mit Hilfe eines Balkens in ihrem Zeithorizont horizontal eingetragen. > Abb. 5

Die Zeitachse kann je nach Größe und Detaillierungsgrad des Projektes in Monate, Wochen und Tage eingeteilt werden. Üblicherweise werden zusätzlich zur grafischen Darstellung der Vorgänge im linken Teil des Planes auch die zum jeweiligen Vorgang gehörigen Informationen wie Vorgangsbezeichnung, Anfangstermin, Endtermin, Dauer und gegebenenfalls Angaben zu Abhängigkeiten mit anderen Vorgängen angezeigt, sodass diese Informationen einfach abzulesen sind. Diese Abhängigkeiten werden grafisch oft als Pfeile zwischen den einzelnen Balken dargestellt.

Das <u>Liniendiagramm</u> unterscheidet sich in seiner Grundstruktur vom Balkenplan, da neben der Zeitschiene auf der anderen Achse die Ausführungsmenge dargestellt wird. Die Vorgänge selbst werden in diesem Koordinatensystem durch Linien abgebildet. Im Bauwesen werden in der Regel folgende Arten von Liniendiagrammen eingesetzt:

Balkenplan

Liniendiagramm

Zeitachse

	März							April							
	11. Kw							12. Kw							
	Mo	Di	Mi	Do	Fr	Sa	So	Mo	Di	Mi	Do	Fr	Sa	So	Mo
Vorgang A															
Vorgang B															
Vorgang C															
Vorgang D															
………															

Abb. 5: Prinzip des Balkenplans

– das Weg-Zeit-Diagramm, das die Menge als geometrische Strecke (z. B. ein Autobahn-Bauabschnitt) darstellt;
– das Volumen-Zeit-Diagramm, das die Menge auf 100 % normiert darstellt, sodass unabhängig von der tatsächlichen Menge nur die anteilige Erledigung des gesamten Vorgangs abgelesen werden kann.

In der Regel wird ein Liniendiagramm weniger im Hochbau, sondern bei streckenförmigen, linearen Baustellen wie Straßen, Tunnel oder Kanalisationen eingesetzt, die eher in einzelnen Abschnitten funktionieren und deren einzelne Arbeitsschritte in einer regelmäßigen Taktung hintereinander ablaufen. Im Hochbau sind gerade im Ausbau sehr viele Vorgänge parallel zu bewältigen, die in einem Liniendiagramm nicht mehr übersichtlich darstellbar wären. Ein Vorteil des Liniendiagramms ist allerdings die übersichtlichere Handhabung von Soll-Ist-Vergleichen. > Abb. 6

Netzplan   Ein Netzplan stellt die Vorgänge der Terminplanung als Netz und nicht entlang einer Zeitachse dar. Durch die Netzdarstellung sind gegenseitige Verknüpfungen der Vorgänge sehr gut abzubilden, die zeitliche Übersicht über den gesamten Prozess ist jedoch nur bedingt möglich.

Es gibt drei Arten von Netzplänen, wobei vorwiegend der Vorgangsknoten-Netzplan Verwendung findet:

– Vorgangsknoten-Netzplan: Die Vorgänge werden durch Knoten und die Abhängigkeiten durch Pfeile dargestellt.

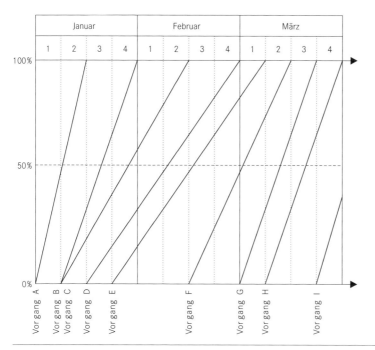

Abb. 6: Prinzip des Linienplans

- Vorgangspfeil-Netzplan: Die Vorgänge werden durch Pfeile und die Abhängigkeiten über die Verbindung der Knoten dargestellt.
- Ereignisknoten-Netzplan: Die Pfeile symbolisieren die Abhängigkeiten, und die Knoten stellen Ergebnisse (ohne Dauer) dar. > Abb. 7

Der Netzplan wird als Terminplan bei Hochbauten selten eingesetzt. Er wird jedoch in einer guten Terminplanungssoftware als alternative Darstellung eines Balkenplans angeboten und erfüllt so eine sinnvolle Aufgabe bei der Erstellung eines Terminplans. Da gerade bei komplexen Terminplänen die Abhängigkeiten der Vorgänge untereinander im Netzplan grafisch viel besser dargestellt werden können als in einem Balkenplan, hilft der Wechsel zwischen den Darstellungsarten, sich im Terminplan zurechtzufinden. In der Balkenplanansicht werden die Vorgänge aufgestellt und mit Dauern hinterlegt, in der Netzplanansicht die gegenseitigen Abhängigkeiten überprüft.

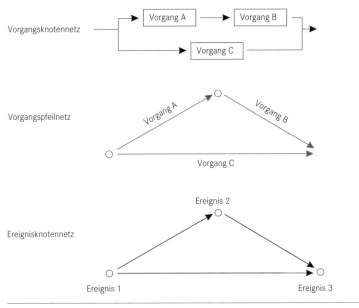

Vorgangsknotennetz

Vorgang A → Vorgang B

Vorgang C

Vorgangspfeilnetz

Vorgang A

Vorgang B

Vorgang C

Ereignisknotennetz

Ereignis 2

Ereignis 1

Ereignis 3

Abb. 7: Darstellung der verschiedenen Netzplanarten

Terminliste

Die Terminliste ist eine sehr einfache Form der Darstellung. Sie stellt im Bauablauf wichtige Termine und Fristen tabellarisch dar und ist daher nur bedingt übersichtlich. Je mehr Termine eine Terminliste enthält, desto schwieriger ist sie zu lesen und desto mehr wird für den Betrachter das Verständnis für die Zusammenhänge einzelner Termine erschwert.

Terminlisten werden oft als Auszug für einzelne Beteiligte des Planungs- und Bauprozesses aus einem Gesamtterminplan entnommen, um diesen wichtige Termine und Fristen mitzuteilen. Dies können Bearbeitungszeiträume für Fachplaner oder Sachverständige sowie vertragliche Grundlagen für einzelne Gewerke sein. Oft wird eine Terminliste mit Ausführungsterminen einer Ausschreibung beigelegt, und sie werden anschließend als Vertragstermine mit in den Bauvertrag integriert.

Manche Terminplanungsprogramme können auf der Grundlage von Terminplänen Terminlisten in separaten Dateien ausgeben.

DARSTELLUNGSTIEFE

Ein Terminplan sollte immer den auf den Zweck ausgerichteten Anforderungen an Übersichtlichkeit, Zweckmäßigkeit und Detaillierungsgrad genügen. Diese Ansprüche können je nach Blickwinkel stark variie-

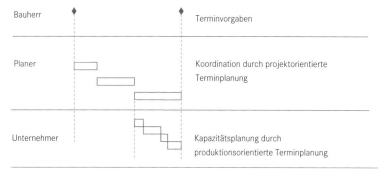

Abb. 8: Schematische Darstellung von Terminvorgaben, projektorientierter und produktionsorientierter Terminplanung

ren. Grundsätzlich lassen sich bei Bauprozessen aufgrund verschiedener Sichtweisen drei Detaillierungsstufen herausarbeiten:

— die Sichtweise des Bauherrn: Aufstellen von Terminvorgaben mit Hilfe einer Rahmenterminplanung
— die Sichtweise des Planers: Koordination der Beteiligten mit Hilfe einer projektorientierten Terminplanung
— die Sichtweise des Bauunternehmers: Arbeitsvorbereitung und Ressourcenplanung mit Hilfe einer produktionsorientierten Terminplanung > Abb. 8

Terminpläne werden im Sprachgebrauch darüber hinaus nach den Gesichtspunkten Fristen (kurzfristig, mittelfristig, langfristig), Aufsteller (auftraggeberseitig und auftragnehmerseitig) und Detaillierungsgrad (grob, mittelfein, fein) kategorisiert.

Der Bauherr hat in der Regel eine klare Vorstellung, wann er sein Ge- Rahmenterminpläne
bäude in Betrieb nehmen möchte oder muss. So kann die Fertigstellung eines Kaufhauses zum Weihnachtsgeschäft des kommenden Jahres erforderlich sein, oder ein Bauherr hat zu einem gewissen Zeitpunkt seinen Mietvertrag gekündigt. Diese durch den Bauherrn eingebrachten Terminvorgaben sind vom Planer zu berücksichtigen. Oft bedingen auch die Finanzierungsträger (Banken) bestimmte terminliche Zwänge.

Um die terminlichen Vorstellungen des Bauherrn zu überprüfen und grobe Einteilungen des gesamten Prozesses vorzunehmen, wird in einer ersten Übersicht ein Rahmenterminplan erstellt. Dieser enthält grobe Vorgänge und Zwischentermine der Planung und der Bauausführung. Typische Vorgänge sind: > Abb. 9

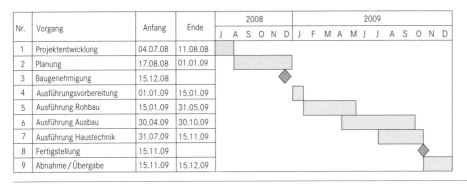

Nr.	Vorgang	Anfang	Ende	2008						2009											
				J	A	S	O	N	D	J	F	M	A	M	J	J	A	S	O	N	D
1	Projektentwicklung	04.07.08	11.08.08																		
2	Planung	17.08.08	01.01.09																		
3	Baugenehmigung	15.12.08																			
4	Ausführungsvorbereitung	01.01.09	15.01.09																		
5	Ausführung Rohbau	15.01.09	31.05.09																		
6	Ausführung Ausbau	30.04.09	30.10.09																		
7	Ausführung Haustechnik	31.07.09	15.11.09																		
8	Fertigstellung	15.11.09																			
9	Abnahme / Übergabe	15.11.09	15.12.09																		

Abb. 9: Beispiel eines Rahmenterminplans

- Projektvorbereitung
- Entwurf
- Baugenehmigung
- Vorbereiten der Bauausführung
- Baubeginn
- Rohbauarbeiten
- Gebäudehülle
- Verschiedene Ausbauarbeiten
- Fertigstellung

Projektorientierte Terminpläne

Der projektorientierte Terminplan wird üblicherweise durch den Architekten erstellt und hat das Ziel, die an der Planung und Ausführung eines Gebäudes Beteiligten zu koordinieren. Um einzelne Vorgänge miteinander verknüpfen zu können und so der Koordinierungsaufgabe gerecht zu werden, besitzt der projektorientierte Terminplan einen höheren Detaillierungsgrad als ein Rahmenterminplan. > Abb. 10 Entscheidend für die Zusammenlegung bzw. das Trennen von Vorgängen sind Abhängigkeiten mit anderen. So ist z. B. im Rohbau der Detaillierungsgrad oft gering, da die Vorgänge hier nicht mit anderen Gewerken verknüpft sind und nur der terminlichen Kontrolle dienen. Demgegenüber ist das Aufstellen einer Trockenbauwand eventuell mit Elektroinstallationen, Sanitärinstallationen, der Türmontage und den Malerarbeiten verknüpft, sodass das Aufstellen der Trockenbauwand in mehreren Arbeitsgängen dargestellt werden muss. > Kap. Abläufe im Planungs- und Bauprozess, Innenausbau Wie schon erwähnt, ist der sinnvolle Detaillierungsgrad des projektorientierten Terminplans grundsätzlich abhängig von der Komplexität und dem Zeitrahmen des Projektes.

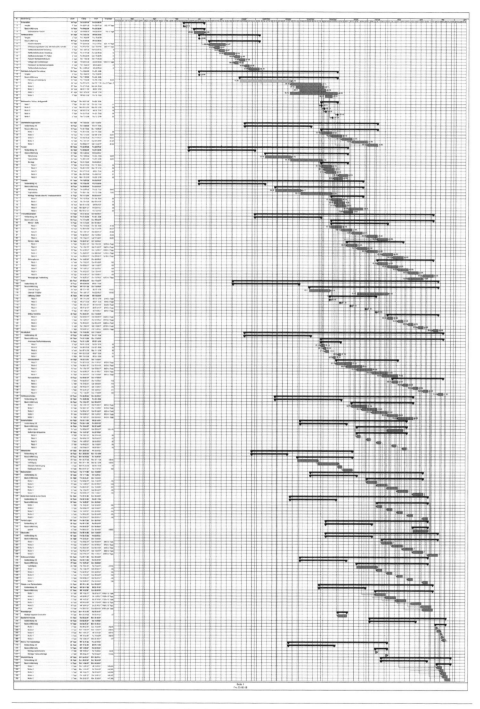

Abb. 10: Beispiel eines projektorientierten Terminplans

159

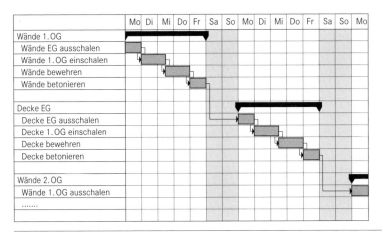

	Mo	Di	Mi	Do	Fr	Sa	So	Mo	Di	Mi	Do	Fr	Sa	So	Mo
Wände 1.OG															
Wände EG ausschalen															
Wände 1.OG einschalen															
Wände bewehren															
Wände betonieren															
Decke EG															
Decke EG ausschalen															
Decke 1.OG einschalen															
Decke bewehren															
Decke betonieren															
Wände 2.OG															
Wände 1.OG ausschalen															
....															

Abb. 11: Beispiel eines Taktplans im Rohbau

Der projektorientierte Terminplan sollte zudem nicht nur die Bauausführung umfassen, sondern auch die Planungsphase integrieren, um alle Schnittstellen zu erfassen. Idealerweise ist er so aufgebaut, dass verschiedene Nutzer innerhalb des Architekturbüros (Mitarbeiter der Ausführungsplanung, Mitarbeiter der Ausschreibung, Bauleiter) die für sie relevanten Termine kompakt und mit guter Übersicht darstellen können.

> Kap. Abläufe im Planungs- und Bauprozess, Koordination der Planung

Produktions-
orientierte
Terminplanung

Die produktionsorientierte Terminplanung hat eine andere Zielsetzung als die projektorientierte. Während die projektorientierte Terminplanung auf die Koordination aller Beteiligten zielt, wird die produktionsorientierte von ausführenden Bauunternehmen zur Planung des Personal-, Material- und Geräteeinsatzes genutzt.

Der produktionsorientierte Terminplan übernimmt dazu die Terminvorgaben aus dem Rahmenterminplan und dem projektorientierten Terminplan und setzt die gegebenen Termine in einzelne Schritte der Bauabwicklung um. Hieraus ergibt sich die notwendige Anzahl von Bauarbeitern und die rechtzeitige Bereitstellung von Maschinen und ausreichenden Materialmengen, um Engpässe zu vermeiden.

Das Bauunternehmen schlüsselt zu diesem Zweck den Vorgang aus dem projektorientierten Terminplan (z. B. Betondecke über EG) in einzelne Arbeitsschritte auf (Einschalen, Bewehren, Betonieren, Härtezeit, Ausschalen) und weist diesen die notwendigen Kapazitäten zu. > Abb. 11 Im Bereich des Rohbaus erstellen ausführende Bauunternehmen in der Regel produktionsorientierte Terminpläne, die aufgrund der Taktung der einzelnen Arbeitsschritte auch als <u>Taktplan</u> bezeichnet werden. Dabei wird das Bauvorhaben in mehrere gleichartige Bauabschnitte eingeteilt. Aufgrund der gleichen Mengen reicht es aus, für einen dieser Abschnitte (Takt) eine produktionsorientierte Terminplanung für die einzelnen Arbeitsschritte zu entwickeln und diese dann für die weiteren Takte hintereinanderzuschalten.

Im Ausbau sind produktionsorientierte Terminpläne seltener zu finden, da aufgrund der vielfältigen Verknüpfungen mit anderen Gewerken das einzelne Ausbaugewerk seine eigenen Arbeiten nur bedingt selbstständig organisieren und takten kann.

ERSTELLEN EINES RAHMENTERMINPLANS

Der Rahmenterminplan hat in der Regel die Aufgabe, Terminvorstellungen der Auftraggeberseite auf ihre Machbarkeit zu überprüfen und die Beteiligten terminlich grob einzutakten. Wenn bei größeren Projekten Projektsteuerer oder professionelle Bauherren beteiligt sind, wird der Rahmenterminplan oft auf Auftraggeberseite erstellt und dem Planer als Vorgabe übergeben.

Je nach Terminvorstellung des Bauherrn ergeben sich Terminvorgaben entweder als direkte Vorgabe eines Fertigstellungstermins oder als indirekte Vorgabe in Form von einzuhaltenden Terminen oder Fristen (z. B. Baubeginn noch im laufenden Jahr aufgrund von steuerlichen Vergünstigungen). Der Zeitraum vom Planungsbeginn bis zum Fertigstellungstermin bildet den Rahmen für die gesamte Planungs- und Bauzeit.

Terminvorgaben des Bauherrn

Die Aufteilung des Projektzeitrahmens in Planungszeit und Ausführungszeit ist eine wichtige Aufgabe, um sowohl die Umsetzung der Planung als auch die Umsetzung der Bauaufgabe auf ihre Machbarkeit zu prüfen. Der Bauzeitraum kann über einen Puffer in der Regel gestrafft, die Planungszeit ebenfalls zeitlich optimiert werden. Dies hat jedoch seine Grenzen. An beide Phasen werden Grundvoraussetzungen gestellt, die terminlich nur bedingt unterschritten werden können.

Aufteilung in Planung und Bauausführung

Der Baubeginn bedingt die vorliegende Baugenehmigung mit entsprechenden Planungs- und Genehmigungsvorlaufzeiten ebenso wie die vertragliche Einigung mit einem Bauunternehmen, die in der Regel Ausführungspläne, Ausschreibungen und ein darauf basierendes Angebot des Bauunternehmens voraussetzt.

Die Bauausführung kann wiederum nur im kleinen Rahmen typische Abfolgen im Bauprozess umgehen bzw. parallel ablaufen lassen.

Ist eine Terminvorgabe durch den Bauherrn gegeben, sollte die notwendige Bauzeit von diesem Zeitpunkt rückwärts berechnet bzw. über Vergleichsprojekte abgeschätzt werden. Auf diese Weise wird der notwendige Baubeginn ermittelt. Nun ist zu prüfen, ob in der verbliebenen Zeit zwischen Projektstart und Baubeginn die Planungsvoraussetzungen für den Baubeginn zeitlich zu erbringen sind. Dabei ist, auch bei

Vergleichen mit anderen Objekten, immer die Komplexität des jeweiligen
● Projektes zu berücksichtigen.

Ist die Machbarkeit offensichtlich nicht gegeben, sind verschiedene Alternativen zu prüfen. So können z. B. über alternative Bauverfahren (Vorproduktion, Fertigteile, Materialien mit kurzen Trocknungszeiten) Bauzeitverkürzungen herbeigeführt werden. Ist der Fertigstellungstermin in jedem Fall unrealistisch, sollte frühzeitig das Gespräch mit dem Bauherrn gesucht werden.

Aufteilung in Vorgänge

Im Rahmenterminplan werden neben der groben Aufteilung in Planungs- und Bauzeit einige Schlüsselplanungen und -gewerke als Einzelvorgang oder Meilenstein aufgenommen. > Kap. Aufstellung eines Terminplans, Elemente eines Terminplans Dies dient dem allgemeinen Projektüberblick des Bauherrn und der rechtzeitigen Einschaltung von Beteiligten. In der Regel werden weitere Differenzierungen dann in der projektorientierten Terminplanung vorgenommen, wobei die Übergänge fließend und vom Informationsinteresse des Bauherrn geprägt sind.

AUFBAU EINES PROJEKTORIENTIERTEN TERMINPLANS

Der projektorientierte Terminplan dient zur Koordinierung der Beteiligten. Dementsprechend ist seine Grobstruktur auf diese abgestimmt. Jeder Planer und jedes ausführende Bauunternehmen wird separat mit seinen durchzuführenden Arbeiten in den Terminplan aufgenommen.

Hierarchisierung nach Vergabeeinheiten

Zur Strukturierung und Hierarchisierung werden einzelne Vorgänge zu Sammelvorgängen zusammengefasst. So können einzelne Vorgänge
■ Bauteil- oder Bauabschnittsgruppen zugeordnet werden. > Abb. 12

Die oberste Hierarchieebene sollte immer die jeweilige Vergabeeinheit (VE) sein. Unter einer Vergabeeinheit versteht man die Leistungen, die mit einem in sich abgeschlossenen Planungs- oder Bauvertrag in Auftrag gegeben wurden. Besteht eine Vergabeeinheit aus mehreren Gewerken, sind diese wieder einzeln der Vergabeeinheit unterzuordnen. Dies hat den Vorteil, dass sich so die beauftragten Bauunternehmen mit

---

● **Beispiel:** Eine einfache Halle ist in Bezug auf Planungsumfang und Ausführungszeitraum weitaus unkomplizierter einzuschätzen als ein flächenmäßig gleich großes Laborgebäude, in dem komplexe technische Anlagen zu integrieren sind. Zudem sind bei Letzterem mehr Planungsbeteiligte zu koordinieren, wodurch auch das Risiko von Störungen wächst.

■ **Tipp:** Die meisten Terminplanungsprogramme bieten über Sammelvorgänge eine Strukturierung durch „Einrücken" der Vorgänge auf untergeordnete Ebenen an. Der jeweils übergeordnete Vorgang wird automatisch zu einem Sammelvorgang, dessen Dauer sich aus der Summe der untergeordneten Vorgänge ergibt.

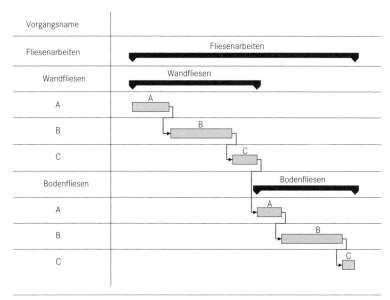

Abb. 12: Sammelvorgänge im Terminplan

ihren Einzelterminen und Bauleistungen übersichtlich steuern lassen und sich Vergabeterminpläne ohne Mehraufwand zur terminlichen Festlegung von Vergabeabläufen erstellen lassen. > Kap. Abläufe im Planungs- und Bauprozess, Koordination der Ausführungsvorbereitung und Kap. Arbeiten mit einem Terminplan, Fortschreiben und Pflegen eines Terminplans

Die Sortierung der Vergabeeinheiten erfolgt in der Regel anhand der zeitlichen Abfolge gemäß Baufortschritt in chronologischer Reihenfolge. Wird der Bauprozess in einzelne Blöcke unterteilt, lassen sich folgende Grobphasen erkennen:

Grobphasen eines Ausführungs-terminplans

1. Vorbereitende Maßnahmen
2. Rohbau
3. Gebäudehülle
4. Innenausbau
5. Haustechnik
6. Abschließende Arbeiten

Diesen Grobphasen der zeitlichen Abfolge lassen sich einzelne Gewerke (ggf. mit Überschneidung) zuordnen, sodass eine erste Terminplanstruktur entsteht. Anschließend werden den Vergabeeinheiten die jeweiligen Bauleistungen als Vorgänge untergeordnet. > Tab. 1 und Kap. Abläufe im Planungs- und Bauprozess

Zuordnung der Vorgänge zu Gewerken

Tab.1: Typische Gewerke je nach Grobphase

Grobphase	Mögliche Gewerke
Vorbereitende Maßnahmen	– Baustelleneinrichtung (Bauzaun, Container, Anschlüsse usw.) – Abbrucharbeiten – Freimachen bzw. Rodung – Erdarbeiten
Rohbau	– Erdarbeiten – Wasserhaltung – Stahlbetonarbeiten – Maurerarbeiten – Stahlbauarbeiten – Holzbauarbeiten – Abdichtungsarbeiten – Entwässerung im Erdreich/Dränagen – Gerüstarbeiten
Gebäudehülle	– Abdichtungsarbeiten – Dachdeckungs-/Dachabdichtungsarbeiten – Klempnerarbeiten (Regenentwässerung) – Fensterarbeiten – Rollladen/Sonnenschutz – Fassadenarbeiten je nach Außenhaut (Putz, Naturstein, Mauerwerk, Vorhangfassaden usw.)
Innenausbau	– Putzarbeiten – Estricharbeiten – Trockenbauarbeiten – Metallbauarbeiten (z. B. Geländer) – Natur-/Betonwerksteinarbeiten – Fliesen-/Plattenarbeiten – Parkettarbeiten – Bodenbelagsarbeiten – Maler-/Tapezierarbeiten
Haustechnik	– Lüftungsanlagen – Elektro-/Niederspannungsarbeiten – Sanitär-/Wasserinstallationen – Heiz-/Warmwasseranlagen – Gasinstallationen – Blitzschutzarbeiten – Förder- und Aufzugsanlagen – Brandschutzanlagen – Gebäudeautomation – Sicherheitstechnik
Abschließende Arbeiten	– Tischlerarbeiten (Möbel) – Schließanlage – Schlussreinigung – Außenanlagen

In den nächsten Arbeitsschritten werden die Vorgänge miteinander verknüpft und mit einer Vorgangsdauer hinterlegt. > Kap. Aufstellung eines Terminplans, Ablaufplanung der Vorgänge und Dauerplanung der Vorgänge Die Verknüpfung der Vorgänge resultiert in der Regel aus notwendigen, bauprozessbedingten Abhängigkeiten, zusätzlich sind äußere Einflüsse zu berücksichtigen. So müssen eventuell vom Bauherrn vorgegebene Termine oder Fristen wie z. B. ein Richtfest vor Beginn der Sommerferien berücksichtigt werden. Auch können Ereignisse in der Umgebung der Baustelle (z. B. Straßen- oder Stadtfeste, durch Behörden festgesetzte Anschlusstermine) Rückwirkungen auf die Terminplanung haben. Unter Berücksichtigung der Jahreszeiten ist es unter Umständen ratsam, kritische Vorgänge außerhalb der Frostzeit in eine bessere Witterungsperiode zu verschieben, sofern dies zeitlich möglich ist.

Eine der wichtigsten Maßnahmen zur Organisation der einzelnen Gewerke in ihrer Abfolge und allgemein zur Straffung des Terminplans ist die Einteilung der Arbeiten in Bauabschnitte. Dabei werden Vorgänge wie das Verlegen des Estrichs in Vorgänge für die einzelnen Bereiche des Gebäudes aufgeteilt (Estrich EG, Estrich 1. OG usw.). Da der Bauprozess sich bei größeren Gebäuden zu sehr entzerren würde, wenn z. B. die Putzarbeiten zunächst im ganzen Gebäude abgeschlossen werden, bevor der Estrich im ganzen Gebäude gelegt wird, helfen kleinere Einheiten, Überschneidungen von Vorgängen zu ermöglichen. Die Vorgänge werden dabei in Bauabschnitte eingeteilt, damit die ausführenden Firmen wissen, wo sie anfangen und in welcher Reihenfolge der Bauabschnitte die Arbeiten fortschreiten sollen. > Abb. 13

Ablauf- und Dauerplanung der Vorgänge

Einteilung in Bauabschnitte

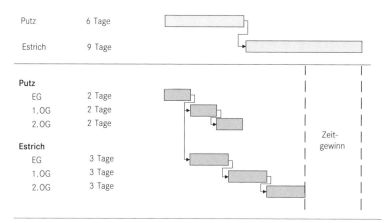

| Putz | 6 Tage |
| Estrich | 9 Tage |

Putz	
EG	2 Tage
1. OG	2 Tage
2. OG	2 Tage
Estrich	
EG	3 Tage
1. OG	3 Tage
2. OG	3 Tage

Zeitgewinn

Abb. 13: Bauzeitverkürzung durch Bauabschnitte

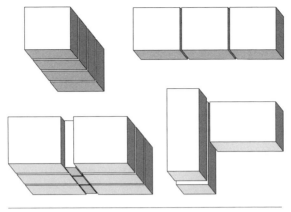

Abb. 14: Typische Einteilungen von Bauabschnitten

Die Einteilung des Gebäudes in Bauabschnitte ist bei der Untergliederung der Terminplanung sorgfältig zu bedenken, da eine Veränderung der Bauabschnitte in einer späteren Phase mit viel Arbeit für den Terminplaner verbunden ist. Dabei gilt: Je kleinteiliger ein Gebäude in Bauabschnitte untergliedert wird, desto kürzer ist die Bauzeit. Die Unterteilung sollte jedoch je nach Projektgröße und Zeitdruck in einem sinnvollen Rahmen bleiben, da ein Terminplan mit zu kleinen Bauabschnitten bei der Erstellung und Nutzung auf der Baustelle schlecht handhabbar ist. > Kap. Arbeiten mit einem Terminplan, Fortschreiben und Pflegen eines Terminplans

Bei kleinen Bauvorhaben (Anbau an ein Wohnhaus) ist eine Unterteilung möglicherweise gar nicht notwendig, bei Großprojekten sind dagegen eventuell viele Bauabschnitte notwendig, um die Bauzeit in einem angemessenen Rahmen zu halten.

Bei der Einteilung von Bauabschnitten sollten möglichst sinnvolle und einfach zu vermittelnde Unterteilungen vorgenommen werden. So können sich, der Geometrie des Gebäudes folgend, Bauabschnitte z. B. durch Geschosse, einzelne über Treppenhäuser zu erschließende Baukörper, durch beidseitig eines Treppenhauses liegende Einheiten oder spätere Mieteinheiten entwickeln. > Abb. 14

Wichtige Aspekte bei der Unterteilung sind separate Zugänglichkeit, Abgrenzbarkeit gegenüber anderen Bereichen, möglichst gleich große Fertigungsmengen in den Bauabschnitten und die Berücksichtigung der Fertigungsabläufe.

Die separate Zugänglichkeit z. B. über ein Treppenhaus ist bei einigen Arbeiten wie den Estricharbeiten oder der Verlegung von Bodenbelägen besonders wichtig, damit Gewerke sich nicht gegenseitig behin-

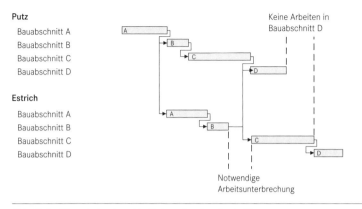

Putz
Bauabschnitt A
Bauabschnitt B
Bauabschnitt C
Bauabschnitt D

Keine Arbeiten in
Bauabschnitt D

Estrich
Bauabschnitt A
Bauabschnitt B
Bauabschnitt C
Bauabschnitt D

Notwendige
Arbeitsunterbrechung

Abb. 15: Probleme bei unterschiedlich großen Bauabschnitten

dern und trotz abgesperrter Bereiche den zu bearbeitenden Bauabschnitt erreichen können.

Andererseits hilft die <u>Abgrenzbarkeit</u>, bereits fertiggestellte Bauteile und Oberflächen vor Beschädigungen zu schützen. Werden einzelne Bereiche abgesperrt bzw. nur den derzeit tätigen Gewerken freigegeben, lassen sich Schäden, Verunreinigungen und Diebstähle auf der Baustelle eingrenzen und leichter einem Verursacher zuordnen.

Bezogen auf die <u>Fertigungsmenge</u> sollten die einzelnen Bauabschnitte so gewählt werden, dass ein möglichst gleich großes Arbeitsvolumen pro Bauabschnitt und Gewerk entsteht. Auf diese Weise lassen sich durchgehende Taktungen erreichen und Wartezeiten einzelner Gewerke vermeiden. > Abb. 15

Ein weiterer Aspekt bei der Einteilung von Bauabschnitten sind die verschiedenen <u>Fertigungsabläufe</u> einzelner Gewerke. In der Regel entsteht der Rohbau geschossweise (von unten nach oben), einige haustechnische Gewerke arbeiten jedoch strangweise entlang bestimmter Installationswege wie z. B. Abwasserleitungen in Schächten (von oben nach unten) oder in sich geschlossenen Kreisläufen (z. B. Unterverteilung in einer Mieteinheit). Hierdurch kommt es immer wieder zu Missverständnissen und gegenseitigen Behinderungen.

ABLAUFPLANUNG DER VORGÄNGE

Um die einzelnen Vorgänge besser nachvollziehen zu können, ist es sinnvoll, einen Vorgang in seinem typischen Ablauf systematisch zu betrachten. Dieser lässt sich in der Regel in drei Grobphasen unterteilen:

- Vorlaufzeit (notwendiger Planungsstand, Vergabevorlaufzeit, Gewerkevorlaufzeit)
- Ausführungszeit (je nach Beteiligten: Planungszeitraum oder Bauausführung)
- Nachlaufzeit (Trocknungs- und Härtezeiten, Nacharbeiten)

Vorlaufzeiten sind Vorgänge oder Meilensteine, die vor der Bauausführung notwendig eingeplant werden müssen. So ist es möglich, dass Fenster vor ihrem Einbau vor Ort aufgemessen, geplant und vorproduziert werden müssen. Nachlaufzeiten sind dagegen Fristen, die nach Durchführung eines Vorgangs z. B. als Trocknungszeit einzuhalten sind, bevor weitere Arbeiten an diesem Bauteil durchgeführt werden können.

Vergabevorlaufzeit

Bei Bauleistungen ist zwischen Planung und Ausführung terminlich die Vergabe zu berücksichtigen. Hierbei muss grundsätzlich zwischen privatwirtschaftlichen und öffentlichen Vergaben unterschieden werden. Öffentliche Vergaben werden in der Regel nach strengen Richtlinien oder Vorschriften mit entsprechend rechtlich verankerten Fristen durchgeführt. Im privatwirtschaftlichen Bereich sind diese nicht verbindlich. Der Vergabeprozess lässt sich somit weniger formell und viel direkter gestalten, jedoch sollten gewisse Mindestzeiten auch hier nicht unterschritten werden, um allen Beteiligten ein ordnungsgemäßes Handeln zu ermöglichen. Daher sind die Fristen der öffentlichen Vorschriften auch im privatwirtschaftlichen Bereich als sinnvolle Vorlage einzuplanen.

○ Meilensteine im Terminplan — Im Vergabeprozess gibt es mehrere Etappen, die eine Vergabe durchläuft. > Abb. 16 und Kap. Abläufe im Planungs- und Bauprozess, Koordination der Ausführungsvorbereitung In der Terminplanung sollten mindestens folgende Vorgänge oder Meilensteine aufgenommen werden:

○ **Hinweis:** Auch bei Planungsleistungen sollte eine ausreichende Vergabevorlaufzeit berücksichtigt werden, um den für die Aufgabe am besten geeigneten und erfahrensten Fachplaner (z. B. Brandschutz bei Umbauten im Bestand) zu finden. Es kann vorkommen, dass auch bei der Planungsvergabe öffentliche Ausschreibungen durchgeführt werden müssen.

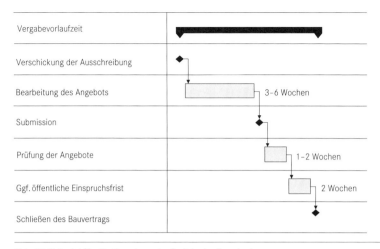

Vergabevorlaufzeit		
Verschickung der Ausschreibung		
Bearbeitung des Angebots		3–6 Wochen
Submission		
Prüfung der Angebote		1–2 Wochen
Ggf. öffentliche Einspruchsfrist		2 Wochen
Schließen des Bauvertrags		

Abb. 16: Beispiel für die Vergabevorlaufzeit in der Terminplanung

- Veröffentlichung: zumindest bei den meisten öffentlichen Verfahren notwendig
- Verschickung der Ausschreibung: als Stichtag für den Planer für die Fertigstellung aller Unterlagen
- Submission: als Stichtag für die Unternehmen zur Abgabe der Angebote
- Schließen des Bauvertrags: als Stichtag für den Bauherrn
- Baubeginn

Bei der Terminplanung der Vergabevorlaufzeiten jeder einzelnen Vergabeeinheit wird rückwärts gerechnet, da die Vergabevorlaufzeit in der Regel so terminiert werden muss, dass die Bauleistung auf der Baustelle rechtzeitig abgerufen werden kann.

Ausgehend vom Baubeginn ist ein Zeitraum von mindestens zwei Wochen zwischen Bauvertrag und Baubeginn einzuplanen, da das beauftragte Unternehmen seinen Baubeginn zunächst organisieren muss (Materialanforderung, Transport auf die Baustelle, eigene Baustelleneinrichtung usw.).

Bauvertrag und Baubeginn

Zwischen Bauvertrag und Submission ist ebenfalls ausreichend Zeit einzuplanen, mindestens ein oder zwei Wochen je nach Komplexität der Leistung. In dieser Zeit prüft der Planer alle Angebote und erstellt einen Preisspiegel als Entscheidungsgrundlage für den Bauherrn, der festlegen muss, welches Bauunternehmen beauftragt werden soll. Sind Unklarheiten oder Abweichungen in den Angeboten vorhanden, müssen diese zunächst mit den Beteiligten erörtert werden. Bei öffentlichen Verfahren

Submission

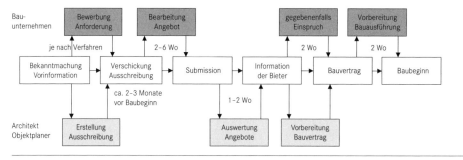

Abb. 17: Typisches Vergabeverfahren nach EU-Vergaberichtlinien

kann auch eine Widerspruchsfrist für die preislich unterliegenden Bieter vorgeschrieben sein. Teilweise sind die Entscheidungsprozesse des Bauherrn langwierig, sodass der notwendige Zeitraum auch weit über zwei Wochen hinaus reichen kann.

Versand der Ausschreibung

Nach der Verschickung der Ausschreibung durch den Planer und der Angebotsabgabe durch den Bauunternehmer muss das bietende Bauunternehmen bis zum Submissionstermin ein fundiertes Angebot erstellen. Je nach Komplexität der angefragten Bauleistung ist die Angebotskalkulation durch das Bauunternehmen aufwendig und zeitintensiv, sodass ein ausreichend großer Zeitraum von ca. sechs Wochen zur Verfügung gestellt werden sollte. Das Bauunternehmen muss möglicherweise Lieferantenpreise einholen oder eigene Ausschreibungen erstellen, um Subunternehmer für Teile der Bauleistung anzufragen. Auch bei hoher Dringlichkeit ist es einem Bauunternehmen meist nicht möglich, in einer Frist unterhalb von zwei Wochen ein Angebot aufzustellen.

Veröffentlichung

Wird die Bauleistung von einem öffentlichen Auftraggeber vergeben, so ist je nach nationaler Vorschrift und gewähltem Vergabeverfahren vorab die Information zu veröffentlichen, dass die Vergabe dieser Bauleistung beabsichtigt wird. Die Veröffentlichung als Vorinformation hilft Bauunternehmen, sich rechtzeitig um die Teilnahme zu bewerben und die Ausschreibungsunterlagen anzufordern. > Abb. 17

Gewerkevorlaufzeit

Nicht jede Bauleistung kann direkt nach Schließung des Bauvertrages begonnen werden. Oft muss das Bauunternehmen zunächst weitere Arbeitsschritte durchführen, bevor die Leistung auf der Baustelle erbracht werden kann. Diese Gewerkevorlaufzeit ist insbesondere bei Arbeiten zu berücksichtigen, die eigene Planungsleistungen des Bauunternehmens, eine Vorproduktion außerhalb der Baustelle oder aufwendige Material-beschaffung voraussetzen.

Grundsätzlich bestellt ein Bauunternehmen das notwendige Mate-rial erst nach Vertragsschluss, um die Materialbeschaffung finanziell ab-zusichern. Bei vielen Bauleistungen, die wie Putz- oder Estricharbeiten mit standardisierten und verfügbaren Baustoffen erbracht werden, lässt sich dies in den oben genannten zwei Wochen zwischen Bauvertrag und Baubeginn bewerkstelligen. Materialdisposition

Werden Materialien gefordert, die nicht standardisiert im Groß-handel erhältlich sind, muss die Materialdisposition in der Terminplanung beachtet und, wo nötig, vorab durch den Planer überprüft werden.

Sind Materialien durch den Bauherrn vor der Bestellung zu bemus-tern (z. B. bestimmte Ziegel, Fliesen, Musterfenster, Farben oder Ähn-liches), > Abb. 18 und 19 sollte ein ausreichender Zeitraum für folgende Schritte der Bemusterung berücksichtigt werden: Bemusterung

— Zeitraum zur Beschaffung des Musters
— Zeitraum der Begutachtung und Freigabe durch den Bauherrn
— Zeitraum für Abänderung oder Neubeschaffung von Mustern (wenn nötig)
— Lieferfristen des Materials

Neben der Zeit für die Materialbeschaffung benötigen einige Bauleis-tungen auch Zeit für eine eigene Werkplanung des Bauunternehmens und müssen eine Vorproduktion durchlaufen, bevor sie auf der Baustelle er-bracht werden können. Vorproduktion

Je nach Bauleistung muss das Bauunternehmen vor Ort den Einbau-ort aufmessen, um eigene Bauteile passgenau vorproduzieren und ein-bauen zu können. Ein Aufmaß erfordert somit einen ausreichenden Fort-schritt im Bauprozess (z. B. Fertigstellung der Rohbauöffnungen oder Oberkanten Fußböden).

● **Beispiel:** Bei großen Unternehmen können ab einer gewissen Auftragssumme die baubetreuenden Ange-stellten nicht mehr direkt entscheiden. Hier muss ein höher gestelltes Gremium wie z. B. der Unternehmens-vorstand einer Bauvergabe zustimmen. Je nach Sitzungsintervall kann dann einige Zeit bis zur Vergabe verstreichen.

● **Beispiel:** Werden Natursteinplatten aus fernen Län-dern in bestimmten Größen benötigt, müssen diese zunächst geordert, hergestellt und auf dem Seeweg importiert werden. Sind ungewöhnlich große Mengen eines speziellen Baustoffs bzw. Bauteils erforderlich oder müssen Einzelanfertigungen hergestellt werden, kann es sein, dass die Produktion aufgrund fehlender Vorräte im Großhandel einige Zeit in Anspruch nimmt.

Abb. 18: Bemusterung eines Fassadensystems | Abb. 19: Muster einer Dachrandgestaltung

Auf der Basis des Aufmaßes erstellt das Bauunternehmen eigene Werkpläne als Grundlage für die Vorproduktion der notwendigen Bauelemente. Falls vertraglich vereinbart, wird die Werkplanung vor der Herstellung der entsprechenden Bauelemente durch den Architekten technisch freigegeben. In diesem Fall sind zusätzlich zur Erstellungs- und Bearbeitungsdauer für die Werkzeichnungen auch Prüfungszeiträume und die Freigabe durch den Planer einzuplanen. > Abb. 20

Nach erfolgter Freigabe gelangt das Bauelement in die Vorproduktion, was bis zur Montage je nach Gewerk und Bauteil mehr als sechs bis acht Wochen in Anspruch nehmen kann. Die Montage auf der Baustelle beansprucht bei vorproduzierten Bauteilen in der Regel nur einen relativ kurzen Zeitraum.

Typische Bauelemente, die eine Vorproduktion durchlaufen, sind:

- Fassaden, Fenster und Türen
- Glasdächer und Oberlichter
- Betonfertigteile
- Stahlkonstruktionen (z. B. Hallentragwerke, Treppen, Geländer)
- Holzkonstruktionen (z. B. Dachstühle)
- Systemelemente (z. B. Glasbürotrennwände)
- Lüftungsanlagen
- Aufzugsanlagen
- Einbaumöbel und Inneneinrichtung

Ausführungszeit

Die Ausführungszeit umfasst alle der Vergabeeinheit zugehörigen Vorgänge. Bei deren Aufteilung sind entsprechende Abhängigkeiten zwi-

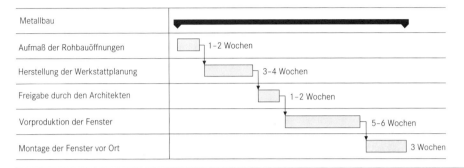

Metallbau	◤━━━━━━━━━━━━━━━━━━━━━◥
Aufmaß der Rohbauöffnungen	▭┐ 1–2 Wochen
Herstellung der Werkstattplanung	▭┐ 3–4 Wochen
Freigabe durch den Architekten	▭┐ 1–2 Wochen
Vorproduktion der Fenster	▭┐ 5–6 Wochen
Montage der Fenster vor Ort	▭ 3 Wochen

Abb. 20: Typische Gewerkevorlaufzeiten von Metallfenstern

schen den Bauteilen und Gewerken, die Einteilung nach Bauabschnitten und die Vorgangsdauern zu berücksichtigen. > Kap. Aufstellung eines Terminplans, Dauerplanung der Vorgänge Dabei gilt der Grundsatz, einem ausführenden Unternehmen die exakte Einteilung der einzelnen Arbeiten dort zu überlassen, wo es keine Abhängigkeiten mit anderen Bauunternehmen gibt. An Stellen, an denen mehrere Gewerke ineinandergreifen, sollte die Unterteilung so weit detailliert werden, dass jedes Gewerk zeitlich eindeutig die eigenen Arbeiten und deren Abhängigkeiten ablesen kann.

Liegen verschiedene Arbeiten eines Gewerks zeitlich stark auseinander und stehen diese Arbeiten in keinem bautechnischen Zusammenhang, kann es sinnvoll sein, das Gewerk in zwei Vergabeeinheiten zu unterteilen, um jeweils ausreichend Planungsvorlauf nutzen zu können und in sich abgeschlossene und zusammenhängende Bauverträge zu gewährleisten. ●

Typische Vorgänge und Abhängigkeiten des Planungs- und Bauprozesses werden im Kapitel Abläufe im Planungs- und Bauprozess beschrieben.

> ● **Beispiel:** Oft gibt es verschiedene Arbeiten im Bereich Stahl- und Metallbau, die sich über den ganzen Bauprozess erstrecken. Hierzu können Stahltragwerke, Fenster, Außenwandbekleidungen, Türen, Geländer, Treppen usw. gehören. Da die Arbeiten meist nicht aufeinander aufbauen und sich Bauunternehmen auch auf bestimmte Bereiche spezialisiert haben, ist es sinnvoll, teilweise getrennte Vergabeeinheiten vorzusehen.

Nachlaufzeiten

Nachlaufzeiten lassen sich in bautechnische und vertragliche Nachlaufzeiten unterteilen.

Bautechnisch sind Trocknungs- und Härtezeiten einzelner Bauteile, die als Unterbrechung vor weiteren Arbeiten eingeplant werden müssen, für die Ablaufplanung von elementarer Bedeutung. Dazu zählen z. B. Härtezeiten bei Estrichen, weil eine Estrichfläche nach dem Einbau noch nicht belastbar und begehbar ist. Somit sind einzelne Bauabschnitte temporär nicht nutzbar. Auch die Trocknungszeit ist Voraussetzung für die Weiterverarbeitung des betroffenen Bauelements. So bedingt das Belegen von Putzen oder Estrichen mit Fliesen, Anstrichen oder anderen Oberflächen eine ausreichende Trocknung, um keine späteren Feuchtigkeitsschäden an der fertigen Bauteiloberfläche hervorzurufen. Bei vielen Bauteilen ist die Aushärtung und somit die Begehbarkeit weitaus schneller erreicht als die Trocknung zur Weiterverarbeitung.

Nacharbeiten, die typischerweise für einzelne Gewerke auf der Baustelle anfallen, haben Einfluss auf die vertraglich vereinbarte Bauzeit einer Vergabeeinheit. Beispiele für Nach- und Restarbeiten sind:

— Rohbau: Schließen von Durchbrüchen nach haustechnischer Installation, Räumung der Baustelleneinrichtung nach Fertigstellung des Gebäudes (sofern über Rohbau beauftragt)
— Fenster und Türen: Montage von Fenster- und Türgriffen kurz vor Baufertigstellung
— Putzarbeiten: Das Anputzen von Türen, Treppenbelägen, Fensterbänken
— Haustechnik: Feininstallation der Schalter, Heizungskörper und Sanitärobjekte, Inbetriebnahme von technischen Anlagen
— Malerarbeiten: Nachstreichen nach Fliesenarbeiten, Feininstallation und Montagen auf fertigen Wänden und Decken

Derartige Nacharbeiten sollten in Terminplänen als eigener Vorgang berücksichtigt werden, um eventuelle Forderungen seitens der Bauunternehmen aufgrund einer Überschreitung der Vertragsdauer auszuschließen. Darüber hinaus sind auch Gewährleistungszeiten relevant, die mit der Abnahme beginnen. Je früher also das Ende der vertraglich vereinbarten Bauleistungen erreicht ist und somit die Abnahme erfolgen kann, desto früher enden auch die Gewährleistungszeiten, in denen der Bauherr im Falle von Schäden Anspruch auf Beseitigung hat.

Im Planungsbereich wiederum beinhalten Nachlaufzeiten vor allem Auskunfts- und Beratungstätigkeiten bei geänderten Entwürfen oder Bedingungen während der Bauphase (z. B. bei unerwarteten Befunden in Bestandsgebäuden oder im Baugrund).

DAUERPLANUNG DER VORGÄNGE

Sind alle Vorgänge der einzelnen Gewerke und Planungsbeteiligten erfasst, müssen zunächst die Dauern der Vorgänge ermittelt werden. In der Regel greifen Architekten auf Erfahrungswerte aus vergangenen Projekten zurück oder erfragen typische Dauern bei Fachverbänden oder Bauunternehmen.

Ein weiterer Weg ist die Berechnung von Dauern über ermittelte Mengen des Projektes und mengenbezogene Zeitwerte. Man unterscheidet hierbei Aufwands- und Leistungswerte.

<u>Aufwandswerte (AW)</u> geben den Verbrauch an Personenstunden (Ph) je Mengeneinheit der Fertigungsmenge an und werden wie folgt ermittelt: `Aufwandswerte`

Aufwandswert = erforderliche Personenstunden / Mengeneinheit (z. B. $0,8\,h/m^2$)

Ein <u>Leistungswert (LW)</u> ist die Reziproke des Aufwandswertes. Er gibt `Leistungswerte` an, welche Menge von einer Ressource pro Zeiteinheit erbracht wird:

Leistungswert = ausgeführte Menge / Zeiteinheit (z. B. $1,25\,m^2/h$)

Im Bauwesen finden Leistungswerte vor allem in Bezug auf Maschinen (z. B. Angabe der Aushubleistung eines Baggers in m^3/h), Aufwandswerte in Bezug auf Arbeitskräfte (z. B. Angabe des Aufwands in Stunden zur Herstellung pro Kubikmeter Mauerwerk in h/m^3) Anwendung. ○

Die Mengenermittlung richtet sich nach den <u>Mengeneinheiten</u> (m, `Mengenermittlung` m^2, m^3, Stück) des zu Grunde liegenden Aufwands- oder Leistungswerts. Wurde ein Leistungswert bezogen auf m^3 Erdreich gefunden, so sind die Erdarbeiten als m^3-Menge zu ermitteln.

Oft stimmen die Mengeneinheiten der Zeitwerte mit Mengeneinheiten anderer Arbeitsschritte des Planungsprozesses (Kostenermittlung, Ausschreibung usw.) überein, sodass Mengen direkt aus diesen Vorlagen übernommen werden können.

○ **Hinweis:** Aufwands- und Leistungswerte sind immer individuell abhängig von der Art und Arbeitsweise eines Bauunternehmens und der beteiligten Arbeitskräfte. Zudem ist die Arbeit auf der Baustelle oft durch besondere Bedingungen und Bauumstände geprägt. Daher lassen sich über diese Näherungswerte niemals exakte Vorgangsdauern vorausberechnen.

Sind keine Mengen vorhanden, müssen sie neu ermittelt werden. Dabei sollte die Ungenauigkeit von Aufwands- und Leistungswerten beim Detaillierungsgrad der Mengenermittlung berücksichtigt werden, sodass eine überschlägige Berechnung in der Regel ausreichend ist.

Ermittlung der Vorgangsdauer

Aus der ermittelten Menge und dem Aufwands- bzw. Leistungswert lässt sich der gesamte Stundenaufwand eines Vorgangs berechnen, der zur Erbringung der Leistung erforderlich ist. Man bezeichnet dies als Personenstunden (Ph). Werden die Personenstunden durch die Anzahl der Arbeitskräfte (AK) und die tägliche Arbeitszeit (TA) dividiert, so erhält man die voraussichtliche Vorgangsdauer (D) in Arbeitstagen (AT):

$$D = \frac{Ph(A_w * Menge)}{AK * TA} \quad D = [AT]$$

Anzahl der Arbeitskräfte

Die tägliche Arbeitszeit bestimmt sich in der Regel über tarifliche Bestimmungen, in Sonderfällen wie bei starkem Termindruck werden auch Überstunden einkalkuliert. Die Anzahl der Arbeitskräfte wiederum sollte so gewählt werden, dass ein sinnvoller Bauablauf gewährleistet ist. Einige Arbeiten wie die Fenstermontage erfordern eine Mindestanzahl von Arbeitskräften, da sie ansonsten nicht sinnvoll durchführbar oder überhaupt nicht zu bewerkstelligen sind. Allerdings kann die Zahl der Arbeitskräfte nicht beliebig erhöht werden, da die Arbeiter dann nicht mehr sinnvoll eingesetzt werden können. So ist beispielsweise bei Estricharbeiten die Anzahl der Arbeitskräfte stark an die Verfügbarkeit von Maschinen gekoppelt, deren Produktivität sich nur in einem sehr kleinen Rahmen über mehr Personal steigern lässt.

Die Festlegung der Kapazität ist lediglich ein interner Berechnungsansatz, um eine vernünftige Ausführungsdauer zu erreichen. Bauunternehmen ist es in der Regel selbst überlassen, die ausreichende Anzahl an Arbeitskräften für die zur Verfügung stehende Bauzeit einzusetzen. Dem Bauleiter helfen die Berechnungsgrundlagen jedoch dabei, eine

■ **Tipp:** Je nach Bauumständen sind Abweichungen von mehr als 50% zwischen publizierten Zeitwerten und der Realität keine Seltenheit. Daher sind kleinere Mengenabweichungen in der Berechnung vernachlässigbar. Werden möglichst genaue Angaben gewünscht, empfiehlt es sich, mehrere Quellen für Zeitwerte zu vergleichen. Im Anhang sind einige typische Aufwandswerte als Arbeitsgrundlage zusammengefasst.

● **Beispiel:** Bei einem Aufwandswert von 0,8 h/m^2 und einer Menge vom 300 m^2 sowie einer Kolonnenstärke von fünf Arbeitskräften bei einer täglichen Arbeitszeit von acht Stunden ergibt sich eine Dauer von

$$D = \frac{0,8 \times 300}{5 * 8} = 6 \text{ AT}$$

Unterbesetzung der Baustelle zu bemerken, bevor Endtermine nicht mehr einzuhalten sind. So dient die Formel in umgestellter Form auch zur Feststellung der notwendigen Arbeitskräfte, um eine Leistung in einem gegebenen Terminrahmen fertigstellen zu können:

$$AK = \frac{Ph(A_w * Menge)}{D * TA}$$

Eine derartige Berechnung kann auch benutzt werden, um Bewertungsgrundlagen der Vergabe über die Leistungsfähigkeit und die Präsenz eines Bauunternehmens vor Ort zu ermitteln.

Für den Terminplaner bringt es Vorteile, wenn die Anzahl der Arbeitskräfte auf die Vorgangsdauern der Bauabschnitte abgestimmt wird. Sind mehrere Gewerke hintereinander in einem Bauabschnitt tätig und wechseln dann sukzessive in den nächsten, sorgen gleich große Vorgangsdauern dafür, dass in den Bauabschnitten kontinuierlich gearbeitet wird und keine Kolonnen auf andere Gewerke warten müssen. > Abb. 21

Nicht jeder Terminplan und jeder Vorgang benötigt eine exakte Berechnung der Vorgangsdauer, oft reicht eine Abschätzung nach Erfahrungswerten aus. Das liegt vor allem daran, dass sich zeitliche Veränderungen der Vorgangsdauern im kleineren Rahmen in jedem Bauprozess ergeben, dies aber auf den Fertigstellungstermin des gesamten Gebäudes meist nur bedingt Auswirkungen hat. Viel wichtiger für die Einhaltung von Gesamtterminen sind die im folgenden Kapitel beschriebenen Abläufe der Vorgänge untereinander, da es hier bei Fehlern zu strukturellen Verschiebungen mit weitreichenden Folgen kommen kann.

Ergebnis der Dauerplanung

Trotzdem sind Vorgangsdauern nicht zu vernachlässigen, da sie die Grundlage der vertraglich mit den Bauunternehmen vereinbarten Ausführungstermine sind. Somit sollten realistische und umsetzbare Vorgangsdauern angesetzt werden, um eine störungsfreie Abwicklung der einzelnen Bauverträge zu ermöglichen.

● **Beispiel:** Ist eine Gesamtstundenzahl von 240 Personenstunden zur Erbringung einer Leistung notwendig, aber der zur Verfügung stehende Zeitraum beschränkt sich auf lediglich fünf Arbeitstage, errechnet sich die Zahl der notwendigen Arbeitskräfte aus 240 Ph dividiert durch 5 × 8 (Ph/D × TA) = 6 Arbeitskräfte.

■ **Tipp:** Bei der Ermittlung der Vorgangsdauer sollten neben rein rechnerischen Ansätzen auch andere Faktoren wie Feiertage, typische Ferienzeiten oder typische Frostperioden berücksichtigt werden, in denen Baumaßnahmen in der Regel nicht mit gleich bleibender Geschwindigkeit voranschreiten. Gerade der Zeitraum um Weihnachten und Silvester ist hierfür typisch, selbst wenn dort ausreichend Werktage vorhanden sind.

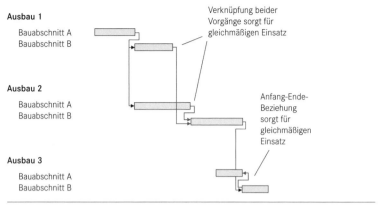

Abb. 21: Vorgehensweise bei der Taktung unterschiedlicher Vorgangsdauern

Dauer von
Planungsvorgängen Planungsleistungen lassen sich prinzipiell nicht über Aufwandswerte ermitteln, da sich geistige und kreative Arbeit nicht nach Stunden pro Einheit erfassen lässt. In der Regel werden Vorgangsdauern der Planung im Dialog mit den beteiligten Planern und Sachverständigen bei Beauftragung und im Verlauf des weiteren Prozesses festgelegt, sodass persönliche Erfahrungswerte und zur Verfügung stehende Zeitkontingente optimal ausgeschöpft werden können. Dies hilft, den Beteiligten ein Bewusstsein für ihren Beitrag zum termingerechten Gelingen des Projektes zu vermitteln und so Auswirkungen eventuell verspäteter Planungsstufen zu verdeutlichen.

Abläufe im Planungs- und Bauprozess

Im folgenden Kapitel werden typische Vorgänge von Beteiligten am Planungs- und Bauprozess sowie deren Abhängigkeiten untereinander beschrieben, um vor diesem Hintergrund Projekte auf relevante Vorgänge untersuchen und diese in einem Terminplan praxisnah abbilden zu können.

PLANUNGSBETEILIGTE

In der Planungsphase sind verschiedene Beteiligte zu koordinieren, die sich groben Kategorien zuordnen lassen. > Abb. 22

Zunächst ist als Initiator der Baumaßnahme der Bauherr bzw. Auftraggeber zu nennen. Dieser kann aus einer Person oder aus einer komplexen Verbindung verschiedener Personen und Institutionen bestehen. So können sich starke Unterschiede in der Sichtweise zwischen Eigentümer, Projektentwickler, Finanzierungsträgern (Banken) und späteren Nutzern ergeben. Ist der Auftraggeber z. B. ein Unternehmen oder eine öffentliche Institution, stehen hinter dem Projektbetreuer oft Gremien und Abteilungen, die ebenfalls Einfluss und Entscheidungsmacht haben können und somit in den auftraggeberseitigen Entscheidungsprozess einzubinden sind.

Auftraggeberseite

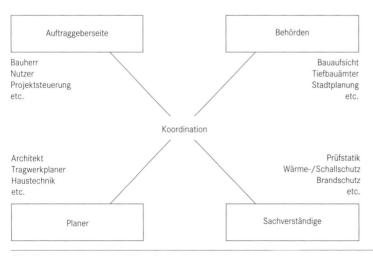

Abb. 22: Kategorien von Beteiligten in der Planungsphase

Zur Koordination der Auftraggeberseite ist es vor allem wichtig, Entscheidungswege zu verstehen und zeitlich abschätzen zu können, sodass
● Entscheidungen durch den Planer rechtzeitig vorbereitet werden.

Behörden Jedes neu zu errichtende Gebäude erfordert zudem Kontakt zu Behörden, die über die Rechtmäßigkeit des Vorhabens entscheiden und dieses öffentlich-rechtlich genehmigen und durch Prüfungen begleiten. Der Umfang der behördlichen Eingriffe in den Prozess ist stark abhängig von der Funktion des geplanten Gebäudes, der Bautypologie, den rechtlichen Vorgaben und der Situation des Ortes. Neben der genehmigenden Bauaufsichtsbehörde können beteiligt sein:

– Tiefbaubehörden (Anschlüsse des Grundstücks)
– Stadtplanungsbehörden (Klärung der städtebaulichen Situation)
– Umweltbehörden (Auswirkungen der Baumaßnahme auf die Umwelt)
– Arbeitsschutzbehörden (Arbeitsschutz auf der Baustelle und im späteren Gebäude)
– Denkmalschutzbehörden (bei historischen Altbauten)
– Vermessungs- und Katasterbehörden (Kartenmaterial, Lagepläne)
– Grundbuch- und Liegenschaftsbehörden (Grundstücksverwaltung, Belastungen und Einschränkungen auf dem Grundstück)
– Gewerbebehörden (bei späterer gewerblicher Nutzung)

Da Behörden in der Regel als Kontrollfunktion oder Entscheidungsträger fungieren, ist zur Integration in den Planungsprozess das Verständnis von Entscheidungsschritten und -dauern notwendig. So sollte für die Erteilung einer Baugenehmigung ein realistischer Zeitraum nach Einreichen der Unterlagen in die Terminplanung aufgenommen werden.

Planer Die Planungsseite setzt sich aus verschiedenen Objekt- und Fachplanungen zusammen. Der Objektplaner (in der Regel der Architekt) führt

● **Beispiel:** Benötigt der Architekt für den weiteren Planungsprozess und die Ausschreibung Festlegungen zu Oberflächen wie Fußbodenbelägen vom Bauherrn, sollte er frühzeitig Muster von sinnvollen Alternativen mit entsprechenden Vor- und Nachteilen (Kosten, Langlebigkeit, Empfindlichkeit usw.) bereitstellen. Eventuell muss der Bauherr sich intern mit anderen Personen oder extern mit späteren Mietern abstimmen.

diese zusammen und löst eventuell vorhandene Konflikte verschiedener Anforderungen untereinander. Die drei wichtigsten Planungsbereiche, die in der Regel den gesamten Planungsprozess vernetzt durchlaufen, sind die Architektur, die Tragwerksplanung und die Haustechnik. Im Einzelnen kann jedoch eine Vielzahl von Fachplanern beteiligt sein:

— Tragwerksplanung
— Innenarchitektur
— Elektroplanung
— Trink- und Abwasserplanung
— Lüftungsplanung
— Brandschutzplanung
— Planung Datentechnik
— Aufzugsplanung
— Küchenplanung
— Fassadenplanung
— Landschafts- und Freiraumplanung
— Lichtplanung
— Facility Management
— Logistikplanung

Neben den am Planungsprozess Beteiligten gibt es Sachverständige, die gutachterlich einzelne Fachgebiete bewerten. Hierzu gehört mindestens die Bewertung und Prüfung des Wärmeschutzes, des Schallschutzes, des Brandschutzes und der Statik.

Diese gutachterliche Stellungnahme eines Sachverständigen ist in der Terminplanung vor allem mit der Vorlage der Ergebnisse einzubeziehen. Zum Beispiel müssen zur Baugenehmigung bzw. zum Baubeginn bestimmte Gutachten vorliegen. Die Sachverständigen müssen dementsprechend mit Vorlauf beauftragt und mit Arbeitsunterlagen versorgt werden.

Sachverständige

KOORDINATION DER PLANUNG

Die Intensität der Koordination in der Planungsphase ist stark abhängig von der Objektgröße und -komplexität sowie der zeitlichen Enge durch Terminvorgaben des Bauherrn. Für ein Wohnhaus, das in weiten Teilen ausschließlich durch den Architekten geplant wird, sind meist nur einige wenige Termine wie Baugenehmigung und Baubeginn von Relevanz, für größere Objekte wie Laborgebäude oder spezielle Produktionsstätten wird oft eine Vielzahl von Spezialisten benötigt.

Die Aufteilung des Planungszeitraums ist nur bedingt auf die Abfolge der Architekturplanung aufzubauen, da andere Beteiligte ihre Bereiche anders strukturiert haben. Der beste Einstieg in die Planungsorganisation ist eine Verknüpfung der drei wichtigsten Planungsbereiche Architektur, Tragwerksplanung und Haustechnik, da diese in der Regel durchgehend und ineinandergreifend den Planungsprozess bestimmen. Bei der Planung sollte zu Grunde gelegt werden, dass Fachplaner für ihre Planung entsprechend fortgeschrittene Planungsstände des Objektplaners benötigen. So entsteht eine typische Abfolge in der Vernetzung von Planungen durch:

1. Vorlaufende Erarbeitung einer entsprechenden Grundlage für die Fachplaner durch den Objektplaner, auf der die Fachplaner ihre Planung aufbauen können
2. Versand an die Fachplaner
3. Bearbeitung durch die Fachplaner
4. Rücksendung durch die Fachplaner
5. Einarbeitung durch den Objektplaner und Abgleich mit den Planungsergebnissen der übrigen Beteiligten
6. Gegenseitige Abstimmungen der Fachplanungen und erneute Überarbeitung (falls notwendig)

Nach Rücklauf der Fachbeiträge sollte ein Zeitpuffer eingeplant werden, um Widersprüche der Fachplanung zur Objektplanung oder anderen Fachplanungen klären zu können. > Abb. 23

■ **Tipp:** Typische Informationswechsel zwischen Architekt, Tragwerksplaner und Haustechnik sind für verschiedene Projektphasen im Anhang dargestellt. Diese sind jedoch im Detail bei jedem Projekt verschieden und abhängig von der Funktion, der Gestalt und den Beteiligten.

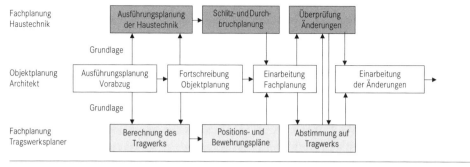

Abb. 23: Koordination der Ausführungsplanung für Architektur, Tragwerksplanung und Haustechnik

Die Einbindung weiterer Beteiligter ist in der Regel einfacher, da diese mit den oben genannten Planern nicht mehr so intensiv vernetzt sind. Oft ist es ausreichend, lediglich einen Bearbeitungszeitraum des Fachplaners für bestimmte Planungsergebnisse mit in die Terminplanung aufzunehmen. Hierdurch wird klargestellt, wann Arbeitsgrundlagen für den jeweiligen Beteiligten bereitgestellt werden müssen und wann seine Ergebnisse wieder in den Planungsprozess einfließen werden.

> *Einbindung weiterer Beteiligter*

Das wichtigste Ergebnis bei der Terminplanung der Planung sind Meilensteine, > Kap. Aufstellung eines Terminplans, Elemente eines Terminplans die den einzelnen Beteiligten (Auftraggeberseite, Planer und Sachverständige) als Grundlage ihrer jeweiligen Tätigkeiten kommuniziert werden. Einerseits disziplinieren festgelegte und abgestimmte Termine alle Seiten zu termingerechtem Handeln, andererseits lassen sich Verzögerungen im Planungsprozess vermeiden, die von zu spät eingeschalteten Beteiligten herrühren.

> *Planungsmeilensteine*

KOORDINATION DER AUSFÜHRUNGSVORBEREITUNG

Gerade die Vorbereitung der Vergabe muss bei der Terminplanung von Planungsterminen besonders sorgfältig bedacht werden. Die Ausführungsvorbereitung ist ein zeitaufwendiger Prozess, der leicht mehrere Monate in Anspruch nehmen kann. Ist bekannt, wann ein Bauunternehmen die Arbeiten auf der Baustelle beginnen muss, lassen sich die Schritte der Ausführungsvorbereitung daraus zurückrechnen. > Kap. Aufstellung eines Terminplans, Ablaufplanung der Vorgänge Bei öffentlichen Auftraggebern sorgen die gesetzlich vorgesehenen Fristen dafür, dass sich terminliche Verzögerungen in der Planung nur bedingt auffangen lassen und direkte Auswirkung auf den Baubeginn haben.

Da in vielen Fällen nicht nur ein ausführendes Bauunternehmen beauftragt wird, sondern die gesamte Bauleistung auf verschiedene

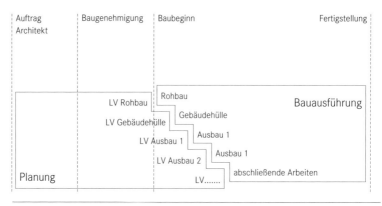

Abb. 24: Verzahnung von Planung und Bauausführung

Gewerke aufgeteilt wird, ergeben sich hieraus unterschiedliche Fristen für die Ausführungsvorbereitung. So ist es sinnvoll, die jeweiligen Schritte der Ausführungsvorbereitung terminlich zu organisieren, um alle Vorarbeiten wie das Herbeiführen von Bauherrenentscheidungen, die Ausführungsplanung, die Ausschreibung und Vergabevorläufe wie Veröffentlichungen rechtzeitig für jedes Gewerk in die Wege leiten zu können.

Aus den Abhängigkeiten, die sich aus dem Bauablauf ergeben, entwickeln sich auch Vorgaben für die Planung.

Baubegleitende Planung

Viele grobe Terminpläne stellen die Planungs- und die Bauphase ohne Überschneidung dar, in der Realität laufen Ausführungsplanung und Bauausführung in großen Teilen jedoch parallel. Dies beruht auf der Tatsache, dass einerseits die Terminvorgaben bei vielen Projekten sehr eng sind und andererseits die Planung zu Baubeginn nicht komplett fertiggestellt sein muss. Es ist zwar wichtig, dass für beginnende Bauarbeiten die Unterlagen mit entsprechendem Vorlauf bereitliegen, viele Arbeiten (wie Malerarbeiten oder Bodenbeläge) starten jedoch eher im fortgeschrittenen Bauprozess, sodass entsprechende Planunterlagen und Vertragsgrundlagen entsprechend später fertiggestellt werden können. Man spricht dabei von baubegleitender Planung. > Abb. 24

Eine baubegleitende Planung birgt immer die Gefahr, dass Planungsinhalte, die erst im späteren Prozess entwickelt werden, wiederum Einflüsse auf bereits vergebene Bauleistungen haben. Viele Bauelemente haben Schnittstellen in statischer, haustechnischer, baukonstruktiver
● oder ästhetischer Hinsicht zu anderen Bauteilen.

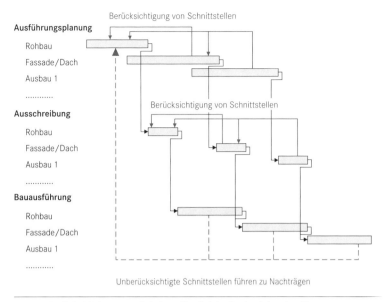

Abb. 25: Berücksichtigung von Schnittstellen bei der baubegleitenden Planung

Da einzelne Bauteile wie Fenster, Türen oder Trockenbauarbeiten zunehmend mit anderen Gewerken vernetzt sind, muss die eigene Planung so weit fortgeschritten sein, dass im Bauprozess keine nachträglichen Modifikationen durch noch nicht festgelegte Bereiche entstehen. > Abb. 25

VORBEREITUNG DES BAUPROZESSES

Im Bauprozess muss der Objektplaner bzw. Bauleiter alle ausführenden Bauunternehmen, die einen separaten Vertrag mit dem Bauherrn haben, untereinander so koordinieren, dass die Arbeiten ineinandergreifend und störungsfrei ablaufen können. Dabei liegt ein Hauptaugenmerk

● **Beispiel:** Bei der Planung des Rohbaus sind spätere Einflüsse wie Fassadenanschlusspunkte, Aufbauhöhen der Decken- und Treppenaufbauten oder Oberflächenbehandlungen und -anforderungen von Betonwänden zu berücksichtigen. Auch ist sehr frühzeitig die Entwässerung unterhalb der Bodenplatte zu klären.

Abb. 26: Händischer Rückbau bei Bestandsprojekten   Abb. 27: Maschineller Komplettabbruch von Bestandsgebäuden

auf den Schnittstellen zwischen einzelnen Arbeiten und Gewerken. Im Folgenden sind typische Schnittstellen beispielhaft beschrieben, die jedoch je nach Bauprojekt stark voneinander abweichen können.

Vor Errichtung des Rohbaus sind einige Vorarbeiten zur Vorbereitung der Baustelle zu berücksichtigen. Zunächst muss das Grundstück in einen baureifen Zustand gebracht werden. Dazu muss möglicherweise Bewuchs entfernt und der Untergrund befestigt werden, vorhandene Leitungen und Kanäle sind zu sichern und vorhandene Konstruktionen (Mauern, Zäune usw.) abzubrechen.

Baustelleneinrichtung   Zu den vorbereitenden Maßnahmen zählt die Baustelleneinrichtung. Hierbei werden die für die Überwachung notwendigen Baucontainer aufgestellt, Bauwasser- und Baustromanschlüsse eingerichtet, und die Baustelle wird durch Bauzäune gegen unbefugtes Betreten gesichert. Darüber hinaus können weitere Arbeiten zur Erschließung (z. B. Zufahrtswege) und Absicherung (z. B. Sicht- und Lärmschutz) der Baustelle notwendig werden.

Abbruch- oder Rückbaumaßnahmen   Bei Neubauten sind die vorbereitenden Maßnahmen oft in wenigen Tagen oder Wochen durchgeführt, bei Projekten im Bestand sind aufgrund umfangreicher Abbruch- oder Rückbaumaßnahmen deutlich längere Zeiten zu berücksichtigen. Dabei lassen sich die Vorgangsdauern im Rückbau durch viele Unwägbarkeiten oft nur sehr schlecht abschätzen. Die Wahl des Abbruchverfahrens hat entscheidenden Einfluss auf die Vorgangsdauern, da sich etwa der maschinelle Abbruch mit Großgeräten nicht mit dem händischen Abbruch mit Kleingeräten vergleichen lässt. > Abb. 26 und 27 Auch sind mögliche Entsorgungswege innerhalb des Ge-

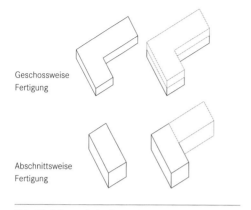

Geschossweise
Fertigung

Abschnittsweise
Fertigung

Abb. 28: Schematische Darstellung geschoss- und
abschnittsweiser Erstellung von Rohbauten

bäudes und die Wege zur Deponie zu berücksichtigen. Da Rückbaumaßnahmen den weiteren Baumaßnahmen vorangehen, wirken sich Verzögerungen dort direkt auf alle nachfolgenden Tätigkeiten aus.

ROHBAU

Der Rohbau beinhaltet verschiedene Arbeiten, die das Grundgerüst
eines Gebäudes erstellen. Hierzu gehören bei einem Massivbau:

— Erdarbeiten
— Maurerarbeiten
— Betonarbeiten
— Gerüstarbeiten
— Abdichtungsarbeiten gegen Bodenfeuchtigkeit und Grundwasser
— Separate Dachkonstruktion (sofern erforderlich)

Alternativ können je nach Konstruktionsart Stahlbau- oder Holzbau-
arbeiten hinzukommen. Die Organisation des Rohbaus erfolgt in der Regel durch das beauftragte Bauunternehmen selbst, für den Architekten
sind vor allem die Schnittstellen mit nachfolgenden Gewerken am Ende
der Rohbauzeit von Belang.

Die Vorgangsabfolge im Rohbau ist meist sehr strukturiert und leicht
nachvollziehbar: Nach den Fundamenten und Grundleitungen werden
die Geschosse sukzessive gebaut. Sind jedoch größere Grundflächen zu
erstellen, können die Rohbauarbeiten zusätzlich zum geschossweisen
Aufbau in vertikale Abschnitte unterteilt werden. > Abb. 28

Abb. 29: Aufstellen einer Betonwand in Fertigbauweise

Abb. 30: Herstellung der Bodenplatte und der Ortbeton-stützen

Vorproduktion im Rohbau

Besteht das Gebäude aus anderen Konstruktionen wie Betonfertig-teilen, Stahl- oder Holzkonstruktionen, werden die Konstruktionsele-mente in der Regel außerhalb der Baustelle vorgefertigt, montagefertig angeliefert und in kurzer Zeit auf der Baustelle errichtet. > Abb. 29 und Kap. Aufstellung eines Terminplans, Ablaufplanung der Vorgänge Dies gilt neben den eigent-lichen Geschossen in der Regel auch für Dachkonstruktionen aus Holz oder Stahl, die gegebenenfalls separat vom eigentlichen Rohbau ver-geben und in der Terminplanung berücksichtigt werden müssen.

GEBÄUDEHÜLLE

Hülle dicht

Im direkten Anschluss an die Rohbauarbeiten einschließlich der Dachkonstruktion oder die Fertigstellung einzelner Bauabschnitte des Rohbaus muss das Gebäude gegenüber der Außenwelt abgegrenzt wer-den. Das Schließen der Gebäudehülle ist eine Grundvoraussetzung für fast alle weiteren Ausbauarbeiten, daher sollte der Zeitpunkt „Hülle dicht" möglichst kurz nach Fertigstellung des Rohbaus erreicht werden. Funk-tionale Anforderungen dabei sind:

— Regendichtigkeit (Schutz der Ausbauteile, Trocknung des Rohbaus)
— Winddichtigkeit (vor allem im Winter, um Wärme im Gebäude zu halten)
— Verschließbarkeit (Schutz vor Diebstahl von Ausbauteilen)
— Beheizbarkeit (nur in den Wintermonaten notwendig)

Fenster und Türen

Die wichtigste Voraussetzung für den Meilenstein „Hülle dicht" ist das Abdichten von Öffnungen und Dächern. Fenster und Türen werden eingebaut oder zunächst mit temporären Notabdichtungen (Bautüren) verschlossen. Die Dämmung und die Außenhaut der geschlossenen

188

Abb. 31: Montage von Fensterbändern   Abb. 32: Montage im Attikabereich

Außenwand können je nach Konstruktionsart auch im Anschluss an den Meilenstein „Hülle dicht" ausgeführt werden. Bei zusätzlichen dicken Wandaufbauten kann es erforderlich sein, dass das Gerüst umgesetzt oder verkürzt werden muss.

Bei Steildächern muss die Dachabdeckung und bei Flachdächern die Dachabdichtung vollständig ausgeführt sein, um die Gebäudehülle zu schließen. Dazu gehören auch Lichtdächer oder -kuppeln sowie alle Klempner- und Dachentwässerungsarbeiten. Bei innenliegenden Entwässerungen eines Flachdaches muss zudem sichergestellt sein, dass anfallendes Wasser bei geschlossener Hülle aus dem Gebäude geführt wird. Dachabdichtung und Entwässerung

Im Zusammenhang mit Fassaden- und Dacharbeiten sind vor dem Abrüsten auch die Blitzschutzarbeiten durchzuführen, und der Blitzschutz muss an die Erdung angeschlossen werden. Blitzschutz

INNENAUSBAU

Der Koordinierungsaufwand im Bereich des Innenausbaus ist der aufwendigste Abschnitt der Bauüberwachung. Da die Vorgänge in hohem Maße miteinander verknüpft sind und die gleichzeitig ablaufenden Arbeiten auf der Baustelle oft nicht wie in den Bereichen Rohbau und Gebäudehülle von einer oder einigen wenigen Firmen ausgeführt werden, ist hier der Terminplaner in der Verantwortung.

Für die meisten Unternehmen ist aufgrund der Komplexität der eigenen Arbeiten eine Abstimmung mit den Aufgaben anderer Unternehmen nicht möglich, sodass ein Terminplan gegenseitige Abhängigkeiten im Detail darstellen muss. Die Arbeiten des Innenausbaus beispielsweise sind sehr vielschichtig vernetzt und je nach Projekt individuell zusammenzustellen. Fügungen und Aufbauten in den Details sind für die Abfolge ganzer Gewerke oft maßgeblich.

Putzarbeiten werden in der Regel relativ bald nach Schließung der Gebäudehülle durchgeführt. Da zumeist die Installationen nicht sichtbar unter Putz gelegt werden sollen, müssen diese vor Beginn der Putzarbeiten abgeschlossen sein. Dabei werden spezielle Elektroinstallationen wie beispielsweise Antriebe für Türen, Brandschutzeinrichtungen oder Sicherheitsbeleuchtungen leicht übersehen. Im Industriebau werden Leitungen in der Regel sichtbar verlegt, sodass die Putzarbeiten vor der Haustechnik ausgeführt werden.

Eine typische Schnittstelle sind Türzargen, denn es hängt von der Art der Zarge ab, ob diese vor oder nach den Putzarbeiten eingebaut werden. Stahleckzargen z. B. sollten vor den Putzarbeiten montiert werden, weil das nachträgliche Einputzen von Zargen und Leibungen meist zusätzliche Kosten verursacht. Zweiteilige Umfassungszargen können erst spät im Bauprozess eingebaut werden, um sie vor Beschädigung zu bewahren.

Schnittstellen, die gegenseitige Abfolgen erzeugen können, gibt es je nach Detailkonstruktion bei allen berührenden Bauteilen wie Fenstern, Fensterbänken, Anschlüssen von Treppen oder Treppengeländern. > Abb. 33 und 37, Seite 56

Je nach Putzart und -stärke muss eine ausreichende Trocknungsdauer berücksichtigt werden, bevor die Oberflächen weiter bearbeitet werden (z. B. durch Malerarbeiten).

Auch ist es hilfreich, einen Vorgang Nachputzarbeiten in den Terminplan aufzunehmen, damit zu einem späteren Zeitpunkt durch andere Arbeiten beschädigte Flächen noch einmal überarbeitet werden können.

Wird ein Estrich eingebaut, so ist dies in der Terminplanung meist ein besonderer Vorgang, da während der Einbau- und Aushärtungszeit kein anderes Gewerk die Räume betreten und benutzen kann. Daher müssen zusätzlich zum Vorgang des Einbaus je nach Estrichart Aushärtungszeiten aufgenommen werden. So ist ein Zementestrich mit Aushärtungszeiten von drei bis zehn Tagen (je nach Zuschlägen, Witterung und Estrichdicke) in der Regel spürbar preisgünstiger als z. B. ein Gussasphaltestrich, der jedoch nach meist zwei Tagen wieder voll begehbar ist.

Ein weiterer Aspekt neben der Aushärtung und damit der Begehbarkeit ist die Trocknungsdauer des Estrichs. Erst wenn der Estrich ausreichend getrocknet und der Feuchtegehalt niedrig genug ist, kann der spätere Bodenbelag aufgebracht werden. Die Trocknungsdauer hängt hauptsächlich von der Art und Dicke des Estrichs und den Umgebungsbedingungen wie Temperatur und Luftfeuchtigkeit ab. Oft wird der Bodenbelag jedoch relativ spät im Bauprozess eingebaut, sodass sich hieraus keine Probleme ergeben. Bei engen Terminplänen können Zusatzstoffe in den Estrich eingemischt oder entsprechende Trocknungsgeräte eingesetzt werden, die die Trocknungsdauer reduzieren, jedoch zusätzliche Kosten produzieren.

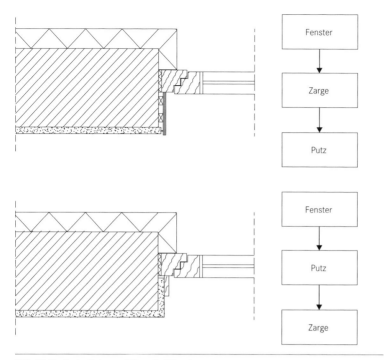

Abb. 33: Typische Putzanschlüsse bei Fenstern

Bei der Planung der Estricharbeiten sind Installationen wie Fußbodenheizung, Heizungsverteilung, Bodentanks oder Elektrokanäle zu berücksichtigen, sollten sie unterhalb des Estrichs verlegt werden.

Aufgrund der Absperrung von Bauabschnitten mit frischem Estrich ist der sonst vielfach vernetzte Bauablauf auf Systemengpässe, Laufwege (auch Fluchtwege), Transportwege für Material und kreuzende Installationsbereiche (wie z. B. Elektrotrassen) zu prüfen.

Die Abfolge von Trockenbauwänden und Estrich wiederum bestimmt sich aus den Anforderungen an möglichst hohen Schallschutz (Befestigung auf dem Rohfußboden) oder möglichst hoher Flexibilität (Befestigung auf dem Estrich). Werden Wände und Decken eines Gebäudes in großen Teilen in Trockenbauweise erstellt, ist die Koordination dieser Arbeiten mit vielen anderen Gewerken eine der wichtigsten Aufgaben. Trockenbau

Trockenbauwände werden aufgrund dieser Abhängigkeiten meist in zwei Arbeitsschritten erstellt. Zunächst wird die Unterkonstruktion aufgestellt und einseitig geschlossen. Im Anschluss werden alle Installa-

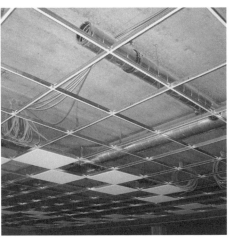

Abb. 34: Installationen vor Montage eines aufgeständerten Estrichs

Abb. 35: Grobinstallationen vor Schließen einer abgehängten Decke

tionsarbeiten der Haustechnik (Elektro, Sanitär, Heizung, Lüftung) durchgeführt. Erst dann schließt das Trockenbau-Unternehmen die zweite Seite der Wand.

Auch bei abgehängten Decken gibt es eine starke Verzahnung der Installations- und Trockenbauarbeiten. Alle Grobinstallationen müssen vor der Deckenmontage ausgeführt sein, wobei eventuelle geometrische Abhängigkeiten zwischen Installation, Abhängung und Rasterung der Decke zu beachten sind. > Abb. 35

Einige Installationen erfordern zudem ein Anarbeiten des Trockenbaus an haustechnische Elemente (z. B. Einbauleuchten, Revisionsklappen, Brandmeldeklappen). > Abb. 36

Türen und Systemtrennwände

Zargen werden bei Trockenbauwänden oft mit der Wandaufstellung montiert, da diese mit den seitlichen Profilen verschraubt und justiert werden. Bei massiven Wänden wird die Zarge in der Regel vor oder nach dem Putz als Eck-, Block- oder zweiteilige Umfassungszarge eingesetzt. > Abb. 37, Seite 56

Neben der Einbausituation von Türen (Rohbau, Trockenbau) hat auch die Art der Zarge bzw. Türanlage starken Einfluss auf den Montagezeitpunkt. Bei normalen Türen werden die Zargen je nach Situation vor oder nach dem Putz bzw. während des Trockenbaus eingebaut, die Türblätter jedoch möglichst spät eingesetzt, um Beschädigungen zu vermeiden. Metallrahmentüren und Systemelemente sowie standardisierte Stahltüren und -klappen werden oft als fertiges Einbauteil inklusive Rahmen und Türblatt geliefert und eingebaut.

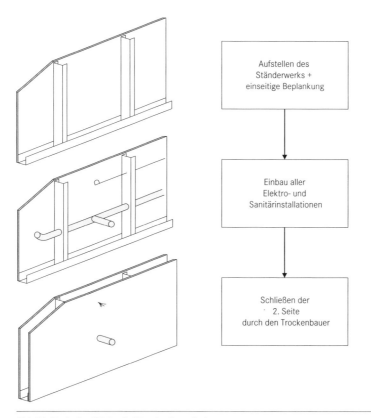

Aufstellen des Ständerwerks + einseitige Beplankung

↓

Einbau aller Elektro- und Sanitärinstallationen

↓

Schließen der 2. Seite durch den Trockenbauer

Abb. 36: Typische Abfolge bei Trockenbauwänden

Oft sind bei Türen Details entscheidend für den richtigen Einbauzeitraum:

— Zargenausführung mit oder ohne Bodeneinstand
  (Abhängigkeit Estrich)
— Türanlagen mit oder ohne umlaufenden Rahmen
  (Abhängigkeit Estrich)
— Zargengeometrie: Umfassen des Putzes oder Anputzen
  der Zarge (Abhängigkeit Putz) > Abb. 37, Seite 56
— Zulassungsbedingung Einputzen von Brandschutztüren
  (Abhängigkeit Putz)
— Elektrisch unterstützte Türen mit Zugangskontrollen, Fluchtwege-
  funktionen, Behindertengerechtigkeit, automatischen Türöffnern
  (Abhängigkeit Elektro- und Brandmeldeinstallationen)

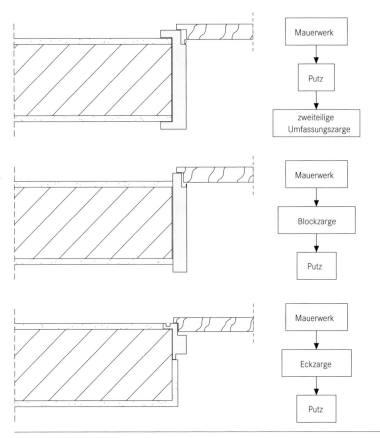

Abb. 37: Einbausituationen von Zargen

Grundsätzlich sollten empfindliche Einbauteile jedoch so spät wie möglich vorgesehen werden, um Beschädigungen an den meist endbeschichteten Oberflächen zu vermeiden.

Je nach Art der Tür sind zudem deutliche Lieferzeiten zu berücksichtigen. Standardisierte Stahltüren und Zargen sind mit kurzen Lieferfristen zu erhalten und werden als Komplettelement eingebaut. Sonderkonstruktionen wie Brandschutztüren oder ganze Metallrahmen-Türanlagen werden auf Bestellung gefertigt und können daher leicht Fertigungszeiten von sechs bis acht Wochen überschreiten.

Fliesen, Parkett-, Werkstein- und Bodenbelagsarbeiten Eine grundlegende Voraussetzung für den Einbau von Fliesen- und Werksteinbelägen ist die Fertigstellung des Untergrundes. Hierbei muss

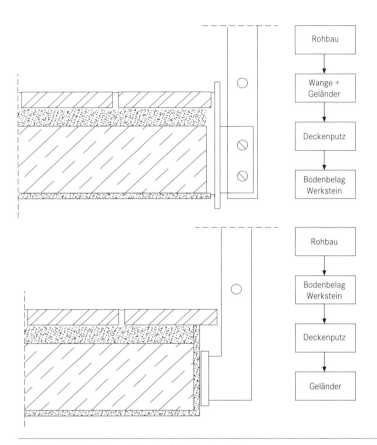

Abb. 38: Typische Putzanschlüsse im Brüstungsbereich

jedoch zwischen dem Einbau im Dünnbett auf ebenem Untergrund und dem Einbau im Dickbett auf Rohbau-Untergrund differenziert werden.

Als Voraussetzung für alle Beläge und Beschichtungen können verschiedene Untergründe wie Estriche, Rohbauflächen, Abklebungen, Putz, Trockenbau usw. dienen. Bei Treppen hängt die Montageabfolge des Belags zudem mit der Befestigungsart des Treppengeländers, einer eventuell vorgesehenen Wange und gegebenenfalls vorhandenen Arbeitsgerüsten im Treppenauge ab. > Abb. 38

Anarbeitungen etwa im Bereich von Türen und Bodenbelagswechseln müssen in ihrer Abfolge geklärt und bereits in der Ausschreibung mit notwendigen Winkeln und Andichtungen berücksichtigt werden.

In vielen Bereichen, vor allem in Sanitär- und Küchenbereichen, sind Abhängigkeiten mit haustechnischen Einbauteilen zu beachten:

- Sanitärinstallationen: Grobinstallationen wie WC-Kerne, Bodenauslässe, Abläufe, Wasseranschlüsse, Revisionsöffnungen
- Heizungsinstallationen: Heizungsrohre, Heizkörper
- Elektroinstallationen: Installationen Schalter, Bodendosen usw.

Oft werden auch Sonderflächen wie Böden in Aufzugskabinen oder Fliesenspiegel in Teeküchen vergessen.

Alle späteren Bodenoberflächen sollten möglichst in einer Reihenfolge abnehmender Gefährdung von Beschädigungen terminiert werden. Gerade Teppich-, Kunststoff- und Linoleumböden sollten so spät wie möglich eingebaut werden, da diese im Vergleich zu Parkett-, Werkstein- und Fliesenflächen schnell verlegt und anfällig für Verunreinigungen und Beschädigungen sind. Oft gehören diese Böden zu den letzten Arbeiten eines Bauprozesses.

Maler- und
Tapezierarbeiten
Die Maler- und Tapezierarbeiten erfolgen auf ebenem und ausreichend trockenem Untergrund, weshalb bei mineralischen Untergründen wie Putz ausreichend Trocknungszeiten einzuplanen sind. Die Arbeiten umfassen in der Regel alle nicht durch andere Oberflächen wie Fliesen oder Systemdecken belegte Wand- und Deckenoberflächen. Daneben sind viele kleinere Arbeiten wie das Lackieren von Treppengeländern, Zargen und Stahltüren, staubbindende und ölfeste Anstriche in Aufzugsschächten vor der Montage des Aufzugs oder Brand- und Rostschutzanstriche an Stahlkonstruktionen zu berücksichtigen. Ähnlich wie bei den
● Putzarbeiten sollten auch hier Nacharbeiten in den Terminplan aufgenommen werden.

● **Beispiel:** Ein typisches Schnittstellenproblem sind Heizkörper. Die Heizkörper sind notwendig, um im Winter die Baustelle beheizen zu können, ohne die etwa die Trocknung des Untergrundes und die Malerarbeiten nicht möglich wären. Sie müssen in manchen Fällen jedoch noch einmal abgehängt werden, um die dahinterliegende Wandfläche streichen zu können.

HAUSTECHNIK

Zur Haustechnik gehören alle Installationsarbeiten wie Heizung, Zu- und Abwasser, Sanitäreinheiten, Lüftungsanlagen, Elektroarbeiten, Datentechnik, Brandschutzanlagen, Aufzüge und weitere objektspezifische Installationen. Die Koordination der Haustechnik untereinander und die Verknüpfung mit dem Innenausbau wird in der Regel in Abstimmung zwischen Objekt- und Haustechnikplaner vorgenommen. Hierbei ist es für den Objektplaner wichtig, Schnittstellen der haustechnischen Gewerke zu erkennen und in den eigenen Ablauf zu integrieren. > Abb. 39

Die Heizungsinstallation umfasst verschiedene Bauelemente, deren Montagereihenfolge durch unterschiedliche Systeme und Verteilungsnetze projektbezogen festgelegt werden muss. Typische Elemente sind:

— Energiezuführung (Gasleitung, Solarkollektoren, Ölleitung usw.)
— Rohstofflagerung (Warmwasser- oder Öltanks, sofern vorgesehen)
— Heizzentrale und Wärmeerzeugung
— Grob- und Unterverteilung im Gebäude (Schachtinstallationen)
— Feinverteilung pro Nutzungseinheit (Heizkörperanschluss)
— Heizkörpermontage

Grundsätzlich ist das System mit den jeweiligen Innenausbauelementen und deren Oberflächen abzustimmen. Soll die Heizung in den Wintermonaten als Baubeheizung zur Verfügung stehen, sind Teile der Heizung vorab zu montieren und Heizkörper zur Fertigstellung der Oberflächen (Putz- und Malerarbeiten) vorübergehend nochmals zu demontieren.

Da die Verteilung im Haus auch bei der Sanitärinstallation geschlossene und teilweise druckgeprüfte Kreisläufe und Stränge erfordert, sind hierbei ähnliche Abläufe zu finden wie bei der Heizung. Neben dem Haus-

Heizungs- installationen

Sanitärinstallationen

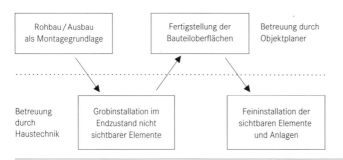

Abb. 39: Typische Abläufe in der Haustechnik

anschluss durch den örtlichen Versorger müssen bei der Grobinstallation der Trinkwasserversorgung die Verteilung im Haus über Hauptverteiler, Steigestränge in Installationsschächten oder Wandschlitzen und die Anschlüsse der einzelnen Verbraucher in Bädern, Küchen und ähnlichen Räumen berücksichtig werden. Analog sind die Wege für die Abwasserentsorgung zu planen.

Nach der Grobinstallation erfolgt die Feininstallation von Sanitärgegenständen (Waschbecken, Toiletten, Armaturen usw.) oft erst sehr spät nach den Fliesen- und Malerarbeiten, > Abb. 41 um Diebstahl oder Beschädigungen zu vermeiden. Elemente wie Wannen oder Duschtassen, die außenseitig mit Fliesen versehen werden, sind entsprechend vor den Fliesenarbeiten auszuführen.

Typische Schnittstellen mit Abstimmungsbedarf sind:

— Leitungen unterhalb der Bodenplatte (oft durch Rohbau ausgeführt)
— Wand- und Deckendurchbrüche (nach Installation ggf. durch Rohbauer zu verschließen)
— Lüftungsleitungen über Dach (Anschluss von Abwasserleitungen an Lüfterhauben in der Dachebene)
— Hauseinführung und Kanalanschluss (Abstimmung mit öffentlichen Versorgern notwendig)
— Einbau von Hebeanlagen unterhalb der Rückstauebene
— Warmwasserbereitung (zentral mit paralleler Leitungsführung oder dezentral am Verbraucher)

Elektroinstallationen   Auch die Elektroinstallationen unterteilen sich in Grob- und Feininstallation. Grundsätzlich lässt sich die Grobinstallation über die Montageart auf oder unter Putz terminieren. Werden Leitungen nicht sichtbar (unter Putz) verlegt (z. B. im Wohnungsbau), so ist die gesamte Hausverteilung zwischen Rohbau und Putzarbeiten einzuplanen. Die oft im Industriebau anzutreffende Sichtmontage (auf Putz) erfolgt in der

○ **Hinweis:** Weitere Informationen zu den einzelnen Komponenten der Trinkwasserversorgung und Abwasserentsorgung finden sich in *Basics Wasserkreislauf im Gebäude* von Doris Haas-Arndt, erschienen im Birkhäuser Verlag, Basel 2009.

Abb. 40: Trink- und Abwasserinstallationen eines
WC-Kerns mit Hohlboden

Abb. 41: Fliesenoberfläche fertig zur Feininstallation
der Sanitärobjekte

Regel erst nach Fertigstellung der Oberflächen. Einen Sonderfall stellen
Sichtbetonwände dar, in denen während der Bewehrungsarbeiten bereits
Leerrohre für spätere Elektroinstallationen eingelegt werden müssen.
> Abb. 42 Typische Vorgänge sind:

— Hausanschluss und Sicherung (Abstimmung mit
  Elektrizitätsversorgern)
— Erdungsanschluss (Abstimmung mit Rohbau)
— Batterie- und Trafoinstallationen (wenn erforderlich)
— Verteilung im Haus und Unterverteilung einzelner Einheiten
— Feininstallation von Leuchten, Steckern, Schaltern usw.

Aufgrund der zunehmenden Vernetzung von konstruktiven Bauteilen
mit elektrischen Systemen wird die Einbindung der Elektroarbeiten in
einem Terminplan immer komplexer. Um Nachinstallationen mit nach-
träglicher Öffnung fertiger Oberflächen zu vermeiden, müssen die im Entwurf enthaltenen Bauteile systematisch auf Schnittstellen mit der Elektrik untersucht werden. Typische Beispiele sind:

— Besondere Anschlüsse für Herd, Durchlauferhitzer,
  Heizung oder für Sonderbauteile
— Beleuchtung im Außenbereich
— Notbeleuchtung
— Brandmeldeanlagen
— Lüftungsanlagen
— RWA-Anlagen (Fenster, Dachöffnung, Entrauchung)

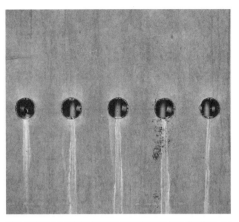 

Abb. 42: Elektroinstallationen in Sichtbetonwänden   Abb. 43: Beispiel von Elektro-Verteilungssträngen im
                                                       Fußbodenbereich

   — Behindertengerechte Zugänge (Schalter, automatische
      Obentürschließer) und Zugangskontrollen
   — Bestandteile eines Alarmsystems (Außen- und Fluchttüren,
      Einbruchmeldung Fenster, Überwachungskameras usw.)
   — Steuerung von Fassaden (elektrische Entlüftungen, Sonnen- und
      Blendschutz, Regen- und Windwächter, Oberlichter usw.)

Datentechnik   Ein Spezialbereich der Elektroinstallationen ist die Datentechnik, die gerade in Verwaltungs- und Kommunikationsgebäuden erhebliche Installationen bedingt. Hierzu gehören alle Formen der Fernmelde- und Medientechnik wie Telefonanschlüsse, Fernsehtechnik, Computer-Netzwerke, Server-Räume usw.

Bei Verwaltungsbauten werden oft zentral oder etagenweise Server- und Verteilerräume eingerichtet, von denen über Installationsstränge flexibel jeder Arbeitsplatz zu erreichen ist. Die Abhängigkeiten mit Installationswegen in Böden, Decken und Wänden sind dabei zu berücksichtigen.

Lüftungsanlagen   Erhält ein Gebäude eine Lüftungs- oder Klimaanlage, sind vielfältige Installationen für Zu- und Abluft einzuplanen. In der Regel werden Lüftungskanäle sichtbar oder nicht sichtbar in Schächten, im Bodenaufbau und im Deckenbereich verlegt, was mit den jeweiligen Konstruktionen und Oberflächen abzustimmen ist. Dabei sind vor allem kritische Punkte wie Zuführungen (Kälteleitungen, Strom, Zuluftöffnungen) und Durchdringungen von Außenhaut (Eindichten durch Dachdecker oder Fassadenbauer) oder Brandabschnitten (Einmörteln durch Rohbauer oder Brandschott durch Trockenbauer) zu berücksichtigen.

Neben den einzelnen Schnittstellen der Verteilung und der Lüftungszentrale ist für spätere Vorgänge die Feininstallation von z. B. Auslässen,

Gittern, Klappen oder Blenden in die Terminplanung aufzunehmen. In der Regel erfolgt diese Installation nach Fertigstellung der Oberflächen.

Ein wichtiger Aspekt bei der Planung größerer Lüftungs- oder Klimaanlagen ist die Berücksichtigung einer Vorlaufzeit für die Vorproduktion. Neben einigen standardisierten Kanalquerschnitten müssen Kanäle, Übergänge und Anlagen meist vor Ort im Rohbau aufgemessen und in einer eigenständigen Werkplanung dargestellt werden. Erst nach Freigabe der Planung werden die Bauteile produziert, was einen Zeitraum von mehreren Wochen in Anspruch nehmen kann. Somit muss die Lüftung zu einem frühen Zeitpunkt an ein Fachunternehmen vergeben werden, damit die Arbeiten auf der Baustelle rechtzeitig ausgeführt werden können.

Fördertechnik wie Aufzüge oder Fahrtreppen erfordern meist vielfältige elektrische Anschlüsse. Zudem sind Schnittstellen zu Bodenbelägen (Innenbelag eines Aufzugskorbs, Anschluss der Schwellen) und Wänden (Laibung der Aufzugstür) zu beachten. Fördertechnik

Die Anschlusspunkte eines späteren Aufzugs müssen meist schon in der Rohbauerstellung des Schachtes über entsprechende Ankerschienen berücksichtigt werden, sodass der Aufzugsbauer bzw. das herstellerbezogene System möglichst frühzeitig feststehen sollte. Nach Fertigstellung des Rohbaus wird der Schacht exakt aufgemessen und eine Werkplanung für den Aufzug erstellt. Nach einer Vorproduktionsphase erfolgt die Montage oft in mehreren Schritten. Zunächst wird die Tragkonstruktion im Schacht eingebaut, dann die Fahrgastzelle montiert und schlussendlich die elektronische Steuerung installiert und mit der Elektrik verknüpft.

Bei der Terminplanung ist zudem zu bedenken, ob der Aufzug während der Ausbauphase bereits funktionstüchtig als Bauaufzug genutzt werden soll, was den Transport im Gebäude erleichtert. In der Regel ist dies jedoch nicht ratsam, da Beschädigungen an der Fahrgastzelle unvermeidbar sind, sodass die Fertigstellung des Aufzugs teilweise bewusst in eine späte Bauphase terminiert wird.

ABSCHLIESSENDE ARBEITEN

Neben den bereits genannten Rest- und Nacharbeiten der einzelnen Beteiligten (Nachstreichen, Feininstallation usw.) gibt es komplette Arbeiten, die erst gegen Ende der Baumaßnahme terminiert werden. Hierzu können gehören: Letzte Vergaben vor Fertigstellung

— Schlussreinigung nach Fertigstellung aller Arbeiten und vor Übergabe an den Nutzer
— Schließanlage (Liefern und Montieren des endgültigen Schließ- und Zugangssystems für den späteren Nutzer)
— Fertigstellung des Außenraums (Zuwegungen, Grünflächengestaltung, Parkierungsflächen, Beschilderung, Beleuchtung und sonstige Installationen im Außenraum)

Grundsätzlich ist es sinnvoll, am Ende eines Terminplans einen gewissen Zeitraum für Mängelbeseitigung und Abnahmen vorzusehen, da diese in der Regel noch einige Zeit in Anspruch nehmen und die Abnahme vor dem Einzugstermin abgeschlossen werden soll.

Zu den Abnahmen gehören neben bauvertraglichen Abnahmen auch öffentlich-rechtliche Abnahmen, bei denen die Bauaufsichtsbehörde die Ordnungsmäßigkeit der errichteten Baumaßnahme feststellt und die Nutzung des Gebäudes freigibt. Hierzu zählen auch technische Anlagen wie Brandschutzanlagen, Heizungsanlagen oder Klimaanlagen, die teilweise durch externe Sachverständige geprüft werden müssen.

Arbeiten mit einem Terminplan

Auch wenn ein Terminplan auf Grundlage der beschriebenen Vorgänge detailliert und schlüssig aufgestellt wurde, ist er kein statisches Gefüge, das einmal erstellt wird und Gültigkeit bis zur Fertigstellung besitzt. Im Bauprozess entstehen immer wieder besondere Situationen, die eine Anpassung der terminlichen Steuerung notwendig machen. Somit ist der Terminplan ein Arbeitsinstrument, das den ganzen Bauprozess begleitet.

FORTSCHREIBEN UND PFLEGEN EINES TERMINPLANS

Die Realität auf der Baustelle gestaltet sich oft anders als in der Terminplanung vorgesehen. Die Gründe für Störungen und strukturell notwendige Änderungen in der Terminplanung sind vielfältig. > Kap. Arbeiten mit einem Terminplan, Störungen im Bauprozess Terminpläne, die meist auf Papier ausgedruckt auf der Baustelle ausgehängt werden, veralten schnell, was zur Folge hat, dass dann nicht mehr aktiv mit ihnen gearbeitet wird. Eine Fortschreibung der Terminplanung ist daher notwendig. Im Idealfall wird der Terminplan nicht als notwendige Leistungspflicht des Planers gesehen, die in Intervallen immer wieder an die reale Bausituation angepasst werden sollte, sondern als tägliches Arbeitsinstrument, mit dessen Hilfe das aktuelle Baugeschehen kontrolliert, organisiert und, wo nötig, angepasst wird.

Konzeption – Realität

Daher sollte der Terminplan schon bei der Erstellung so aufgebaut sein, dass er sich sinnvoll und effektiv während des Bauprozesses fortschreiben und ergänzen lässt. Bei großen Projekten werden Terminpläne aufgrund der vielen Vorgänge und ihrer Komplexität oft unübersichtlich. In solchen Fällen sollten die einzelnen Vorgänge über eine klare Struktur von Sammelvorgängen hierarchisiert werden, > Abb. 44 um Bauabschnitte und Bauabläufe sowohl im Detail darstellen als auch für den terminlichen Gesamtüberblick ausblenden zu können.

Strukturierung des Terminplans

Auf diese Weise lässt sich der Terminplan in seiner Gesamtheit einfacher erfassen und für den jeweiligen Zweck entsprechend ausgeben. Typische Ausgabevarianten eines gesamten Terminplans sind:

Nutzungsorientierte Ausgabe

— Übersicht für Projektsteuerung und Bauherr: übergeordnete Sammelvorgänge sichtbar, alle Einzelvorgänge ausgeblendet
— Planungs- und Vergabeterminplan für das Planungsbüro: alle Einzelvorgänge der Planung und der Vergabevorlaufzeit eingeblendet, Ausführungsvorgänge ausgeblendet
— Ausführungsterminplan für die Bauleitung: alle Planungs- und Vergabevorlaufzeiten ausgeblendet, alle Gewerkevorlaufzeiten und Ausführungsvorgänge eingeblendet

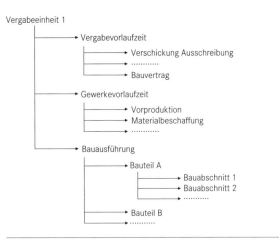

Vergabeeinheit 1
  └─▸ Vergabevorlaufzeit
       └─▸ Verschickung Ausschreibung
       ├─▸ ....
       └─▸ Bauvertrag
  ├─▸ Gewerkevorlaufzeit
       ├─▸ Vorproduktion
       ├─▸ Materialbeschaffung
       └─▸ ....
  └─▸ Bauausführung
       └─▸ Bauteil A
            ├─▸ Bauabschnitt 1
            ├─▸ Bauabschnitt 2
            └─▸ ....
       └─▸ Bauteil B
            └─▸ ....

Abb. 44: Typische Hierarchieebenen eines Terminplans

– Ausführungsterminpläne zur Steuerung einzelner Beteiligter:
  Vorgänge des Beteiligten eingeblendet, alle weiteren ausgeblendet

Indem nur die jeweils für eine Zielgruppe relevanten Vorgänge sichtbar sind, bildet der Terminplan eine klare Arbeitsgrundlage für die Beteiligten in Planung und Ausführung.

Ein wichtiges Kriterium für die Aktualität aller Ausgabevarianten ist,
dass sie grundsätzlich auf einem einzigen, zusammenhängenden Terminplan beruhen. Werden verschiedene Terminpläne parallel geführt, ist es
aufgrund der verschiedenen Nutzer und vielfältigen Einflüsse in der Praxis schwierig, diese untereinander zu synchronisieren. Werden Modifikationen von einer Stelle eingearbeitet und an alle Beteiligten verteilt, können diese durch die oben beschriebene Hierarchisierung den jeweils
relevanten Bereich für sich nutzen.

■ Einarbeiten von Modifikationen

Ein wesentlicher Punkt zur praxisnahen Nutzbarkeit des Terminplans
ist neben der Hierarchisierung die lückenlose Verknüpfung der Vorgänge
untereinander. Nur wenn alle Vorgänge in einem Kontext stehen, lassen
sich alle Auswirkungen einer Modifikation direkt erkennen, da sich der
Terminplan automatisch aktualisiert. Dabei hat nicht jede Verzögerung
oder Verschiebung auch Auswirkungen auf den Fertigstellungstermin.

Der kritische Weg

Meist gibt es nur einen durch den gesamten Terminplan laufenden
Abhängigkeitsverlauf vom Projektstart bis zum Fertigstellungstermin, bei
dem eine Verzögerung sofort direkte Auswirkungen auf den Fertigstellungstermin hat. Man nennt dies den kritischen Weg. Andere Vorgänge
können über eine Pufferzeit verfügen, bevor sie Einfluss auf den kritischen Weg nehmen. > Abb. 45

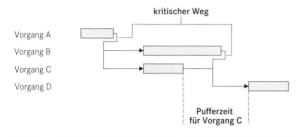

Abb. 45: Vorgänge ohne Pufferzeit auf dem kritischen Weg

Jeder Vorgang, der nicht auf dem kritischen Weg liegt, hat eine Puffer- Pufferzeit
zeit, die moderne Terminplanungsprogramme berechnen und anzeigen
können. Dadurch kann der Terminplaner direkt überprüfen, wie weit er
bei einer drohenden Verzögerung auf die Einhaltung der Termine bestehen muss bzw. wie viel Puffer er der ausführenden Bauunternehmung ■
einräumen kann.

STÖRUNGEN IM BAUPROZESS

Die meisten Modifikationen, die in einer Terminplanung notwendig
werden, basieren auf Störungen des Bauprozesses. Störungen können
durch die Auftraggeberseite (Bauherr und durch ihn beauftragte Planer
und Bauunternehmen), die Auftragnehmerseite oder durch Dritte verursacht werden.

■ **Tipp:** Zur besseren Lesbarkeit eines Terminplans lassen sich einzelne Vorgänge, Meilensteine, Sammelbalken oder ganze Bereiche über Farben, Balkenformate oder -schraffuren voneinander abheben. So sind z. B. einzelne Gewerke oder Bauabschnitte einfacher ablesbar. Auch ist eine automatische Beschriftung von Sammelbalken und Vorgängen meist sinnvoll.

■ **Tipp:** Die Berechnung der Pufferzeit hat noch einen anderen Vorteil: Sind Vorgänge nach hinten nicht verknüpft, so reicht die Pufferzeit bis zum Endtermin des Projektes. Der Terminplaner kann an großen Pufferzeiten leicht prüfen, wo eventuell Abhängigkeiten vergessen wurden.

Typische Beispiele für Störungen auf Auftraggeberseite sind:

– Änderungen durch den Bauherrn: nachträgliche Änderungswünsche durch den Bauherrn durch neue Nutzerspezifikationen,
  bei Objektbegehungen, durch strukturelle Änderungen der
  Planung usw.
– Fehlende Mitwirkung des Bauherrn: fehlende Freigaben,
  ausbleibende Vergütung usw.
– Fehler durch vom Bauherrn beauftragte Planer: Fehler in der
  Planung, Planung liegt nicht rechtzeitig vor, Ausschreibungen
  sind unvollständig, die Terminplanung ist nicht umsetzbar,
  unzureichende Bauüberwachung usw.
– Fehler durch vom Bauherrn beauftragte Bauunternehmen:
  Vorgewerke werden nicht rechtzeitig fertig, sodass der Auftrag-
  geber dem neu beginnenden Auftragnehmer das Baufeld nicht
  rechtzeitig zur Verfügung stellt.

Auf Seiten des Bauunternehmens können ebenfalls verschiedene Ereignisse zu Störungen führen. Im schlimmsten Fall wird das ausführende
Bauunternehmen zahlungsunfähig und muss Insolvenz anmelden. Somit
ist der Auftraggeber gezwungen, für die restlichen Arbeiten ein neues
Bauunternehmen zu finden und zu beauftragen, was in der Regel zu spür-
baren Verzögerungen im Bauprozess führt. Im Gegensatz dazu haben
Bauunternehmen mit sehr großem Auftragsvolumen oft Probleme, die
vertraglich geschuldete Leistung mit den zur Verfügung stehenden
Arbeitskräften zu erfüllen. Dadurch kommt es auf den einzelnen Baustellen zu Verzögerungen. Auch können z. B. Streiks oder Grippewellen
die zur Verfügung stehenden Kapazitäten stark reduzieren.

Darüber hinaus treten bei der Kapazitätsplanung oft Probleme auf.
Bauunternehmen planen ihre Kapazitäten in regelmäßigen Abständen
(z. B. wöchentlich) und teilen die verfügbaren Arbeitskräfte auf die aktuellen Baustellen auf. In der Regel kann die Anzahl der Arbeitskräfte für
einzelne Baustellen nicht im Tagesrhythmus variiert werden. Setzen Terminpläne eine tagesvariable Kapazitätsbereitstellung voraus, sind Störungen voraussehbar. > Abb. 46

> ■ **Tipp:** Um eine gleichmäßige Beschäftigung der
> Unternehmen zu gewährleisten, werden Vorgänge nicht
> nur zu anderen Leistungsbereichen, sondern auch
> innerhalb eines Gewerkes untereinander verknüpft. So
> können mehrere Kolonnen vorgeplant werden, die die
> einzelnen Teilleistungen hintereinander bearbeiten.

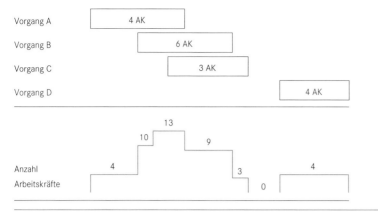

Abb. 46: Terminplanung mit stark schwankendem Arbeitskräfteeinsatz

Aus diesem Grund sollte bereits bei der Terminplanung der Einsatz der Kapazitäten eines Gewerkes möglichst gleichmäßig angesetzt werden, um späteren Problemen vorzubeugen.

Neben Bauherr und Bauunternehmen können auch Dritte, die nicht in einem Vertragsverhältnis stehen, Störungen verursachen. Die Bandbreite reicht dabei von Einschränkungen und Auflagen durch Behörden, Streiks und Diebstahl von Eigentum des Auftraggebers oder des Auftragnehmers bis hin zu höherer Gewalt. Haben die Störungen Dritter Einfluss auf den Auftraggeber, so hat das Bauunternehmen Anspruch auf entsprechende Bauzeitverlängerung. Berührt der Einfluss Dritter die Risikosphäre des Bauunternehmens, muss es seine Leistung trotzdem rechtzeitig erbringen. Bei höherer Gewalt wie Sturmschäden, Überschwemmungen usw. wird dem Bauunternehmen in der Regel eine Verlängerung zugestanden. > Tab. 2

Ungünstige Wetterbedingungen z. B. in den Wintermonaten sorgen selbst bei großen Projekten oft für Verzögerungen im Terminplan. Der Leistungsabfall in den Wintermonaten oder auch in der Urlaubszeit kann zwar generell durch größere Pufferzeiten und längere Vorgangsdauern simuliert werden, eine exakte Prognose der winterlichen Bedingungen ist jedoch nur bedingt möglich. Je nach Breitengrad der Baustelle können Frost und andere widrige Bedingungen die Baustelle über längere Zeit zum Stillstand zwingen. Eine rechtzeitige Inbetriebnahme der Heizung bzw. eine Baubeheizung kann für Abhilfe sorgen. Jedoch sollte beachtet werden, dass viele Transportbaustoffe wie Transportbeton, Gussasphalt oder aufbringfertige Putze trotz ausreichender Innentemperaturen im

○ Störungen durch Dritte

Witterungseinflüsse

Tab. 2: Vertragsfolgen von Störungen im Bauprozess

Einfluss des Bauherrn (AG)	Einfluss des Bauunter-nehmens (AN)	Beispiel der Einflussnahme	Anspruch des AN auf Bauzeit-verlängerung	Anspruch des AN auf zusätzliche Vergütung
direkt	nein	Anordnung des AG, z. B. Baustopp aufgrund fehlender Geldmittel, Änderung der Ausführung	ja	ja
indirekt	nein	Mangelnde Mitwirkung des AG, z. B. nicht rechtzeitig erteilte Freigaben	ja	ja
indirekt	nein	Einfluss Dritter auf AG, z. B. Verzögerungen durch Vorgewerke, damit ist Baufeld nicht frei	ja	ja
nein	nein	Höhere Gewalt, z. B. Unwetter, Krieg, Umweltkatastrophen	ja	nein
nein	indirekt	Innerbetriebliche Störung des AN, z. B. Grippewelle oder Streik	nein	nein
nein	indirekt	Einfluss Dritter auf AN, z. B. Diebstahl von Geräten	nein	nein
nein	direkt	Leistungsverweigerung, z. B. zu wenig Personal vor Ort	nein	nein

Gebäude aufgrund der Temperaturen im Außenbereich nicht eingesetzt werden können.

Störungsarten

Grundsätzlich lassen sich die Störungen für den Terminplan in drei Kategorien einteilen: > Abb. 47

– Leistungsverschiebung: Ein Vorgang beginnt erst zu einem späteren Zeitpunkt, wird dann aber in der vorgegebenen Vorgangsdauer erarbeitet.

– Ausführungszeitverlängerung: Ein Vorgang benötigt eine längere Vorgangsdauer als vorgesehen.

– Strukturänderung des Bauablaufs: Der Bauablauf bzw. die Abhängigkeiten der Vorgänge untereinander werden in anderer Reihenfolge erarbeitet als vorgesehen.

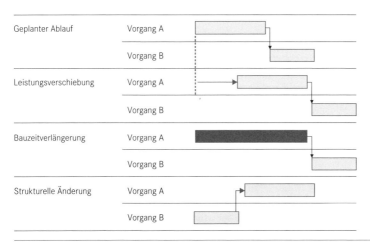

Geplanter Ablauf	Vorgang A	
	Vorgang B	
Leistungsverschiebung	Vorgang A	
	Vorgang B	
Bauzeitverlängerung	Vorgang A	
	Vorgang B	
Strukturelle Änderung	Vorgang A	
	Vorgang B	

Abb. 47: Störungsarten in der Terminplanung

AUFFANGEN VON STÖRUNGEN

Treten Störungen auf, die aufgrund struktureller Änderungen oder der Bedrohung des Fertigstellungstermins auf dem kritischen Weg ein Eingreifen erfordern, müssen diese möglichst innerhalb der gegebenen Bauzeit aufgefangen werden. Hierzu gibt es z. B. folgende Möglichkeiten:

— Prüfung notwendiger Abhängigkeiten
— Strukturelle Änderungen im Bauprozess
— Änderungen der Ausführungsart oder -qualität
— Verkleinerung der Bauabschnitte
— Beschleunigung der Bauarbeiten

Nicht jede sinnvolle Abhängigkeit ist auch absolut zwingend. Arbeiten können auch im Nachhinein erfolgen, wenn entsprechend Rücksicht auf weitere Arbeiten genommen wird und die Anschlüsse an andere Bauteile eventuell nachgearbeitet werden.

Notwendige Abhängigkeiten

Dabei ist zunächst zu prüfen, ob die Abhängigkeit für die weiteren Arbeitsschritte zwingend ist (Putz → Maler) oder ob sich die Arbeiten in eine andere Reihenfolge bringen ließen. Möglicherweise ist es sinnvoll,

die Problemlösung gemeinsam mit den beteiligten Bauunternehmen zu
● diskutieren.

Lassen sich Eingriffe in zwingende Abhängigkeiten aufgrund der Trag-
weite der Störung unter Einhaltung des Fertigstellungstermins nicht mehr
verhindern, müssen strukturelle Änderungen des Bauprozesses untersucht werden. Bei einigen aufeinanderfolgenden Arbeiten ist es möglich,
die konstruktive Struktur der Bauteile zu ändern. So lassen sich leichte
Trennwände auf den Rohboden oder den fertigen Estrich stellen und Elek-
troleitungen unter oder auf dem Putz verlegen. Solche Entscheidungen
sind in aller Regel jedoch nicht nur mit den Bauunternehmen abzustimmen, sondern auch mit dem Bauherrn, da die Eigenschaften oder der optische Eindruck des fertigen Bauteils oft beeinflusst werden.

Teilweise lässt sich auch über die Änderung von Ausführungsarten
oder -qualitäten eines Bauelementes eine Terminstraffung erreichen.
So können lange Vorlaufzeiten bei einer Vorproduktion oder lange Aus-
● härtungs- und Trocknungszeiten umgangen werden.

Eine weitere Möglichkeit der Prozessoptimierung liegt in der Verkleinerung von Bauabschnitten. Wie oben beschrieben, > Kap. Aufstellung eines
Terminplans, Aufbau eines projektorientierten Terminplans lassen sich Ausführungszeiten reduzieren, indem hintereinander ablaufende Arbeiten in kleineren Taktungen erfolgen. Stellt ein Gewerk die Arbeiten in einem Geschoss
erst fertig, wenn das nächste Gewerk dort beginnt, wird mehr Ausführungszeit benötigt als bei einer Einteilung des Geschosses in kleinere
Bauabschnitte. So können zwei oder mehrere Gewerke gleichzeitig im
Geschoss arbeiten. Im Zweifelsfall muss ein zeitverzögerndes Gewerk
aufgefordert werden, wenigstens Teile des Bauabschnittes fertigzustellen, um dem Nachfolgegewerk den Arbeitsbeginn in einem Teilbereich zu
ermöglichen.

● **Beispiel:** Arbeiten wie Putz, Estrich oder Werkstein-
beläge, die groben Dreck produzieren können, werden vor Arbeiten wie Teppich und Maler terminiert,
die empfindlich gegenüber Verschmutzungen sind. Ein
Treppenhaus kann aber auch später mit Werkstein belegt werden, wenn Bereiche mit Teppich so lange abgesperrt bleiben, bis die Werksteinarbeiten beendet sind
und das Treppenhaus gereinigt ist.

● **Beispiel:** Um bei engen Terminsituationen die Aushärtungszeit und Trocknungszeit eines Zementestrichs
und somit die Blockade für andere Arbeiten in den
betroffenen Bereichen zu umgehen, kann alternativ ein
Gussasphalt- oder Trockenestrich eingebaut werden,
der nach einem Tag benutzbar ist. Hierdurch entstehen
jedoch ggf. Mehrkosten gegenüber dem Zementestrich.

Grundsätzlich kann ein Gewerk durch den Auftraggeber aufgefordert werden, die Arbeiten zu beschleunigen. Hierbei muss je nach Verursachung der Verzögerung unterschieden werden. Hat das Gewerk die Verzögerung selbst verschuldet, muss es alle Beschleunigungsmaßnahmen inklusive Überstunden und Aufstocken der Arbeitskräfte kostenneutral durchführen, um den vereinbarten Termin zu halten. Fordert der Auftraggeber bzw. Bauleiter ein drittes, an der Störungsursache unbeteiligtes Unternehmen zu beschleunigter Ausführung auf, muss der Auftraggeber die zusätzlichen Kosten übernehmen.

Da die beschriebenen Maßnahmen häufig mit Mehrkosten verbunden sind, sollten Entscheidungen mit dem Bauherrn zusammen getroffen werden. Letztlich liegt es in seiner Entscheidung, welche Gelder er zusätzlich aufzubringen bereit ist, um den Fertigstellungstermin zu halten.

Oft ist es bereits beim Aufstellen eines Terminplans sinnvoll, ein gewisses Maß an Verzögerungszeiten zu integrieren. Fast immer treten Probleme auf, die aufgefangen werden müssen – unzureichende Vorarbeiten, Verzögerungen bei Lieferanten, Diebstahl von Material usw. So sind terminliche Puffer in einem Terminplan ein wichtiger Bestandteil zur Einhaltung von Fertigstellungsterminen. Ist bereits bei Aufstellung des Terminplans unter Berücksichtigung des gewünschten Fertigstellungstermins kein Puffer mehr vorhanden, so ist die Einhaltung des Termins in der Regel unrealistisch.

Darüber hinaus sollte frühzeitig überlegt werden, zu welchem Zeitpunkt noch ohne Vertragsbruch und entstehende Mehrkosten zwischen verschiedenen Ausführungsvarianten gewählt werden kann (z. B. Ortbeton oder Fertigteillösung, Putz oder Gipskarton, Zementestrich oder Trockenestrich, Türen mit Anputz- oder Umfassungszargen). Die terminliche Situation sollte zu gegebener Zeit analysiert, und entsprechende Entscheidungen sollten mit dem Bauherrn abgestimmt werden.

TERMINPLANUNG ALS DOKUMENTATION DES PROZESSES

Neben der Organisation des Bauprozesses hat die Terminplanung auch eine wichtige Funktion im Bereich der Projektdokumentation. Über die Entwicklung der Terminplanung durch den Planungs- und Bauprozess hindurch lassen sich auch rückwirkend Störungen belegen oder widerlegen. Dies ist einerseits wichtig, wenn im Nachhinein strittige Ansprüche (z. B. Schadensersatz) zwischen Bauherr und Bauunternehmen geklärt werden sollen. Andererseits dienen die Terminpläne abgewickelter Projekte als Datengrundlage für zukünftige Terminpläne und bilden so einen wichtigen Wissenszuwachs des planenden Architekten.

Die Hauptaufgabe der Terminplanung ist dabei das Nachhalten von benötigten Ist-Vorgangsdauern gegenüber den vom Terminplaner vorgesehenen Soll-Vorgangsdauern. Des Weiteren sollten Störungen und deren Ursache erfasst werden. Eine Möglichkeit hierfür besteht darin, dass in den aktuellen Terminplan über handschriftliche Eintragungen die Geschehnisse auf der Baustelle dokumentiert werden. Dieser Papierabzug wird in regelmäßigen Abständen eingelagert und dient als Basis für den aktuellen Plan. Idealerweise trägt der Bauleiter die Termine direkt in einem Terminplanungsprogramm ein und hält die Datei des Terminplans so ständig aktuell. Bei jeder Änderung sollte die vorige Version jedoch mit entsprechenden Datumsangaben archiviert werden.

Schlussbemerkung

Komplexe Bauvorhaben bedingen einen hohen Organisations- und Koordinierungsaufwand. Ohne eine fundierte Terminplanung lassen sich größere Bauprojekte nicht zeiteffizient steuern. Es ist für den koordinierenden Architekten und Bauleiter äußerst wichtig, alle Prozesse in der Planung und auf der Baustelle im Voraus zu planen und Herr der Lage zu bleiben. Wenn nur noch auf Ereignisse reagiert wird, der Prozess aber nicht mehr aktiv zu kontrollieren ist, entstehen durch Selbstorganisation der Beteiligten oftmals Störungen, Abstimmungsschwierigkeiten, gegenseitige Behinderungen und Verzögerungen.

Die Steuerung des Planungs- und Bauprozesses bedeutet jedoch nicht, allen Beteiligten unanfechtbare Vorgaben zu machen, die strikt einzuhalten sind. Vielmehr sollten die Belange aller sachkundig geprüft werden und in den Steuerungsprozess einfließen, um einen für alle Beteiligten gangbaren Weg zu finden.

Ein Terminplan ist nicht nur eine vertraglich vereinbarte Leistung zwischen Bauherrn und Architekten, er sollte auch ein sinnvolles Instrument zur täglichen Steuerung des Planungs- und Bauprozesses sein. Die Erstellung eines realistischen und umsetzbaren Terminplans beinhaltet zwar einigen Aufwand. Über den gesamten Planungs- und Bauprozess betrachtet, lässt sich in der Koordination und der Konfliktlösung jedoch deutlich Aufwand sparen, sodass auch knappe Bauzeiten umsetzbar sind. Je mehr man sich im Vorfeld mit den Abläufen des Bauprozesses auseinandersetzt, desto einfacher gestaltet sich in der Regel die Arbeit der Bauleitung.

Tabellen

INFORMATIONSBEDARF IN DER PLANUNG

Tab. 3: Typischer Informationsbedarf der Hauptplaner in der Frühphase des Projektes

Von:	An:	Informationsbedarf
Tragwerksplaner	Architekt	– In Frage kommende Tragsysteme und Baustoffe – Bandbreite der Bauteilabmessungen
Haustechniker	Architekt	– Art der für die Nutzung notwendigen Anlagen – Lage der Anschluss- und Verteilerräume – Verlauf der Hauptleitungen, notwendige Führungen der Hauptverteilung – Vorbemessung der Anlagen und Leitungen
Architekt	Tragwerksplaner	– Lageplan, Gebäudeform, Geschosshöhen – Maximale und häufigste Stützweiten – Grobe Baubeschreibung
Architekt	Haustechnik	– Lageplan, Gebäudeform und größe – Nutzung, Verbrauchszahlen (z. B. Anzahl der Mitarbeiter bei Büronutzung) – Anforderungen an die Haustechnik – Grundrissskizzen

Tab. 4: Typischer Informationsbedarf der Hauptplaner in der Entwurfsphase

Von:	An:	Informationsbedarf
Tragwerksplaner	Architekt	– Haupt- und Nebenachsen der tragenden Elemente – Vordimensionierung der Abmessungen
Haustechniker	Architekt	– Vorbemessung der Anlagen und Leitungen – Für die Haustechnik nötige Durchbrüche – Kostenschätzung
Architekt	Tragwerksplaner	– Genehmigungsreife und vermaßte Entwurfspläne in Grundriss und Schnitt
Haustechniker	Tragwerksplaner	– Lage der Hauptleitungen, Lage und Lasten der Anlagen
Architekt	Haustechnik	– Maßgebende Entwurfspläne (Grundriss, Schnitt, Ansicht)
Tragwerksplaner	Haustechnik	– Verlauf der Tragstruktur (Binder, Stützen, tragende Wände) – Durchbruchs- und Schlitzzonen in den tragenden Bauteilen

Tab. 5: Typischer Informationsbedarf der Hauptplaner in der Ausführungsvorbereitung

Von:	An:	Informationsbedarf
Tragwerksplaner	Architekt	– Schalpläne – Bewehrungspläne – Anschlussdetails – Stücklisten
Haustechniker	Architekt	– Elektro-, Lüftungs-, Heizungs-, Sanitärplanung – Schlitz- und Durchbruchspläne für die Leitungen – Ausschreibungsgrundlagen, z. B. Grundleitungen für die Rohbau-Ausschreibung – Schnittstellenübergabe zu anderen Fachplanern
Architekt	Tragwerksplaner	– Aktuelle vermaßte Pläne in Grundriss und Schnitt – Werkpläne, Konstruktionsdetails, Baubeschreibung – Vorgaben aus dem Bauvorbescheid bzw. der Baugenehmigung
Haustechniker	Tragwerksplaner	– Lage der Hauptleitungen, Lage und Lasten der Anlagen – Schlitz- und Durchbruchspläne
Architekt	Haustechnik	– Genehmigte Pläne und eventuelle behördliche Vorgaben – Baubeschreibung – Ausführungspläne
Tragwerksplaner	Haustechnik	– Schalpläne, Stahlbaupläne oder Holzbaupläne – Verlauf der Bewehrung für die Durchbrüche

AUFWANDSWERTE

Tab. 6: Beispielhafte Aufwandswerte zur groben Vorgangsdauerermittlung

Leistung	AW	Einheit
Baustelleneinrichtung		
Kranaufbau	10-50	h/Stück
Bauzaun aus Stahlgitter	0,2-0,4	h/m
Verlegen von Baustellenanschlüssen (Elektro-, Wasserversorgung)	0,2-0,5	h/m
Erdarbeiten		
Aushub Baugrube	0,01-0,05	h/m^3
Aushub Einzelfundamente mit Bagger inkl. Abfuhr	0,05-0,3	h/m^3
Aushub Einzelfundamente von Hand	1,0-2,0	h/m^3
Betonarbeiten		
Grobschätzung kompletter Rohbau (bei 700-1400 m^3 BRI und 3-5 Arbeitskräften)	0,8-1,2	h/m^3 BRI
Sauberkeitsschicht, unbewehrt, d=5 cm	0,2	h/m^2
Bodenplatte in Ortbeton, bewehrt, d=20 cm	2,0	h/m^2
Decke in Ortbeton, bewehrt, d=20 cm	1,6	h/m^2
Fertig- und Teilfertigbetondecken	0,4-0,9	h/m^2
Komplettgebäude in Fertigteilbauweise	0,3-0,7	h/t
Betonieren Massenbauteile (ohne Schalung und Bewehrung)	0,4-0,5	h/m^3
Betonieren Wände (ohne Schalung und Bewehrung)	1,0-1,5	h/m^3
Betonieren Stützen (ohne Schalung und Bewehrung)	1,5-2,0	h/m^3
Betonieren einer Treppe aus Ortbeton (ohne Schalung und Bewehrung)	3,0	h/Stück
Flächenschalungen	0,6-1,0	h/m^2
Einzelschalungen	1,0-2,0	h/m^2
Bewehren	12-24	h/t
Abdichtungen aller Art	0,25-0,40	h/m^2
Gerüstbau (jeweils Auf- oder Abbau)	0,1-0,3	h/m^2

Maurerarbeiten

tragende Mauerwerkswände	1,2–1,6	h/m³
nichttragende Innenwände	0,8–1,2	h/m³

Zimmerarbeiten

Sparrendach inkl. Abbinden und Aufstellen (bezogen auf Dachfläche)	0,5–0,7	h/m²

Dachdeckarbeiten

Flachdach (Kies), inkl. komplettem Warmdachaufbau	0,5–0,7	h/m²
Schrägdach mit verschiedenen Pfannendeckungen	1,0–1,2	h/m²
Metall-Dachdeckung	1,3–1,5	h/m²

Außenwandbekleidungen

Metallfassadenbekleidung	1,0–1,3	h/m²
Vormauerschalen Ziegel	1,1–1,5	h/m³
Wärmedämmverbundsystem	0,6–0,8	h/m²
Montage von Betonfertigteil-Fassaden	0,5–0,7	h/m²
Außenwandbekleidung mit Naturstein, Schiefer usw.	0,5–0,8	h/m²

Fensterbau

Einbau von Einzelfenstern	1,5–2,5	h/Stück
Einbau von Rollladenkästen	0,6–1,5	h/Stück
Dachflächenfenster	2,5–3,5	h/Stück
Fensterbänke innen	0,3–0,5	h/m

Putz

Außenputz	0,5–0,7	h/m²
Innenputz maschinell	0,2–0,4	h/m²
Innenputz von Hand	0,3–0,6	h/m²
Deckenputz	0,3–0,4	h/m²

Estrich

Aufbringen Zement- und Anhydritestrich (ohne Folien, Dämmung usw.)	0,1–0,3	h/m²
Aufbringen Gussasphaltestrich (ohne Folien, Dämmung usw.)	0,3–0,5	h/m²
Estrich schwimmend inkl. Unteraufbau	0,6–1,0	h/m²
Terrazzoestrich, geschliffen	2,0–2,5	h/m²

Trockenbauarbeiten

Wandtrockenputz mit Gipskarton	0,2-0,5	h/m^2
Montagewände oder Wandverkleidungen, einlagig, inkl. Unterkonstruktion	0,7-0,8	h/m^2
Verkleidung von Dachschrägen	0,3-0,5	h/m^2
Abgehängte Deckenkonstruktion	0,6-1,1	h/m^2
Gipskartonständerwand, einfach beplankt	0,4-0,8	h/m^2
Gipskartonständerwand, doppelt beplankt	0,6-1,5	h/m^2

Türen

Einbau Stahlzargen + Türblätter	1,9-2,5	h/Stück
Einbau Holztüren	1,0-1,5	h/Stück
Außentüren	2,5-4,5	h/Stück

Fliesen und Platten, Werkstein

Bodenfliesen	0,5-1,8	h/m^2
Wandfliesen	1,3-2,5	h/m^2
Natur- und Betonwerksteinplatten	0,8-1,2	h/m
Sockelleisten Fliesen, Naturstein	0,3-0,4	h/m

Bodenbeläge

Spachtelung	0,05-0,2	h/m^2
PVC und Linoleum, Bahnenware	0,3-0,6	h/m^2
Nadelfilz oder Teppich auf Estrich	0,1-0,4	h/m^2
Sockelleisten	0,1-0,2	h/m^2
Parkettböden inkl. Oberflächenbehandlung	1,2-1,8	h/m^2
Parkettboden schleifen, Oberflächenbehandlung	0,2-0,3	h/m^2
Bodenbeläge aus Naturstein	0,9-1,2	h/m^2
Treppenbeläge	0,5-0,7	h/m^2

Maler- und Tapezierarbeiten

Spachtelarbeiten	0,1-0,2	h/m^2
Standardtapeten (Raufaser, Prägetapeten usw.)	0,1-0,4	h/m^2
Spezialtapeten (Velour, Textil, Wandbilder usw.)	0,3-0,8	h/m^2
Innenwandfarben einfache Anstriche	0,05-0,2	h/m^2
Innenwandfarben dreifache Anstriche	0,2-0,5	h/m^2
Außenwand Putz Komplettanstrich	0,2-0,8	h/m^2
Anstrich Fenster je Anstrichsschicht	0,2-0,6	h/m^2
Metallflächen Komplettanstrich (Türen, Blechwände usw.)	0,3-0,6	h/m^2

Einzelne Metallelemente Komplettanstrich (Zargen, Abdeckbleche usw.)	0,6-1,0	h/m²
Anstrich Metallgeländer	0,1-0,3	h/m

Elektroarbeiten

Grobschätzung Komplettinstallation Elektro (bei 700-1400 m³ BRI und 2-3 Arbeitskräften)	0,2-0,4	h/m³ BRI
Montage Kabelpritschen + Elektroleitungen	0,3-0,5	h/m
Montage Leuchten	0,3-0,8	h/Stück
Montage Unterverteilung	0,5-1,0	h/Stück
Feininstallation Schalter, Steckdosen usw.	0,02-0,05	h/Stück

Sanitärarbeiten

Grobschätzung Komplettinstallation Heizung (bei 700-1400 m³ BRI und 2-3 Arbeitskräften)	0,1-0,3	h/m³ BRI
Grobschätzung Komplettinstallation Gas, Wasser, Abwasser (bei 700-1400 m³ BRI und 2-3 Arbeitskräften)	0,15-0,4	h/m³ BRI
Rohmontage von Rohrleitungstrassen	0,4-0,8	h/m
Regen- und Abwasserrohre	0,10-0,50	h/m
Feininstallation und Montage von Sanitärgegenständen	0,3-1,0	h/Stück

Tim Brandt –
Sebastian Th. Franssen

Ausschreibung

Einführung

Spätestens mit Abschluss der Genehmigungsplanung und der Erteilung der Baugenehmigung muss der Planer (Architekt, Bauingenieur, Fachingenieur) eine neue Zielgruppe ansprechen. Lag im bisherigen Planungsprozess der Fokus auf der Kommunikation mit dem Bauherrn und den Behörden, muss der Planer sich nun intensiv den ausführenden Firmen (Handwerker, Bauunternehmen, Fachfirmen) zuwenden.

Von der Planung zur Ausführung

○

Alle für die Realisierung relevanten Informationen werden der Baufirma im Rahmen einer Ausschreibung zur Verfügung gestellt. Sie werden z. B. in Form von Beschreibungen der auszuführenden Arbeiten bzw. Leistungen oder als Zeichnungen zur Ausführung aufbereitet. Die Ausschreibung muss alle Informationen umfassen, die es der ausführenden Firma ermöglicht, die geforderten Leistungen nachzuvollziehen und ein Angebot für die Ausführung und gegebenenfalls auch für die Planung dieser Arbeiten abzugeben.

Inhalt der Ausschreibung

> ○ **Hinweis:** Die Ausschreibung wird Bestandteil eines Vertrages, den der Bauherr mit der ausführenden Baufirma schließt. Fehler und Versäumnisse in der Ausschreibung können dem Planer angelastet werden.

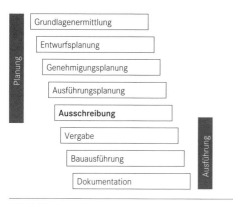

Abb. 1: Planungsphasen

Ziel der Ausschreibung ist es, möglichst viele qualifizierte Angebote einzuholen, um eine breite Marktübersicht zu erhalten. Die Ausschreibung wird vom Planer zusammengestellt und an geeignete Bauunternehmen verschickt. Das Bauunternehmen kalkuliert die Preise und gibt ein verbindliches Angebot ab, welches vom Planer geprüft und mit anderen Angeboten verglichen wird. Dieser Vergleich, beispielsweise in Form eines Preisspiegels, ermöglicht es dem Bauherrn, den für ihn günstigsten Anbieter mit der Ausführung der Arbeiten zu beauftragen.

ANFORDERUNGSKRITERIEN DER AUSSCHREIBUNG

Die Ausschreibung sammelt alle Anforderungen, die während der Planungsphase aufgetreten sind. Die Anforderungen werden im Wesentlichen durch den Bauherrn bestimmt, ergeben sich z. B. aber auch aus rechtlichen oder technischen Rahmenbedingungen. Sie lassen sich nach folgenden Kriterien kategorisieren: > Abb. 2

- Kosten
- Termine
- Funktion
- Umfang
- Qualitäten

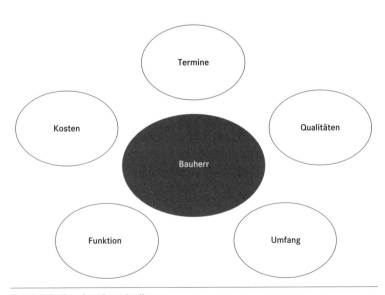

Abb. 2: Kriterien einer Ausschreibung

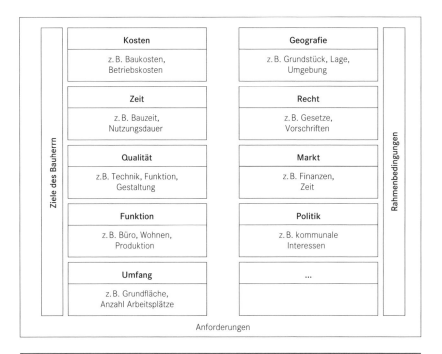

Kosten	Geografie
z. B. Baukosten, Betriebskosten	z. B. Grundstück, Lage, Umgebung
Zeit	Recht
z. B. Bauzeit, Nutzungsdauer	z. B. Gesetze, Vorschriften
Qualität	Markt
z.B. Technik, Funktion, Gestaltung	z. B. Finanzen, Zeit
Funktion	Politik
z. B. Büro, Wohnen, Produktion	z. B. kommunale Interessen
Umfang	...
z. B. Grundfläche, Anzahl Arbeitsplätze	

Ziele des Bauherrn — Anforderungen — Rahmenbedingungen

Bauaufgabe

Abb. 3: Definition von Anforderungen

Anhand dieser Kriterien werden die Ausführung der Bauleistungen sowie die noch zu erbringenden Planungsleistungen festgelegt. > Abb. 3

Kosten

In den meisten Fällen sind die Kosten das ausschlaggebende Krite-rium für oder gegen eine Ausführungsvariante oder sogar für oder gegen die Baumaßnahme an sich. Der Planer hat die Pflicht, das Geld des Bau-herrn in dessen Sinne für die Bauaufgabe zu verwenden. Er verfügt in der Regel über ein vorgegebenes Budget, welches er auf alle im Zuge der Bau-maßnahme anfallenden Kosten verteilen muss. Hieraus ergeben sich Ein-zelbudgets für die verschiedenen Leistungspakete oder auch Vergabe-einheiten. > Kap. Organisation der Ausschreibung, Festlegung von Vergabeeinheiten

Kostenrahmen

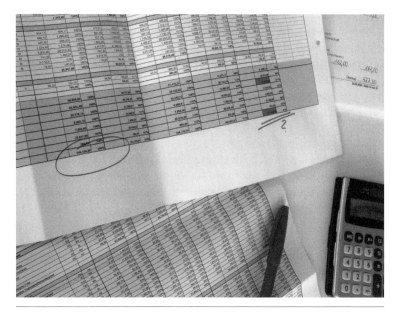

Abb. 4: Preisspiegel als Entscheidungshilfe bei der Auswahl des Unternehmens

Für den Bauherrn ist die Einhaltung des vorgegebenen Budgets oft entscheidend für den gesamten Projekterfolg. Die konkreten Angebote der Bauunternehmen stellen im Planungsprozess die erste Kontrolle der

■ vom Planer ermittelten Kosten anhand von realen Marktpreisen dar.

Kostensteuerung   Der Planer hat durch den Überblick über die Einzelbudgets die Möglichkeit, die Kosten zu steuern. Liegt das Angebot für eine Vergabeeinheit über dem ihr zugedachten Budget, muss er bei den folgenden Ein-

■ **Tipp:** Die Angebote, die auf die ersten Ausschreibungen hin eingehen, sind von entscheidender Bedeutung für das Vertrauen des Bauherrn in die Kostenkompetenz des Planers. Wenn schon die ersten Angebote über dem Kostenrahmen liegen, ist es möglich, dass der Bauherr in Sorge um Einhaltung des Gesamtbudgets schon frühzeitig zu drastischen Maßnahmen greift, die die anderen Kriterien betreffen können, z. B. ein deutliches Absenken des Ausführungsstandards.

heiten Budgetkürzungen vornehmen und dies bei den entsprechenden Ausschreibungen berücksichtigen, indem er beispielsweise die Ausführungsqualität vermindert oder den Umfang reduziert. Umgekehrt hat der Planer bei einer Budgetunterschreitung die Chance, z. B. Wünsche des Bauherrn, die bisher nicht im Kostenrahmen lagen, mit einzubeziehen.

Die größtmögliche Kostensicherheit erhält der Bauherr, indem er alle Kostenrisiken, die durch Unwägbarkeiten des Bauablaufs, der Marktentwicklung und der sukzessiven Einholung einzelner Angebote entstehen, auszuschließen versucht. Ein möglicher Weg hierzu ist die komplette Abwicklung der Bauaufgabe über nur ein Bauunternehmen, das Fertigstellungskosten und -termine garantiert. > Kap. Organisation der Ausschreibung, Festlegung von Vergabeeinheiten, Paketvergaben

Kostensicherheit

Termine

Der Bauherr wird in der Regel feste Terminvorgaben machen, mindestens aber Terminwünsche äußern. Wenn Termine vereinbart werden, sind diese auch bindend.

Terminzwänge ergeben sich meistens aus der geplanten Nutzung des Bauobjekts. Beispielsweise ist für den privaten Bauherrn, der sein Eigenheim erstellt, der Fertigstellungs- und somit der mögliche Bezugstermin von entscheidender Bedeutung, wenn er seine bisherige Mietwohnung fristgerecht kündigen will. Bei Renovierungsarbeiten an Schulen kann häufig nur während der Schulferien gearbeitet werden. Hier sind sowohl der Anfangstermin als auch der Fertigstellungstermin ausschlaggebend.

■
Terminzwänge

Die Terminvorgaben nehmen auch Einfluss auf mögliche Bauverfahren und damit auf die Kosten, da eine Beschleunigung der Arbeit bis zu einem gewissen Grad nur mit einem erhöhten Einsatz von Arbeitskräften, -maschinen und -materialien zu erreichen ist. Der Unternehmer ist dann beispielsweise gezwungen, Leihmaschinen einzusetzen oder die Leistungen durch Überstunden, in Wochenend- oder sogar Nachtarbeit

Termine als Kostenfaktor

■ **Tipp:** Der Planer sollte unbedingt die Terminvorstellungen des Bauherrn auf ihre Realisierbarkeit prüfen. Dies betrifft die Kapazitäten der ausführenden Firmen genauso wie die eigenen Kapazitäten. Zudem gibt es im Planungs- und Bauverlauf Prozesse, die wenig oder gar nicht beeinflussbar sind, wie z. B. Genehmigungen von Behörden, Witterungseinflüsse oder Lieferzeiten bestimmter Produkte.

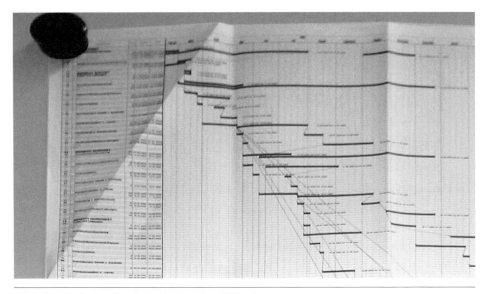

Abb. 5: Beispiel für einen Terminplan in Form eines Balkenplans

fertigzustellen. Daraus resultieren in der Regel höhere Angebotspreise, da das Unternehmen entsprechende Zuschläge für die Mehrkosten in den Angebotspreis einkalkuliert.

Auswirkungen auf die Ausschreibung

Die Terminvorgaben wirken sich auch auf die Art der Ausschreibung durch den Planer aus. Da eine solide und detaillierte Planung mit einem erheblichen Zeitaufwand verbunden ist, wird der Planer überlegen müssen, ob er diese Planungsleistung termingerecht erbringen kann. Wenn dies nicht der Fall ist, kann er z. B. einen Teil der Planungsleistung auf den Unternehmer übertragen, indem er Teilbereiche nicht detailliert, sondern funktional beschreibt. > Kap. Organisation der Ausschreibung, Der Ausschreibungsstil, Die funktionale Ausschreibung

Funktion

Bandbreite der Ausführung

Die Bauherrenziele geben den Rahmen und die Bandbreite für Realisierungsvarianten vor. Möchte beispielsweise ein privater Bauherr ein Grundstück kaufen und darauf ein Einfamilienhaus errichten, kann dies als Reihenhaus, Doppelhaushälfte oder frei stehendes Gebäude gebaut werden. Die Funktion bestimmt also unter anderem die mögliche Gebäudeform. Darüber hinaus lassen sich aus der Funktion auch typische Bauweisen ableiten. Bei dem Bau einer Lagerhalle ohne spezielle Anfor-

Abb. 6: Verschiedene Funktionen

derungen wird man in der Regel zwischen kostengünstigen Varianten (z. B. Stahlbetonbauweise oder Stahlbauweise) entscheiden. Mit der Funktion ist also eine typische Bandbreite an Lösungsmöglichkeiten verbunden, die durch individuelle Ansprüche des Bauherrn modifiziert wird.

Je stärker sich der Bauherr mit der Bauaufgabe identifiziert, desto größeren Einfluss übt er auf die Planung und die daraus resultierende Ausschreibung aus. Bei einem Liebhaberobjekt möchte der Bauherr möglicherweise bis ins kleinste Detail in die Planung einbezogen sein. Dementsprechend wird auch die Ausschreibung so weit wie möglich detailliert, um seine Vorstellungen eins zu eins umzusetzen. > Kap. Organisation der Ausschreibung, Der Ausschreibungsstil, Die detaillierte Ausschreibung

Bauherrenprofil

Wird die fertiggestellte Baumaßnahme hingegen als reines Renditeobjekt betrachtet, liegt das Hauptinteresse des Bauherrn an einem minimalen Aufwand bei maximalem Ertrag. Er wird zunächst nur die Mindestanforderungen erfüllen wollen und sich allenfalls bei höherer Ertragsaussicht oder Vermarktungsfähigkeit auf Erhöhung der technischen und ästhetischen Ansprüche einlassen. Benötigt ein Bauherr lediglich eine Hülle für eine Funktion (z. B. eine Lagerhalle oder eine industrielle Produktionshalle), so wird er die Aufgabe auch eher pragmatisch „funktional" sehen und diese nicht im Detail bestimmen wollen.

Abb. 7: Der Leistungsumfang ist abhängig von der Bauaufgabe.

Leistungsumfang

Mindestumfang Der Umfang der zu erbringenden Leistungen leitet sich aus den Anforderungen des Bauherrn ab. Beim Bau eines Bürogebäudes kann der Bauherr beispielsweise vorgeben, wie viele Büroarbeitsplätze geschaffen werden müssen und welche weiteren Räumlichkeiten zur Erfüllung der von ihm gewünschten Funktion notwendig sind (Foyer, Besprechungsräume, Serverbereiche usw.). Je präziser die Vorgaben sind, desto genauer lässt sich der Mindestumfang der Maßnahme bestimmen.

Rationalisierung Wenn sich der Umfang nicht mit dem angestrebten Kostenrahmen deckt, hat der Planer die Möglichkeit, durch Rationalisierung (z. B. viele gleiche Elemente und möglichst große Abnahmemengen der gleichen Leistung) die Kosten zu reduzieren. So kann etwa die Fassadengestaltung eines Gebäudes auf das vom Hersteller produzierte Format der Fassadenplatte abgestimmt werden, so dass ohne Anschnitte oder Sonderformate große Mengen eines Plattenformates verarbeitet werden können.

Beeinflussbare Faktoren Neben dem durch den Mindeststandard definierten Umfang gibt es auch variable Mengen, die in der Regel die Qualität des Gebäudes beeinflussen. So kann der Planer die im Vergleich zur geschlossenen Fassade teureren Fensterflächen zu Lasten der empfundenen Behaglichkeit minimieren oder die Anzahl der Arbeitsplatzanschlüsse auf Kosten der Flexibilität reduzieren.

Abb. 8: Die Beziehung zwischen Funktion und Qualität

Qualität

Aus der Funktion ergeben sich automatisch auch Anforderungen an die erwartete Qualität. Diese kann nach <u>technischen</u> und <u>ästhetischen</u> Kriterien unterteilt werden. > Abb. 9 Technische Anforderungen ergeben sich beispielsweise aus baurechtlichen Vorgaben (z. B. die Versammlungsstättenverordnung oder das Brandschutzkonzept) oder Aspekten des Gesundheitsschutzes (z. B. Lüftung oder Hygiene); ästhetische Anforderungen betreffen die Optik, Form und Beschaffenheit des gesamten Gebäudes bis hin zu einzelnen Details wie beispielsweise einer Türklinke.

Für die meisten Bauleistungen gibt es festgelegte Mindeststandards, welche die Verwendung geeigneter Materialien und eine fachgerechte Durchführung gewährleisten sollen. Neben der Mindestqualität wird der Bauherr gegebenenfalls weitergehende individuelle Ansprüche an das Objekt äußern. Sobald die geplante Ausführung vom Qualitätsstandard abweicht, muss der Planer dies in der Leistungsbeschreibung ausdrücklich erwähnen und die Ausführung oder das gewünschte Ergebnis beschreiben. Qualitätsstandard

Sind die Anforderungen an die Ausführungsqualität höher als der normale Standard, steigen auch die Kosten. Für eine mehrfach gespachtelte und geschliffene Trockenbauwand beispielsweise ist der Arbeitsaufwand deutlich höher als für eine lediglich im Stoßbereich einfach gespachtelte und geschliffene Variante.

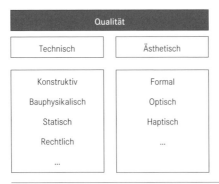

Abb. 9: Unterteilung in technische und ästhetische Qualität

Längerfristige
Planung Bei der Qualität sollten aber immer auch langfristige Überlegungen mit einbezogen werden. So kann beispielsweise eine hochwertigere, aber teurere Installation einer Heizungsanlage ihre Mehrkosten im Augenblick der Anschaffung durch geringere Energiekosten über den Zeitraum der Nutzung leicht amortisieren.

GEGENSTAND DER AUSSCHREIBUNG

Bauleistungen und
Bauprodukte Der Bauprozess beinhaltet die Auswahl und das Zusammenfügen verschiedenster Bauelemente. Dabei kann der Planer auf eine sehr große Auswahl vorgefertigter Bauelemente (z. B. Türblätter und Türzargen) zurückgreifen, aber auch individuell gefertigte Bauelemente (hand-geschmiedete Beschläge) einbauen lassen. Ein Bauwerk lässt sich bis hin zur Lage und Kopfform der letzten Schraube planen.

Die Ausschreibung der Bauleistungen begleitet sowohl Teile des Pla-nungsprozesses als auch den gesamten Ausführungsprozess. Sie ist eine Zusammenstellung aller notwendigen Leistungen. Je nach Umfang der Baumaßnahme und Art der Ausschreibung > Kap. Organisation der Ausschreibung, Der Ausschreibungsstil variiert auch der Umfang der Ausschreibung. Bei der geplanten Errichtung eines kompletten Hauses kann sie beispielsweise alle Leistungen vom Einrichten der Baustelle über den Aushub der Fun-damente bis zur Bauschlussreinigung und Schlüsselübergabe an den Bau-herrn umfassen. Ebenso kann eine Leistungsbeschreibung für das Aus-wechseln eines einzelnen Fensters erstellt werden.

Abb. 10: Alles kann Gegenstand einer Ausschreibung sein.

Aber nicht nur klassische Bautätigkeiten oder Produkte können Bestandteil einer Ausschreibung sein, sondern auch ergänzende Planungs-
und Dienstleistungen. So können auch für fachplanerische Leistungen
wie die Erstellung eines Schallschutzgutachtens oder für eine Dienstleistung wie das Ausrichten eines Richtfestes Angebote mit Hilfe einer
Ausschreibung eingeholt werden.

Planungs- und
Dienstleistungen

Organisation der Ausschreibung

Der mögliche Umfang, die Vielfalt und die Komplexität der Ausschreibung machen es sinnvoll, den Bauablauf in Sinnabschnitte einzuteilen. Dafür muss der Planer Kenntnisse vom Baugeschehen und den Abhängigkeiten der einzelnen Maßnahmen voneinander haben, damit er diese in eine zeitliche Abfolge bringen kann.

Organisations-
grundlagen

○

ZEITPLANUNG DER AUSSCHREIBUNG

Termine sind ein wichtiger Bestandteil der Ausschreibung. Der Planer muss wissen, welche Zeiträume zur Bauausführung realistisch sind. Aus den Ausführungsterminen kann unter Berücksichtigung möglicher Gewerkevorlaufzeiten und der Vergabevorlaufzeiten ein Zeitplan für die Bearbeitung der Ausschreibung durch den Planer und die anbietenden Bauunternehmen erstellt werden.

Termine und
Ausschreibung

> ○ **Hinweis:** Nach der Ausschreibung und Einholung der Angebote erfolgt die Beauftragung der Firmen durch den Bauherrn. Diesen Prozess bezeichnet man als Vergabe.
> Informationen zum Vergabewesen finden sich in den jeweiligen Ländertiteln der Reihe *Bauen in*, erschienen im Birkhäuser Verlag.

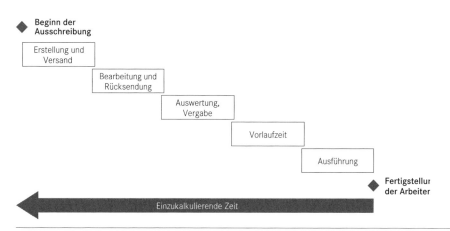

Abb. 11: Die Zeitplanung einer Ausschreibung

Zeitaufwand der Beteiligten

Zeitaufwand
des Planers

Der Planer benötigt ausreichend Zeit für die Erstellung einer Ausschreibung. > Abb.11 Wenn er alle Anforderungen und Wünsche des Bauherrn zusammengetragen hat, muss er sich Zeit für die Organisation der Ausschreibung nehmen und überlegen, wie er die Anforderungen so vermitteln kann, dass eine sinnvolle Angebotsabgabe möglich ist. Der Planer muss die Mengen ermitteln, um den Umfang der Leistung definieren zu können. Zudem sind aufkommende Fragen mit Herstellern, Fachverbänden oder anderen kompetenten Ansprechpartnern zu klären. Um belastbare und für die Leistungsbeschreibung verwertbare Aussagen zu erhalten, ist es häufig notwendig, dem angesprochenen Fachmann Unterlagen zu den Rahmenbedingungen sowie Zeichnungen zukommen zu lassen. Bei schwierigen Einbausituationen oder komplexen Bauverfahren ist es eventuell zur eigenen Absicherung sinnvoll, schriftliche Aussagen oder Stellungnahmen von Herstellern oder Experten einzuholen.

Wenn der Planer seine Leistungsbeschreibung komplettiert hat, muss er gegebenenfalls in Abstimmung mit dem Bauherrn eine Bieterliste, d. h. eine Aufzählung aller zum Angebot eingeladenen Firmen aufstellen. Die Ausschreibungsunterlagen müssen reproduziert und den Unternehmen mit Gewährung einer entsprechenden Bearbeitungszeit zugesendet werden.

Zeitaufwand der
Angebotsbearbeitung

Das anbietende Bauunternehmen, das eine Leistungsbeschreibung erhält, muss sich in eine zunächst unbekannte Bauaufgabe einarbeiten und benötigt deshalb nach Erhalt der Ausschreibung eine angemessene

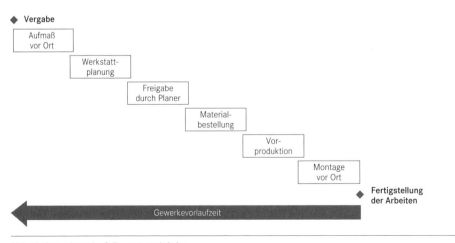

Abb. 12: Gewerkevorlauf: Fensterproduktion

236

Frist für die Bearbeitung. Je nach Art und Umfang der Ausschreibung sind gegebenenfalls ergänzende Planungsleistungen zu erbringen, bevor der Preis abschließend kalkuliert werden kann, oder es müssen Hersteller bzw. weitere Unternehmen wiederum mit internen Preisabfragen berücksichtigt werden. Die Kalkulation muss die Komponenten Lohn, Material, Gerät und Fremdleistungen berücksichtigen. Neben diesen in unmittelbarer Beziehung zur Bauaufgabe stehenden Faktoren müssen die Kosten für den allgemeinen Betrieb und ein möglicher Gewinn in den Angebotspreis eingerechnet werden. Je nach Komplexität und Umfang der Ausschreibung kann die Angebotsbearbeitung einen Tag, aber auch mehrere Wochen dauern. Insbesondere wenn die Ausschreibung auch noch planerische Leistungen oder technische Prüfungen beinhaltet, verlängert sich die notwendige Bearbeitungsfrist entsprechend.

Die Zeitspanne von der Beauftragung bis zur tatsächlichen Ausführung der Leistung (Baubeginn) auf der Baustelle ist die Gewerkevorlaufzeit. > Abb. 12 In dieser Zeitspanne können Werkpläne oder Muster von der ausführenden Firma erstellt und dem Planer zur Freigabe vorgelegt werden. Häufig werden Bauelemente von der ausführenden Firma im Werk vorbehandelt oder vormontiert. Möglicherweise müssen zur Vorfertigung Maße am Bau genommen werden, und es entsteht eine zusätzliche Abhängigkeit von den Fertigstellungsterminen dieser Leistungen, z. B. wenn das Mauerwerk mit angelegten Öffnungen fertiggestellt werden muss, um die Maße für die zu fertigenden Fenster festzulegen.

Gewerkevorlaufzeiten

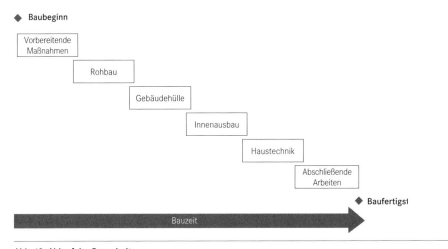

Abb. 13: Ablauf der Bauarbeiten

Im Hinblick auf einen möglichen Fertigstellungstermin ist es für die Zeitplanung der Ausschreibungen wichtig, die Ausführungsdauer der geforderten Leistung zu kennen. > Abb. 13

Diese lässt sich nur bedingt verkürzen. Beispielsweise kann die Ausführungsdauer durch die Anzahl der Arbeitskräfte, die Arbeitszeit und den Maschineneinsatz beeinflusst werden. Der Beschleunigung der Arbeitsabläufe sind jedoch natürliche Grenzen gesetzt, etwa Trocknungs- oder Aushärtungszeiten bestimmter Baustoffe (z. B. Estrich). Möglicherweise bietet die Baustelle nur eingeschränkt Platz, und der verstärkte Einsatz von Arbeitskräften führt zu gegenseitigen Behinderungen bei der Ausführung.

AUSSCHREIBUNGSREIHENFOLGE UND AUSSCHREIBUNGSART

Die Reihenfolge der Ausschreibungserstellung orientiert sich in der Regel an der zeitlichen Abfolge auf der Baustelle. > Abb. 13 Zuerst werden die Maßnahmen zur Vorbereitung der eigentlichen Baumaßnahme ausgeschrieben, gefolgt von der Rohbauausschreibung, der Ausschreibung der Gebäudehülle, des Innenausbaus und der Haustechnik bis hin zur Ausschreibung der abschließenden Maßnahmen.

Manchmal ist es aufgrund der Gewerkevorlaufzeit notwendig, bei der Ausschreibung von der Reihenfolge auf der Baustelle abzuweichen. So benötigen Fassadenkonstruktionen mitunter einen mehrere Monate dauernden Vorlauf, was bei der Erstellung der Ausschreibung unbedingt beachtet werden muss.

Bei dem beschriebenen Ablauf handelt es sich um eine baubegleitende Ausschreibung. > Abb. 14 Bei dieser Ausschreibungsart werden

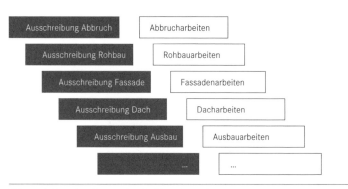

Abb. 14: Sukzessive Planung bei der Vergabe nach Gewerken (Fachlosvergabe)

sukzessiv alle Leistungen erfasst und ausgeschrieben. Während etwa der Rohbau bereits erstellt wird, befindet sich der Innenausbau in der Phase der Planung und Ausschreibung. Diese Vorgehensweise bietet gegenüber der Komplettausschreibung > Kap. Organisation der Ausschreibung, Festlegung von Vergabeeinheiten, Paketvergaben den Vorteil, dass bei unerwarteten Kostenentwicklungen entsprechend reagiert werden kann. > Kap. Einführung, Anforderungskriterien der Ausschreibung, Kosten Weiterhin ist es möglich, Änderungen, die bei der bisherigen Bauausführung und bei der vorangegangenen Ausschreibung der Gebäudehülle aufgetreten sind, noch zu berücksichtigen. Sollten sich z. B. die Rohdeckenstärken ausführungsbedingt geändert haben, kann dies nun mit einem modifizierten Bodenaufbau ausgeglichen werden. Allerdings ist bis zur letzten Ausschreibung keine wirkliche Kostensicherheit zu erzielen, weil die Angebotsergebnisse durch Marktschwankungen und andere Eventualitäten nur bedingt voraussehbar sind.

Eine größere Kostensicherheit bietet die Vergabe an ein General- Komplett-
unternehmen (GU). > Kap. Organisation der Ausschreibung, Festlegung von Vergabeeinhei- ausschreibung
ten, Paketvergaben Hierzu müssen alle Leistungen komplett ausgeschrieben und dem Unternehmer zur Abgabe eines Angebotes vorgelegt werden. Die benötigte Planungszeit ist entsprechend lang. Die vorher parallel zur Bauausführung betriebene Planung muss nun vollständig vor dem ersten Spatenstich erbracht worden sein. > Abb. 15 Steht die Planungszeit für eine detaillierte Ausschreibung nicht zur Verfügung, muss sich der Planer auf die für den Bauherrn wichtigen Anforderungen konzentrieren und nur diese detailliert beschreiben, > Kap. Organisation der Ausschreibung, Der Ausschreibungsstil, Die detaillierte Ausschreibung die weiteren lediglich funktional. > Kap. Organisation der Ausschreibung, Der Ausschreibungsstil, Die funktionale Ausschreibung

GU mit detaillierter Ausschreibung

Planer	Bauunternehmer
Planung	Ausführung

GU mit funktionaler Ausschreibung

Planer	Bauunternehmer	
Planung	Planung	Ausführung

Abb. 15: Vergabeverfahren und Zeitaufwand

Gesamtpaketvergabe
Alle Leistungen werden an einen Unternehmer vergeben.

Losvergabe
Unterteilung des gesamten Pakets in sogenannte „Lose"

Fachlosvergabe	Teillosvergabe
Bei fachlicher Unterteilung (Vergabe nach Gewerken)	Bei röumlicher Unterteilung (Vergabe nach Bauabschnitten)

Abb. 16: Begriffsklärung der Vergabeeinheiten

Der Zeitdruck kann mitunter so stark sein, dass auch eine rein funktionale Ausschreibung in Erwägung gezogen werden muss und auf eine Detaillierung ganz verzichtet wird.

FESTLEGUNG VON VERGABEEINHEITEN

Vergabeeinheit

Als Vergabeeinheit wird der Leistungsumfang bezeichnet, der an einen Unternehmer vergeben wird. Die Vergabeeinheiten lassen sich der Größe nach in einzelne Gewerke (Fachlose), in Teillose und in zusammengefasste Pakete aufschlüsseln; auch ein Gesamtpaket aller Leistungen ist möglich. > Abb. 16

Ausschreibung nach Gewerken (Fachlosen)

Gewerke, Fachlose

Die Einteilung nach Gewerken (oder auch Fachlosen) orientiert sich an den handwerklichen und bautechnischen Leistungen, die traditionell aus einer Hand (z. B. eines Handwerksbetriebes wie Maurer, Zimmermann oder Estrichleger) stammen. Sie bildet in der Regel die kleinste Vergabeeinheit. > Abb. 17

Ein Gewerk kann gegebenenfalls in noch kleinere Einheiten aufgeteilt werden, wenn innerhalb dieses Gewerkes viele unterschiedliche Leistungen verlangt werden. So kann eine Ausschreibung von Schlosserarbeiten sämtliche diesem Gewerk zuzuordnenden Leistungen beinhalten. Es können auch mehrere Ausschreibungen mit einzelnen Schwerpunkten erstellt werden, beispielsweise eine Leistungsbeschreibung mit dem Inhalt Fassadenkonstruktion in Metall und eine weitere mit Stahltreppen und Geländern. Die kleinste denkbare Vergabeeinheit ist schließlich eine einzelne Leistung. > Abb. 18

240

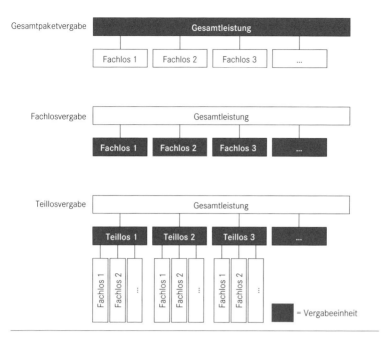

Abb. 17: Beispiele für Vergabeeinheiten

Die Ausschreibung nach Gewerken enthält entsprechend alle Leistungen dieses Gewerkes oder nur einen Teil der Leistungen, die diesem Gewerk zuzuordnen sind. Die Aufteilung eines Gewerkes ist sinnvoll, wenn die Spezialisierung einzelner Firmen genutzt werden soll. ●

○ **Hinweis:** Der Begriff Gewerk wird im allgemeinen Sprachgebrauch auch auf weniger traditionelle Arbeiten angewendet, etwa auf Gebäudereinigungsarbeiten, Medienplanung oder das Erstellen von Beschilderungen. Auch wenn es sich nicht um traditionelle Handwerksberufe handelt, zählt in diesem Fall, dass die Leistungen eine fachliche Einheit bilden.

Informationen zum Vergabewesen finden sich in den jeweiligen Ländertiteln der Reihe *Bauen in,* erschienen im Birkhäuser Verlag.

● **Beispiel:** Ein Bauunternehmen, das tagtäglich Treppen produziert und montiert, kann diese professioneller und wahrscheinlich zu günstigeren Konditionen anbieten als ein Schlosser, der auf Fassaden spezialisiert ist, jedoch grundsätzlich alle Leistungen seines Gewerkes abdeckt.

Informationen zum Vergabewesen finden sich in den jeweiligen Ländertiteln der Reihe *Bauen in,* erschienen im Birkhäuser Verlag.

Vorbereitende Maßnahmen	Rohbau	Gebäudehülle
– Baustelleneinrichtung – Abbrucharbeiten – Freimachen des Geländes – Erdarbeiten – Verbauarbeiten – …	– Erdarbeiten – Maurerarbeiten – Betonarbeiten – Stahlbauarbeiten – Abdichtungsarbeiten – Zimmer- und Holzarbeiten – Gerüstarbeiten – …	– Zimmer- und Holzarbeiten – Stahlbauarbeiten – Abdichtungsarbeiten – Dachdeckungsarbeiten – Klempnerarbeiten – Wärmedämmarbeiten – Putzarbeiten – Fassadenarbeiten – Metallbauarbeiten – Verglasungsarbeiten – Malerarbeiten – Gerüstarbeiten – …

Ausbau	Haustechnik	Abschließende Maßnahmen
– Putzarbeiten – Estricharbeiten – Bodenbelagarbeiten – Betonwerksteinarbeiten – Naturwerksteinarbeiten – Fliesen- und Parkettarbeiten – Schlosserarbeiten – Trockenbauarbeiten – Tischlerarbeiten – Malerarbeiten – Gerüstarbeiten – …	– Heizungsinstallation – Lüftungsinstallation – Sanitärinstallation – Elektroinstallation – Aufzugsanlagen – Medientechnikinstallation – …	– Gebäudereinigung – Installation Schließanlage – Außenanlagen – Baustellenräumung – …

Abb. 18: Typische Gewerkeeinteilungen

Der Nachteil ist, dass mit der Beauftragung mehrerer Firmen ein höherer Koordinationsaufwand einhergeht und Synergieeffekte (z. B. Anfahrten zur Baustelle oder größere Abnahmemengen mit entsprechend günstigeren Konditionen) verloren gehen können.

Bündelung von Gewerken

Mitunter kann es sinnvoll sein, mehrere Gewerke zu bündeln. Es erscheint logisch, alle Arbeiten, die das Dach betreffen, nur einer Firma zu übertragen, um dadurch die Koordination verschiedener Firmen zu vermeiden. So können Zimmermannsarbeiten (Aufstellen des Dachstuhls), die Dachdeckungsarbeiten (Dachaufbau von der Dämmung bis zur Dachpfanne) und Klempnerarbeiten (Anbringen der Dachrinnen, Blechverwah-rungen usw.) von einer Firma erledigt werden. Viele Firmen haben sich auf den Wunsch des Bauherrn, nur einen Ansprechpartner zu haben, ein-gestellt und werben mit der Erbringung der Gesamtleistung. Hierbei gilt es zu beachten, dass scheinbar große Firmen viele Leistungen nur „hin-zukaufen" und diese oftmals nicht so günstig anbieten können. Der Bau-herr erkauft sich die Bequemlichkeit dann mit einem Preiszuschlag für die interne Organisation der Nachunternehmer durch die beauftragte Firma. > Kap. Organisation der Ausschreibung, Festlegung von Vergabeeinheiten   ○

Ausschreibung nach Teillosen

Eine weitere Vergabeeinheit stellt das Teillos dar. Hier werden die Leistungen nicht unter dem Gesichtspunkt der Zugehörigkeit zu einem spezifischen Handwerk sortiert, sondern in Abschnitte gegliedert, die sich meistens aus dem Wunsch ergeben, sehr umfangreiche Arbeiten an mehrere Unternehmen vergeben zu können. *Teillos*

Bei öffentlichen Aufträgen kann dahinter die Absicht stecken, mög-lichst viele Firmen an der Angebotsabgabe zu beteiligen, da sich der Leis-tungsumfang dann an den Kapazitäten eher durchschnittlicher Firmen orientiert. *Leistungen aufteilen*

Ein anderer sinnvoller Grund für die Gliederung in Teillose ist die Pla-nung der Arbeiten über einen langen Zeitraum mit möglichen Unter-brechungen. Bei größeren Bauvorhaben werden häufig Bauabschnitte festgelegt, um die Nutzung von Teilbereichen zu ermöglichen, während andere Bereiche später fertiggestellt werden. > Abb. 19 *Bauabschnitte*

Paketvergabe

Das schon bei der Bündelung mehrerer Gewerke anvisierte Ziel, > Kap. Organisation der Ausschreibung, Festlegung von Vergabeeinheiten, Ausschreibung nach Gewerken möglichst nur einen Ansprechpartner auf Seite der Ausführenden zu haben, wird bei der Vergabe an einen Generalunternehmer weiter verfolgt. *Generalunternehmer-ausschreibung*

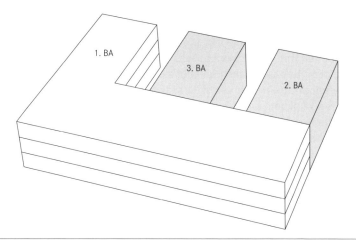

Abb. 19: Die Vergabe nach Teillosen ist bei Gebäuden mit mehreren Bauabschnitten möglich.

Der Bauherr beauftragt in diesem Fall ein einziges Bauunternehmen mit allen Leistungen, die zur Fertigstellung der Bauaufgabe nötig sind. Anstatt vieler Verträge wird nur ein Vertrag geschlossen.

Termintreue

Bei einem Generalunternehmer ist es leichter, Fertigstellungsfristen zu setzen, da er durch die Gesamtkoordination Verzögerungen in Teilleistungen durch Forcierung der Arbeiten in anderen Bereichen begegnen kann. Bei der Beauftragung von vielen Einzelfirmen sind Terminbindungen aufgrund der vielfältigen gegenseitigen Abhängigkeiten schwieriger durchzusetzen, da die einzelnen Bauunternehmen gegenseitig in keinem Vertragsverhältnis stehen.

Generalunternehmer-
zuschlag

Für all dies bürgt der Generalunternehmer, der sich diesen oft erheblichen Koordinationsaufwand und gegebenenfalls die Risikoabdeckung der übernommenen Garantien über Zuschläge im Angebot bezahlen lässt. In der Praxis gibt es kaum Unternehmen, die alle gewünschten Leistungen mit Arbeitern des eigenen Hauses abdecken können. Vielmehr werden die Leistungen bei anderen Firmen angefragt, die – wenn sie beauftragt werden – mit dem Status eines Nach- bzw. Subunternehmers arbeiten. Das Angebot des Generalunternehmers endet in der Regel mit einem garantierten Preis, für den die Leistungen zu einem vertraglich festgelegten Termin erbracht werden müssen.

DER AUSSCHREIBUNGSSTIL

Grundsätzlich wird zwischen der funktionalen und der detaillierten Ausschreibung unterschieden. Diese klare Trennung wird in der Praxis eher selten mit letzter Konsequenz angewandt. Jede detaillierte Ausschreibung beinhaltet auch funktionale Elemente. So werden beispielsweise selbst bei einer akribisch detaillierten Gipskartonständerwand die genauen Angaben zur Befestigung der Gipskartonplatten fehlen. Man setzt die Fachkenntnis des Handwerkers voraus, dass die Platten an der Unterkonstruktion mit den dafür geeigneten Schrauben befestigt werden.

Eine funktionale Ausschreibung hingegen kann zwar ganz ohne detaillierte Elemente auskommen, aber auch hier wird es in der Praxis meist Bereiche geben, deren Anforderungen detaillierter formuliert werden. Je mehr der Planer den Bauherrn zu Vorgaben befragt, desto umfänglicher wird in der Regel seine Liste an detaillierten Anforderungen innerhalb der eigentlich funktionalen Ausschreibung.

Die funktionale Ausschreibung

Eine funktionale Ausschreibung beinhaltet keine Beschreibung des Ausführungsprozesses bzw. des exakten Bauverfahrens, sondern stellt das geforderte Ergebnis in den Mittelpunkt. Der Bieter übernimmt die Planung der Ausführung und trägt damit auch das Risiko, das geforderte Ergebnis zu erzielen, selbst wenn sein Angebot lückenhaft ist. Neben der Verantwortung für mögliche Planungsfehler übernimmt die ausführende Firma auch das Mengenermittlungsrisiko. Dieses Risiko entsteht, wenn die Mengen der einzelnen Leistungen auf Grundlage eigener Planung ermittelt werden müssen.

Der Bieter hat jedoch die Möglichkeit, die Ausführung aufgrund seiner fachlichen Erfahrungen durch die Verfahrenswahl zu bestimmen. Durch den zugebilligten Handlungsspielraum kann er die gesamte Leistung auf seine Ressourcen bezogen optimieren.

Die Kriterien zur Beurteilung des Angebotes beinhalten neben dem Preis auch die Umsetzung der gestellten Anforderungen. Zu der aufwendigen Bearbeitung des Angebotes durch den Bieter kommt anschließend noch die umfangreiche Bewertung durch den Planer. In der Folge haben Bauherr bzw. Planer prinzipiell keinen Einfluss mehr auf die weitere Ausführung. Der Kontrollverlust, der insbesondere die Detailplanung betrifft, kann zu einem Verlust an gestalterischer Qualität führen. Beurteilung der Angebote

Die Wahl der funktionalen Ausschreibung resultiert häufig aus Zeitmangel. > Kap. Einführung, Anforderungskriterien der Ausschreibung, Termine So lässt sich die eigentlich sehr umfangreiche Planung, die einer Generalunternehmervergabe vorausgehen müsste, durch eine funktionale Ausschreibung deutlich verkürzen. Auch ein geringer Anspruch an die Details der Ausführung seitens des Bauherrn kann eine funktionale Beschreibung bedingen, insbesondere da die ausführende Firma zusätzlich viele Risiken (z. B. Planungsrisiko oder Mengenrisiko) übernimmt. Ein weiterer Grund für die Wahl der funktionalen Ausschreibung

Wahl eines funktionalen Stils ist schlicht die Unkenntnis des Planers, wie die geforderten Ziele mit Hilfe einer detaillierten Ausschreibung zu erreichen sind. So wird der Planer im Regelfall nicht die Einzelkomponenten eines Klimagerätes und deren Anordnung ausschreiben, sondern die Anforderungen hinsichtlich Kühlleistung oder Luftwechselrate beschreiben.

Die detaillierte Ausschreibung

Die detaillierte Ausschreibung setzt eine weitestgehend abgeschlossene Ausführungsplanung voraus. Der Planer beschreibt nicht nur das geforderte Ergebnis, sondern auch den Lösungsweg. Er trägt somit das Risiko, dass die Ausführung nicht die Anforderungen erfüllt oder dass er eine fehlerhafte, lückenhafte oder nicht eindeutige Ausschreibung abgibt. Hieraus können sich zusätzliche Kosten durch Nachträge (notwendige, aber nicht in der Ausschreibung enthaltene Leistungen) ergeben.

Beurteilung der Angebote

Bei einer detaillierten Ausschreibung gestaltet sich die Angebotsauswertung entsprechend einfacher, da die Verfahrenswahl festgelegt ist und nur die Preise verglichen werden müssen.

Wahl der detaillierten Ausschreibung

Die Wahl der detaillierten Ausschreibung ist immer dann sinnvoll, wenn der Bauherr die Kontrolle über die Ausführung behalten will. Nur auf diese Weise lässt sich die Ausführung bis ins Detail steuern, und unerwartete Überraschungen werden vermieden.

Die Ausschreibungstiefe

Die Mischung von funktionalen und detaillierten Ausschreibungen ist grundsätzlich möglich. So eröffnen sich dem Planer weit reichende Gestaltungsmöglichkeiten. Er wird für alle Bereiche, die dem Bauherrn wichtig sind, eine detaillierte Ausführungsplanung vorlegen und den Ausführungsprozess entsprechend genau beschreiben. In Bereichen, die diese hohe Anforderung in der Detailausführung nicht verlangen, kann er sich auf die Beschreibung der Anforderungen beschränken und den Unternehmer die für ihn optimale Lösung wählen lassen.

Detailliert oder funktional?

Wenn der Planer detailliert ausschreibt, muss er entsprechend umfangreiche Kenntnisse aufweisen. Bei einer fehlerhaften Ausführung, die auf Grundlage seiner Leistungsbeschreibung entstanden ist, muss er dafür haften. Daher ist es ratsam, Ausschreibungsbestandteile, bei denen der Planer auf kein fundiertes Wissen zugreifen kann, funktional unter Berücksichtigung des gewünschten Ergebnisses auszuschreiben.

Vollständigkeit der Ausschreibung

Der Planer muss sich immer fragen, ob die von ihm erstellte Ausschreibung vollständig und eindeutig ist. Sobald der Planer von den Mindeststandards abweicht, muss er dies mit Hilfe der Ausschreibung dokumentieren. Wenn er beispielsweise ein „geordnetes und gleichmäßiges" Schraubbild zur Befestigung der Fassadenelemente fordert, muss er zur Vermeidung von strittigen Interpretationen dieser Anforderung eine Planzeichnung mit Darstellung des Schraubbildes beifügen. Die Kontrolle über die Ausführung der jeweiligen Leistungen erlangt man in der Regel nur über detaillierte Beschreibungen. Dies ist mit einem hohen Zeitaufwand verbunden und nicht immer für alle Bereiche eines Baus zu leisten. Der Planer sollte immer abwägen, welcher Grad an Detaillierung notwendig und angemessen ist. So sind beispielsweise die Anforderungen an die Schalung einer Sichtbetonwand viel präziser zu formulieren als die Schalung der nach Bauabschluss nicht sichtbaren Fundamente.

248

Aufbau einer Ausschreibung

Die Ausschreibung – funktional oder detailliert – setzt sich aus mehreren Bestandteilen zusammen. > Abb. 20, 21 Sie umfasst die Gesamtheit der Unterlagen, die zur Vergabe einer Bauleistung erforderlich sind.　　○

TEXTELEMENTE

Als Textelemente lassen sich alle Beschreibungsformen zusammenfassen, die mit Hilfe von Worten und Zahlen Angaben zum Ablauf und der Durchführung der geplanten Baumaßnahme machen. Eine Ausschreibung wird mit Hilfe solcher Textelemente verfasst und enthält folgende Bestandteile:

— Allgemeine Informationen zum Projekt
— Vertragsbedingungen
— Technische Anforderungen
— Angaben zu den Bedingungen auf der Baustelle
— Die Leistungsbeschreibung

Im Regelfall umfassen die Textelemente einen großen Anteil einer Ausschreibung. Die Verwendung von Texten ermöglicht es dem Planer, Informationen zu übermitteln, die aus Plänen nicht zu entnehmen sind.

Allgemeine Informationen zum Bauvorhaben

Ein vollständiges Ausschreibungspaket enthält allgemeine Angaben zu der geplanten Bauaufgabe und zu den Vergabemodalitäten. Diese Informationen werden in einem Deckblatt oder Anschreiben mitgeteilt, welches neben der Aufforderung zur Angebotsabgabe und weiterer vergaberelevanten Terminen auch die wesentlichen Beteiligten benennt und eine kurze Baubeschreibung beinhaltet.

Allgemeine Angaben

○ **Hinweis:** Wesentlich für die Eindeutigkeit der Ausschreibung ist, dass die einzelnen Elemente sich nicht widersprechen bzw. für diesen Fall Rangfolgen der einzelnen Beschreibungselemente festgelegt werden. So kann beispielsweise festgelegt werden, dass die Leistungsbeschreibung immer Vorrang vor den technischen Anforderungen hat.

Abb. 20: Die Bestandteile einer Ausschreibung

Textelemente	Zeichnungselemente	Sonstige Elemente
Konkrete Elemente – Funktionalbeschreibung – Detaillierte Leistungsbeschreibung – Vergabe-, Verhandlungs- und Besprechungsprotokolle – Baubeschreibung – Vorbemerkung – Bedingungen der Baustelle – Gutachten – Ggf. spezielle Vertragsbed. – Ggf. spezielle techn. Anf.	– Pläne – Skizzen	– Proben – Muster – Referenzobjekte – Ausführungsbeispiele
Standardisierte Elemente – Standardleistungstext – Allgemeine Vertragsbedingungen – Spezielle Vertragsbedingungen – Allgemeine technische Anforderungen – „Anerkannte Regeln der Technik" – Herstellerangabe	– Richtzeichnungen – Leitdetails	– Muster – Farbtonkarten

Abb. 21: Systematisierung der Ausschreibungsbestandteile

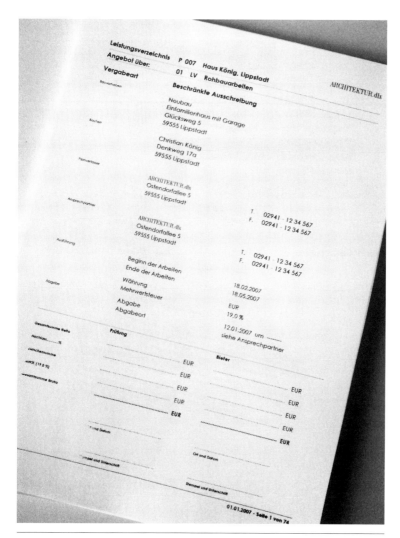

Abb. 22: Beispiel für ein Deckblatt

Das Deckblatt stellt sowohl Einleitung als auch Inhaltsverzeichnis Deckblatt/ Anschreiben der Ausschreibung dar. Alle für die Angebotsbearbeitung durch die Bauunternehmen relevanten Informationen und die Bewerbungsbedingungen werden hier in kurzer Form zusammengestellt. Das Deckblatt sollte folgende Angaben enthalten:

— Angaben zu Absender und Empfänger der Unterlagen
— Datum
— Bezeichnung der Baumaßnahme
— Ort, Art und Umfang der Leistung

- Rahmenbedingungen des Bauvorhabens (Vergabeart, Fristen usw.)
- Ausdrückliche Aufforderung zur Angebotsabgabe
- Bewerbungsbedingungen
- Liste der beiliegenden Unterlagen (Verdingungsunterlagen)

Bezeichnung der Baumaßnahme Die Angaben zu Ort, Art und Umfang der Leistungen sind neben der Bezeichnung der Baumaßnahme zur eindeutigen Identifizierung erforderlich und entsprechend knapp zu halten. Sind weitere Angaben zur Baumaßnahme notwendig, sollte dies in der Baubeschreibung vorgenommen werden. > Kap. Aufbau einer Leistungsbeschreibung, Vorgehen bei einer funktionalen Leistungsbeschreibung, Funktionale Leistungsbeschreibung mit Entwurf

Angabe zum Vergabeverfahren Das Vergabeverfahren sollte eindeutig im Deckblatt gekennzeichnet werden und muss bei öffentlichen Bauherren angegeben werden. > Kap. Organisation der Ausschreibung, Zeitplanung der Ausschreibung, Zeitaufwand der Beteiligten

Besichtigungstermine Die Ortsangabe ist auch wegen möglicher Besichtigungstermine vor Ort von Bedeutung. Grundsätzlich sollten solche Termine mit Ort- und Datumsangabe im Deckblatt vermerkt sein. Gleiches gilt für geplante Einsichttermine in weitere, im Ausschreibungspaket nicht enthaltene Unterlagen.

Angebotsfrist / Submission Von Bedeutung für die Einholung der Angebote sind die Angaben zur Angebotsfrist sowie des Submissionstermins und die Bindefristen des Angebots. > Kap. Organisation der Ausschreibung, Zeitplanung der Ausschreibung

Die Angebotsfrist gibt an, bis zu welchem Termin das Angebot abgegeben werden muss. Über die Bindefrist wird der Bieter bis zum angegebenen Termin an sein Angebot gebunden. Die maßgebenden Zuschlagskriterien (z. B. Preis) sollten den Bietern auf dem Deckblatt der Ausschreibungsunterlagen bekannt gemacht werden.

Verbindlichkeit des Angebots Um Missverständnisse auszuschließen, sollte das Deckblatt eine Formulierung enthalten, die die Verbindlichkeit des Angebots sicherstellt und verhindert, dass durch das Angebot Kosten für den Ausschreibenden entstehen. Eine derartige Formulierung könnte lauten:

„Wir bitten Sie um Ihr verbindliches, für uns und den Bauherrn kostenloses Angebot für das Bauvorhaben ..."

● **Beispiel:** „Bei der Baumaßnahme ... handelt es sich um ein dreigeschossiges Bürogebäude mit einer Bruttogeschossfläche von ca. 10 000 m², das als Stahlbetonskelettbau mit Ortbeton herzustellen ist. Das zu bebauende Grundstück liegt zwischen der ...-Straße und der ...-Straße und ist ausschließlich über die Zufahrt Ecke ...-Straße zu erreichen. Die genaue Lage des Baustellengrundstücks ist dem Lageplan zu entnehmen."

Das Beispiel verdeutlicht, wie gering der Umfang einer Baubeschreibung sein kann. Es werden wichtige Informationen zur gewünschten Bauweise (Skelettbau mit Ortbeton), zur Art der Bauleistung (Stahlbetonbauarbeiten), Größe (Bruttogeschossfläche, dreigeschossig), zur Funktion (Bürogebäude) und zur Lage des Baustellengrundstücks (Verweis auf den Lageplan) gemacht.

Durch Bewerbungsbedingungen kann der Planer im Anschreiben Einfluss auf die potenziellen Bewerber nehmen. Mögliche Bedingungen können den Nachunternehmereinsatz regeln oder Bietergemeinschaften zum Vergabeverfahren zulassen bzw. ausschließen. Bewerbungsbedingungen/ Zulassungskriterien

Über die Abfrage von Eignungsnachweisen und Zulassungskriterien kann der Planer überprüfen, ob die anbietenden Unternehmen für die Durchführung der Arbeiten geeignet sind. Neben der fachlichen Überprüfung der Eignung, etwa durch Referenzobjekte, können auch Angaben zur wirtschaftlichen Situation der Unternehmen eingeholt werden, um sicherzustellen, dass das Unternehmen eine ausreichende Liquidität besitzt. Üblich sind ebenfalls Auskünfte über die Kapazitäten der Bauunternehmen, über die Mitgliedschaft in der Berufsgenossenschaft und über den Haftpflichtversicherungsstatus mit Angabe der Mindestdeckungssumme. Eignungsnachweise

Weitere allgemeine Angaben zum Bauvorhaben finden sich in der Baubeschreibung. Sie gibt dem ausführenden Unternehmen einen Überblick über die umzusetzende Baumaßnahme und enthält keine Detailangaben zu einzelnen auszuführenden Leistungen. Der Bieter soll sich vielmehr anhand von Konstruktionsbeschreibungen und Angaben zu den wesentlichen kostenwirksamen Randbedingungen der Baumaßnahme ein vollständiges Bild des Projekts machen. Baubeschreibung

Bei größeren Bauvorhaben ist es eventuell sinnvoll, genauere Angaben zum Baukörper bzw. zur Gliederung und Anordnung einzelner Baukörper in die Baubeschreibung mit aufzunehmen, damit der Bieter sich ein besseres Bild von möglichen Bauabschnitten machen kann.

Vertragsbedingungen

Ziel der Ausschreibung ist die Anbahnung eines Vertragsverhältnisses zwischen dem Bauherrn und einem oder mehreren ausführenden Unternehmen. Vor diesem Hintergrund sind neben der Beschreibung der zu erbringenden Leistungen immer auch Regelungen von Bedeutung, die die vertraglichen Modalitäten bei der Abwicklung der Bauausführung festlegen.

■ **Tipp:** Aufgrund der zum Teil sehr komplizierten Regelwerke empfiehlt es sich, auf standardisierte, z. B. von den Fachverbänden empfohlene Vertragstexte zurückzugreifen oder die Gestaltung der Vertragsbedingungen zumindest bei größeren Maßnahmen durch Juristen vornehmen zu lassen.

Der Planer bereitet den zukünftigen Vertrag entsprechend in der Ausschreibung mit allgemeinen und speziellen Vertragsbedingungen vor. Allgemeine Vertragsbedingungen sind als vollständige Vertragsmuster verfügbar, dagegen müssen spezielle Vertragsbedingungen im Regelfall als Geschäftsbedingungen des Auftraggebers (Bauherr) formuliert werden.

Allgemeine
Vertragsbedingungen Allgemeine Vertragsbedingungen bestehen aus nationalen oder internationalen Standards, die für die Abwicklung von Bauprojekten verwendet werden können. Sie enthalten wichtige Angaben zu:

- <u>Art und Umfang der Leistung</u> (Angaben zu den Bestandteilen des Vertrages und deren Rangfolge sowie Angaben zum Änderungs- bzw. Erweiterungsrecht der Bauaufgabe)
- <u>Vergütung</u> (Regelungen zum Umgang mit Vergütungsansprüchen bei Abweichungen von der beschriebenen Leistung)
- <u>Ausführung</u> (Regelungen zur Überwachung der Arbeiten durch den Bauherrn, zur Sicherung der allgemeinen Ordnung auf der Baustelle und der Verwendung von Baustelleneinrichtungselementen durch das ausführende Unternehmen; Regelung des Einspruchsrechts, falls der ausführende Unternehmer Bedenken gegenüber einer vom Bauherrn bzw. dessen Planer vorgegebenen Leistung hat)
- <u>Ausführungsunterlagen</u> (Angaben zur Übergabe der für die Ausführung von Bauleistungen erforderlichen Unterlagen)
- <u>Fristen</u> (allgemeine Regelung, die z. B. den Beginn einer Baumaßnahme innerhalb eines definierten Zeitraumes absichert, wenn kein Datum vertraglich vereinbart wurde)
- <u>Behinderungen</u> (Festlegung der Verfahrensweise bei sich anbahnenden Behinderungen. Beispielsweise sollen Behinderungen dem Bauherrn im Voraus angezeigt und in ihrer Art und Auswirkung beschrieben werden, um Gegenmaßnahmen einleiten zu können.)
- <u>Kündigungen</u> (Regelungen zur Kündigung seitens des Bauherren oder seitens des ausführenden Unternehmens)
- <u>Haftung</u> (Angaben zur Regelung der Verantwortung der Vertragsparteien)
- <u>Vertragsstrafen</u> (Regelungen zu den Modalitäten der Vertragsstrafen, die nicht die Höhe der Strafe betreffen)
- <u>Abnahmen</u> (Regelung der Fristen bei rechtlichen Abnahmen von Bauleistungen)
- <u>Gewährleistung</u> (Regelungen zur Sicherstellung der Ansprüche des Bauherrn nach Abnahme der Bauleistung)
- <u>Abrechnung</u> (Angaben, wie und in welcher zeitlichen Folge nach dem Abschluss der Leistungen und Teilleistungen abgerechnet werden muss)

- Stundenlohnarbeiten (Regelungen zum Umgang mit der Vergütung von angefallenen Leistungen, die nicht in der Leistungsbeschreibung enthalten sind, beispielsweise eine Verpflichtung der ausführenden Unternehmung, derartige Arbeiten beim Bauherrn vor Ausführung anzukündigen)
- Zahlungen (allgemeine Regelungen zu Abschlags-, Teilschluss- und Schlussrechnungen, beispielsweise werden Zeitvorgaben für die Dauer der Schlussrechnungsprüfung vorgegeben)
- Sicherheitsleistungen (Regelungen zur gegenseitigen Absicherung der Vertragspartner, beispielsweise in Form von Bürgschaften oder Sicherheitseinbehalten)
- Streitigkeiten (Regelungen für den Streitfall, wie die Festlegung des Gerichtsstandes am Ort des Auftraggebers)

Die speziellen Vertragsbedingungen können dieselben Inhalte wie die allgemeinen Vertragsbedingungen betreffen und diese in bestimmten Punkten ergänzen. Sie dienen im Regelfall als Zusatz zu den allgemeinen Vertragsbedingungen und nicht als Ersatz. Typischerweise werden spezielle Vertragsbedingungen in die Ausschreibungsunterlagen aufgenommen, wenn bereits eine grundsätzliche Regelung in den allgemeinen Vertragsbedingungen existiert. Darüber hinaus werden aber auch die folgenden Bereiche thematisiert:

Spezielle Vertragsbedingungen

- Rechnungen (Rechnungen sind nach ihrem Zweck als Abschlags-, Teilschluss- und Schlussrechnung entsprechend zu bezeichnen und jeweils durchlaufend zu nummerieren. Weitere formale Anforderungen können z. B. die Reihenfolge der aufgeführten Leistungen und deren Bezeichnung gemäß Leistungsbeschreibung betreffen.)
- Besondere Zahlungsmodalitäten (Regelungen, wie die Zahlungen des Bauherrn an das ausführende Unternehmen erfolgen und an welche Bedingungen die Zahlungen gekoppelt sind. Es könnte z. B. ein Zahlungsplan vereinbart werden, der Auskunft über die Höhe und das Datum der Zahlungen gibt. Oftmals werden Zahlungen zu bestimmten Terminen in dem Umfang der zu diesem Zeitpunkt erbrachten Leistung vereinbart.)
- Grundlagen der Preisermittlung (die kalkulatorischen Ansätze des Bieters, aus denen der Angebotspreis resultiert)
- Preisgleitklauseln für Lohn oder Material (Regelungen, die eine Anpassung von Vertragspreisen nach Vertragsschluss ermöglichen, wenn die zugrunde gelegten Maßstäbe für Lohn bzw. Baustoffe sich während der Bauphase verändern)

- Ankündigung von Mehrkosten (Regelungen, die der frühzeitigen Information des Bauherrn über anfallende Mehrkosten dienen)
- Nachunternehmer (Nachunternehmer werden zur Durchführung von Leistungen eingesetzt, die ein Unternehmen nicht selbst erbringen kann. Soll der Nachunternehmereinsatz ausgeschlossen bzw. nur unter bestimmten Auflagen erlaubt sein, ist dies in den speziellen Vertragsbedingungen zu regeln.)
- Wettbewerbsbeschränkung (Unzulässige Wettbewerbsbeschränkungen ergeben sich aus wettbewerbswidrigen Vorabreden zwischen den Bietern zur Abgabe bzw. Nicht-Abgabe von Angeboten, zu Preisen oder Gewinnzuschlägen. Spezielle Vertragsbedingungen regeln, welche Konsequenzen diese Wettbewerbswidrigkeiten haben.)
- Preisnachlässe (werden regelmäßig als Prozentsatz vereinbart und von allen Rechnungen in entsprechender Höhe abgezogen)
- Umweltschutz (Normalerweise werden keine konkreten Maßnahmen zum Umweltschutz formuliert. Vielmehr wird in den speziellen Vertragsbedingungen zur Reduzierung der Umweltbeeinträchtigungen durch die Baumaßnahme aufgerufen.)
- Vertragsänderungen (Die Modalitäten bei Vertragsänderungen sollten in den speziellen Vertragsbedingungen geregelt werden. Es könnte z. B. vereinbart werden, dass Vertragsänderungen ausschließlich der Schriftform bedürfen.)

Technische Anforderungen

Die Planung einer Baumaßnahme und die Beschreibung der zur Umsetzung notwendigen Leistung enden regelmäßig bei einer bestimmten Detailtiefe. Alles Weitere wird über die Vereinbarung von technischen Anforderungen festgelegt. Diese liefern Anleitungen zur Ausführung von Leistungen. Beispielsweise wird der Planer eine Stahlbetonwand zeichnerisch darstellen und diese eventuell mit einer detaillierten Leistungsbeschreibung mit Angaben zu Schalung, Bewehrung und Beton textlich differenzieren. Er wird aber nicht beschreiben, wie die Schalung im Detail herzustellen, die Bewehrung in ihrer Lage zu sichern und der Beton zu verdichten ist. Diese Angaben gehören zum Fachwissen der ausführenden Unternehmen und werden über technische Anforderungen in der Ausschreibung zwischen dem Planer und dem Bauunternehmen kommuniziert.

Technische Anforderungen sind als umfassendes Paket von Vorschriften für die meisten Leistungen unterschiedlicher Gewerke verfügbar. > Anhang Sie enthalten relevante Vorgaben für eine Vielzahl von Bauvorhaben in Form eines Mindeststandards. Um einen höheren Standard zu definieren, werden spezielle technische Anforderungen formuliert.

Allgemeine technische Anforderungen sind Normen, die im Sinne der allgemein Anerkannten Regeln der Technik gelten. Allgemeine technische Anforderungen

Die Regelungen sind meist gewerkespezifisch sortiert und enthalten Angaben zum Geltungsbereich, zu den verwendeten Stoffen und Materialien, zur Ausführung, zu Nebenleistungen, die der Leistung zuzuordnen sind, und zur Abrechnung sowie Hinweise zur Aufstellung der Leistungsbeschreibung. ○

Bei den speziellen technischen Anforderungen handelt es sich um Regelungen, die entweder in Ergänzung der allgemeinen technischen Anforderungen verwendet werden oder vorher nicht geregelte Bereiche betreffen. Eine spezielle technische Anforderung kann sich z. B. auf ein Bauverfahren beziehen, dass nicht durch die allgemeinen Regelungen abgedeckt wird, oder sie regelt in Ergänzung zu den bestehenden Mindestanforderungen eine höhere Anforderung an die Maßtoleranzen. Spezielle technische Vertragsbedingungen

Spezielle technische Anforderungen resultieren aus Normen, aber auch aus sonstigen technischen Regelwerken, Herstellerrichtlinien oder Vorschriften und Merkblättern von Interessengemeinschaften.

Auch können für bestimmte Leistungen erhöhte Anforderungen gemäß dem Stand der Technik oder dem Stand der Wissenschaft und Technik vereinbart werden, die gegebenenfalls auf Grundlage von Einzelzulassungen begründet werden.

Ferner regeln spezielle technische Anforderungen z. B. Zwischenabnahmen, wenn aus technischen Gründen Leistungen während der Bauzeit abzunehmen sind, die durch den weiteren Baufortschritt später verdeckt sind.

○ **Hinweis:** Sollen bestimmte Regelungen nur für ein konkretes Bauprojekt vereinbart werden, sind diese in den projektbezogenen Vertragsbedingungen und nicht in den speziellen Vertragsbedingungen zu berücksichtigen, da diese in der Regel für mehrere Bauvorhaben formuliert werden.

○ **Hinweis:** Bei den Anerkannten Regeln der Technik handelt es sich um ein Regelwerk, das auf Techniken beruht, die sich über lange Zeit bewährt haben. Einen gehobenen Standard stellt der Stand der Technik dar, welcher die neuesten technischen Verfahren repräsentiert, aber nicht bewährt sein muss. Eine weitere Steigerung bietet der Stand der Wissenschaft und Technik, der die neuesten wissenschaftlichen Erkenntnisse berücksichtigt.

Projektbezogene Vertragsbedingungen

Projektbezogene Angaben informieren über die Rahmenbedingungen des Bauprojekts. Sie umfassen alle das konkrete Bauvorhaben betreffenden Regelungen vertraglicher und technischer Art.

Angaben zur Baustelle Für jedes Projekt sind diese Vertragsbedingungen neu zusammenzustellen. Sie sollten folgende Angaben zur Baustelle enthalten:

- Lage (Adresse und Situationsbeschreibung der Baustelle)
- Zufahrt (Anfahrtsmöglichkeit zur Baustelle)
- Lagerfläche (Bereiche, die dem ausführenden Unternehmen während der Bauabwicklung für seine Arbeiten zur Verfügung gestellt werden
- Hebezeuge (Hebezeuge wie Kräne oder Aufzüge werden oftmals als Vorhaltegeräte auf Baustellen eingesetzt und können von verschiedenen Firmen zum Transport ihrer Baustoffe genutzt werden.)
- Gerüste (Ein Gerüst kann möglicherweise weiteren Firmen zur Verfügung gestellt werden.)
- Anschlüsse für Strom, Wasser und Abwasser (Die entsprechenden Entnahmestellen werden vor Baubeginn im Rahmen der Baustelleneinrichtung festgelegt.)
- Sanitäreinrichtungen
- Abfallentsorgung
- Telefonanschlüsse

Umlage allgemeiner Baustellenkosten Die allgemeinen Baustellenkosten können über vertragliche Regelungen auf alle ausführenden Unternehmer umgelegt werden. Kostenbeteiligungen können ebenfalls für das Aufstellen von Bauschildern, die Benutzung der Baustelleneinrichtung und die Abfallentsorgung in den projektbezogenen Vertragsbedingungen enthalten sein.

Ausführungszeitraum / Vertragsfristen Besondere Bedeutung kommt den Vorgaben zum Ausführungszeitraum zu. Alle diesbezüglichen Angaben werden projektbezogen festgelegt. Hierzu zählen Angaben zum Beginn und zum Ende der Bauarbeiten. Diese Fristen sind für die spätere Durchführung der Bauaufgabe verbindlich und führen bei Überschreiten zu einer Vertragsverletzung mit der möglichen Folge einer Schadensersatzforderung bzw. einer Vertragsstrafe. Nur Vertragsfristen, die in den projektbezogenen Vertragsbedingungen für das ausführende Unternehmen zu erkennen waren, sind rechtlich relevant. Sollen neben dem Anfangs- und Endtermin weitere Zwischentermine für die Baustelle vertraglich mit dem ausführenden Unternehmen vereinbart werden, sind diese in den projektbezogenen Vertragsbedingungen als Einzelfristen auszuweisen.

Vertragsstrafe Folgen aus überschrittenen Vertragsterminen sind im Regelfall Schadensersatzansprüche des Bauherrn gegenüber dem ausführenden Unternehmen. Hierbei wird ausschließlich der tatsächlich entstandene

Schaden berücksichtigt. Sollen darüber hinaus andere Regelungen im Umgang mit der Vertragsverletzung definiert werden, sind entsprechende Hinweise im Hinblick auf eine Vertragsstrafe in den projektbezogenen Vertragsbedingungen vorzusehen.

Ferner können nach Erfordernis weitere projektbezogene Vertragsbedingungen vereinbart werden, wie z. B. Angaben zu parallel ausgeführten Leistungen anderer Unternehmer oder Regelungen zur Räumung und Reinigung der Baustelle.

Leistungsbeschreibung

Die Leistungsbeschreibung ist der wesentliche Bestandteil einer Ausschreibung. Die Differenzierung zwischen funktionaler und detaillierter Ausschreibung geht ausschließlich auf die Art der Leistungsbeschreibung zurück. Für eine detaillierte Leistungsbeschreibung wird ein Leistungsverzeichnis verwendet, während bei einer funktionalen Leistungsbeschreibung ein Leistungsprogramm erstellt wird. In Ausnahmen werden Baubeschreibungen als funktionale Leistungsbeschreibungen verwendet.
> Abb. 23

Die Vorgehensweise beim Aufstellen einer detaillierten bzw. funktionalen Leistungsbeschreibung wird umfassend im letzten Kapitel erörtert.

Abb. 23: Arten der Leistungsbeschreibung

ZEICHNUNGSELEMENTE

Die der Ausschreibung beigelegten Pläne, Zeichnungen oder Skizzen sollten die Angebotsbearbeitung des Unternehmers hinsichtlich der zu kalkulierenden Leistungen erleichtern. Er benötigt daher alle Planunterlagen, die einerseits zur allgemeinen, geometrischen Orientierung und andererseits zum Verständnis der geforderten Leistung notwendig sind.

○
Spektrum
zeichnerischer
Beschreibungs-
elemente

Das Spektrum an zeichnerischen Beschreibungselementen reicht von der einfachen Handskizze bis zur technischen Zeichnung, wobei die Planinhalte vom Lageplan bis zum Ausführungsdetail im Maßstab variieren. > Abb. 24, 25

Verweise Pläne und Skizzen können aber auch unmittelbar in die Leistungsbeschreibung mit eingebunden werden. Über Verweise auf bestimmte Planungsdetails kann der Architekt in der Leistungsbeschreibung auf besondere Punkte hinweisen, die nicht unmittelbar aus dem Beschreibungstext hervorgehen oder die besser in einer zeichnerischen Darstellung zu vermitteln sind.

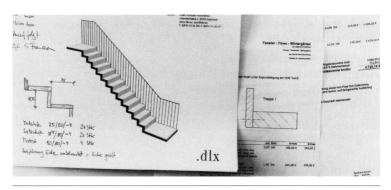

Abb. 24: Handskizze

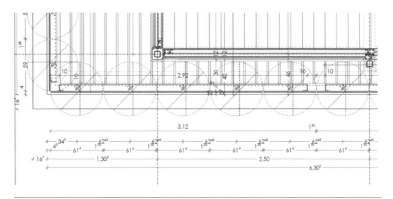

Abb. 25: Darstellung komplexer räumlicher Zusammenhänge

SONSTIGE BESCHREIBUNGSELEMENTE

Falls Texte und Zeichnungen nicht ausreichen, um die geforderten Leistungen hinreichend zu beschreiben, kann auf Muster zurückgegriffen werden. Soll beispielsweise eine bestimmte Oberflächenstruktur des Sichtbetons erreicht werden, die mit den allgemeinen Regelungen und Definitionen zur Oberflächenqualität von Sichtbeton nicht abgedeckt ist, ist es sinnvoll, eine Musterfläche herzustellen und für die Bieter zugänglich zu machen oder sie sogar der Ausschreibung beizulegen (z. B. ein bereits im Gebäude verwandtes Furnierholz). *Muster*

Der Textteil der Ausschreibung kann bei einem Muster auf weitergehende Beschreibungen verzichten und mit der Formulierung „Ausführung gemäß Muster ...“ enden.

Im Rahmen der Ausschreibung kann auch eine Bemusterung gefordert werden. Eine Bemusterung ist etwa bei natürlichen Werkstoffen wie Natursteinen üblich, da das Erscheinungsbild des Gesteins sehr stark variieren kann. Eine zeichnerische und textliche Beschreibung ist hier nahezu unmöglich. Das ausführende Unternehmen wird aufgefordert, eine repräsentative Fläche auszulegen, um dann die entscheidenden Kriterien wie Farbton, Art und Verteilung der Einschlüsse anhand des Musters festzulegen. *Bemusterung*

Ebenso können Musterräume eingerichtet werden, in denen der Bauherr die Ausstattung von den Oberflächenmaterialien bis zu den Einrichtungsgegenständen im Zusammenhang sehen und bewerten kann.

Referenzobjekte sind besonders beim Bauen im Bestand oder bei Bauensembles von Bedeutung. So kann für die Gestaltung der Gebäudehülle die Wahl des Mauerziegels mit Einhaltung des Fugenbildes analog zum Bestand gefordert werden, ohne dass der Planer Format, Färbung oder Verband explizit erklären muss. Auch der Verweis auf bereits gebaute Objekte und die dort erreichten Qualitäten kann Grundlage für die Beschreibung von Bauleistungen werden. *Referenzobjekte, Ausführungsbeispiele*

Aufbau einer Leistungsbeschreibung

Es werden drei grundlegende Ausgangssituationen für funktionale oder detaillierte Leistungsbeschreibungen unterschieden. > Abb. 26

1. Es liegt kein Entwurf vor.
2. Die Entwurfsplanung bzw. Baugenehmigung ist vorhanden.
3. Die Ausführungsplanung ist abgeschlossen.

VORGEHEN BEI EINER FUNKTIONALEN LEISTUNGSBESCHREIBUNG

Das Ziel einer funktionalen Leistungsbeschreibung ist die Zusammenstellung aller notwendigen Anforderungen an ein Gebäude. _Ziele_

Die Aufstellung einer Leistungsbeschreibung kann durch Zurückgreifen auf verschiedene Beschreibungsinstrumente erleichtert werden. Hierzu zählen: _Funktionale Beschreibungselemente_

- Baubeschreibungen
- Bauprogramme
- Raumprogramme
- Anforderungsraumbücher

Weitere Stufen der Detaillierung in Bezug auf die Leistungsbeschreibung stellen die Konstruktions- und Ausstattungshandbücher dar, welche aufgrund ihrer abweichenden, nicht funktionalen Beschreibungssprache zum Teil zu viele konkrete Vorgaben vermitteln und dabei dem konzeptoffenen Prinzip der Funktionalausschreibung widersprechen. Dennoch können auch diese Instrumente im Rahmen einer funktionalen

	Detaillierte Leistungsbeschreibung	Funktionale Leistungsbeschreibung	
Planungsstand	Mit Ausführungsplanung	Mit Entwurf	Ohne Entwurf
Gesichtspunkte der Angebotsprüfung	Wirtschaftliche Lösung (Angebotspreis)	Gestalterische funktionale, technische und wirtschaftliche Lösung	Technische und wirtschaftliche Lösung

Abb. 26: Merkmale der Leistungsbeschreibungsarten

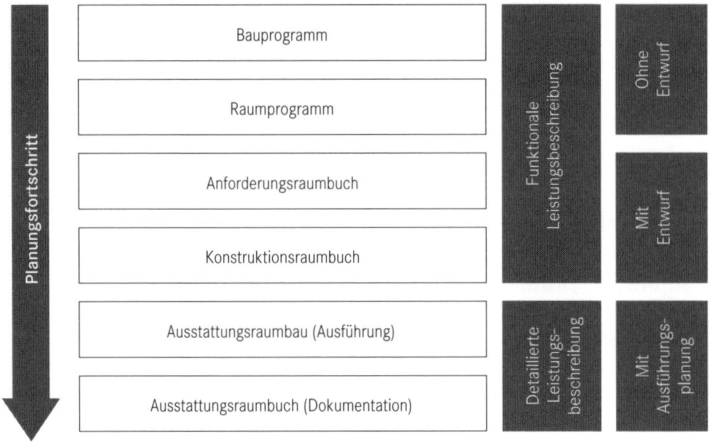

Abb. 27: Instrumente einer funktionalen Leistungsbeschreibung

Ausschreibung zur Verwendung kommen, wenn etwa für die Ausstattung bestimmter Räume eine unveränderliche Qualitätsanforderung umgesetzt werden soll. > Abb. 27

Die aufgeführten Instrumente dienen entweder als Grundlage zur Gestaltung einer funktionalen Leistungsbeschreibung, oder sie werden selbst Bestandteil der Leistungsbeschreibung. Ohne Entwurf kann in der Regel nur ein Bau- oder Raumprogramm erstellt werden, während für die Erstellung eines Raumbuches ein Entwurf vorliegen muss.

Ob ein Entwurf vorliegt oder nicht, ändert nichts an den grundlegenden Prinzipien der funktionalen Leistungsbeschreibung. Das Ziel ist die Definition aller Anforderungen des Bauherrn, wobei der Gestaltungsrahmen des Bieters ohne Entwurfsvorgabe wesentlich größer ist.

○ **Hinweis:** Auch mit einem vorliegendem Entwurf können Bauprogramme und Raumprogramme als funktionale Leistungsbeschreibung verwendet werden, solange diese ihm nicht widersprechen. Üblich ist jedoch eine kleinteiligere Beschreibung der Leistungen auf der Ebene von Räumen, Bauelementen und Bauprodukten.

Funktionale Leistungsbeschreibung ohne Entwurf

Die ohne Entwurf nutzbaren Instrumente Bauprogramm und Raumprogramm beschreiben ausschließlich Anforderungen an das gesamte Bauwerk, einzelne Gebäudeteile oder Nutzungsbereiche. Die gestalterische, technische, nutzungsorientierte und ökonomische Ausgestaltung plant der Bieter.

Ein Bauprogramm enthält rudimentäre Aussagen zu einem Gebäude. ○ Bauprogramm
Es werden in erster Linie Angaben zum Objekt gemacht, etwa zur Nutzung, zur Bürogröße, zur Art der Büros, zur Anzahl der Stockwerke und der Büroräume pro Geschoß oder zur Unterkellerung.

Nr.	Bereich	Anforderung
I	Gebiet	Musterstraße 12, 00001 Musterstadt
II	Maßnahme (Bezeichnung)	Bürokomplex im Innenstadtbereich
III	Art der Baumaßnahme	Umbauten
IV	Art der Nutzung	Büro, Kantine
V	Grundstücksgröße	10 000 m^2
VI	Anzahl der Geschosse	3
VII	Unterkellerung	ja (1 Geschoss)
VIII	Gliederung des Bauobjekts	2 Hauptgebäude Büro, 1 Nebengebäude, Kantine
IX	Bürofläche	von … m^2 bis … m^2
X	Kantinenfläche	von … m^2 bis … m^2
XI	Art der Büros	Einzelne Büros und Großraumbüro
XII	Größe Einzelbüros	von … m^2 bis … m^2
XIII	Größe Großraumbüro	von … m^2 bis … m^2
XIV	Erschließung	Das Gebäude ist an das öffentliche Versorgungs- und Verkehrsnetz anzubinden.
XV	Stellplätze	Tiefgarage im Keller, Stellplätze auf der Nordseite des Gebäudes, 1 Stellplatz pro Arbeitsplatz
XVI	Abfall	Zentrale Abfallentsorgung
XVII	Freianlagen	Park mit Teich
XVIII	Gesetze und Vorschriften	Bebauungsplan, Landesbauordnung

Abb. 28: Beispielhafte Gliederung eines Bauprogramms

Bauprogramme beinhalten Informationen über die Randbedingungen des Bauvorhabens in Form von ergänzenden Angaben zum Anschluss an das öffentliche Versorgungsnetz (Abwasser, Wasser, Gas, Strom und Telekommunikation), Verkehrsnetz sowie zu den Außenanlagen.

Bauprogramme müssen Anforderungen der vorgegebenen Nutzungsbereiche enthalten. Diese Anforderungen können zum Teil differenziert und konkretisiert werden. Beispielsweise kann bereits auf dieser Ebene für den Nutzungsbereich Einzelbüros eine Schallschutzanforderung festgesetzt werden. > Abb. 28

Raumprogramm Eine feinere Definition der Anforderungen erfolgt mit Hilfe des Raumprogramms. Neben Angaben zu den Räumen und Nutzungsbereichen enthält das Raumprogramm Informationen zu deren Lage und Verknüpfung untereinander. Die Bandbreite möglicher Informationen, die in einem Raumprogramm zusammengestellt werden, ist abhängig von dem verfügbaren Planungsstand. Eine sinnvolle Unterteilung der Flächen nach folgenden Kriterien schafft eine gute Beschreibungssystematik:

–   Nutzung
–   Anzahl
–   Größe
–   Lage und Orientierung > Abb. 29

Funktionsschema Ein Funktionsschema stellt die räumliche Beziehung einzelner Bereiche zueinander dar, ohne die benötigten Flächen abzubilden. Zwingende Abhängigkeiten einzelner Bereich werden veranschaulicht, um die sich aus der Nutzung ergebenden Ablaufprozesse zu verdeutlichen. > Abb. 30

Grafisches Raumprogramm Die Informationen aus tabellarischem Raumprogramm und Funktionsschema können zu einem grafischen Raumprogramm zusammengefasst werden. Es kann bereits bestimmte Grundelemente des architektonischen Entwurfs enthalten, da formale Aussagen unter Berücksichtigung der geforderten Flächen und Räume und deren Zuordnung zueinander
■ dargestellt werden. > Abb. 31

> ■ **Tipp:** Mit Symbolen können grafisch dargestellte Raumprogramme weitere Informationen, wie Angaben zu den gewünschten Lichtverhältnissen (Tageslicht/ künstliches Licht), enthalten.

Nutzung	Anzahl	Größe	Lage und Orientierung
Empfangsfoyer	1	150 m²	EG Nordseite/Westseite
Kantine	1	200 m²	EG Nordseite/Ostseite
Küche	1	80 m²	EG Mitte/Ostseite
Büro	4	je 25 m²	EG Südseite/Westseite
Veranstaltungsraum	3	1 × 200 m² 2 × 50 m²	EG Südseite/Ostseite

Abb. 29: Beispiel eines tabellarischen Raumprogramms

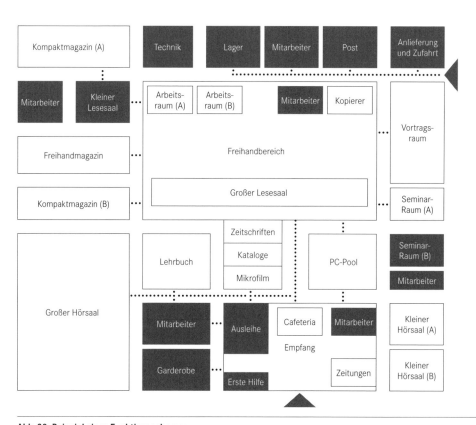

Abb. 30: Beispiel eines Funktionsschemas

Neben dem Bau- und Raumprogramm sind aber auch andere Beschreibungsformen wie die Baubeschreibung zur Aufstellung einer funktionalen Leistungsbeschreibung ohne Entwurf geeignet.

Die Baubeschreibung dient im Wesentlichen der groben Darstellung der geplanten Baumaßnahme. Sie kann jedoch auch funktionale Inhalte vermitteln. > Kap. Aufbau einer Ausschreibung, Textelemente, Allgemeine Informationen zum Bauvorhaben

Im Unterschied zum räumlich organisierten Raumprogramm ist eine Baubeschreibung konstruktions- oder gewerkebezogen aufgebaut. Dies ist auch der Grund, weswegen sie nur auf sehr grober Ebene als Grundlage für eine funktionale Leistungsbeschreibung geeignet ist. Die Angabe „Stahlbetonhalle, 2000 m² Grundfläche" ist zwar eine sehr grobe Baubeschreibung, kann aber sehr wohl als funktionales Beschreibungselement eingesetzt werden. Die Angabe des Gewerkes „Stahlbeton" verhindert jedoch einen Wettbewerb mit alternativen Konstruktionselementen wie z. B. Stahlträgern.

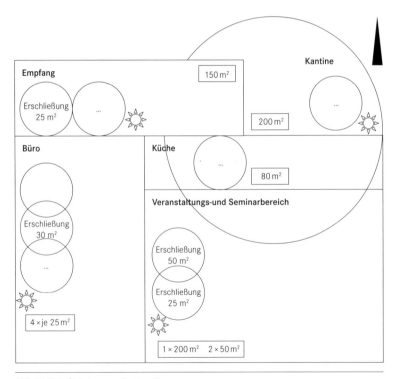

Abb. 31: Beispiel eines grafischen Raumprogramms

Je mehr gewerkebezogene Angaben die Baubeschreibung enthält, desto stärker wird der gewünschte Ideenwettbewerb eingeschränkt.

Funktionale Leistungsbeschreibung mit Entwurf

Liegt ein Entwurf vor, bestehen bereits konkrete Vorgaben für die umzusetzende Baumaßnahme, die durch Pläne abgebildet werden. Der funktionale Charakter einer Leistungsbeschreibung mit gegebenem Entwurf bleibt jedoch gewahrt, da weiterhin Definitionen von Qualitätsanforderungen an einzelne Bausysteme, Bauteile oder Bauprodukte möglich sind. Vor diesem Hintergrund erweist sich der Einsatz von Raumbüchern als hilfreiches Mittel zur Systematisierung der Anforderungen.

Das Raumprogramm kann bei entsprechendem Planungsfortschritt über Raumbücher weiter differenziert werden. Hierzu wird eine Systematik verwendet, die Angaben zu jedem geplanten Raum ermöglicht. Ziel eines Raumbuches ist eine systematische Erfassung des Raumbedarfs sowie die Definition der Nutzungsanforderungen. Zur eindeutigen Kennzeichnung und vereinfachten Weiterverwendung der zugewiesenen Informationen sollte jedes Raumbuch folgende Angaben enthalten:

Raumbuch

— Raumnummer gemäß einer definierten Gliederungssystematik der Baumaßnahme
— Bezeichnung des Raumes
— Angaben zur Flächenart
— Angaben zu Anforderungs- bzw. Ausstattungsmerkmalen   ○

Es gibt drei verschiedene Arten von Raumbüchern, die unterschiedliche Zwecke erfüllen und dementsprechend unterschiedliche Planungsstände voraussetzen:

Raumbucharten

○ **Hinweis:** Raumbücher werden zu unterschiedlichen Zwecken eingesetzt. Sie helfen bei der Bedarfsplanung für einen Entwurf, bilden gegebenenfalls die Grundlage für eine funktionale Ausschreibung, werden als Vertriebsunterlagen für die Vermarktung von Gebäuden genutzt, unterstützen die Bauleitung während der Bauausführung und dokumentieren den Bestand nach Abschluss der Arbeiten für die Gewährleistung oder die Gebäudebewirtschaftung. Bei zukünftigen Umbaumaßnahmen sind sie darüber hinaus als Bestandsaufnahme eine wertvolle Planungsgrundlage.

- Anforderungsraumbücher
- Konstruktionsraumbücher
- Ausstattungsraumbücher

Das Anforderungsraumbuch spielt für die funktionale Leistungsbeschreibung mit vorliegendem Entwurf eine zentrale Rolle. Für jeden
Raum oder Bereich wird ein Formblatt angelegt, welches tabellarisch alle
bekannten Anforderungen enthält. > Abb. 32

Raumbuch

Anforderungsraumbuch		**Blatt:**	05

Bauvorhaben:	Weinreich Versicherungen, Musterstadt Süd (P45/145)
Gebäudetyp:	Bürokomplex

Datum:	05.03.2007	**Aufsteller:**	Hr. Müller
		Genehmigt:	Fr. Sanders

Raumbezeichnung:	Büro	**Geschoss:**	1. OG
Raumnummer:	1.304		

Technische Anforderungen

Bereich	Anforderung	Messwert
Statik ...	Maximale Durchbiegung ...	f = l/300 ...
Bauphysik ...	Brandschutz gemäß DIN 4102 ...	Bauteile mind. F 30 ...

Funktionsorientierte Anforderungen

Bereich	Anforderung	Messwert
...	...	...

Gestalterische Anforderungen

Bereich	Anforderung	Messwert
...	...	...

Ökonomische Anforderungen

Bereich	Anforderung	Messwert
...	...	...

Ökologische Anforderungen

Bereich	Anforderung	Messwert
...	...	...

Abb. 32: Beispiel für ein Anforderungsraumbuch

Mit dem Konstruktionsraumbuch existiert eine weitere Beschreibungsform, bei der detaillierte Beschreibungen der Konstruktion, nicht aber der Ausstattung für einen Raum vorgegeben werden. > Abb. 33

Konstruktions-raumbuch

Das Ausstattungsraumbuch stellt eine vollständige Beschreibung der Ausstattung aller Räume dar. Es dokumentiert, welche Ausstattungselemente in welcher Menge und Qualität je Raum einzubauen sind. Jedes Element wird in Anzahl und Bezeichnung gemäß Hersteller oder vergleichbar detailliert aufgeführt.

Ausstattungs-raumbuch

○

Raumbuch

Blatt: 05

☐ Konstruktionsraumbuch
☒ Ausstattungsraumbuch

Bauvorhaben: Oberstraße 1
12345 Dorla

Gebäudetyp:

| Datum: | 05.03.2007 | Aufsteller: | Hr. Müller |
| | | Genehmigt: | Fr. Sanders |

Raumbezeichnung:	Büro	Raumhöhe:	3,00 m
Raumnummer:	1.304	Grundfläche:	20,60 m²
Geschoss:	1. OG	Flächenart:	Nutzfläche

Nr.	Element	Ausstattung/Konstruktion	Eigenschaften	Menge
1	Boden	Stahlbetonplatte aus Ortbeton Trittschalldämmung Trennschicht Estrich Teppich	C20/25 PE-Folie ZE 20, d = 50 mm	1
2	Decke	Stahlbetonplatte aus Ortbeton Abgehängte Gipskartondecke Gespachtelte Fugen Anstrich ...	C20/25	...
3	Wand	...	...	...
4	Fenster	...	...	...
5	Türen	...	...	...
6	Beleuch-tung	...	...	...
7	Anschluss Strom	...	...	...
8	Heizung	...	...	...
9	Lüftung	...	...	...

Abb. 33: Beispiel für ein Ausstattungs- und Konstruktionsraumbuch

○ **Hinweis:** Aufgrund der detaillierten Angaben für jeden Raum eignet sich ein Ausstattungsraumbuch vor allem für die Vorbereitung einer detaillierten Leistungsbeschreibung mit Leistungsverzeichnis für die Gewerke des technischen und allgemeinen Ausbaus. Es ist jedoch darauf zu achten, dass ein Leistungsverzeichnis nicht raumbezogen, sondern gewerkeorientiert aufgebaut ist.

● **Wichtig:** Die erforderliche Gliederungstiefe zur Abbildung der Bauherrenziele variiert stark. Es ist möglich, dass ein Bauherr lediglich einen Leistungswert für eine Produktionsstätte angibt. Alle weiteren Kriterien sind dann innerhalb der unveränderlichen Rahmenbedingungen bei einem Bauvorhaben vom Bieter zu ermitteln. Eine Gliederung der Baumaßnahme ist bei diesem Vorgehen weder möglich noch zielführend.

Gliederung einer funktionalen Leistungsbeschreibung

Zur Systematisierung einer funktionalen Leistungsbeschreibung mit Leistungsprogramm sollte – im Gegensatz zur gewerkeorientierten Leistungsbeschreibung mit Leistungsverzeichnis – eine Gliederung des Baukörpers erfolgen. So lassen sich Räume über die Zugehörigkeit zu Gebäudeteilen und Geschossen eindeutig und systematisch anhand von durchlaufenden Nummern erfassen.

Gliederung des Gebäudes

Zur weiteren Gliederung sollten Nutzungs- bzw. Funktionsbereiche gebildet werden. Auf dieser Gliederungsebene können bereits Angaben zu einzelnen Elementen der Versorgung und Technik, der Gründung, der Tragkonstruktion, der Fassade und des Daches gemacht werden. Sind Einzelnutzungen bekannt oder vorgesehen, ist sogar eine Definition von Anforderungen auf Basis von Bauteilen, wie z. B. einer nichttragenden Trennwand zwischen zwei Büros, möglich. > Abb. 34

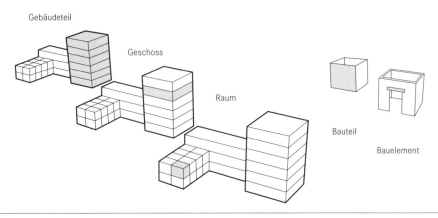

Abb. 34: Bauwerksgliederung

Eine Unterteilung der Baumaßnahme ist immer nur so weit erforderlich, dass die unterschiedlichen Anforderungen aus den Bauherrenzielen und aufgrund der gegebenen Rahmenbedingungen abgebildet werden können. So ist es bei der ausschließlichen Vorgabe einer Funktion durch den Bauherrn nicht sinnvoll und im Regelfall auch nicht möglich, diese auf der Ebene einzelner Bauteile zu beschreiben. > Abb. 35 ●

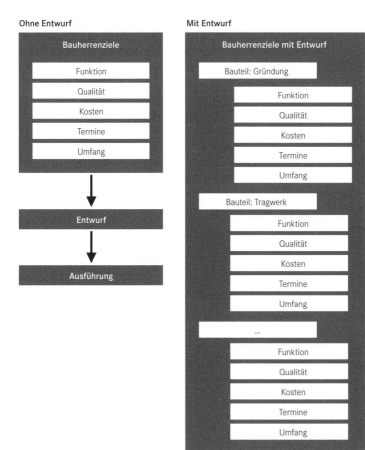

Abb. 35: Bezugsebene

Die oben vorgestellten Instrumente Bauprogramm, Raumprogramm und Raumbuch sind gegliedert aufgebaut. Über die Zuweisung von Anforderungen können sie in Bezug auf die unterschiedlichen Gliederungsebenen als funktionale Leistungsbeschreibung mit Leistungsprogramm verwendet werden. Ihre Verwendung ist jedoch nicht zwingend erforderlich. Wesentlich ist nur, dass für die Definition von Anforderungen eine Bezugsebene hergestellt wird. Die könnte beispielsweise ein Gebäudeteil, aber auch ein Bauelement sein.

Aufstellen eines Anforderungsprofils

Nach Festlegung der Gliederungssystematik kann das Nutzungsprofil (Bauherrenziele und Rahmenbedingungen) sukzessive auf die kleinste gewählte Einheit (einen Raum oder ein Bauteil) angewandt werden.

Es empfiehlt sich, die geplante Baumaßnahme in einem ersten Schritt einer Funktionsgruppe zuzuordnen.

— Wohnungsbau
— Verwaltungsbau
— Warenhaus
— Schule, Hochschule
— Fabrikationsgebäude
— Krankenhaus

Um das Benutzungsprofil weiter zu differenzieren, werden gestalterische (soziale und ästhetische), technische, funktionale, ökonomische, ökologische und, wenn erforderlich, weitere Anforderungskategorien gebildet, die jeweils zusammengehörige Anforderungsaspekte enthalten. So sind der Bereich Bauphysik und der Bereich Konstruktion jeweils Anforderungsaspekte der technischen Anforderungskategorie.

Eine weitere Unterteilung ist auf Grundlage von Einzelaspekten möglich. Diese beziehen sich wiederum auf bestimmte Teilbereiche der Anforderungsaspekte und können über Messwerte genauer festgelegt werden. Einzelanforderungen beinhalten regelmäßig Verweise auf Normen und Vorschriften, aus denen gewisse Mindeststandards hervorgehen. Eine mögliche Einzelanforderung innerhalb des Anforderungsaspekts Bauphysik ist die Brandschutzanforderung an eine Tür, die über einen Messwert auf mindestens F30 festgelegt werden kann.

Die Einzelanforderungen und die hinterlegten Messwerte lassen sich gemäß der in Abbildung 36 dargestellten Gliederungssystematik übersichtlich zusammenstellen.

Die Zusammenstellung der Anforderungen in einem Leistungsprogramm ist jedoch nicht die einzige Beschreibungssprache. Anforderungen können auch über Fließtexte definiert werden, solange dabei eine konkrete Zuordnung der Anforderung zu einem Bezugselement (z. B. Gebäudeteil oder Raum) bestehen bleibt.

Anforderungskategorie	Anforderungsaspekt	Einzelanforderung	Messwert
z.B. technische Anforderungen	z.B. Bauphysik	z.B. Brandschutz	z.B. F60 ...
		...	...
	z.B. Statik	...	...
		...	...
z.B. ästhetische Anforderungen	...	...	...
...	...	...	...

Abb. 36: Beispiel für ein System zur Erfassung von Anforderungen im Leistungsprogramm

Die Definition von Anforderungen sollte im Hinblick auf die Wünsche des Bauherrn und die Rahmenbedingungen des Bauprojektes vollständig und eindeutig erfolgen. Im Folgenden werden diesbezüglich mögliche Anforderungen gemäß der genannten Kategorisierung näher erläutert.

Definition von Anforderungen

Die gestalterische Anforderungskategorie umfasst sowohl ästhetische als auch soziale Anforderungsaspekte. Die Inhalte dieser Kategorie unterliegen in starkem Maße der Bauherrenempfindung und umfassen Aspekte wie Bequemlichkeit, Geborgenheit oder Komfort im sozialen Bereich sowie Architekturqualität, Eleganz und Repräsentationswirkung im ästhetischen Bereich.

Gestalterische Anforderungen

○ **Hinweis:** Messwerte liefern eindeutige und prüfbare Grundlagen für Einzelanforderungen. Fehlen die Messwerte oder liegen sie nur in qualitativer Form (z. B. erhöhter Schallschutz) vor, entstehen eventuell ungewollte Interpretationsspielräume auf Seiten der Bieter.

Diese subjektiven Anforderungen beinhalten beispielsweise die Vorgabe hochwertiger Baustoffe oder repräsentativer öffentlicher Bereiche (etwa ein großzügiges Atrium).

Funktionsorientierte
Anforderungen

Funktionsorientierte Anforderungen sind ebenfalls durch die Bauherrenziele bestimmt. Bereits die Einordnung in eine grobe Funktionsgruppe (z. B. Schulgebäude) repräsentiert wesentliche Merkmale der angedachten Funktion. Die enthaltenen Anforderungsaspekte liefern Angaben zum Funktionsraster, der Deckenspannweite, der Anzahl der Geschosse, der Geschossfläche, der Nutzfläche, der Variabilität des Grundrisses oder der Umnutzungsmöglichkeiten des Gebäudes. Ferner ergeben sich aus der Funktion verschiedene Anforderungen technischer Art.

Technische
Anforderungen

Technische Anforderungen gehen unmittelbar aus der Funktion, aus Normen und Vorschriften und auch aus konkreten Bauherrenwünschen hervor. Im Wesentlichen werden alle Bereiche der Tragfähigkeit und Stabilität sowie die Bauphysik (z. B. Wärme-, Schall-, Brand- oder Feuchtigkeitsschutz) durch Anforderungen näher bestimmt.

Eine technische Anforderung kann beispielsweise aus dem Wunsch des Bauherrn nach klimatisierten Büroräumen resultieren und müsste entsprechend in der funktionalen Leistungsbeschreibung berücksichtigt werden.

Ökonomische
Anforderungen

Auch die ökonomischen Nutzaspekte werden vorrangig durch die Bauherrenziele bestimmt. Aspekte wie Investitionskosten, Bauunterhaltungskosten, Betriebskosten oder Nutzungserlöse hängen unmittelbar mit der Absicht des Bauherrn und der Funktion und Technik des geplanten Gebäudes zusammen. Eine strategische ökonomische Überlegung des Bauherrn kann darauf abzielen, dass sein Gebäude mit alternativen statt fossilen Energieträgern versorgt wird, die eventuell zwar höhere Investitionskosten verursachen, aber langfristig Einsparungen ergeben.

Ökologische
Anforderungen

In der ökologischen Anforderungskategorie werden Themen wie Recyclingfähigkeit, biologische Unbedenklichkeit der eingesetzten Baustoffe oder Umsetzung eines umweltschonenden Energiekonzeptes beschrieben. Die Rahmenbedingungen für diesen Bereich sind zunächst rechtlicher Natur, sie können aber auch durch Zielvorgaben des Bauherrn bestimmt werden. So können staatliche Förderungsmöglichkeiten umweltschonender Techniken Anlass für den Bauherrn sein, diese für sich in Anspruch zu nehmen. Es kann aber auch ein Niedrigenergiehaus vom Bauherrn gefordert werden, ohne die einzelnen Anforderungen im Detail genauer zu benennen. Weitere Beispiele für ökologische Anforderungen ergeben sich aus langfristigen Betrachtungen im Hinblick auf schadstofffreien Umbau bzw. Rückbau des geplanten Bauobjektes.

Sonstige Angaben zu
einer funktionalen
Leistungs-
beschreibung

Über die oben genannten Anforderungen hinaus sind weitere Angaben für die funktionale Leistungsbeschreibung von Bedeutung, die noch nicht im aufgestellten Leistungsprogramm enthalten sind. Hierbei

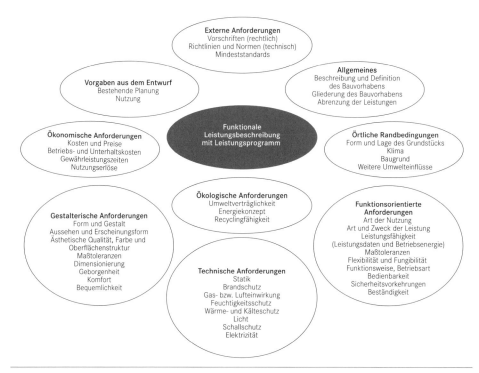

Externe Anforderungen
Vorschriften (rechtlich)
Richtlinien und Normen (technisch)
Mindeststandards

Vorgaben aus dem Entwurf
Bestehende Planung
Nutzung

Allgemeines
Beschreibung und Definition
des Bauvorhabens
Gliederung des Bauvorhabens
Abrenzung der Leistungen

**Funktionale
Leistungsbeschreibung
mit Leistungsprogramm**

Ökonomische Anforderungen
Kosten und Preise
Betriebs- und Unterhaltskosten
Gewährleistungszeiten
Nutzungserlöse

Örtliche Randbedingungen
Form und Lage des Grundstücks
Klima
Baugrund
Weitere Umwelteinflüsse

Ökologische Anforderungen
Umweltverträglichkeit
Energiekonzept
Recyclingfähigkeit

Gestalterische Anforderungen
Form und Gestalt
Aussehen und Erscheinungsform
Ästhetische Qualität, Farbe und
Oberflächenstruktur
Maßtoleranzen
Dimensionierung
Geborgenheit
Komfort
Bequemlichkeit

**Funktionsorientierte
Anforderungen**
Art der Nutzung
Art und Zweck der Leistung
Leistungsfähigkeit
(Leistungsdaten und Betriebsenergie)
Maßtoleranzen
Flexibilität und Fungibilität
Funktionsweise, Betriebsart
Bedienbarkeit
Sicherheitsvorkehrungen
Beständigkeit

Technische Anforderungen
Statik
Brandschutz
Gas- bzw. Lufteinwirkung
Feuchtigkeitsschutz
Wärme- und Kälteschutz
Licht
Schallschutz
Elektrizität

Abb. 37: Anforderungskriterien

handelt es sich um Angaben zu rechtlichen und technischen Vorschriften, eine grobe Baubeschreibung, der bestenfalls die Gliederungssystematik und die örtlichen Randbedingungen des Bauvorhabens zu entnehmen sind, und eine Abgrenzung zu Leistungen, die nicht zum Ausschreibungsgegenstand gehören.

Zur Veranschaulichung möglicher Anforderungen liefert die Abbildung 37 eine Übersicht der wichtigsten Punkte.

Die Anforderungen müssen im Leistungsprogramm eindeutig dargestellt werden. Die Art der Darstellung kann in Form von freien Texten, Auflistungen oder Tabellen erfolgen. Sie ist eng an die Gliederung des Leistungsprogramms geknüpft. Liegt eine Differenzierung vom Gesamtgebäude bis zum einzelnen Raum vor, lassen sich in einer Tabelle die Anforderungen wie folgt systematisieren:

Anforderungen an das gesamte Gebäude:
— Zweigeschossige Bauweise
— Massivbauweise
— Mindestvorgabe Niedrigenergiehausstandard gemäß
aktuellen Verordnungen

Anforderungen an einzelne Gebäudeteile:
— Wintergartenausführung mit Überkopfverglasung
— Natürliche Lüftung
— Sommerliche Höchsttemperatur im Raum: 29° Celsius

Anforderungen an einzelne Räume:
— Arbeitszimmer zum Garten orientiert
— Treppenhaus natürlich belichtet
— Bad mit separater Toilette

Diese systematische Aufstellung führt schnell zu einem in einzelnen Bereichen sehr differenzierten Leistungsprogramm. Die Formulierung der einzelnen Anforderungen kann bis zu einem Messwert konkretisiert werden. Gestalterische Anforderungen sind hingegen nur bedingt exakt zu beschreiben. Ist die Anforderung, dass alle Hotelzimmer Sicht auf das Meer gewährleisten müssen, noch eindeutig, so sind Beschreibungen wie „gemütliche Atmosphäre" oder „Loungecharakter" sehr stark von individuellen Vorstellungen und Erfahrungen geprägt und wenig zweckdienlich, wenn sie nicht weiter konkretisiert werden.

VORGEHEN BEI EINER DETAILLIERTEN LEISTUNGSBESCHREIBUNG

Ziele   Mit Hilfe der detaillierten Leistungsbeschreibung wird das wirtschaftlichste Angebot für eine geforderte Leistung ermittelt. Auf Grundlage der abgeschlossenen Ausführungsplanung muss dem Anbieter der Lösungsweg detailliert und lückenlos beschrieben werden. Um dieses Ziel zu erreichen, steht dem Planer eine erprobte Systematik zur Verfügung.

Aufbau   Das Leistungsverzeichnis ist eine allgemeine Gliederungssystematik, die es erlaubt, einzelne Leistungen über Leistungspositionen strukturiert zu erfassen. Hierzu werden die Einzelleistungen als Positionen mit Mengenangaben tabellarisch nach Los, Gewerk und Titel sortiert. Die Gliederung des Leistungsverzeichnisses entspricht praktisch einer Unterteilung der Baumaßnahme in räumliche Abschnitte und fachliche Teilbereiche. > Abb. 38

Eine räumliche Unterteilung ist aus der Vorgehensweise bei einer funktionalen Leistungsbeschreibung bekannt. Die Unterteilung in Gewerke bildet eine weitere Möglichkeit zur Systematisierung der Leistungen.

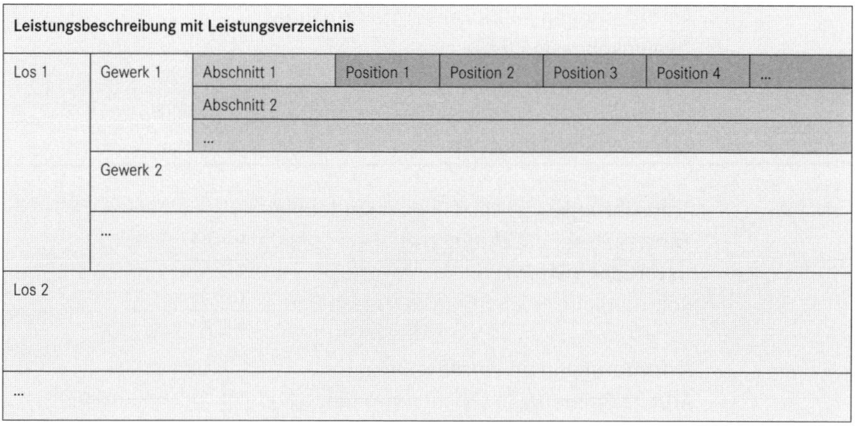

Leistungsbeschreibung mit Leistungsverzeichnis							
Los 1	Gewerk 1	Abschnitt 1	Position 1	Position 2	Position 3	Position 4	...
		Abschnitt 2					
		...					
	Gewerk 2						
	...						
Los 2							
...							

Abb. 38: Gliederungssystematik eines Leistungsverzeichnisses

Das Prinzip des Leistungsverzeichnisses zielt auf die unmittelbare Abfrage von Preisen zu den kleinsten dargestellten Beschreibungselementen, den Positionen, ab. Vom Bieter sind die in den Positionen in Art, Quantität und Qualität genau beschriebenen Leistungen im Rahmen der Angebotsbearbeitung mit Einheitspreisen zu versehen.

Leistungsverzeichnis und Einheitspreis- vertrag

Die Gesamtpreise für eine Position werden aus dem Produkt der geplanten Mengen und dem jeweiligen Einheitspreis ermittelt. Die Summe aller Gesamtpreise bildet die Netto-Angebotssumme. Bei der Abrechnung der Leistungen nach deren Ausführung werden die angegebenen Einheitspreise, nicht aber die geplanten Mengen angesetzt. Die Abrechnung eines solchen Einheitspreisvertrags erfolgt in der Regel über die tatsächlich erbrachten Mengen.

Zur Erstellung einer Leistungsbeschreibung mit Leistungsverzeichnis bedarf es einer systematischen Transformation der Informationen aus

Aufstellen eines Leistungs- verzeichnisses

○ **Hinweis:** Einheitspreise sind Preise, die sich auf eine Einheit beziehen, wie z. B. 10 EUR/m².

den Planzeichnungen, die naturgemäß in einer bauteilorientierten Gliederung vorliegen, in einzelne nach Gewerken sortierte Teilleistungen.

Zur eindeutigen Erfassung von einzelnen Teilleistungen sind zunächst Überlegungen zum Herstellungsablauf und zur Konstruktionsweise anzustellen. Fachlich gleichartige Teilleistungen können über dieses Vorgehen näher spezifiziert und einem Gewerk zugeordnet werden. Die Identifizierung der Teilleistungen, die Zuordnung zu einzelnen Gewerken sowie teilweise auch die eigentliche Beschreibung der Leistung kann aus der Beantwortung folgender einfacher Fragen abgeleitet werden:

- Zu welchen Bauteilen sind Teilleistungen zu beschreiben?
  Decke; Wand; Fundament; ...
- Zu welchen Konstruktionen sind Teilleistungen zu beschreiben?
  Mauerwerk; Stahlbeton; ...
- Zu welchen Vorgängen sind Teilleistungen zu beschreiben?
  Erdarbeiten; Stahlbetonarbeiten; ...
- Welche Zusammenhänge bestehen zwischen Bauablauf und Gewerk?
  Baugrube = Erdarbeiten; Gründung = Stahlbetonarbeiten
- Welche Teilleistungen ergeben sich je Gewerk und Bauteil?
o Stahlbetondecke = Schalung, Bewehrung, Beton; ...

In einem weiteren Schritt werden die näheren Eigenschaften der einzelnen Teilleistungen bestimmt. Hierzu empfiehlt es sich, eine Zusammenstellung der betreffenden Normen, Richtlinien und Vorschriften vorzunehmen, um bei der detaillierten Beschreibung jeder einzelnen Teilleistung auf eine fundierte fachliche Quelle für Angaben zu Baustoffen, Bauteilen und der Ausführung der Leistung zurückgreifen zu können.

■ Auf dieser Grundlage kann das Leistungsverzeichnis schrittweise für alle Teilleistungen aufgebaut werden.

○ **Hinweis:** Informationen zur fachlichen Ausführung von Bauleistungen finden sich in den Gewerkenormen. Ferner enthalten diese Normen Angaben zur Abgrenzung der Leistung, zu den verwendeten Baustoffen und Bauteilen, den zugrunde zu legenden Einheiten, den zugehörigen Nebenleistungen und der Abrechnung sowie zum Aufstellen des Leistungsverzeichnisses (siehe Anhang).

■ **Tipp:** Ein nützliches Instrument zur Vorbereitung der Leistungsbeschreibung mit Leistungsverzeichnis stellt das Ausstattungsraumbuch dar. Es enthält die Anzahl der Räume und ihre genaue Beschreibung sowie Angaben zu Flächen. Auf diese Weise können bestimmte Leistungen schnell und systematisiert in Qualität und Quantität für die weitere Beschreibung im Leistungsverzeichnis erfasst werden.

Los

Das Los bildet eine abgeschlossene Vergabeeinheit, die an ein Unternehmen vergeben wird. Lose sind als eigenständige Teilbauvorhaben zu verstehen, die gleichermaßen auf Grundlage von räumlichen (Teillos) oder fachlichen Kriterien (Fachlos, Gewerk) bestimmt werden können.

Eine räumliche Unterteilung in Lose findet im Regelfall nur bei gro- Teillos ßen Bauvorhaben statt und sieht beispielsweise die Aufteilung einer Straßenbaumaßnahme in mehrere Abschnitte bzw. Straßenbaulose vor.

Will der Bauherr eventuell nur einen Teil der Baumaßnahme beauftragen und die weiteren Arbeiten anderen Unternehmen zukommen lassen, muss er entsprechende Lose bilden.

Orientiert sich der Bauherr bei der Vergabe an der Gliederung der Fachlos Gewerke, spricht man von Fachlos. > Kap. Aufbau einer Ausschreibung Ein Gewerk kann nach Erfordernis in mehrere Fachlose aufgeteilt werden. Beispielsweise kann ein Schlosser für die Herstellung von Geländern und ein anderer für die Fassadenarbeiten beauftragt werden. O

Titel und Untertitel

Titel nehmen eine weitere Differenzierung der Baumaßnahme unter- Titel halb der Ebene des Gesamtbauvorhabens oder der des Loses vor. Ein Titel beschreibt einen Gebäudeteil oder ein bestimmtes Gewerk innerhalb eines Loses oder eines Gesamtbauvorhabens. Er kann aber auch eine Teilleistung innerhalb eines Gewerkes abbilden, ohne dabei eine in sich abgeschlossene Einheit mit einem eigenständigen Angebotspreis zu repräsentieren. Die gegenüber dem Los andersartige Zielstellung, welche mit der Bildung von Titeln verfolgt wird, bezweckt vielmehr eine Zusammenfassung einzelner Leistungspositionen zu Sinneinheiten. Die Bündelung fachlich bzw. räumlich zusammengehöriger Einzelleistungen (Positionen) liefert durch die Einordnung der Position in den Gesamtkontext eine geeignete Grundlage für die Preisermittlung.

O **Hinweis:** Genau wie eine eigenständige Baumaßnahme können auch Lose in räumlicher und fachlicher Hinsicht weiter in Gebäudeteile bzw. einzelne Gewerke differenziert werden. Es ist aber auch möglich, Lose auf der Ebene von einzelnen Gewerken oder einzelnen Titeln zu definieren, welche dann als vollständiges Leistungspaket vergeben werden.

Das Leistungsverzeichnis „Schlosserarbeiten" kann z. B. die Titel „Treppen und Geländer", „Türen und Zargen" und „Zaunanlage" enthalten, um die Arbeit in Sinnabschnitte zu unterteilen. Eine Differenzierung in Untertitel wäre beispielsweise „Treppen und Geländer im Außenbereich" und „Treppen und Geländer im Innenbereich". Die Einteilung kann sich auch an einzelnen Bauteilen orientieren. Das Leistungsverzeichnis „Rohbauarbeiten" kann in die Titel „Fundamente", „Bodenplatte", „Außenmauerwerk", „Innenmauerwerk", „Decken" usw. gegliedert werden. Noch stärker auf den Ort der Ausführung bezogen sind Unterteilungen wie „Fliesen Küche" und „Fliesen WC", die wiederum in „Bodenfliesen" und „Wandfliesen" unterteilt werden können.

Die Anzahl der Gliederungsebenen obliegt dem Planer. Er sollte nur so weit differenzieren, wie es die Komplexität der Bauaufgabe erfordert. Die Gliederung in Titel und Untertitel sollte immer den Zweck verfolgen, sinnvolle Einheiten zu bilden, um – neben einem besseren Verständnis durch leichtere Zuordnung der einzelnen Leistungspositionen – beim Angebotsvergleich nicht nur einzelne Positionen oder den Gesamtpreis gegenüberzustellen. Darüber hinaus erhält der Planer einen Vergleich der Angebote auf der Ebene der Titel. Für das oben angeführte Beispiel Schlosserarbeiten kann sich beim Vergleich der einzelnen Titel herausstellen, dass ein Schlosser Treppen und Türen am günstigsten anbietet, aber bei der Zaunanlage weit über dem Durchschnitt liegt.

■ Untertitel Über Untertitel können einzelne Titel weiter unterteilt werden. So lassen sich z. B. innerhalb eines Bauvorhabens die Leistungen für den Stahlbetonbau in einem Titel und die darin enthaltenen Schalarbeiten sowie Bewehrungsarbeiten in Untertiteln zusammenfassen.

Auf welcher Ebene eine Differenzierung zwischen Titeln und Untertiteln bzw. weiteren Gliederungsebenen (ggf. Haupttitel) vorgenommen wird und in welcher Reihenfolge räumliche und fachliche Unterteilungen verwendet werden, ist von der Größe und Komplexität des einzelnen Bauvorhabens und der Art des zugrunde gelegten Vertrages abhängig. Welche Differenzierungsmöglichkeiten es bereits auf der Grundlage einer fachlichen Zuordnung der Einzelleistungen gibt, zeigt die Abbildung 39.

■ **Tipp:** Eine Titelzusammenstellung erleichtert die Wertung der Angebote für einzelne Abschnitte oder Gewerke. Hierzu wird die Summe der Preise aus den Positionen eines Titels zusammengefasst und in einem Verzeichnis der einzelnen Titel aufgelistet.

– Erdarbeiten	– Putz- und Stuckarbeiten
– Bohrarbeiten	– Vorgehängte hinterlüftete Fassaden
– Verbauarbeiten	– Fliesen- und Plattenarbeiten
– Ramm-, Rüttel-, Pressarbeiten	– Estricharbeiten
– Wasserhaltungsarbeiten	– Gussasphaltarbeiten
– Entwässerungskanalarbeiten	– Tischlerarbeiten
– Drainarbeiten	– Parkettarbeiten
– Spritzbetonarbeiten	– Beschlagarbeiten
– Verkehrswegebauarbeiten	– Rollladenarbeiten
– Landschaftsbauarbeiten	– Metallbauarbeiten
– Düsenstrahlarbeiten	– Verglasungsarbeiten
– Kabelleitungstiefbauarbeiten	– Maler- und Lackierarbeiten – Beschichtungen
– Gleisbauarbeiten	– Korrosionsschutzarbeiten an Stahlbauten
– Mauerarbeiten	– Bodenbelagarbeiten
– Betonarbeiten	– Tapezierarbeiten
– Naturwerksteinarbeiten	– Holzpflasterarbeiten
– Betonwerksteinarbeiten	– Raumlufttechnische Anlagen
– Zimmer- und Holzbauarbeiten	– Heizanlagen und zentrale Wassererwärmungsanlagen
– Stahlbauarbeiten	– Gas-, Wasser- und Entwässerungsanlagen
– Abdichtungsarbeiten	– Nieder- und Mittelspannungsanlagen
– Dachdeckungs- und Dachabdichtungsarbeiten	– Blitzschutzanlagen
– Klempnerarbeiten	– Förderanlagen, Aufzugsanlagen, Fahrtreppen
– Trockenbauarbeiten	– Gebäudeautomation
– Wärmedämm-Verbundsysteme	– Gerüstarbeiten
– Betonerhaltungsarbeiten	– Abbruch- und Rückbauarbeiten

Abb. 39: Liste unterschiedlicher Gewerke

Leistungsposition

Eine Leistungsverzeichnis-Position (LV-Position) bildet die kleinste Einheit eines Leistungsverzeichnisses und repräsentiert eine Teilleistung bzw. Bauarbeit. Sie setzt sich aus einzelnen Beschreibungselementen zusammen, welche die auszuführende Arbeit und die zu erbringende Leistung eindeutig und unmissverständlich definieren. Die Beschreibungselemente können frei formuliert oder aus Standardkatalogen zusammengesetzt sein.

Dabei lassen sich auch mehrere Tätigkeiten in einer LV-Position zusammenfassen, solange diese in ihrer technischen Beschaffenheit und im Hinblick auf die Preisbildung als gleichartig anzusehen sind.

Vor diesem Hintergrund empfiehlt es sich, die Leistungen in der systematisierten Form eines Leistungsverzeichnisses zu beschreiben. Die charakterisierenden Bestandteile einer Leistungsposition werden in diesem Rahmen über die nachfolgenden Kategorien beschrieben:

Bestandteile einer Leistungsposition

OZ	Text	PA	Menge	ME	EP	GP
01.02.02.0001	... Randschalung Deckenplatte ...		50	m		

Abb. 40: Bestandteile einer Leistungsposition

- OZ: Ordnungszahl
- Text: Beschreibungstext (Kurztext und Langtext)
- PA: Positionsart
- Menge: Die aus den Plänen ermittelte Menge gemäß ME
- ME: Mengeneinheit
- EP: Einheitspreis (Preis für eine Einheit)
- GP: Gesamtpreis je Position (Einheitspreis × geplante Menge)

Diese Kategorien werden auf jede Leistungsposition angewandt, sodass für die gesamte Baumaßnahme ein nach Losen, Gewerken und Titeln bzw. Untertiteln geordnetes Verzeichnis entsteht. Der Einheits- und der Gesamtpreis sind vom Bieter einzutragen. > Abb. 40

Folgende Angaben sollten in den einzelnen Kategorien zu einer Leistungsposition gemacht werden:

Ordnungszahl Die Ordnungszahl dient der leichteren Orientierung innerhalb eines Leistungsverzeichnisses. Jede technische und im Hinblick auf die Preisbildung gleichartige Leistung (Teilleistung) erhält nach einem bestimmten Gliederungsschlüssel eine eindeutige Ordnungszahl zur Identifizierung. Die Ordnungszahl ergibt sich unmittelbar aus der zugrunde gelegten Gliederung der Baumaßnahme und bildet diese entsprechend im Leistungsverzeichnis ab.

Eine Teilleistung kann in einer wenig differenzierten Baumaßnahme wie folgt über die Ordnungszahl identifiziert werden.

Los	Gewerk	Titel	Position	Index
01	01	01	0001	a

Index Der Index kann benutzt werden, um die Beziehung zwischen einer Grund- und einer Alternativposition in der Ordnungszahl darzustellen.

Auf allen Ebenen wird eine fortlaufende Nummerierung der Ordnungszahlen verwendet. > Abb. 41

Leistungs-beschreibungstext Der Leistungsbeschreibungstext ist in einer Lang- und einer Kurzform durch den ausschreibenden Planer zu verfassen.

Kurztext Der Kurztext wird im Wesentlichen als kurze textliche Bezeichnung der Leistung für die weitere Verwendung in der Angebotsbearbeitung und bei der Rechnungsstellung verwendet. Durch die Kurzform sollte es nicht

284

01.02.01.0001	Tätigkeit 1 des Titels 1 im Gewerk 2 des Loses 1
01.02.01.0002	Tätigkeit 2 des Titels 1 im Gewerk 2 des Loses 1
01.02.01.0003	Tätigkeit 3 des Titels 1 im Gewerk 2 des Loses 1
01.02.02.0001	Tätigkeit 1 des **Titels 2** im Gewerk 2 des Loses 1
01.02.02.0002	Tätigkeit 2 des **Titels 2** im Gewerk 2 des Loses 1
01.02.02.0003	Tätigkeit 3 des **Titels 2** im Gewerk 2 des Loses 1
01.02.02.0004	Tätigkeit 4 des **Titels 2** im Gewerk 2 des Loses 1
01.03.01.0001	Tätigkeit 1 des Titels 1 im **Gewerk 3** des Loses 1
01.03.01.0002	Tätigkeit 2 des Titels 1 im **Gewerk 3** des Loses 1
01.03.01.0003	Tätigkeit 3 des Titels 1 im **Gewerk 3** des Loses 1
01.03.02.0001	Tätigkeit 1 des **Titels 2** im Gewerk 3 des Loses 1
01.03.02.0002	Tätigkeit 2 des **Titels 2** im Gewerk 3 des Loses 1
01.03.02.0003	Tätigkeit 3 des **Titels 2** im Gewerk 3 des Loses 1

Abb. 41: Beispiel für die Verwendung von Ordnungszahlen

zu Verwechslungen einzelner Positionen kommen können, jede Position sollte eindeutig gekennzeichnet sein: „Mauerwerk 36,5 cm, Keller", „Mauerwerk 36,5 cm, Erdgeschoss", „Mauerwerk 17,5 cm, Erdgeschoss" usw.

Der Langtext soll die Leistung dagegen eindeutig und erschöpfend beschreiben, so dass alle Bewerber sie im gleichen Sinne verstehen. Langtext

Die Texte können unter Berücksichtigung rechtlicher und technischer Vorschriften prinzipiell frei erstellt werden. Zur Vereinfachung stehen dem ausschreibenden Planer aber auch standardisierte Hilfsmittel in Form von allgemein zugänglichen Musterleistungstexten zur Verfügung. Freie oder standardisierte Texte

Bei derartigen standardisierten Musterleistungskatalogen handelt es sich um Sammlungen von Texten, die zur Beschreibung von Leistungen oder Teilleistungen eingesetzt werden können. Diese enthalten, einer vordefinierten Gliederungsvorschrift entsprechend, verschiedene Angaben zu Bauarbeiten, Baustoffen, Abmessungen und Mengeneinheiten für verschiedene Leistungen. Standardtexte

Der große Vorteil von standardisierten Leistungstexten ist, dass diese von allen Bietern gleich verstanden werden und damit kein unnötiger Aufwand oder zusätzliche Risiken bei der Preisermittlung entstehen. Ferner erleichtern die meist modulare Systematik der Standardtextsammlungen und der hierarchische Textaufbau aufgrund der guten IT-Kompatibilität den Austausch der Daten zwischen Aufsteller und Empfänger des Leistungsverzeichnisses. Lediglich die Prüfung der Inhalte auf ihre Richtigkeit verbleibt beim Planer.

Die Vollständigkeit der Beschreibung kann aufgrund der vorgegebenen Systematik über Standardtexte weitestgehend sichergestellt werden. Es ist jedoch zu beachten, dass nicht für alle Sonderlösungen entsprechende Mustertexte verfügbar sind.

Insbesondere die Hersteller von Bauprodukten bieten in der Regel entsprechende Mustertexte an, die einfach in das Leistungsverzeichnis übernommen werden können. Der Planer sollte aber berücksichtigen, dass die Hersteller dies nicht als selbstlose Dienstleistung verstehen, sondern durch die Hilfe bei der Erstellung eines Leistungsverzeichnisses versuchen, ihr Produkt zur Referenz zu machen. Dieses Bestreben führt auch dazu, mögliche Konkurrenzprodukte durch Alleinstellungsmerkmale vom Wettbewerb auszuschließen. So kann den Leistungsbeschreibungen Information beigefügt sein, die produktionsbedingte Informationen beispielsweise zur Schichtdicke oder Legierung eines Produktes enthalten, die für den Hersteller einzigartig sind, aber für die Gebrauchstauglichkeit und Haltbarkeit des Produktes irrelevant sind. Die Hürde, die einer anbietenden Firma gebaut wird, eine möglicherweise kostengünstigere Alternative zu suchen, wird dadurch häufig unnötig hoch gesetzt.

Dem Planer ist in jedem Fall zur Vorsicht zu raten, wenn er Produktbeschreibungen des Herstellers übernimmt. Er sollte bei Formulierungen, deren Sinn er nicht kennt, Rücksprache mit dem Hersteller oder neutraleren Institutionen nehmen.

Freie Texte Bei der freien Formulierung der Texte ist eine hohe Sachkenntnis der zu beschreibenden Leistungen erforderlich. Sie wird auch dafür benötigt, wichtige Angaben von unwichtigen zu unterscheiden. Um die für die eigenen Anforderungen relevanten Informationen zu erhalten, sollten verschiedene Hersteller, die entsprechenden Verbände oder weitere

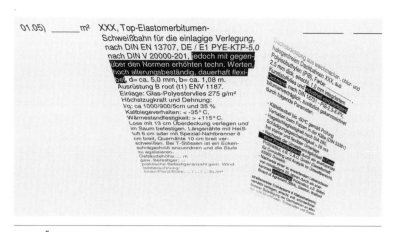

Fig.42: Überfrachtete Herstellerbeschreibung

kompetente Partner befragt werden. Die Vorgaben aus den Normen und Richtlinien müssen vom Planer verantwortlich verwendet werden. Gleiches gilt für die Prüfung auf Vollständigkeit. Um dieses sicherzustellen, sollte die Beschreibung folgende Informationen enthalten:

- Bezeichnung der Leistung
- Beschreibung der Art der Leistung
- Räumlicher Bezug der Leistung (Angaben zum Bauteil, aber auch zur Lage im Gebäude, wenn dies nicht über die Ordnungszahl zu erkennen ist)
- Qualitätsangaben (Material, Oberflächen usw.)
- Angaben zu Abmessungen, die nicht die Bezugseinheit betreffen   ○

Das nachfolgende Schema systematisiert die textliche Leistungs- Systematik
beschreibung und kann in dieser Form auf jede beliebige Teilleistung verwandt werden. Ähnliche Muster sind den modulartigen Standardtexten zugrunde gelegt.

○ **Hinweis:** Die Leistungsbeschreibung kann sich an einem Referenzobjekt orientieren, ohne Alternativen auszuschließen (z. B. „Türdrücker Edelstahl 1076 Fabrikat FSB oder gleichwertig"). Um die Gleichwertigkeit zu prüfen, sollten bei einem Alternativangebot in der Ausschreibung Datenblätter oder Muster angefordert werden.

- Bauverfahren / Bauart (Herstellung durch Zusammenfügen von Baustoffen und Bauteilen)
- Bauteil (raum- oder systembildendes Teil des Bauwerks)
- Baustoffe (erforderliche bzw. gewünschte Baustoffe)
- Maß 1 (Bauteilmaße, wie die Dicke einer Wand)
- Maß 2 (allgemeine Maße, wie die Einbauhöhe, in der eine Leistung zu erbringen ist)

Ergänzende Angaben

Es könnten aber auch weitere Angaben zum Zweck der Leistung oder Hinweise für die Abrechnung oder zur Ausführungstechnik im Leistungstext platziert werden. So wird bei einem Bauwerk aus Stahlbeton über die Forderung, Fertigteilelemente zu verwenden, das Bauverfahren direkt beeinflusst. Gleichermaßen können juristische Belange Bestandteil eines Leistungsbeschreibungstexts werden, wenn z. B. auszubauendes Material nach erbrachter Leistung in den Besitz des Unternehmers überführt werden soll.

Verweise

Ein übliches Vorgehen bei der Beschreibung einer Leistung mit Texten bildet die Verwendung von Verweisen auf andere Unterlagen, etwa auf statische Berechnungen, Pläne, Muster oder Gutachten. Ein Leistungsbeschreibungstext könnte beispielsweise die Formulierung „Bewehrung gemäß Bewehrungsplan" enthalten.

Vor allem bei räumlich komplexen Situationen oder komplexen Bauteilen hilft der Verweis auf eine Zeichnung. Wird etwa die Konstruktion einer Treppe mit Geländer in einer Position beschrieben, hilft eine Zeichnung, die textlich erfassten Einzelelemente zuzuordnen und die Art, wie sie gefügt sind, eindeutig zu verstehen. Dadurch kann die anbietende

● **Beispiel:**

Bauverfahren: Mauerwerk gemäß xxx-Norm
Bauteil: der Innenwand im Abschnitt EG XX/YY
Baustoff: mit Kalksandsteinen gemäß yyy-Norm
Bauteilmaß: mit einer Dicke von 17,5 cm
Allg. Maß: bis in eine Höhe von 3,00 m herstellen

Zur weiteren Erklärung dieser Teilleistung kann die oben genannte Beschreibung durch Qualitätsangaben in Bezug auf das Bauteil (z. B. Ausführung beidseitig als Sichtmauerwerk) oder den Baustoff (z. B. salzwasserresistente Ausführung), um Angaben zum Zweck (z. B. zum Raumabschluss) oder zum Bauverfahren (z. B. Ausführung mit vorgefertigten Wandelementen) ergänzt werden.

Firma die Vollständigkeit der beschriebenen Leistung prüfen, und die Einschätzung der erforderlichen Montagezeiten ist einfacher vorzunehmen.

Der Verweis auf ein Gutachten ist beispielsweise bei besonderen Schallschutzanforderungen sinnvoll. In diesem Fall müssen nicht immer die entsprechend geltenden Anforderungen des Gutachtens in den einzelnen Positionen beschrieben werden, sondern ein entsprechender Hinweis definiert die Anforderungen: „An das fertiggestellte Bauteil werden erhöhte Anforderungen gemäß beigefügten Schallschutzgutachten gestellt. Diese Anforderungen sind unbedingt einzuhalten und beim Angebotspreis zu berücksichtigen." Auf diese Weise vermeidet der Planer eine mögliche Fehlerquelle beim Übertragen der einzelnen Anforderungen ins Leistungsverzeichnis.

In einem Leistungsverzeichnis können unterschiedliche Arten von Leistungspositionen verwendet werden. Die jeweilige Art einer Position wird entsprechend in der Spalte „Positionsart (PA)" vom ausschreibenden Planer angegeben.

Positionsart (PA)

Die Differenzierung zwischen verschiedenen Positionsarten ermöglicht es dem ausschreibenden Planer, optionale und alternative Leistungen am Markt abzufragen. So sind beispielsweise oft zum Zeitpunkt der Ausschreibung noch nicht alle Entscheidungen endgültig getroffen (z. B. die Wahl des Bodenbelages), oder das Erfordernis einzelner Leistungen ist noch nicht geklärt ist (z. B. der Einbau einer Drainage). Spätere Änderungen können dann über Eventual- und Alternativpositionen berücksichtigt werden. Werden diese Leistungen erst nach Vertragsschluss angeordnet, sind die im Leistungsverzeichnis vom Bieter angegebenen Preise verbindlich.

○ **Hinweis:** Treten identische Beschreibungen in verschiedenen Positionen auf, gibt es zwei Möglichkeiten, unnötige Wiederholungen zu vermeiden. Der Planer kann die Leistung in einer Position vollständig beschreiben, um dann in den folgenden Positionen darauf zu verweisen (z. B. Gipskartonständerwand, Ausführung gemäß voriger Position, jedoch doppelt beplankt). Gelten identische Beschreibungen für eine Vielzahl von Positionen, kann er diese auch in den Vorbemerkungen zusammenfassen und typisieren (z. B. Ausführung Gipskartonständerwand gemäß Vorbemerkung Typ A). Vorbemerkungen beziehen sich immer auf bestimmte Leistungen und werden ausschließlich im Zusammenhang mit Leistungsbeschreibungen mit Leistungsverzeichnis (LV) verwendet. Sie sind grundsätzlich gleichrangig mit LV-Texten und sollten daher inhaltlich mit diesen abgeglichen werden. Eine Konkurrenz zu den allgemeinen bzw. speziellen Vertragsbedingungen besteht nicht.

OZ	Text	PA	Menge	ME	EP	GP
01.02.02.0001	... Textiler Fußbodenbelag ...	GP	30	m^2		
01.02.02.0001a	... Parkett ...	AP	30	m^2		

Abb. 43: Beispiel Alternativposition

Ausführungs- oder Normalposition

Die Ausführungs- oder Normalposition kommt immer zur Ausführung und wird im Leistungsverzeichnis entsprechend vom Bieter mit einem Einheitspreis und einem Gesamtpreis versehen.

Eventual- oder Bedarfsposition

○

Über Eventual- oder Bedarfspositionen kann der ausschreibende Planer eine Leistung am Markt abfragen, die er gegebenenfalls zusätzlich ausführen lassen will.

Da nicht sicher ist, ob die Leistung zur Ausführung kommt, wird sie nicht mit einem Gesamtpreis im Leistungsverzeichnis und damit auch nicht im Angebotsendpreis berücksichtigt. Wird die Eventualposition nach Vertragsschluss durch Anordnung des Bauherrn beauftragt, ist diese gemäß dem vom Bieter eingetragenen Einheitspreis abzurechen. Ohne Beauftragung fallen die Eventualpositionen ohne Anspruch auf Vergütung

■ weg.

Grund- und Alternativposition

Bei Grundpositionen handelt es sich um Positionen, die zur Ausführung festgelegt sind. Zu diesen können Alternativpositionen abgefragt werden. Eine Grundposition gilt daher als Bestandteil der zu erbringenden Leistung und ist entsprechend mit einem Einheits- und einem Gesamtpreis zu versehen.

○ **Hinweis:** Bedarfs- oder Eventualpositionen sollten ausschließlich für untergeordnete Leistungen verwendet werden, die nicht unmittelbar für den Gesamterfolg der Bauausführung erforderlich sind. Eine sinnvolle Verwendung von Eventualpositionen wäre gegeben, wenn bestimmte Positionen aufgrund fehlender Informationen zu den anstehenden Baugrundverhältnissen vor Baubeginn noch nicht feststehen.

■ **Tipp:** Bei der Angebotsprüfung werden die Eventualpositionen häufig nicht ausreichend geprüft, da sie nicht in die Angebotssumme eingehen. So kann es zur Vereinbarung von überhöhten Einheitspreisen kommen, die bei Anordnung der Eventualposition zur Ausführung zugrunde gelegt werden müssen.

OZ	Text	PA	Menge	ME	EP	GP
01.02.02.0001	... Aushub BK 3–5 ...		1000	m²		
01.02.02.0001a	... Aushub BK 6 ...	ZP	200	m²		

Abb. 44: Beispieltext für eine Zulageposition

Alternativpositionen können an die Stelle einer Grundposition treten, wenn die beschriebene Leistung alternativ ausgeführt werden soll. Genau wie die Eventualposition ist auch die Alternativposition entsprechend zu kennzeichnen und vom Bieter nur mit einem Einheitspreis zu berücksichtigen. > Abb. 43 Sie kann der Planer z. B. zur wirtschaftlichen Optimierung einer Leistung verwenden. Ohne ausdrückliche Anordnung des Bauherrn wird immer die Grundposition ausgeführt.

Eine weitere Positionsart ist die Zulageposition. Sie beschreibt Erschwernisse oder zusätzlichen Aufwand gegenüber einer Normalposition. Diese Positionen werden mit Einheitspreis und Gesamtpreis vom Bieter in das Leistungsverzeichnis eingetragen. Die korrespondierende Normalposition enthält gewissermaßen eine Grundausführung der Leistung, und die Zulageposition beschreibt einen gehobenen Standard oder eine besondere Einbausituation. Der in einer Zulage abgefragte Preis ergibt sich entsprechend aus der Differenz zwischen dem Preis für den hohen Standard und der Grundausführung.

○ Zulageposition

●

An einem Beispiel soll verdeutlicht werden, welche Möglichkeiten sich aus der Verwendung einer Zulageposition ergeben. In der Abbil-

○ **Hinweis:** Durch eine Alternativposition besteht die Möglichkeit, dass Unternehmen einen eigenen Lösungsvorschlag für die Umsetzung der Grundposition anbieten (z. B. „Erstellung Mauerwerk gemäß voriger Position, jedoch Ausführung nach Wahl des Bieters"). Eine Ausführungsbeschreibung ist beizufügen.

● **Beispiel:** Das in Abbildung 44 aufgeführte Beispiel verdeutlicht das Prinzip einer Zulageposition. Die in der Position 01.02.02.0001 enthaltene Leistung umfasst den Aushub von 1000 m² Boden der Klasse 3–5. In der zugehörigen Zulageposition wird ein Preis für die Erschwernis „Aushub Bodenklasse 6" für 200 m² abgefragt. Der Preis enthält folglich nur den Anteil (Mehrpreis) für die Erschwernis und stellt keinen allein stehenden Preis für den Aushub des Bodens der Klasse 6 dar. Daher sind auch die Flächen (200 m²) bereits in der Normalposition enthalten.

A.
B.

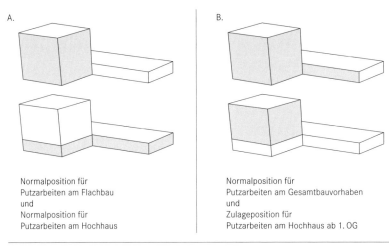

Normalposition für
Putzarbeiten am Flachbau
und
Normalposition für
Putzarbeiten am Hochhaus

Normalposition für
Putzarbeiten am Gesamtbauvorhaben
und
Zulageposition für
Putzarbeiten am Hochhaus ab 1. OG

Abb. 45: Beispiel Zulageposition

dung 45 sind zwei Varianten zur Beschreibung derselben Leistungen für das Anbringen des Außenputzes dargestellt.

In der ersten Variante wird der Putz in zwei Normalpositionen getrennt für das hohe und das flache Gebäude ausgeschrieben. In der anderen erfolgt die Leistungsbeschreibung über eine Normalposition für das gesamte Bauvorhaben und eine Erschwerniszulage für die höher gelegenen Bereiche, für die gegebenenfalls zusätzliche Gerüste kalkuliert werden müssen. Die zweite Variante hat gegenüber der ersten Variante den Vorteil, dass das Erdgeschoss des Hochhauses in jedem Fall nicht mit einem höheren Preis infolge zusätzlicher Gerüstkosten angeboten wird.

■ **Tipp:** Zulagepositionen betreffen oftmals nur geringe Veränderungen gegenüber der korrespondierenden Normalposition. In diesem Fällen kann der Beschreibungstext auf die wesentlichen Änderungen reduziert werden, eine Wiederholung unveränderter Textelemente ist nicht erforderlich. Als Formulierung reicht „Zulage zu Pos. xxx für eine doppelte Beplankung".

○ **Hinweis:** Vorgaben zu der Verwendung von Mengeneinheiten finden sich in den allgemeinen und speziellen Anforderungen. Beispielsweise werden Wandflächen bei Putzarbeiten über das Flächenmaß (m^2) und Laibungen über das Längenmaß (m) abgerechnet.

Längen
(z. B. Länge einer Wand)

Flächen
(z. B. Fläche einer Wand) = Länge × Höhe

Flächen × 2
(z. B. Schalfäche oder beidseitiger Putz)

Volumen
(z. B. Betonmenge einer Wand) = Fläche × Dicke

Tonnage
(z. B. Bewehrungsmenge einer Wand) = Volumen × Stahlanteil

Abb. 46: Vorgehensweise bei der Mengenermittlung

Mengen lassen sich in unterschiedlichen Einheiten erfassen. Die Mengeneinheit (ME) sollte jedoch immer eine sinnvolle Beziehung zu der jeweiligen Teilleistung aufweisen. So ist es möglich, eine Bewehrung in Kubikmeter (m^3) abzurechnen, was aufgrund der Form der Bewehrungseisen und der marktüblichen Abrechnung in Tonnen für die Preisermittlung allerdings von Nachteil ist. Sinnvolle Einheiten sind Tonnen oder gegebenenfalls Quadratmeter (m^2) bei Mattenstahl und Meter bei Stabstahl.

> Menge und Mengeneinheit (ME)

Die für eine Leistungsposition festgelegte Mengeneinheit ist maßgebend für die Mengenermittlung und bildet die Bezugsgröße für die von den Bietern einzusetzenden Preise je Teilleistung.

Bei der Mengenangabe handelt es sich um die quantitative Angabe, in deren Umfang eine Leistung zu erbringen ist. Die Menge wird dazu als Vordersatz angegeben, welcher die gemäß Planung erwartete Ausführungsmenge repräsentiert. Sie werden direkt aus den Ausführungsplänen abgelesen bzw. bei Sanierungsmaßnahmen auch über ein Aufmaß vor Ort ermittelt und vom ausschreibenden Planer in das Leistungsverzeichnis eingetragen. Grundsätzlich ist es ratsam, die Menge für eine Leistungsposition innerhalb eines Bezugsbereichs (Gesamtbaumaßnahme, Gebäudeteil, Etage usw.) zu erfassen und die betreffenden Bauteile zur Vermeidung von Redundanzen entsprechend farbig in den Plänen zu kennzeichnen. Die Mengen können auch mit Hilfe entsprechender Bausoftware (z. B. CAD) ermittelt werden. Der Grad der automatischen Mengenerfassung reicht von einfacher Flächenermittlung bis hin zur kompletten bauteilorientierten Erfassung der Mengen mit Hilfe eines 3D-Modells.

Eine gewissenhafte Mengenermittlung erleichtert auch die spätere Abrechnung der Bauleistungen.

Einheitspreis (EP)   Der Einheitspreis (EP) wird vom Bieter auf Grundlage der Beschreibung der Teilleistung für eine Mengeneinheit kalkuliert und in das Leistungsverzeichnis eingetragen. Der Einheitspreis ist im Regelfall fest und bildet die Grundlage für die spätere Abrechnung der Leistung. Änderungen des EP ergeben sich nur bei großen Mengenabweichungen oder inhaltlichen Abweichungen bei der beschriebenen Leistung.

Gesamtpreis (GP)   Der Gesamtpreis ergibt sich zunächst aus dem Produkt aus Einheitspreis und Vordersatz (geplante Menge). Er ist vom Bieter zur Angebotsabgabe für alle Ausführungs-, Grund und Zulagepositionen zu ermitteln und an entsprechender Stelle im Leistungsverzeichnis einzutragen. Die Summe aller Gesamtpreise eines Bauvorhabens bildet die Nettoangebotsendsumme. Durch Zuschlag für die gesetzlich vorgeschriebene Mehrwertsteuer ergibt sich die Bruttoangebotsendsumme, mit der sich der Bieter um den Auftrag für die in den Teilleistungen beschriebenen Bauleistungen bewirbt. Alternativ- und Eventualpositionen werden nicht mit Gesamtpreisen berücksichtigt, da zum Zeitpunkt der Angebotsabgabe noch nicht klar ist, ob diese Leistungen zur Ausführung kommen.

Zur Abrechnung der Teilleistung werden die Gesamtpreise der einzelnen Positionen anhand der tatsächlich ausgeführten Mengen ermittelt.

Schlussbemerkung

Ausschreiben gehört meistens nicht zu dem Tätigkeitsbereich, dem ein Planer entgegenfiebert. Dies ist leicht nachvollziehbar, da der Reiz eines schönen Entwurfes, einer prächtigen Perspektive und selbst eines sorgfältig geplanten Details ungleich größer scheint. Allein aufgrund des hohen Textanteils wirkt die Ausschreibung dagegen oft weit weniger schillernd.

Wer sich aber die Mühe macht, seine Vorstellungen des Entwurfs sorgfältig auszuschreiben, gewinnt dadurch ein sehr fundiertes Verständnis für die eigene Planung und die notwendigen Abläufe zur Realisierung.

Erst die Ausschreibung sichert, dass sich ein hoher Planungsstandard auch in hervorragender Ausführung widerspiegelt.

Entsprechend soll dieser Band dazu ermutigen, die eigenen Ausschreibungen verständlich zu formulieren und sinnvoll zu gliedern. Wenn die ausführenden Firmen die Ausschreibungen verstehen, hat der Planer das Bestmögliche getan.

Lars-Phillip Rusch

Bauleitung

Einführung

Mit dem Beginn der Bauleitung geht es darum, die bisher in den Plänen und Texten abstrakt beschriebenen Leistungen 1:1 auf der Baustelle umzusetzen. Zu erleben, wie das geplante Gebäude im Rohbau seine Form annimmt und durch den Ausbau zu dem wird, was bisher nur auf dem Papier oder in Modellen existierte, ist oftmals zwar mit viel Mühe verbunden, aber immer sehr lehrreich.

Das Gelingen der Bauleitung wird an der Einhaltung der drei wichtigsten Teilziele gemessen: Kosten, Termine, Qualitäten. Bleiben die Kosten im vereinbarten Rahmen, wird das Bauvorhaben zum vereinbarten Termin fertig und werden die geforderten Qualitäten erreicht, hat der Bauleiter das Projekt erfolgreich abgewickelt. > Abb. 1

Das Augenmerk des Bauleiters muss also während der Bauausführung darauf gerichtet sein, die Einflussfaktoren auf die Kosten, Termine und Qualitäten so zu steuern, dass Abweichungen im vereinbarten Rahmen bleiben, innerhalb der Projektabwicklung ausgeglichen werden oder in Abstimmung mit dem Bauherrn akzeptiert werden können.

Nach der Erstellung der Entwurfs-, Genehmigungs- und Ausführungsplanung liegen die Ergebnisse der ersten Ausschreibungen vor. Auf dieser Grundlage werden die ausführenden Firmen beauftragt. Für Architekt und Bauherr beginnt die Ausführung der Bauaufgabe. Je nach Projektstruktur überschneiden sich die Phasen der Planung und Ausschreibung mit der Phase der Bauausführung. Während im Büro noch an den Details des Ausbaus und der Gebäudeausstattung gefeilt wird, entsteht auf der Baustelle bereits der Rohbau. > Abb. 2

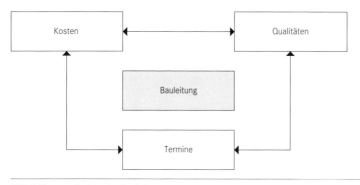

Abb. 1: Hauptaufgaben der Bauleitung

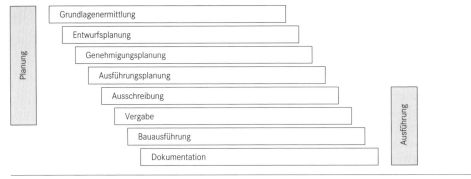

Abb. 2: Planungs- und Ausführungsphasen

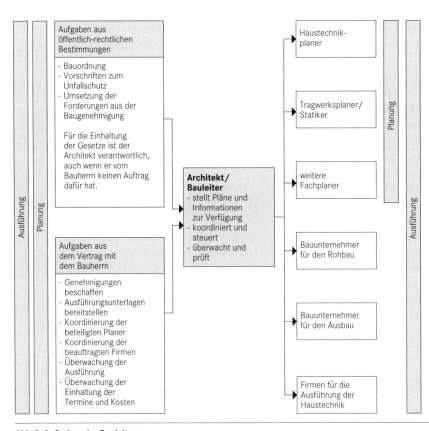

Abb. 3: Aufgaben der Bauleitung

Grundlagen der Bauleitung

VORBEREITUNG DER BAULEITUNG

Die Begriffe Bauleitung und Bauleiter werden in der Praxis häufig unterschiedlich verstanden. Der Bauleiter ist einerseits gemäß Vertrag mit dem Bauherrn beauftragt, die Bauausführung zu überwachen. Er überprüft also, ob die Wünsche des Bauherrn durch die ausführenden Firmen fach- und sachgerecht umgesetzt werden (d. h. nach der abgestimmten Planung). Um dies zu gewährleisten, werden bei der Planung des Gebäudes neben Vereinbarungen in Bezug auf die Architektur auch eine Vielzahl weiterer Absprachen, beispielsweise hinsichtlich der Baukosten und der Termine, getroffen, die jetzt im Zuge der Ausführung durch den Bauleiter umgesetzt werden müssen.

Andererseits werden an den Bauleiter Anforderungen gestellt, die sich aus gesetzlichen Vorgaben der Genehmigungsbehörden ergeben. Er ist dafür verantwortlich, dass die Planung so umgesetzt wird, wie sie behördlich genehmigt wurde. Darüber hinaus muss der Bauleiter dafür Sorge tragen, dass auf seiner Baustelle im Rahmen der Anforderungen an die Sicherheit gearbeitet wird und von der Baustelle keine Gefahr für die am Bau Beteiligten und andere ausgeht. > Abb. 3

DIE STUNDE DER WAHRHEIT

Die Realisierung des Objektes ist die eigentliche „Stunde der Wahrheit". Jetzt wird deutlich, ob die Konstruktion wie geplant ausführbar ist. Kein Architekt sollte auf die hier zu sammelnden Erfahrungen verzichten, da die Bauausführung ein wesentlicher Impulsgeber für weitere Entwicklungen sein kann. Wie beschrieben gehören zu den Aufgaben des Bauleiters unter anderem die Überwachung der Kosten, Termine und Qualitäten. Im Regelfall sind die für die Erbringung dieser Leistungen notwendigen Arbeiten in den Honorarordnungen für Planungsleistungen beschrieben. Der Architekt schuldet nicht einfach irgendeine Tätigkeit, sondern die Entstehung eines plangerechten, technisch und wirtschaftlich mangelfreien Bauwerks.

Besonders zu beachten ist, dass Bauen die Herstellung von immer unterschiedlichen Objekten unter unterschiedlichen Bedingungen bedeutet. Im Unterschied zur stationären Fertigung etwa im Automobilbau sind Bauprojekte durch folgende Besonderheiten charakterisiert:

— Der Projektumfang, die zur Verfügung stehende Zeit und die geforderte Qualität sehen bei jeder Bauaufgabe anders aus.
— Es handelt sich um zeitlich und räumlich begrenzte Tätigkeiten.

Bauüberwachung für den Bauherrn

Überwachung der gesetzlichen Vorgaben

301

- Der Standort der Bauaufgabe wechselt, und jeder hat einzigartige Besonderheiten.
- Das Zusammenwirken einer Vielzahl von Menschen bzw. Unternehmen, die (häufig) vorher nicht zusammengearbeitet haben und die später (wahrscheinlich) nicht wieder zusammenarbeiten werden, ist notwendig.
- Die Beteiligten haben im Regelfall gegensätzliche Interessen (einerseits das Geld des Bauherrn bestmöglich zu verwalten und andererseits den Auftrag mit Gewinn abzuwickeln).
- Der Erfolg muss gleich und unmittelbar eintreten. Vor der Durchführung des Projektes kann nicht „geprobt" werden. Es gibt bis auf eventuelle Muster keine „Nullserie".
- Über die Ziele und das Ergebnis kann häufig im Nachhinein nicht verhandelt werden (insbesondere den Termin).

QUALITÄTSVORGABEN

Da es bei der Bauleitung darum geht, die vom Bauherrn gewünschten und in den Leistungsverzeichnissen festgelegten Leistungen umzusetzen, bilden diese die Grundlage aller Tätigkeiten im Rahmen der Bauleitung.

Leistungsverzeichnis

Je nach Art der Ausschreibung können Leistungsverzeichnisse alle notwendigen Leistungen im Detail (detaillierte Ausschreibung) oder das Ergebnis der geforderten Leistungen (funktionale Ausschreibung) beschreiben.

Ist die Vergabe, d. h. die Beauftragung der ausführenden Firmen auf der Grundlage von detaillierten Leistungsverzeichnissen, erfolgt, kann der Bauleiter sich in der Regel auf die darin vereinbarten und festgelegten Ausführungsqualitäten und Mengen verlassen, sollte aber diese wie auch alle übrigen ihm übergebenen Unterlagen auf Richtigkeit und Vollständigkeit prüfen.

Der Leistungsumfang ist im Zuge der Ausführungsplanung und der Ausschreibung genau festgelegt worden. Ist die Ausschreibung als funktionale Ausschreibung erfolgt, ist also lediglich das gewünschte Ergebnis funktional durch die Leistungsbeschreibung definiert, so steht der ausführenden Firma die Wahl der Bauverfahren sowie die Festlegung der Ausführung im Detail frei. In diesem Fall beschränkt sich die Bauleitung in der Regel auf die Prüfung der in der funktionalen Beschreibung formulierten Qualitäten.

Künstlerische Oberbauleitung

Da die Vergabe an das ausführende Bauunternehmen bei einer funktionalen Leistungsbeschreibung meist schon in frühen Planungsphasen erfolgt, übernimmt das ausführende Bauunternehmen die weitere Detailplanung und die Überwachung der Ausführung. Auch bei dieser Konstellation sind auf Seiten des Auftraggebers fachkundige Bauleiter notwendig, um als Sachwalter des Bauherrn die Arbeit der ausführenden Bauunternehmen zu kontrollieren. Auch wenn sich das Bauunternehmen in diesem Fall selbst koordinieren muss, muss es gültige Vorschriften und Normen einhalten. Die Überwachung durch den Architekten wird daher oft mit dem Begriff „künstlerische Oberbauleitung" bezeichnet.

TERMINVORGABEN

Der Bauleiter ist für die Umsetzung der geforderten Qualitäten und die Einhaltung des vom Bauherrn vorgegebenen Kostenrahmens > Kap. Kostenvorgaben sowie für die termingerechte Fertigstellung der Bauaufgabe verantwortlich. Der Fertigstellungstermin ist in der Regel in einem frühen Planungsstadium festgelegt worden und zum Zeitpunkt der Bauausführung, also mit Beginn der Bauleitung, nicht mehr diskutierbar. Für den Bauherrn ist die Einhaltung des Fertigstellungstermins je nach Bauaufgabe von erheblicher Wichtigkeit. Ist beim Einfamilienhaus bei verspäteter Fertigstellung die Miete für die alte Wohnung länger zu zahlen als geplant, fallen bei großen Gewerbeimmobilien unter Umständen immense Summen für den Mietausfall an.

Die Grundlage der Terminplanung für die Bauleitung ist die Rahmenterminplanung des Architekten, Bauherrn oder Projektsteuerers. Im Rahmenterminplan sind neben der Planungsphase (wann sind welche Planungen und Ausschreibungen zu erstellen?) auch die Realisierungsphase des Bauvorhabens mit Baubeginn und Fertigstellung sowie einige für den Bauherrn relevante Zwischentermine wie Grundsteinlegung, Richtfest oder Einzug dargestellt. Diese Termine sind oftmals festgelegt und an weitere Verpflichtungen geknüpft, also nicht variabel. Die Planung des Bauablaufs und die Einflussmöglichkeiten durch die Bauleitung werden weiter unten ausführlich beschrieben. > Kap. Termin- und Ablaufplanung

Rahmenterminplanung

■ **Tipp:** Ist der verantwortliche Bauleiter nur teilweise oder gar nicht an der Erstellung der Ausschreibungsunterlagen beteiligt, ist es unbedingt notwendig, die beauftragten Angebote der ausführenden Firmen genau zu studieren. Nur so kann ein Überblick erlangt werden, welche Firma welche Leistungen in welcher Qualität und Quantität zu erbringen hat und wo die Schnittstellen zu weiteren Leistungsverzeichnissen bzw. Auftragnehmern bestehen.

KOSTENVORGABEN

So wie es Vorgaben für Qualitäten und Termine der Ausführung gibt, ist das vom Bauherrn vorgegebene Budget, also der Kostenrahmen, ein weiterer Fixpunkt, den es bei der Bauleitung zu beachten gilt. Die Kosten sind in der Regel durch das vom Bauherrn für diese Leistung vorgesehene Budget gedeckt. Im Zuge der Vergaben werden also die Qualitäten so beauftragt, dass bei der Bauausführung jeweils ausreichende finanzielle Mittel zur Verfügung stehen. Die Budgetplanung sollte normalerweise auch einen gewissen Puffer enthalten, der unvorhersehbare Ereignisse im Bauablauf finanziell abfedert. Dennoch ist es eine besonders wichtige Aufgabe der Bauleitung, den vorgegebenen Kostenrahmen einzuhalten. Der Bauleiter ist im Rahmen seiner Tätigkeit nicht befugt, Vereinbarungen zu treffen, die Nachteile für den Bauherrn bedeuten. Hierzu zählen insbesondere Zusagen gegenüber den Auftragnehmern, die Mehrkosten bedeuten. Ein Leitsatz beschreibt diese Grenze sehr treffend: „Wo das Portemonnaie des Bauherrn anfängt, hört die Architektenvollmacht auf."

Wie in Abbildung 4 dargestellt, erhält der Bauleiter im Verlauf der Bauausführung einen immer genaueren Überblick über die Kostenentwicklung. Auf jeden Fall muss er auch den Bauherrn ständig über die Kostenentwicklung seiner Baumaßnahme informieren. > Kap. Kostensteuerung

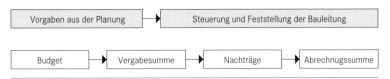

Abb. 4: Budget, Vergabesumme, Prognose, Abrechnungssumme

Organisation der Baustelle

Der Bauleiter muss nicht nur die Interessen des Bauherrn wahrnehmen, sondern ist auch für die allgemeine Ordnung auf der Baustelle verantwortlich. Hierzu muss er steuernd auf das Verhalten aller Beteiligten einwirken. Diese Steuerung beinhaltet auch, notwendige Sicherungsmaßnahmen zu treffen, bei den Arbeitern für die Verwendung der erforderlichen Schutzausrüstungen zu sorgen und die Baustelle stets in einem aufgeräumten Zustand zu halten. Die Verantwortung für den Unfallschutz spielt bei der Organisation der Baustellen eine besonders wichtige Rolle.

BAUSTELLENEINRICHTUNG

Die Art und Größe des Bauvorhabens bestimmt die notwendige Ausstattung der Baustelle mit Kranen, Lagerflächen, Unterkünften und Ein- und Ausfahrten. Zur eigentlichen Baustelleneinrichtung gehört neben Maschinen und Geräten auch eine gut durchdachte Infrastruktur mit Anschlüssen, Straßen und Lagerflächen.

Geräte
— Krane, Aufzüge, Gerüste
— Absperr- und Sicherheitseinrichtungen
— Baustellenbeleuchtung

Infrastruktur
— Lagerplätze für Material und Bauelemente
— Baustellenbüros, Unterkünfte und Toiletten sowie Waschräume
— Notwendige Wege und Straßen mit Ein- und Ausfahrten
— Anschlüsse für Elektro, Wasser, Abwasser und gegebenenfalls Heizung
— Maßnahmen zum Schutz der Umwelt und des Umfeldes, etwa für angrenzende Bestandsgebäude

Es ist in den Leistungsverzeichnissen zu berücksichtigen und bereits bei Vertragsabschluss zu klären, welcher Teil der Baustelleneinrichtung vom Bauherrn zur Verfügung gestellt wird und welche Elemente die Auftragnehmer wann und wo aufstellen. Bei großen Bauvorhaben ist die Baustelleneinrichtung in der Regel als separate Leistung in einer Ausschreibung beschrieben und beauftragt. Für die von allen Auftragnehmern genutzten Einrichtungen wie WC-Container, Gerüste oder Baustrom und Bauwasser muss ein Schlüssel zur Verteilung der anfallenden Kosten vertraglich festgelegt werden.

Vertragliche Vereinbarungen zur Baustelleneinrichtung

Weitere Einflüsse auf die Baustelleneinrichtung ergeben sich durch folgende Punkte:

- Standortbedingungen (Innenstadt, „grüne Wiese", Baugebiet mit weiteren Baustellen usw.)
- Art und Größe des Bauvorhabens
- Bauzeit
- Jahreszeit
- Bauverfahren wie Betonfertigteilbau, Bauen mit Ortbeton, Elementbau

Die einzelnen Elemente der Baustelleneinrichtung werden in einem Lageplan skizziert. > Abb. 5 Bei der Anordnung der Einrichtungselemente, Lager- und Bewegungsflächen und des Baufeldes ist darauf zu achten, dass Lieferfahrzeuge in den Schwenkbereich des Kranes fahren können und dass die Lagerflächen für Baumaterialien wie Rüstung, Schalung und Bewehrung für Stahlbetonarbeiten, Fertigteile und Fassadenelemente vom Kran erreicht werden können. Aufenthaltsräume und Baucontainer
○ sollten jedoch außerhalb dieses Radius liegen.

In diesem Zusammenhang muss auch die Befahrbarkeit und Belastbarkeit von Straßen und Flächen vorab geklärt und beachtet werden. Oftmals müssen im Zuge der Baustelleneinrichtung Baustellenstraßen erstellt werden und die Kranstandorte aufgrund der hohen Belastungen
■ besonders ertüchtigt werden.

Anpassung der
Baustelleneinrichtung
Bei beengten Baustellen kann eventuell eine mehrfache Änderung der Flächennutzung notwendig werden. Darüber hinaus sollte die Baustelleneinrichtung als Kostenfaktor immer dem Baufortschritt angepasst werden. Nach der Fertigstellung des Rohbaus und der Dacharbeiten kann meist z. B. auf den Baustellenkran verzichtet werden. Die weiteren Transporte in oder auf das Gebäude können mit Baustellenaufzügen oder Mobilkränen erfolgen.

○ **Hinweis:** Für die Krangröße sind die maximalen Lasten, also etwa das Gewicht der größten Fertigteilelemente in Bezug auf den Standort des Krans, die notwendige Auslegerlänge sowie die Höhe des zu errichtenden Gebäudes und der umgebenden Bebauung maßgeblich. Der notwendige Abstand zur Baugrube ist besonders zu beachten, da die Belastungen des Krans in das umgebende Erdreich eingeleitet werden. Die Tragfähigkeit des Erdreichs kann durch eine Baugrube erheblich beeinflusst werden.

■ **Tipp:** Wird durch die Baustelleneinrichtung Einfluss auf die öffentliche Straßenverkehrsführung genommen, muss dies mit den Genehmigungsbehörden abgestimmt werden. Es können sich zum Beispiel Anfahrts- und Rettungswege der Feuerwehr im Bereich um die Baustelle ändern.

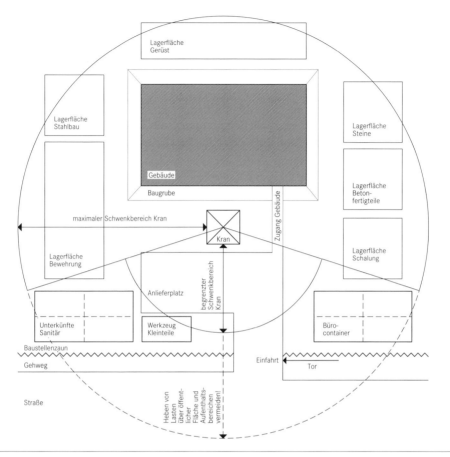

Abb. 5: Schema Baustelleneinrichtung

Für das Bauen im Winter müssen zusätzliche Vorkehrungen getroffen werden. Dazu gehören:

— Bereitstellung von Streugut für Wege und Straßen
— Zusätzliche Beleuchtung der Verkehrswege
— Schutz der Wasserleitungen vor Frost
— Beheizung der Objekte oder Bauteile auf die technisch notwendigen Temperaturen
— Abdeckung von Bauteilen (Frostschutz, Witterungsschutz)
— Einhausen von Arbeitsabschnitten
— Abdecken (und ggf. Vorwärmen) von Baustoffen

Bei kalter Witterung sind Arbeiten im Freien nur für begrenzte Zeit möglich. Eine Einschätzung, ob Arbeiten ausgeführt werden können oder eingestellt werden müssen, muss der Bauleiter in Abstimmung mit den ausführenden Firmen treffen, wobei die Sicherheit auf der Baustelle oberste Priorität haben muss.

SICHERHEIT DER BAUSTELLE

Von Baustellen in städtischen Gebieten geht eine Vielzahl von Gefahren aus. Alle Baustellen müssen bei Tag und Nacht so deutlich gekennzeichnet sein, dass Gefahren eindeutig, einfach und ohne Vorkenntnisse erkannt werden können. > Abb. 6, 7 und 8 Besonders gefährliche Bereiche ● müssen immer so abgesperrt sein, dass sie für Unbefugte unzugänglich sind.

Für die Kennzeichnung an öffentlichen Straßen und Wegen sowie für Sperrungen erlassen die verantwortlichen Behörden Anweisungen zur Aufstellung von zusätzlichen Verkehrszeichen. Darüber hinaus müssen optische Absperrungen so aufgestellt werden, dass der Gefahrenbereich deutlich abgegrenzt wird. Dies gilt für:

— Absperrschranken
— Warnbänder
— Kegel
— Warnbaken

> ● **Wichtig:** Der Bauleiter ist dafür verantwortlich, dass diese Einrichtungen stets in einwandfreiem Zustand sind. Bei einem Rundgang nach Arbeitsende sollten Bauzäune, Baustelleneingänge und Zufahrten kontrolliert werden.

Abb. 6: Baustellenbeschilderung

Abb. 7: Beispiele für Gebotskennzeichnung (Weiß auf Blau, von links nach rechts: Helmpflicht, Gehörschutz vorgeschrieben, Sicherheitsschuhe vorgeschrieben)

Abb. 8: Beispiele für Verbotskennzeichnung (Schwarz oder Rot auf Weiß, von links nach rechts: offenes Feuer verboten, Lasten abstellen verboten, Betreten verboten)

Abb. 9: Baustelleneinrichtung einer Baustelle in London

Wege auf der Baustelle sind sicher anzulegen und gegebenenfalls mit Geländern zu sichern. Öffentliche Wege, die an der Baustelle vorbei führen, müssen so geschützt werden, dass von der Baustelle keinerlei Gefahr ausgehen kann. Hierzu sind Fußwege eventuell sogar komplett zu
■ überbauen, zu sperren oder umzulegen. > Abb. 9

Unfallschutz auf der Baustelle

Aufgrund der hohen körperlichen Belastungen auf einer Baustelle, des Umgangs mit gefährlichen Materialien, Maschinen und Werkzeugen ist eine gute Organisation des Arbeitsschutzes ein wesentlicher Bestandteil der Baustellenorganisation. Die Grundsätze und die Organisation des Arbeitsschutzes sind aufgrund ihrer Bedeutung durch Gesetze und Verordnungen geregelt. Diese Regelungen beschreiben:

— die innerbetriebliche Organisation und Verantwortung für den Arbeitsschutz im Bauunternehmen;
— die Mitwirkung von Organisationen beim Arbeitsschutz;
— die Aufgaben des Bauherrn.

Verantwortung auf der Baustelle

Der Bauherr ist zur Einleitung und Umsetzung der für Baustellen geltenden Arbeitsschutzmaßnahmen sowohl bei der Planung eines Bauvorhabens als auch bei der Koordinierung der Bauausführung verpflichtet. Da die wenigsten Bauherren diese Pflichten selbst erfüllen können, überträgt der Bauherr diese Aufgabe seinem Bauleiter. Eventuell muss er darüber hinaus einen für diese Tätigkeit besonders ausgebildeten Fachmann, den Sicherheits- und Gesundheitsschutzkoordinator, kurz SiGeKo, beauftragen. Der SiGeKo ist in der EU für alle größeren Baustellen durch eine entsprechende Richtlinie gefordert. Zu den Pflichten des Bauherrn bzw. SiGeKos zählen:

SiGeKo

— Berücksichtigung der allgemeinen Grundsätze des Arbeitsschutzes bei der Ausführung des Bauvorhabens
— Ankündigung des Vorhabens bei der Behörde
— Erarbeitung eines Sicherheits- und Gesundheitsschutzplanes bei größeren Baustellen und bei besonders gefährlichen Arbeiten
— Zusammenstellung einer Unterlage für spätere Arbeiten am fertiggestellten Gebäude

■ **Tipp:** Muss für die Anlieferung und Montage von großen Bauteilen der Fußweg oder die Straße im Bereich der Baustelle für mehrere Stunden oder sogar Tage gesperrt werden, muss dies den Behörden mitgeteilt und genehmigt werden. Entsprechende Hinweise für Anwohner und Passanten sollten mit ein paar Tagen Vorlauf gegeben werden.

Der Bauleiter und der SiGeKo nehmen in der Regel auch eine Einweisung aller Beteiligten in die Gegebenheiten der Baustelle vor. Diese enthält Informationen zu Zufahrten, Baustrom- und Bauwasserregelungen, Sicherheitsbestimmungen, Arbeitsbereichen usw. Die Einweisung sollte durch Protokolle dokumentiert werden.

Pflichtwidriges
Verhalten

Die Einhaltung und Umsetzung der Sicherheitsvorschriften auf Baustellen ist gerade für den Bauleiter von besonderer Wichtigkeit. Wird gegen diese Vorschriften verstoßen und kommt es zu einem Unfall, haftet er strafrechtlich persönlich dafür. Dies wird als pflichtwidriges Verhalten bezeichnet. Pflichtwidrig handelt:

— wer es unterlässt, notwendige Anweisungen zu geben;
— wer Kontrollen versäumt;
— wer festgestelltes Fehlverhalten nicht abstellt, obwohl das möglich wäre;
— wer nicht zu beseitigende Missstände nicht weitermeldet;
— wer keine Sicherheitsausrüstung trägt.

Aus pflichtwidrigem Handeln entstehen Haftungsansprüche, wenn:

— ein Personen- oder Sachschaden entstanden ist;
— gegen geltendes Recht verstoßen wurde;
— persönliches Verschulden nachgewiesen wird;
— die übernommene Aufgabe im persönlichen Verantwortungsbereich liegt;
— das eigene Handeln oder Unterlassen den Schaden verursacht hat.

SiGe-Plan

Der Sicherheits- und Gesundheitsschutzplan (SiGe-Plan) ist eine der wesentlichen Unterlagen für den Arbeitsschutz auf Baustellen. Er muss von allen am Bau Tätigen gelesen und verstanden werden können. In diesem Plan sind die zu erwartenden Gefährdungen während des Baustellenbetriebs mit zugehörigen Lösungen wie notwendige Sicherheitseinrichtungen, gegliedert nach Gewerken, dargestellt. Ergeben sich aus den zeitlichen Abhängigkeiten der verschiedenen Arbeiten im Bauablauf Gefährdungen, sind diese ebenfalls darzustellen. Grundlage des SiGe-Plans ist der Termin- und Ablaufplan.

Organisation der
Ersten Hilfe

Kommt es auf der Baustelle zu einem Unfall, muss die Organisation der Ersten Hilfe sichergestellt sein. Dies umfasst folgende Punkte:

— Einrichtungen und Hilfsmittel zur Ersten Hilfe, also Verbandskästen, Krankentragen und ggf. ein Sanitätsraum
— Benennung der Ersthelfer mit deren Namen und Aufenthaltsort
— Aushang „Anleitung zur Ersten Hilfe" mit Rufnummern und Adressen des Rettungsdienstes, des Krankenhauses und des Notarztes

Die vorgeschriebene Ausstattung der Baustellen mit Einrichtungen und Hilfsmitteln ist von der Größe der Baustelle abhängig.

Verantwortung der Auftragnehmer

Der Gesetzgeber hat auch den ausführenden Bauunternehmen die Verpflichtung übertragen, ihre Mitarbeiter vor Gefahren für Leben und Gesundheit zu schützen. Die Einhaltung dieser Verpflichtung wird in der Regel durch einen auf der Baustelle verantwortlich arbeitenden, unmittelbaren Vorgesetzten übernommen und muss durch den Bauleiter des Bauherrn überprüft werden.

Ein ausreichender Arbeitsschutz auf Baustellen ist nur durch die Zusammenarbeit aller Beteiligten und das Zusammenwirken der unterschiedlichsten Maßnahmen zu erreichen. Alle Arbeitsplätze, Maschinen und Geräte sind so zu gestalten, dass keine oder nur geringfügige Gefährdungen von ihnen ausgehen. Wenn dies nicht möglich ist, sind persönliche Schutzmaßnahmen als Ergänzung vorzusehen. Außerdem ist auf verbleibende Gefährdungen durch einfache, leicht verständliche Beschilderung hinzuweisen. > Abb. 7 und 8 Arbeiten mehrere Unternehmen gleichzeitig auf einer Baustelle, entstehen zusätzliche Koordinierungspflichten. Die Firmen müssen sich untereinander informieren, ob es bei der Durchführung der Arbeiten zu gegenseitiger Gefährdung kommen kann. Die notwendigen Sicherheitsmaßnahmen sind mit den Beteiligten zu koordinieren. Dies sollte einerseits in den Baubesprechungen, andererseits aber auch direkt auf der Baustelle geschehen. > Kap. Organisation der Baustelle, Projektbesprechung/Baubesprechung

ZUSAMMENARBEIT AUF DER BAUSTELLE

Bauleitung bedeutet den Umgang mit Menschen unterschiedlicher Interessenlagen, Bildung und Herkunft. Der Bauleiter hat nicht nur den Bauherrn zu vertreten, sondern ist für die Koordination der Baustelle verantwortlich. Oftmals muss er daher auch als Moderator auf der Baustelle tätig sein und über Fragen, die zwischen weiteren Fachplanern oder ausführenden Firmen auftreten, verantwortlich und eindeutig entscheiden. In dieser Funktion ist er berechtigt, Anweisungen zu geben, und gegenüber den Auftragnehmern weisungsbefugt. Die Vertragsverhältnisse zwischen dem Bauherrn, dem Bauleiter und den ausführenden Firmen sind schematisch in Abbildung 10 dargestellt.

Wie beschrieben sind je nach Bauaufgabe und Vertrag auch weitere Planer und Sonderfachleute beteiligt und haben die Verpflichtung, die vom Bauherrn beauftragten Firmen zu überwachen und ihre Gewerke betreffend zu koordinieren. > Kap. Qualitätssicherung, Überwachung und Sicherstellung der Qualitäten Die Aufgabe der Gesamtkoordination liegt aber beim bauleitenden Architekten. Die anderen auf der Baustelle tätigen „Bauleiter" werden je nach ihrer Funktion bezeichnet. Leider werden aber diese Bezeichnungen nicht immer und überall einheitlich verwendet. Zu unterscheiden sind:

Weitere Bauleiter

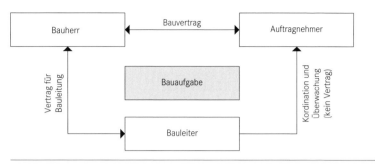

Abb. 10: Vertragsverhältnisse während der Bauausführung

– Bauleitender Architekt, auftraggeberseitiger Bauleiter oder
   Bauleiter ist der durch den Bauherrn mit der Bauleitung
   beauftragte Architekt oder Bauingenieur. Er wird hier mit dem
   Begriff Bauleiter bezeichnet.
– Fachbauleiter ist der durch den Bauherrn mit der Bauleitung seines
   Gewerkes beauftragte Fachplaner (z. B. für die Haustechnik).
– Auftragnehmerseitiger Bauleiter oder Firmenbauleiter ist der von
   der ausführenden Firma für die Baustelle eingesetzte verantwort-
   liche Mitarbeiter. Sind mehrere Firmenbauleiter eingesetzt, gibt es
   in der Regel auch einen gesamtverantwortlichen Oberbauleiter.

In Abbildung 11 ist beispielhaft eine mögliche Organisationsstruktur
der Beteiligten dargestellt.

Bauverträge Neben der Verantwortung für die Sicherheit auf der Baustelle bilden
die Bauverträge die Grundlage für die Zusammenarbeit. In den Leistungsverzeichnissen wiederum sind als Ausführungsgrundlage in der Regel die
für das jeweilige Gewerk geltenden Bestimmungen, Richtlinien und Normen beschrieben und vertraglich vereinbart. In den Bauverträgen können weitere Einzelheiten zur Ausführung festgelegt werden. Hierzu zählen insbesondere die Ausführungstermine, Zahlungsmodalitäten und
mögliche Vertragsstrafen bei Überschreitung der vereinbarten Termine.
Darüber hinaus werden aber von jedem Auftragnehmer folgende Leistungen bzw. Tätigkeiten grundsätzlich erwartet:

– Der Auftragnehmer führt die Leistung in eigener Verantwortung
   und im eigenen Betrieb nach dem Vertrag aus.
– Der Auftragnehmer beachtet die anerkannten Regeln der Bau-
   technik.

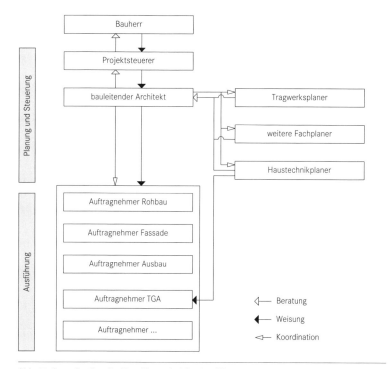

Abb. 11: Organisation der Beteiligten bei der Ausführung

- Der Auftragnehmer hält gesetzliche und behördliche Bestimmungen ein.
- Der Auftragnehmer erfüllt die Verpflichtungen gegenüber seinen Arbeitnehmern, die sich aus gesetzlichen Bestimmungen, behördlichen Verpflichtungen und Bestimmungen der Berufsgenossenschaft ergeben.
- Der Auftragnehmer sorgt für Ordnung an seiner Arbeitsstelle.
- Der Auftragnehmer teilt seine eventuellen Bedenken gegen die vorgesehene Ausführungsart, die vom Auftraggeber gelieferten Stoffe oder Bauteile oder gegen die Leistungen anderer Unternehmer schriftlich mit.
- Der Auftragnehmer schützt seine Leistungen bis zur Abnahme gegen Beschädigung und Diebstahl.
- Der Auftragnehmer ersetzt vom Auftraggeber vor und bei Abnahme gerügte mangelhafte Leistungen durch mangelfreie.
- Der Auftragnehmer hält die vorgesehenen Ausführungsfristen ein.

Aus den vertraglichen Vereinbarungen ergeben sich natürlich auch Rechte für die Auftragnehmer gegenüber dem Bauherrn. So hat der Auftragnehmer das Recht, eine ausreichende Sicherung seines Vorleistungsrisikos zu verlangen. Sind zur Erbringung der Leistungen des Auftragnehmers finanzielle Aufwendungen für den Kauf von Baumaterialien erforderlich, kann er einen Nachweis verlangen, dass der Bauherr diese Leistung auch entsprechend der vertraglichen Vereinbarung bezahlen kann.

Die Organisation bzw. Hierarchie der Auftragnehmer ist im Grunde bei allen Gewerken ähnlich. Der Firmenbauleiter und der Montageleiter sind für den Bauleiter die Ansprechpartner. Sie sind auch bei den Baubesprechungen anwesend und für die Koordination ihrer Mitarbeiter und gegebenenfalls der Subunternehmer und gegenüber ihrer Firmenleitung für die wirtschaftliche Umsetzung der Planung verantwortlich. Die Vorarbeiter wiederum sind für einzelne Kolonnen verantwortlich.

Auf fast allen Baustellen ist es üblich, dass der eigentliche Auftragnehmer für Arbeiten, die er nicht direkt ausführen kann oder will, weitere Firmen, so genannte Subunternehmer, beauftragt. Zwischen dem Bauherrn und den Subunternehmern besteht kein Vertragsverhältnis. Für die Beauftragung, Ausführung, Abrechnung und Gewährleistung ist nur die beauftragte Firma verantwortlich. Die Beschäftigung dieser Firmen bedarf der Zustimmung des Bauherrn.

Ordnungssystematik der Bauleitungsunterlagen

Alle relevanten Unterlagen für die Bauleitungstätigkeit müssen auf der Baustelle vorhanden sein. Welche diese sind, hängt ganz von der Bauaufgabe und dem Baufortschritt ab. Um in der Flut von Schriftverkehr, Protokollen, Planunterlagen und Notizen die Übersicht zu behalten, sollte für die notwendigen Ordner eine Systematik verwendet werden. Diese kann wie folgt strukturiert sein:

— Ordner 0: Aktuelle Planunterlagen mit Planliste sowie Planeingang und Planausgang
— Ordner 1: Baugenehmigungsunterlagen mit entsprechendem Schriftverkehr
— Ordner 2: Schriftverkehr Bauherr
— Ordner 3: Schriftverkehr Fachplaner
  — Ordner 3.1: Statiker
  — Ordner 3.2: Haustechnikplanung
  — Ordner 3.3: Brandschutz
  — Ordner 3.4: ...
— Ordner 4: Projektsteuerer
— Ordner 5: Auftragnehmer, jeweils mit Leistungsverzeichnis, Bauvertrag, Schriftverkehr, Rechnungen, Planunterlagen, Aufmaß usw.

- Ordner 5.1: Rohbau
- Ordner 5.2: TGA
- Ordner 5.3: Putzarbeiten
- Ordner 5.4: Estricharbeiten
- Ordner 5.5: …
- Ordner 6: Protokolle Baubesprechung/Projektbesprechung
- Ordner 7: Lieferscheine, Prüfzeugnisse, Nachweise
- Ordner 8: Bautagebuch Bauleitung
- Ordner 9: Bautagebuch Auftragnehmer
- Ordner 10: …

Das Bautagebuch

Um nachvollziehen zu können, wann welche Arbeiten ausgeführt wurden, welche Auftragnehmer mit wie vielen Arbeitern auf der Baustelle waren oder ob es z. B. besondere Vorkommnisse gab, muss der Bauleiter ein Bautagebuch > Abb. 12 führen. Das Bautagebuch sollte täglich aktualisiert werden und neben der Objektbezeichnung folgende Informationen enthalten:

- Datum
- Wetter (Temperatur, Bewölkung, Niederschlag)
- Anwesende Gewerke (Tischler, Maurer, …)
- Anzahl der Handwerker einer Firma, ggf. verantwortlicher Vorarbeiter
- Stichwortartige Beschreibung der ausgeführten Arbeiten
- Eingesetzte Baugeräte oder -maschinen
- Besondere verwendete Materialien (z. B. Farben, Grundierungen)
- Besondere eingebaute Bauteile
- Einbau- und Betriebsanleitungen von eingebauten Geräten (als Anlagen)
- Dokumentation von tatsächlichen oder nur vermuteten Mängeln und Beschädigungen
- Baufortschritte im Allgemeinen (Überblick) und im Detail
- Ausführungspläne, die den Auftragnehmern übergeben wurden
- Fehlende Pläne (falls erforderlich)
- Vereinbarte Planänderungen

Für Bautagebücher der Auftragnehmer gibt es eine Vielzahl von Formblättern, die häufig verwendet werden. > Abb. 13 Als Bauleiter sollte man sich für das Bautagebuch nach Möglichkeit ebenfalls Formblätter mit einer an die Baustelle angepassten Struktur anfertigen. Die ausführenden Firmen werden durch den Bauvertrag normalerweise verpflichtet, ein Bautagebuch zu führen. Dieses muss dem Bauleiter in vereinbarten Abständen übergeben werden.

Bautagebuch Gebäude 55

Datum	05.06.2006		Mo	Di	Mi	Do	Fr	Sa	So
Wetter	Sonne								
min°C	20					x			
max°C	30								

Anwesende Firmen:						Arbeitskräfte			
1	R&P					11			
2	Akustikbau					8			
3	Sanitär Müller					15			
4	Elektro Schmidt					4			
5	Fassadenarbeiten					8			
6	Schlosser Huber					5			
7	Dachdecker					3			
8	BMA					4			
9	Malerarbeiten					3			
10	Estrich					2			

Ausgeführte Arbeiten:

1	Abmauerungen Küche WC Kerne, Vorbereitung Estrich Küche
2	GK 3.-5. OG, Decke Küche
3	Installation Küche, Heizkreise, Heizkörper 3.-4. OG
4	E-Installation Küche, Kern 9-10, Bürobereiche
5	Fassade Büro 3.-5.OG, Verglasung 3.-4.OG, Folienanschlüsse Fassaden Büro
6	Geländer Kantine, Treppe 4-6, Konsolen Treppe 4-6
7	Dachabdichtung Kantine, Restarbeiten Dach Büro
8	Installation Bereich Küche
9	Anstrich Technikräume, Brüstungen Büro, Treppenhaus 9-10
10	Estrich UG

Besuche auf der Baustelle:

SIGEKO, Bau BG

Anordnungen:

Herr Müller, vorbeugender Brandschutz: Entfernung aller Brandlasten (Verpackungsmaterial, Paletten, Richtkranz etc.) aus der Baustelle. Durch Schweißarbeiten besteht erhöhte Brandgefahr.

Notentwässerung instand setzen (Fa. R&P)

Besonderheiten:

Starke Regenfälle in der Nacht

Dach des 2. Bauabschnitts undicht

Notentwässerung beschädigt

Abb. 12: Bautagebuchseite, Bauleitung

318

Bautagebuch	Baustelle:	Seite Nummer:
Tag: 05.06.06	Gebäude 55	34862

Bauführer:	Rennemann / Müller	Wetter: Sonne	max.:	20°C
Polier:	Lurchi / Stockberg		min.:	30°C

Arbeitskräfte-Einsatz

Geräte Einsatz

	Anzahl	Ges. Std.
Aufsicht	2	11
Vorarbeiter		
Facharbeiter	7	60
Maschinist		
Schlosser		
Helfer	2	17
Summe	11	88

Vertragliche Leistungen

LV-Nr.	Menge	Text	Aufwand
		Mauerwerk in Sanitärräumen Achse 4-6 d=9,5cm in Bims im 1.OG erstellt	
		F90 Mauerwerkswände Achse 9-10 im 5.OG d=11,5cm in KS erstellt	
		Installationswände im 4. und 5. OG Achse 4-6 aus Porenbeton erstellt	
		Spülkästen und Rohrleitungen eingemauert	

Außervertragliche Leistungen

Sockel für Installationswände in Sanitärräumen Achse 4-6, 2.-4. OG ausgeschalt	
Türöffnung im 2.OG in Wand Achse 9 ausgestemmt und Schutt abtransportiert	

Sonstiges + Prüfungen

Notentwässerung geprüft und instand gesetzt

Rennemann	Rusch
Unterschrift Fa. R&P	für den Auftraggeber

Abb. 13: Bautagebuchseite, Auftragnehmer

PROJEKTBESPRECHUNG/BAUBESPRECHUNG

Eine komplexe Bauaufgabe lässt sich nur durch die Zusammenarbeit aller Beteiligten bewältigen. Zur Organisation der Zusammenarbeit kann sich der Bauleiter, je nach Aufgabe, unterschiedlicher Mittel bedienen. Dazu gehören:

— Projektbesprechung
— Baubesprechung
— Protokolle
— Direktes Gespräch
— Brief, Fax, E-Mail
— Telefongespräche
— Fotodokumentation
— Skizzen und Zeichnungen
— Ablauf- und Kostenpläne
— Baustellenbegehung/Ortsbesichtigung

Zwar sind formal alle relevanten Vereinbarungen in den Bauverträgen erfasst, aber trotzdem ist es während der Bauarbeiten erforderlich, weitere Absprachen zu treffen. Da dies oftmals Detailabstimmungen zu Schnittstellen zwischen den Gewerken betrifft, werden diese in den Projekt- und Baubesprechungen vorgenommen. > Abb. 14 und 15 Die dazu verfassten Protokolle sind bindend und je nach Vereinbarung Vertragsbestandteil der weiteren Ausführung. Um Besprechungen zielgerichtet zu organisieren, gibt die Tabelle 1 eine Übersicht.

Projektbesprechung   Projekt- und Baubesprechungen sollten in regelmäßigen Abständen stattfinden. An der Projektbesprechung nehmen neben dem Bauleiter auch der Projektleiter (falls dieser nicht gleichzeitig der Bauleiter ist), der Bauherr, der Projektsteuerer und eventuell auch die Projekt- bzw. Bauleiter der weiteren Fachplaner teil. In der Projektbesprechung wird der Bauherr über die aktuelle Situation auf der Baustelle hinsichtlich des Planungs- bzw. Baufortschritts, der Kostenentwicklung sowie der Terminsituation informiert. Falls erforderlich, wird im Rahmen der Projektbesprechung über Änderungen von Terminen, Kosten oder Qualitäten entschieden. Sind Entscheidungen erforderlich, die nur der Bauherr treffen kann, müssen diese durch den Bauleiter für die Projektbesprechung so vorbereitet werden, dass sie schnell und eindeutig getroffen werden können.

Baubesprechung   Mit der Beauftragung der ausführenden Firmen muss der Bauleiter eine regelmäßige Baubesprechung organisieren. An den Baubesprechungen nehmen die Fachbauleiter und Baustellenverantwortlichen der Auftragnehmer teil. Zu Beginn und gegen Ende der Baumaßnahme sind oftmals Termine im zweiwöchigen Rhythmus, während der Hauptbauzeit wöchentlich erforderlich. Die gemeinsame Begehung der Baustelle ist ein

Projekt: Neubau Gebäude 33, Karlsbad AG, München

Baubesprechung Nr 12: Einladung *) / Protokoll

Termin: 03.07.2007

Ort: Baustelle, Container Bauleitung

Beginn: 9:00 Uhr

Ende: 12:00 Uhr

Verteiler
zusätzlich: ☒ wie Teilnehmer

	Teilnahme erforderlich / Einladung	anwesend	zeitweise von – bis	Zeichen
Bauherr	x			
Architekt	x			
Bauleiter TGA	x			
Bauleiter GU	x			
NU Rohbau	x			
NU Ausbau	x			
NU Sanitär	x			
NU Lüftung				
NU Elektro	x			

Einladung			Protokoll	
Tagesordnungspunkt	Vorbereitung durch	Ziel		Erledigung
Abgleich Schriftverkehr seit 18.06.07	GU	Gleiche Aktenlage		
Auswirkung Hochwasserschäden auf die Termine	GU NU Ausbau	Feststellung Verzögerung / Beschleunigung		
Bemusterung Ausbauqualitäten	GU NU Ausbau NU Sanitär	Festlegung Ausführung		
usw.				

Abb. 14: Beispiel einer Einladung zur Baubesprechung

Projekt: Neubau Gebäude 33, Karlsbad AG, München

Baubesprechung Nr 12: Einladung *) / Protokoll

Termin: 03.07.2007

Ort: Baustelle, Container Bauleitung

Beginn: 9:00 Uhr

Ende: 12:00 Uhr

Verteiler
zusätzlich: ☒ wie Teilnehmer

	Teilnahme erforderlich / Einladung	anwesend	zeitweise von – bis	Zeichen
Bauherr	x	x		SD
Architekt	x	x		FD
Bauleiter TGA	x	x	10:00–11:00	KL
Bauleiter GU	x	x		OL
NU Rohbau	x	x		WS
NU Ausbau	x	x		AS
NU Sanitär	x	x		VE
NU Lüftung				
NU Elektro	x	x	10:30–11:00	TH

Einladung			Protokoll		
Tagesordnungspunkt	Vorbereitung durch	Ziel	Festlegung Ergebnis Vereinbarung	Erledigung	
				Wer	Termin
Abgleich Schriftverkehr seit 18.06.07	GU	Gleiche Aktenlage	Festlegung Ergebnis Vereinbarung	GU u. alle NU	bis 05.07.07
Auswirkung Hochwasserschäden auf die Termine	GU NU Ausbau	Feststellung Verzögerung / Beschleunigung	Architekt bekommt Kopie der Behinderungsanzeige vom 14.06.07	Bauherr u. GU	bis 07.07.07
Bemusterung Ausbauqualitäten	GU NU Ausbau NU Sanitär	Festlegung Ausführung	Bauherr bemustert (gemeinsam mit Architekt)	Bauherr u. Architekt	bis 10.07.07
usw.					

Abb. 15: Beispiel einer Einladung mit Eintragung der Baubesprechungsergebnisse als Protokoll

Tab. 1: Grundsätze zur Organisation der Projekt- und Baubesprechung

Grundsätzliche Fragen	Ist diese Besprechung notwendig, oder gäbe es bessere Möglichkeiten zur Problemlösung? (Was würde ohne diese Beratung passieren?) Ist der Aufwand (Arbeitszeit aller Beteiligten) für den erreichbaren Effekt angemessen?
Ziel der Besprechung?	Besprechungen nur, wenn etwas in Bewegung kommen soll. Ist der Termin nur für den Bauleiter oder für alle Teilnehmer von Wert? Welche Ergebnisse werden erwartet?
Vorbereitung der Besprechung	Tagesordnung festlegen, Schwerpunkte bestimmen Ziele schriftlich festlegen Vorgehen und Mittel bestimmen Verantwortung für die Vorbereitung einzelner Punkte klären Welche Teilnehmer sind nötig? Muss jeder Teilnehmer bei jedem Punkt anwesend sein? Mit der Einladung die Tagesordnung vorgeben
Organisation der Besprechung	Teilnehmerkreis auf die notwendigen Teilnehmer beschränken Wenn nötig, Einzelbesprechungen organisieren Tagesordnung vorgeben und einhalten
Besprechungsleitung	Zeitgewinn durch klare Gesprächsleitung Ziel im Auge behalten Zeitbudget im Auge behalten Nebensächlichkeiten vermeiden – roten Faden durchsetzen Bei größeren Teilnehmerzahlen Zwiegespräche unterbinden Konsens anstreben
Ergebnisse/Protokoll	Geeignete Protokollform wählen (Ergebnisse oder Weg der Diskussion im Protokoll?) Protokoll zeitnah nach der Besprechung erstellen Verantwortliche im Protokoll eindeutig benennen Termine im Protokoll eindeutig vereinbaren

Teil der Baubesprechung. Detailfragen zur Ausführung oder Schnittstellenkoordination lassen sich oftmals nur vor Ort klären.

Die Form der Einladung und des Protokolls der Besprechungen muss alle relevanten Punkte eindeutig und übersichtlich darstellen. Die Form sollte so gewählt sein, dass die Protokollierung der Ergebnisse systematisch und schnell erfolgen kann. Jeder Teilnehmer erhält mit der Einladung eine tabellarische Übersicht der Tagesordnungspunkte. > Abb. 14 Die Ergebnisse der Besprechung können im dargestellten Beispiel direkt in die Tabelle > Abb. 15 eingetragen werden. Im einfachsten Falle erhält jeder Teilnehmer im Anschluss an die Besprechung eine Kopie dieses Protokolls. Nur bei schwierigen Sachverhalten werden die ergänzenden Protokollteile später erstellt. Diese sollten dann erläuternde Skizzen, Fotos oder Datenblätter usw. enthalten.

In jedem Fall sind für die Einladung und das Protokoll folgende Elemente aufzunehmen:

— Bauvorhaben
— Leistungen, Gewerke
— Ort der Sitzung (bei Baustellenterminen mit oder ohne Begehung der Baustelle)
— Beginn, Ende
— Teilnehmer (ggf. Funktionen und Vollmachten)
— Verteiler des Protokolls (Festlegung interner Verteiler; wichtig: auch nicht anwesende Dritte erhalten das Protokoll)
— Gesprächsinhalte (hier besteht Auswahlmöglichkeit)
— Charakter der Gesprächspunkte (z. B. Information, Vereinbarung, Billigung, Vorbereitung einer Entscheidung)
— Besprechungsgrundlage (Pläne, Protokolle usw.)

> ■ Tipp: Zur Baustellenbegehung sollte der Bauleiter einen Ordner mit den relevanten Plänen (eventuell auch in Form von Verkleinerungen) mit sich führen. Zur Ergänzung der Protokolle und Dokumentation des Baufortschritts ist es hilfreich, eine Digitalkamera zur Hand zu haben. Des Weiteren gehören ein Mobiltelefon, der Zollstock, Bleistift oder Markierungskreide, eventuell ein Diktiergerät sowie die für alle vereinbarte persönliche Schutzausrüstung wie Sicherheitsschuhe und Bauhelm zur Ausstattung.

Die Besprechungsergebnisse müssen mit Ziel, Termin und Verantwortlichkeit festgelegt werden. Besonders wichtige Protokolle müssen von den Beteiligten gemeinsam unterschrieben werden. Bei diesen Protokollen (z. B. Verhandlungsprotokoll und Abnahmeprotokoll) muss auch

○ klar sein, wie viele Seiten das Protokoll hat.

Tab. 2: Die Verständigungsproblematik

Gesagt	bedeutet nicht	→	gehört
Gehört	bedeutet nicht	→	verstanden
Verstanden	bedeutet nicht	→	einverstanden
Einverstanden	bedeutet nicht	→	angewendet
Angewendet	bedeutet nicht	→	beibehalten

○ **Hinweis:** Auch wenn auf der Baustelle ein kollegiales Verhältnis unter allen Beteiligten herrscht, muss bei Besprechungs- und Abnahmeprotokollen sowie allen kosten- und terminrelevanten Vereinbarungen Eindeutigkeit herrschen. Sollte es zu Streitigkeiten kommen, zählt das gute Verhältnis unter den Beteiligten nichts mehr. Entscheidend sind dann schriftliche Vereinbarungen, d. h. nur die Aktenlage.

Termin- und Ablaufplanung

Die Termin- und Ablaufplanung gehört zu den wichtigsten Anforderungen an den Bauleiter. Die baustellenrelevanten Termine müssen ermittelt und alle Abläufe in technologischer, räumlicher und zeitlicher Abhängigkeit organisiert werden. Hierzu bedarf es einiger Erfahrungen aus der Baupraxis. Allerdings wird aufgrund der unzähligen Einflussfaktoren der spätere Ablauf immer von diesen Planungen abweichen.

Um die geplanten Termine einhalten zu können, ist es besonders wichtig, dass Informationen über mögliche Abweichungen zu einem Zeitpunkt vorliegen, an dem eine Steuerung des Baugeschehens noch möglich ist. Je früher Abweichungen erkannt werden, umso mehr Möglichkeiten gibt es, diese auszugleichen. Die Termin- und Ablaufplanung sowie deren Steuerung ist eine der drei Hauptaufgaben der Bauleitung. Der Bauleiter wird daran gemessen, ob und wie es ihm gelingt, die vorgesehene Bauzeit einzuhalten.

BEGRIFFE DER TERMIN- UND ABLAUFPLANUNG

Alle Terminpläne bestehen aus Vorgängen und Ereignissen sowie deren Beziehung zueinander.

Unter einem Vorgang wird ein Geschehen verstanden, das durch einen Anfang, eine Dauer und ein Ende definiert ist. Ein typischer Vorgang im Terminplan ist z. B. „Malerarbeiten". | *Vorgang*

Ein Ereignis ist ein Ablaufelement, dem keine Dauer zugeordnet ist. Besonders wichtige Ereignisse werden als Meilensteine bezeichnet und in die Terminplanung aufgenommen. Meilensteine sind z. B. der Baubeginn, der Fertigstellungstermin oder im Bauablauf die Fertigstellung der Gebäudehülle. | *Ereignis / Meilenstein*

Bei fast jeder Bauaufgabe ergeben sich, je nach Wichtigkeit des Gebäudes für den Bauherrn, Ereignisse, die im Bauablauf als Meilenstein eine besondere Rolle spielen. | *Besondere Ereignisse für den Bauherrn*

Mit dem symbolischen Spatenstich beginnt die Phase der Bauausführung. Zum Spatenstich werden bei großen und für die Öffentlichkeit wichtigen Bauvorhaben durch den Bauherrn der spätere Nutzer oder Mieter und offizielle Vertreter aus Politik und Wirtschaft eingeladen. | *Spatenstich*

Die Grundsteinlegung erfolgt meistens nach der Fertigstellung der Baugrube und vor den ersten Betonarbeiten. Dabei wird im Grundstein, der unter dem späteren Gebäude liegt, ein Gefäß mit Zeitzeugnissen wie z. B. einer Tageszeitung, Fotos des Baugeländes oder einigen Münzen deponiert. | *Grundsteinlegung*

Das Richtfest wird gefeiert, wenn der Rohbau und der Dachstuhl des neuen Gebäudes errichtet sind. Es findet traditionell in der Arbeitszeit um die Mittagszeit statt. Je nach Region werden verschiedene | *Richtfest*

Zeremonien durchgeführt, um dem Gebäude und dem Bauherrn Glück zu wünschen. Das Richtfest wird durch den Bauherrn ausgerichtet, um allen Beteiligten für die geleistete Arbeit zu danken.

Einweihung/ Eröffnung

Ist das Gebäude endgültig fertiggestellt, findet die Einweihung oder Eröffnung statt. Im Gegensatz zum Richtfest ist die Einweihung nicht mit festgelegten Ritualen verbunden. Der Bauherr dankt in der Regel allen, die zur Fertigstellung beigetragen haben, und stellt das Gebäude der Öffentlichkeit vor.

DURCHFÜHRUNG DER TERMIN- UND ABLAUFPLANUNG

Die Aufgabe des Bauleiters ist es, mit Hilfe der Termin- und Ablaufplanung alle auf der Baustelle tätigen Firmen zu koordinieren. Es muss jedem klar sein, wann er welche Arbeit erledigen muss, damit die anschließenden Arbeiten begonnen werden können. Wie die Arbeiten im Einzelnen ausgeführt werden, liegt in der Verantwortung der Firmen.

Um die Termine der Baustelle organisieren zu können, ist es erforderlich, alle für die Erfüllung der Bauaufgabe notwendigen Vorgänge und Abläufe sowie deren Abhängigkeiten untereinander zu kennen. Hierzu werden im Prinzip drei Planungen durchgeführt:

Ablaufplanung

Im ersten Schritt wird die Ablaufplanung vorgenommen, die alle für den jeweiligen Ablaufplan relevanten Vorgänge und Ereignisse ermittelt und organisiert. Ziel ist es, Abhängigkeiten zwischen den Vorgängen zu erkennen. Dabei werden sie in ihrer logischen und dem Bauablauf entsprechenden Reihenfolge sortiert. Die Festlegung, welche Vorgänge erfasst werden, hängt ebenfalls vom Zweck der Terminplanung ab. Will man ermitteln, wann welche Firmen auf der Baustelle tätig sind, werden alle Vorgänge, die einzelne Firmen betreffen, zusammengefasst.

Dauerplanung

Sind die Vorgänge und Abhängigkeiten ermittelt, geht es im zweiten Schritt in der Dauerplanung darum, auf Grundlage der insgesamt zur

---

● **Beispiel:** Die Dauer eines Vorgangs wird ermittelt, indem die für den Vorgang zu erbringende Menge (z. B. in m^2 oder m^3) mit einem so genannten Aufwandswert multipliziert wird. Der Aufwandswert gibt an, wie viel Zeit im Durchschnitt benötigt wird, um die Leistung zu erbringen. Für die Erstellung eines Quadratmeters Mauerwerk sind Aufwandswerte von 1,40–2,0 h/m^2 typisch. Für die verschiedenen Aufwandwerte gibt es in der Literatur umfangreiche Listen; hilfreich sind darüber hinaus eigene Erfahrungswerte.

○ **Hinweis:** Weitere und ausführliche Informationen zu den verschiedenen Darstellungsarten der Terminpläne sowie deren Erstellung finden sich in *Thema: Baukosten- und Terminplanung* von Bert Bielefeld und Thomas Feuerabend, erschienen im Birkhäuser Verlag, Basel 2007.

Verfügung stehenden Bauzeit die mögliche Dauer der Einzel- und Sammelvorgänge zu ermitteln.

Bei der Terminplanung werden der Ablaufplanung die in der Dauerplanung ermittelten Dauern zugeordnet und mit konkreten Terminen versehen. Dadurch können der Beginn und das Ende aller Vorgänge ermittelt werden. Terminplanung

Terminplandarstellung

Je nach Zweck, Nutzer und Bauaufgabe bieten sich verschiedene Darstellungsarten von Terminplänen an. Grundsätzlich werden die vier Darstellungsarten Balkenplan, Liniendiagramm, Netzplan und die Terminliste unterschieden. > Abb. 16 Für Hochbauprojekte wird mittlerweile normalerweise der Balkenplan verwendet.

Bei Balkenplänen werden auf der senkrechten Achse die Vorgänge und Ereignisse aufgelistet. Die waagerechte Achse ist die Zeitachse. Jeder Vorgang wird durch einen Balken dargestellt, dessen Länge der Dauer des Vorgangs entspricht. Dieser Systematik folgend, werden Ereignisse und Meilensteine als Vorgang ohne Dauer dargestellt. Voneinander abhängige Vorgänge werden mit Pfeilen verbunden. Vorteile des Balkenplanes sind die auch für Laien einfache Lesbarkeit und die gute Anschaulichkeit. Er eignet sich darüber hinaus gut für Gesamtübersichten. > Abb. 17 Balkenplan

Der Balkenplan stellt bei Hochbauprojekten mittlerweile die gebräuchlichste Terminplandarstellung dar. Für die Erstellung von Terminplänen, insbesondere Balkenplänen, steht eine Vielzahl von Computerprogrammen zur Verfügung.

Die einfachste Darstellungsform einer Terminplanung ist die Terminliste. Auch sie erlaubt, je nach Verwendungszweck und Nutzer Vorgänge und Ereignisse in unterschiedlicher Darstellungstiefe abzubilden. Bei der Erstellung von Terminlisten sollten die Vorgänge so erfasst werden, dass sie nach verschiedenen Kriterien, etwa nach Gewerken oder Bauabschnitten, sortiert werden können. Problematisch ist die Darstellung von Abhängigkeiten zwischen den Vorgängen, die nur durch zusätzliche textliche Erläuterungen erfasst werden können. Terminliste

Die Darstellungsformen Netzplan und Liniendiagramm bzw. Volumen-Zeit-Diagramm sind beispielhaft in Abbildung 16 dargestellt, werden hier aber nicht weiter erläutert, da sie bei normalen Hochbauprojekten nur eine untergeordnete Rolle spielen. Netzplan und Liniendiagramm

Terminplanarten

Je nach Detailtiefe der Terminpläne werden verschiedene Terminplanarten unterschieden. Die Detailtiefe kann sich auf die Feinheit der Zeiteinteilung (von Monaten über Wochen bis zu Tagen und Stunden) oder die Differenziertheit der Vorgänge beziehen.

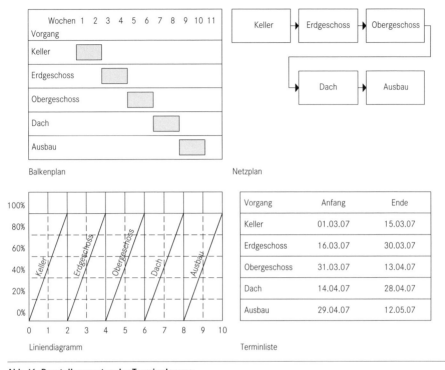

Abb. 16: Darstellungsarten der Terminplanung

Rahmenterminplan Der Rahmenterminplan wird zum Beginn des Projektes durch den Bauherrn oder Planer erstellt. In diesem Terminplan wird der gesamte Zeitraum dargestellt, in dem das Projekt realisiert wird. Im Rahmenterminplan sind in der Regel die Terminvorgaben des Bauherrn formuliert. Als grobe Struktur ist folgende Aufteilung denkbar:

— Projektvorbereitung
— Planung
— Ausführung
— Einzug
— Nutzung

Grobterminplan In der Regel wird bei der Erstellung des Leistungsverzeichnisses durch den Architekten ein Grobterminplan entwickelt. Die dort ermittelten Termine werden in die Leistungsverzeichnisse aufgenommen, um als Vertragsbestandteil mit den ausführenden Bauunternehmen vereinbart zu werden. Der Grobterminplan ist die Grundlage der Terminplanung für

328

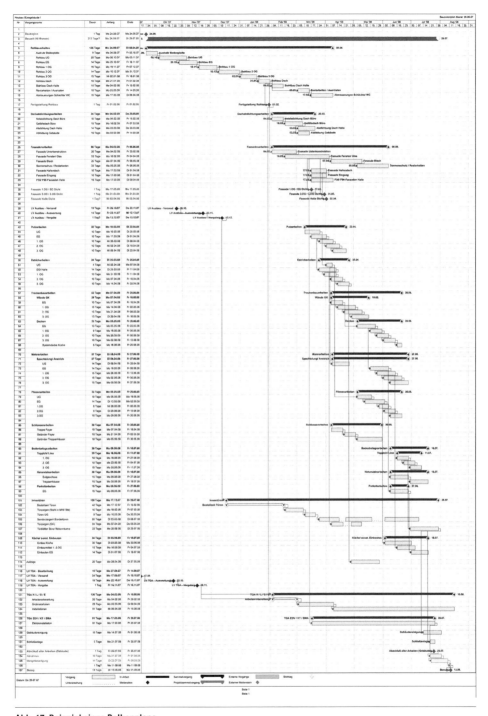

Abb. 17: Beispiel eines Balkenplans

329

den Bauleiter. Hier werden neben den wichtigsten Meilensteinen nur Sammelvorgänge beziehungsweise Gewerkegruppen erfasst. Beispiele für Gewerkegruppen sind:

- Vorbereitende Maßnahmen
- Rohbau
- Gebäudehülle
- Ausbau
- Haustechnik
- Abschließende oder nachlaufende Maßnahmen

In den Gewerkegruppen sind alle zum Rohbau gehörenden Gewerke wie die Beton- und Stahlbetonarbeiten, Mauerwerksarbeiten und Stahlbauarbeiten zusammengefasst. > Tab. 3

Feinterminplan   Für den Feinterminplan werden die verschiedenen Gewerke als Gliederung genutzt. Ist das Gebäude für den Bauablauf in Bauabschnitte eingeteilt, werden die Vorgänge in diesem Terminplan entsprechend aufgeteilt. > Kap. Termin- und Ablaufplanung, Terminsteuerung Die im Feinterminplan dargestellten Vorgänge müssen unter Berücksichtigung der technologischen und räumlichen Abhängigkeiten verknüpft werden. > Abb. 18

Die Vorgänge der Feinterminplanung können auf der Grundlage der in den Leistungsverzeichnissen erfassten Gewerke und Titel geplant werden. So ist sichergestellt, dass keine wichtigen Vorgänge vergessen werden. Eine mögliche Struktur ist, der Systematik der in Deutschland gebräuchlichen VOB/C folgend, in Tabelle 3 dargestellt. In den weiteren Spalten ist eine Zuordnung zu den Gewerkegruppen erfolgt.

● **Beispiel:** Eine technologische Abhängigkeit besteht z. B. zwischen den Estricharbeiten und dem Verlegen von Parkett auf diesem Estrich. Vor dem Verlegen des Parketts muss der Estrich so weit ausgetrocknet sein, dass die Feuchtigkeit im Estrich das Parkett nicht mehr beschädigen kann. Eine räumliche Abhängigkeit ergibt sich z. B. durch die Tatsache, dass in einem Raum nicht gleichzeitig Maler- und Bodenbelagsarbeiten ausgeführt werden können.

Tab. 3: Gewerke und Zuordnung in Gewerkegruppen

Gewerk	Gewerkegruppe				
	V	RB	GH	IA	HT
Erdarbeiten	x	x			
Verbauarbeiten	x	x			
Wasserhaltungsarbeiten	x	x			
Entwässerungskanalarbeiten	x				
Dränarbeiten	x	x			
Mauerarbeiten		x			
Betonarbeiten		x			
Naturwerksteinarbeiten				x	
Betonwerksteinarbeiten				x	
Zimmer- und Holzbauarbeiten			x		
Stahlbauarbeiten		x	x		
Abdichtungsarbeiten		x	x		
Dachdecker- und Dachabdichtungsarbeiten			x		
Klempnerarbeiten			x		
Trockenbauarbeiten				x	
Wärmedämmverbundsysteme			x		
Betonerhaltungsarbeiten		x	x		
Putz- und Stuckarbeiten			x	x	
Fassadenarbeiten			x		
Fliesen- und Plattenarbeiten				x	
Estricharbeiten				x	
Gussasphaltarbeiten				x	
Tischlerarbeiten				x	
Parkettarbeiten				x	
Beschlagarbeiten			x	x	
Rollladenarbeiten			x		
Metallbauarbeiten			x	x	
Verglasungsarbeiten			x	x	

Tab. 3: Gewerke und Zuordnung in Gewerkegruppen

Gewerk	Gewerkegruppe				
	V	RB	GH	IA	HT
Maler- und Lackierarbeiten			x		
Korrosionsschutzarbeiten an Stahl- und Aluminiumbauten	x	x			
Bodenbelagsarbeiten				x	
Tapezierarbeiten				x	
Raumlufttechnische Anlagen					x
Heizanlagen und zentrale Wassererwärmungsanlagen					x
Gas-, Wasser-, Entwässerungsanlagen					x
Nieder- und Mittelspannungsanlagen					x
Blitzschutzanlagen					x
Förderanlagen, Aufzugsanlagen, Fahrtreppen und Fahrsteige					x
Gebäudeautomation					x
Dämmarbeiten an technischen Anlagen					x
Gerüstarbeiten	x	x			x

Abkürzungen: V = vorlaufende Arbeiten, RB = Rohbau, GH = Gebäudehülle,
IA = Innenausbau, HT = Haustechnik

Detailterminplan   Ein Detailterminplan kann zur Koordination bei räumlich beengten Situationen mit vielen Beteiligten oder bei starkem Termindruck notwendig werden. Die Einteilung der Zeitskala kann bei Detailterminplänen bis
O   zur Darstellung von Stunden reichen. > Abb. 19

> O **Hinweis:** Je nach Terminplanart sind zusammengehörende Einzelvorgänge zu Sammelvorgängen zusammengefasst, um Gesamtabläufe übersichtlicher darstellen zu können. Ein Vorgang ist im Feinterminplan z. B. die Erstellung des Trockenbaus. Im Detailterminplan fasst der Sammelvorgang Trockenbau die Vorgänge Ständerwerk und Beplankung 1. Seite, Elektroarbeiten, Beplankung 2. Seite usw. zusammen.

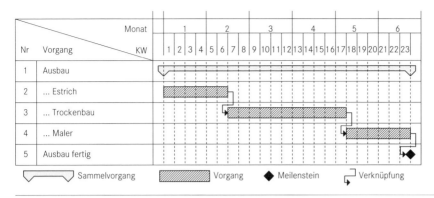

Abb. 18: Sammelvorgang und Einzelvorgang am Beispiel Feinterminplan Ausbau

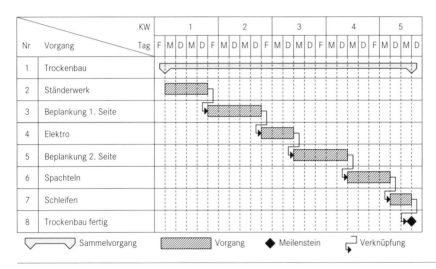

Abb. 19: Sammelvorgang und Einzelvorgang am Beispiel Detailterminplan Trockenbau

TERMINPRÜFUNG

Der Fertigstellungszeitpunkt eines Objektes kann durch die unterschiedlichsten Anforderungen bestimmt sein. Einige Beispiele zeigt Tabelle 4. Der Bauleiter muss zunächst prüfen, wodurch der vom Bauherrn genannte Fertigstellungszeitpunkt bestimmt wird. Gibt es einen unveränderbaren Zwang für den Fertigstellungstermin, kann darüber nicht verhandelt werden.

Tab. 4: Beispiele für die Bestimmung eines Fertigstellungstermins

Bauobjekt	Mögliche Vorgaben für den Fertigstellungstermin
Stadion	Meisterschaften
Laden/Kaufhaus	Weihnachtsgeschäft
Schule	Schuljahresbeginn
Fernstraße	Ferienbeginn
Kraftwerk	Beginn der Heizperiode
Rathaus	Wirtschaftliche Bauzeit
Werkhalle	Produktionsbeginn (Wirtschaftlichkeitsanalyse)

Plausibilitätsprüfung der Terminvorgaben

Ob die Einhaltung der Vertragstermine möglich ist, sollte von allen Vertragsparteien vor Vertragsabschluss durch eine einfache Plausibilitätsprüfung geprüft werden. Dies gilt sowohl für den Bauleiter, der die gesamte Bauzeit prüfen muss, als auch für die Auftragnehmer, die für die Realisierbarkeit ihres Gewerkes verantwortlich sind. Dabei sollten grundsätzlich folgende Fragen beachtet werden:

— Kann das Bauvorhaben in der zur Verfügung stehenden Zeit realisiert werden?
— Sind alle vorgesehenen Bauteile innerhalb der Bauzeit lieferbar?
— Welche externen Faktoren (z. B. beengte Verhältnisse, starker Straßenverkehr) beeinflussen den Ablauf?

Für die Plausibilitätsprüfung gibt es unterschiedliche Möglichkeiten. Die einfachste für den Bauleiter ist der Vergleich mit bereits gebauten Objekten. In der Literatur finden sich Listen und Übersichten bereits gebauter Objekte. In diesen Listen sind nicht nur Pläne, Fotos und Kosten, sondern im Regelfall auch die Bauzeit angegeben. Die Nutzung von vergleichbaren Objekten ist für Plausibilitätsprüfungen eine einfache und schnelle Hilfe. Stellt sich heraus, dass der gewünschte Fertigstellungstermin nicht zu erreichen ist, muss der Bauherr unmissverständlich darauf hingewiesen werden.

Terminabhängigkeit einzelner Bauteile oder Gewerke

Die Bindung an einen zwingend einzuhaltenden Vertragstermin kann nicht nur für den Fertigstellungstermin, sondern auch für einzelne Bauabschnitte oder einen bestimmten Bauzustand gegeben sein.

Um die Vielzahl der einzelnen Gewerke koordinieren zu können, muss
● der Bauleiter auch für das einzelne Unternehmen klare Terminvorgaben machen. Dabei ist die Planung der einzelnen Vorgänge innerhalb eines

Gewerkes für den Bauleiter nur dann von Interesse, wenn hiervon weitere Arbeiten anderer Gewerke abhängen. Dies wird besonders bei den Ausbauarbeiten wichtig, da in dieser Bauphase sehr viele verschiedene Firmen auf der Baustelle tätig sind.

Behinderungen

Während der Ausführung treten erfahrungsgemäß eine Reihe von Änderungen ein, die sich teilweise auf Qualitäten, Termine und Baukosten auswirken. Je nachdem, durch wen diese Änderungen verursacht wurden, haben die ausführenden Firmen das Recht, Bauzeitverlängerungen und die damit verbundenen Mehrkosten geltend zu machen. Die Prüfung der Ansprüche erfolgt durch den Bauleiter.

Die Bauausführung kann durch Umstände behindert werden, die auf Veranlassung oder Verschulden des Bauherrn zurückgehen, durch Umstände, die der Bauunternehmer zu vertreten hat, und durch Umstände, die weder der Bauherr noch der Bauunternehmer zu vertreten haben.

Zu den Umständen, die der Auftraggeber zu verantworten hat, gehören:

- fehlende Genehmigungen,
- fehlende Absteckung der Hauptachsen und fehlende Höhenfestpunkte,
- fehlende Entscheidungen des Bauherren z. B. zur Ausführung von Alternativpositionen,
- unzureichende Koordinierung der von ihm beauftragten Bauunternehmen,
- unvollständige oder mangelhafte Leistungen des Architekten oder anderer Planer,
- fehlende Sicherheiten durch den Auftraggeber, die vereinbart oder gefordert, aber nicht gestellt wurden,

● **Beispiel:** Im Industriebau werden in den noch nicht fertigen Baukörper Maschinen und größere Aggregate eingesetzt, bevor die Außenwände oder Dächer gebaut werden. Aufgrund der Größe dieser Einbauten ist ein späterer Transport durch Fenster oder Tore des Objektes nicht möglich.

■ **Tipp:** Für den Bauleiter ist es uninteressant, wann der Rohbauer für das Erdgeschoss die Schalungen aufstellt, die Bewehrung einbaut und betoniert, da diese Vorgänge nur durch den Rohbauer selbst ausgeführt werden. Wichtig für den Bauleiter ist, dass der Fertigstellungstermin des Erdgeschosses eingehalten wird, weil zu diesem Termin beispielsweise die Putzarbeiten beginnen sollen.

- nicht vertragsgemäße Zahlungen (zu spät, zu niedrig),
- Eingriffe des Bauherren oder seines Architekten in den geplanten Bauablauf,
- Mengenmehrungen,
- Leistungsänderungen,
- Sicherheitsmängel, die einen Baustopp verursachen.

Bei Behinderungen aus dieser Gruppe können Ansprüche der Auftragnehmer gegenüber dem Bauherrn auf Fristverlängerung, Vergütung und Schadenersatz entstehen.

Neben den oben aufgezählten Gründen für mögliche Verzögerungen des Bauablaufs gibt es auch Umstände, die weder der Bauherr noch der Bauunternehmer zu vertreten haben:

- Streik oder eine von der Berufsvertretung der Arbeitgeber angeordnete Aussperrung im Betrieb des Auftragnehmers oder eines Nachunternehmers
- Höhere Gewalt oder andere für den Auftragnehmer unabwendbare Umstände

Treten diese Umstände ein, hat der Bauunternehmer einen Anspruch auf eine längere Bauzeit, aber nicht auf eine höhere Vergütung seiner Leistungen.

Dass der Unternehmer keine Ansprüche aus Behinderungen ableiten kann, die er selbst zu vertreten hat, ist selbstverständlich; hier hat im Gegenzug der Bauherr eventuell die Möglichkeit, Schadensersatz zu fordern. Einige Beispiele für mögliche Ursachen von Verzögerungen sind in Tabelle 5 zusammengefasst.

Sind durch andere Gewerke die Vorleistungen nicht, nicht ausreichend oder fehlerhaft erbracht worden, ist dies dem Bauherrn und dem Bauleiter unverzüglich mitzuteilen. Der Bauleiter hat eindeutige Festlegungen zu treffen, wie diese Behinderungen beseitigt werden.

Allerdings ist der Auftragnehmer dazu verpflichtet, den Schaden aus einer Behinderung so gering wie möglich zu halten. Es darf erwartet werden, dass Mitarbeiter bei Behinderungen einer Arbeit andere notwendige Arbeiten leisten.

Behinderungen durch andere Gwerke

○

TERMINSTEUERUNG

Mit dem Termin- und Ablaufplan lässt sich die Einhaltung des geplanten Bauablaufs überwachen. Dabei sind die Vorgänge, die direkt aufeinander folgen und deren Verzögerung sich direkt auf den Fertigstellungstermin auswirken, besonders im Auge zu behalten. Die Kette dieser Vorgänge im Terminplan wird „kritischer Weg" genannt. > Abb. 20

Tab. 5: Mögliche Ursachen für Abweichungen und Behinderungen im Arbeitsfortschritt

	Durch Auftraggeber zu vertreten bzw. aus seinem Risikobereich	Durch Auftragnehmer zu vertreten
Falsche Planungen und Annahmen	Bodenklasse falsch eingeschätzt	Produktivität falsch eingeschätzt
	Ausschreibung der Leistung unvollständig	Falsche Maschinen vorgesehen
	Ausgeschriebene Mengen zu gering	Notwendige Materialmenge falsch bestimmt
	Fehler im Ablaufplan	Fehler im eigenen Ablaufplan
Störungen des Bauablaufes	Pläne fehlen	Material kommt nicht pünktlich
	Entscheidungen des Bauherrn fehlen	Defekt von Maschinen
	Mangelhafte Vorleistung anderer Gewerke	Schalung/Verbau reicht nicht Baustelle wird wegen mangelhaften Unfallschutzes eingestellt
	Terminüberschreitungen von Behörden, Architekten und Fachplanern	Mitarbeiter sind krank
	Unerwartete Bodenfunde	Mangelhafte Qualität (Abriss und erneute Herstellung)

○ **Hinweis:** Baut eine Leistung direkt auf eine andere auf (wie z. B. ein Anstrich, der auf eine Trockenbauwand aufgebracht wird), erfolgt in der Regel eine Übergabe, bei der das nachfolgende Gewerk bestätigt, dass die Vorleistung so erbracht ist, dass ohne Behinderung oder Bedenken weiter gearbeitet werden kann. Diese Übergaben sollten durch den Bauleiter protokolliert und durch die weiteren Beteiligten durch Unterschrift bestätigt werden (siehe Kap. Abnahmen).

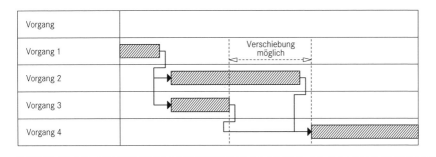

Abb. 20: Schemadarstellung „kritischer Weg"

Ablaufplan	Projekt:			KW				KW				KW				KW			
Vorgang		Stunden	MA	M	D	M	D	F	M	D	M	D	F	M	D	M	D	F	M	D	M	D	F
Baustelle einrichten	soll	20	3																
	ist						BU kommt verspätet											
Sauberkeits- schicht	soll	40	3																
	ist							Unterbrechung durch Fund										
Grundleitungen	soll	50	2																
	ist																		
Fundamentplatte	soll	70	3																
	ist										Verkürzung durch zusätzliche Arbeitskraft							
Mauerwerk Keller	soll	190	5																
	ist	140	6																

▨ Soll-Ablauf   ▨ Ist-Ablauf   ⌐ Verknüpfung   MA = Mitarbeiter

Abb. 21: Balkenplan mit Soll-Ist-Vergleich

Mittel zur Terminsteuerung Eine wirksame und zielgerichtete Terminsteuerung ist nur möglich, wenn festgestellt werden kann, ob es zu Behinderungen und damit verbundenen Verzögerungen gekommen ist. Dazu muss auf der Baustelle ein regelmäßiger Soll-Ist-Vergleich mit einer Einschätzung des Leistungsstandes durchgeführt werden. > Abb. 21 Zum Ausgleich von Terminabweichungen können folgende Maßnahmen getroffen werden:

- Erhöhung der Kapazitäten (mehr Arbeitskräfte, höherer Maschineneinsatz)
- Verlängerung der Arbeitszeiten
- Änderung des Bau- oder Produktionsverfahrens
- Anpassung der Bauabschnitte
- Änderung der Qualitäten

Diese Maßnahmen sind aber nur bis zu einem gewissen Grad geeignet, Terminabweichungen auszugleichen. Die Kosten, die durch diese Maßnahmen entstehen, sind durch den Verursacher zu tragen.

Oftmals ist es nicht möglich, die Kapazitäten beliebig zu erhöhen. Das alte Sprichwort „Was einer in zehn Tagen schafft, schaffen zehn an einem Tag" gilt nur selten, denn beengte Platzverhältnisse schränken die Zahl der Mitarbeiter, die an einer Aufgabe arbeiten können, ein. Es kommt zu gegenseitigen Behinderungen mit dem Ergebnis, dass die Ausführung noch weiter verzögert wird.

Erhöhung der Kapazitäten

Die Verlängerung der täglichen Arbeitszeit oder zusätzliche Arbeitstage sind oft das einfachste Mittel, um Abweichungen auszugleichen. Da Beschleunigungsmaßnahmen normalerweise zu Mehrkosten führen, muss in jedem Fall geklärt sein, durch wen diese Kosten (Überstundenzuschläge oder Zuschläge für Arbeiten an Wochenenden oder Feiertagen) getragen werden.

Verlängerung der Arbeitszeit

Die nachträgliche Änderung von Bauverfahren ist während der Ausführung oft nur in engen Grenzen möglich. Möglichkeiten zur Änderung der Bauverfahren gibt es bei:

Änderung von Bauverfahren

- Estricharbeiten: Zementestrich zu Trockenestrich oder Zementestrich zu Gussasphaltestrich
- Putzarbeiten: Nassputz zu Trockenputz oder Dickputz zu Spachtelputz

■ **Tipp:** Werden Bauverfahren geändert, muss auf mögliche Auswirkungen bei anderen Gewerken geachtet werden. Bei Verwendung von Spachtelputz oder Trockenputz können geänderte Zargenmaße bei den Türen erforderlich sein. Die anschließenden Gewerke müssen also mit den geplanten Änderungen abgestimmt sein.

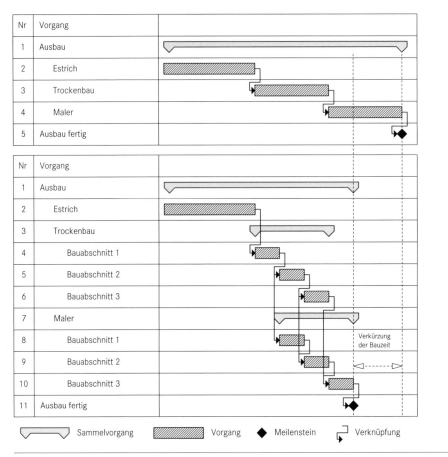

Nr	Vorgang
1	Ausbau
2	Estrich
3	Trockenbau
4	Maler
5	Ausbau fertig

Nr	Vorgang
1	Ausbau
2	Estrich
3	Trockenbau
4	Bauabschnitt 1
5	Bauabschnitt 2
6	Bauabschnitt 3
7	Maler
8	Bauabschnitt 1
9	Bauabschnitt 2
10	Bauabschnitt 3
11	Ausbau fertig

Verkürzung der Bauzeit

Sammelvorgang   Vorgang   ◆ Meilenstein   Verknüpfung

Abb. 22: Der Einfluss von Bauabschnitten auf die Bauzeit

Änderung der Qualitäten

Auch durch die Änderung der Qualitäten lassen sich Bauabläufe beschleunigen oder in der Reihenfolge so ändern, dass andere Vorgänge vorgezogen oder beschleunigt werden können. Einerseits können aus solchen Änderungen kürzere Ausführungszeiten auf der Baustelle resultieren, wenn etwa Parkett durch Teppich ersetzt wird. Andererseits können durch schneller verfügbare Baustoffe Lieferzeiten verkürzt werden.

Verkleinerung der Bauabschnitte

Durch die Einteilung der Gesamtaufgabe in Bauabschnitte lässt sich die zeitliche Abfolge von voneinander abhängigen Vorgängen verkürzen. Zur Verdeutlichung ist dies in Abbildung 22 schematisch dargestellt. Statt erst in einem Abschnitt die kompletten Trockenbauarbeiten zu beenden,

Abb. 23: Bauablauf in Bauabschnitten

um dann mit den Malerarbeiten zu beginnen, können diese in Angriff genommen werden, sobald im ersten Bauabschnitt die Trockenbauarbeiten
abgeschlossen sind. Je kleiner die Bauabschnitte gewählt werden, umso
mehr Vorgänge gibt es, aber umso anfälliger wird auch die Planung gegenüber Störungen. Tritt in einem Bauabschnitt eine Störung auf, können
die Arbeiten nicht in andere Bereiche verlegt werden.

Ein Beispiel für die Einteilung einer Bauaufgabe in Bauabschnitte ist
in der Abbildung 23 zu sehen. Auf einer Baustelle finden Rohbau, Fassadenarbeiten und Ausbau parallel statt. Das gesamte Gebäude ist geschossweise in Bauabschnitte eingeteilt.

Qualitätssicherung

Qualität Qualität bezeichnet bei Bauprojekten den vertraglich vereinbarten Zustand, den ein Bauteil nach der Fertigstellung oder dem Einbau haben muss. Neben der Termin- und Ablaufplanung und der Kostenüberwachung ist die Qualitätssicherung die dritte entscheidende Aufgabe des Bauleiters. Regelmäßig gibt es viel Streit darüber, ob die ausgeführten Bauleistungen die vereinbarte Qualität haben und damit mangelfrei sind. Eine wesentliche Ursache für diesen Streit besteht in der unterschiedlichen
● Sichtweise der vereinbarten Qualität.

FESTLEGUNG DER QUALITÄTEN

Qualitäten und die damit vereinbarte Beschaffenheit der Leistung können bei Abschluss des Bauvertrages durch die Beschreibungen im Leistungsverzeichnis und in den Plänen oder auch nachträglich etwa durch Bemusterung festgelegt werden. Dabei müssen die Beschreibungen eindeutig und sowohl vom Auftraggeber als auch vom Auftragnehmer in gleicher Weise verstanden werden. Folgendes ist zu beachten:

Allgemeine Beschreibungen Allgemeine Beschreibungen liefern keine brauchbare Vereinbarung, da in Formulierungen wie „solide Ausführung", „ordnungsgemäße Leistung", „beste Ausführung" die verwendeten Begriffe „solide", „ordnungsgemäß" und „beste" nicht eindeutig definiert sind.

Spezielle Beschreibungen Spezielle Beschreibungen wie in Prospekten oder der Werbung können als vereinbarte Beschaffenheit definiert werden, wenn es sich um eindeutige Aussagen handelt wie „Heizölverbrauch 3 l/m^2 und Jahr".

Mischformen von Beschreibungen Mischformen bedürfen einer Konkretisierung. Der Begriff „dauerhafter Belag" etwa muss durch die Angabe, wie lange keine störenden Verschleißerscheinungen zu erwarten sind, erläutert werden.

● **Beispiel:** Fragt man einen Bauherrn, einen Architekten und einen Bauunternehmer nach dem Bild einer abnahmefähigen „Sichtbetonoberfläche", wird man ganz unterschiedliche Aussagen hören. Der Auftraggeber und sein Architekt erwarten eine völlig ebene Fläche ohne Farbabweichungen und Poren. Der Bauunternehmer wird andererseits aus seinen Erfahrungen heraus deutlich machen wollen, dass Farbabweichungen, Poren, Schalungsstöße usw. auch bei sorgfältiger Arbeit nicht zu vermeiden sind und daher immer sichtbar bleiben.

Individualvereinbarungen mit einzelnen, konkret definierten Eigen- Individual-
schaften der geforderten Leistung sind allgemeinen Darstellungen in   vereinbarungen
jedem Fall vorzuziehen.

Ein Muster stellt eine vereinbarte Qualität dar, auf die für die Aus- Muster
führung Bezug genommen werden kann.

Die Definition, wie ein Bauteil beschaffen sein soll, kann auf verschiedene Arten erfolgen. Wie erwähnt, finden sich Beschreibungen der
Qualität in Leistungsverzeichnissen, Plänen, Bemusterungsprotokollen
oder als Fotos. Wie, wofür und mit wem die Festlegung von Qualitäten
erfolgen kann, zeigt Tabelle 6.

Tab. 6: Ausgewählte Verständigungsmittel zur Vereinbarung von Qualitäten

Beschreibung der Qualität durch:	Beispiele	Anwendungsbereich, Hinweise zur Nutzung	Probleme und offene Fragen
Erstellung von Mustern	Strukturputze Fassadenanstriche Handwerklich bearbeitete Holzoberflächen Farbübergänge bei Natursteinböden und Fassaden	Überall dort geeignet, wo die optische Qualität von dem handwerklichen Geschick abhängig ist.	Muster werden von den Ausführenden häufig „zu gut" gemacht. Die Qualität wird dann auf der Fläche nicht erreicht.
		Unter Baustellenbedingungen herstellen Bemusterung durchführen und dokumentieren, Muster bis zur Abnahme der Gesamtleistung schützen	Mögliche spätere Abweichungen sind häufig nur diffus beschrieben und beinhalten einen weiten Ermessensspielraum.
„Industrieproben" bzw. deren genaue Nennung	Anstriche, z. B. RAL-Farben Mustersteine Parkettstäbe	Anwendung zwischen Fachleuten möglich. Dort sehr rationell. Muster müssen dem späteren, eingebauten Zustand entsprechen.	Handmuster und kleine Musterflächen geben nicht den Eindruck wie im fertigen Raum wieder. Für Laien ggf. schwer vorstellbar
Prospektangaben und Lieferkataloge der Hersteller	Schalter und Steckdosen Heizkörper Sanitärobjekte		

Tab. 6: Ausgewählte Verständigungsmittel zur Vereinbarung von Qualitäten

Beschreibung der Qualität durch:	Beispiele	Anwendungsbereich, Hinweise zur Nutzung	Probleme und offene Fragen
Texte der funktionalen Leistungsverzeichnisse	alle Bauleistungen	Anwendung zwischen Planer und ausführendem und ggf. auch planendem Auftragnehmer. Für den Bauherrn nur begrenzt verständlich	Leistungen sind so beschrieben, dass die geforderten Funktionen erfüllt werden. Ausführungsqualitäten sind weitgehend dem AN überlassen.
Texte der detaillierten Leistungsverzeichnisse	alle Bauleistungen	Anwendung zwischen Planer und ausführendem Auftragnehmer. Für den Bauherrn nur begrenzt verständlich	Leistungen müssen umfassend beschrieben und erfasst werden, da die Beschreibung auch Grundlage der Kalkulation des AN ist.
Vergleichsobjekte	z. B. als Verständigungsmittel zur Sichtbetonqualität	Sehr gut geeignet, wenn gut zugänglich. Zeigt bereits erbrachte Qualitäten	Erreichbarkeit und zeitlicher Aufwand der Bemusterung
Musterräume		Sehr gut geeignet für Laien, um sich Elemente in ihrem räumlichen Kontext vorzustellen	Qualität des Musterraums oft „zu gut". Erstellung eines Musterraums ist ggf. mit hohen Kosten verbunden.

● Alle am Bau Beteiligten haben die Aufgabe, unverzüglich darauf hinzuweisen, wenn eine gewünschte Ausführung objektiv unmöglich ist.

Ausschreibung/Leistungsverzeichnis

Alle vom Bauherrn gewünschten Qualitäten oder geforderten Eigenschaften sollten in den Leistungsverzeichnissen möglichst so beschrieben sein, dass die Auftragnehmer eindeutig wissen, welche Arbeiten sie wie zu erbringen haben. Dabei werden detaillierte Leistungsverzeichnisse mit genauen Beschreibungen der Eigenschaften und funktionale Ausschreibungen mit Beschreibungen der notwendigen Funktionen oder geforderten Eigenschaften unterschieden. Die Beschreibung der Qualitäten und geforderten Leistungen erfolgt in Leistungsverzeichnissen durch:

— Baubeschreibung mit allgemeinen Angaben zur Bauaufgabe
— Vertragliche Bedingungen
— Planunterlagen (Grundrisse, Schnitte, Ansichten)
— Textliche Beschreibungen der Leistungen mit Mengenangaben
— Hinweise zu Referenzprojekten, Mustern und Ausführungsbeispielen

Diese Angaben sollten vor Arbeitsbeginn durch den Bauleiter auf Vollständigkeit und Plausibilität überprüft werden. Zur Klärung der gewünschten Qualitäten sollten die in den Leistungsverzeichnissen beschriebenen Arbeiten mit den Auftragnehmern besprochen werden, um festzustellen, ob sie alle Anforderungen verstanden haben und umsetzen können.

Bemusterung

Bei einer Bemusterung werden dem Bauherrn die Bauteile oder Ausführungsqualitäten beispielhaft vorgestellt. Die genaue Verständigung über die Qualität einzelner Arbeiten ist vor allem bei sichtbaren Oberflächen und Bauteilen notwendig. Diese Oberflächen und Bauteile unterliegen sehr stark einer subjektiven Beurteilung. Die Unterscheidung zwischen guter und schlechter Qualität ist von Vorstellungen, Wünschen, der eigenen handwerklichen Erfahrung und dem eigenen Geschmack geprägt und abhängig.

Wird erst nach der Auftragsvergabe eine bestimmte Qualität festgelegt oder geändert, ergeben sich in der Regel Preisänderungen. Bei der Bemusterung sollten mögliche Kostenänderungen und eventuelle Auswirkungen auf den Baufortschritt (andere Lieferzeiten der Alternativen) feststehen, um diese in die Entscheidungsfindung einbeziehen zu können.

■ Auswirkungen der Bemusterung auf Kosten und Termin

Gerade bei größeren Bemusterungen kann leicht der Überblick über die getroffenen Vereinbarungen verloren gehen. Daher müssen die Ergebnisse auf jeden Fall in einem Protokoll festgehalten werden. Es empfiehlt sich, eine Bemusterungsliste mit allen zu bemusternden Gegenständen sowie den möglichen, oben beschriebenen Auswirkungen anzufertigen. > Abb. 24

Bemusterungsliste

● **Beispiel:** Bei der Herstellung eines Außenputzes zu verlangen, eine 10 m lange Wand mit einer Toleranz von 0 mm auszuführen, ist objektiv unmöglich. Der Begriff meint also, dass kein Unternehmer in der Lage ist, diese Anforderung zu erfüllen.

■ **Tipp:** Werden Muster angefertigt, sollten sie, was Herstellungsdauer und -art betrifft, so, wie es auf der Baustelle üblich ist, hergestellt werden. Es muss unbedingt darauf geachtet werden, dass das Muster in der gleichen Weise wie später die gesamte Leistung ausgeführt wird. Entspricht das fertige Werk nicht dem Muster, kann der Bauherr die Ausführung gemäß dem Muster verlangen.

Position	Gewerk	Kamp-Lintfort	Herne	Dortmund	Haus Witten	Handmuster	Fotos	Zeichnung	Status	weitere Bemusterung	Mehr- / Minderkosten	Bemerkung
1	**Fassade**											
1.1	Metallfassade Alu	x							X			wie KL
1.1.1	Laibungsschwert / Fensterbank								X			RAL 7016
1.1.2	Paneele Deckenanschluss							x	X			gemäß Abstimmung 12.03.03
1.2	Metallfassade Stahl				x	x		x	X			Muster 9006/9007 - 7016
1.2.1	Fassade Kantine							x	X			gemäß Abstimmung 12.03.03
1.3	Fenstersystematik Büro	x							X			wie KL
1.4	Fenstersystematik Foyer	x							X			wie KL
1.5	Sonnenschutz außen Lamelle	x	x						X			wie KL
1.6	Sonnenschutz außen Screen				x				-			Nein
1.7	Trommeltüren								-			Nein
	Windfang / Eingang								o			Entscheidung bis 15.KW
2	**Ausbau**											
2.1	Türen	x										
2.1.1	Türen Bürobereiche	x										
	Zargen	x							X			wie KL
	Türblätter	x							X			Holztürblätter
2.1.2	Türen Konferenz / Kantine	x	x									
	Zargen	x	x						X			Zargenbleche als Wandanschluss
	Türblätter	x	x						X			Holztürblätter je nach Ausstattung
2.1.3	Türen Foyer/ Erschließung	x										
	Zargen	x	x						X			OK wie Türen Treppenhaus-Büro KL
	Türblätter	x	x						X			Stahl-Glastüren
2.2	Beschläge	x	x						X			wie KL
2.3	Glasfelder	x	x						X			wie KL
												Status: verabschiedet X
3	**Schlosserarbeiten**											
3.1	Schlosser Ausbau											
3.1.1	Treppen Foyer / Kantine			x		x			X			Systematik wie Witten
3.1.2	Geländer Treppen / Galerie	x	x			x			X			wie KL, horizontale Füllstäbe
3.2	Schlosser Rohbau											
3.2.1	Tragwerk Kantine			x					X			RAL 9006
3.2.2	F30 Beschichtung						x		X			Ausführung wie in Lackierhalle
3.2.3	Einhausung TGA / Lüftungsgitter	x							X			"Müllhaus" KL OK ähnlich
4	**Böden**											
4.1	Doppelbodensystematik	x							X			wie KL
4.2	**Bodenbeläge**											
4.2.1	Bodenfliesen Sanitär	x	x						X			wie KL
4.2.2	Werkstein Foyer	x							-			entfällt
4.2.3	Naturstein Foyer			x					X			gemäß Abstimmung 12.03.03
4.2.4	Werkstein Treppen	x	x						-			entfällt
4.2.4.1	Naturstein Treppen								X			gemäß Abstimmung 12.03.03
4.2.5	Parkett Kantine			x		x			-			entfällt
4.2.6	Bodenfliesen Ausgabe						x		X			wie bemustert
4.2.7	Bodenfliesen Küche						x		X			nach Abstimmung mit StAfA
4.2.8	Teppichfliesen Büros/Konferenz	x							X			wie Musterraum
4.2.9	Linoleumbelag TGA-Räume	x							X			wie KL

Status: verabschiedet X
offen o

x Muster gemäß Kostenberechnung

Abb. 24: Bemusterungsliste

Wesentliche Bemusterungen sollten vor Vertragsabschluss vorgenommen werden. Kostenneutrale Bemusterungen (z. B. Farbgebung innerhalb einer festgelegten Palette von Standardfarben) können auch während der Bauausführung stattfinden. > Kap. Kostensteuerung

ÜBERWACHUNG UND SICHERSTELLUNG DER QUALITÄTEN

Bei der Überwachung der Qualität von Bauleistungen muss der Bauleiter insbesondere auf folgende Punkte achten:

— Die Art und Weise der Ausführung (besonders bei „schadensträchtigen" Arbeiten)
— geometrische Qualität (Einhaltung der Abmessungen, Winkel und Ebenheit)
— optische Qualität (Farbe, Oberfläche, Gleichmäßigkeit)
— funktionale Qualität (Funktionstüchtigkeit der eingebauten Elemente)
— Übereinstimmung mit Plänen
— Übereinstimmung mit öffentlichen Vorschriften (Baugenehmigung, Verordnungen und Gesetze)
— Übereinstimmung mit Herstellerrichtlinien und Normen

Die unmittelbare Überwachung der Ausführung wird vom Bauleiter insbesondere für besonders komplizierte oder schadensträchtige Bauleistungen verlangt. Dies sind Arbeiten, die erfahrungsgemäß ein hohes Mangel- und Kostenrisiko aufweisen.
Dazu gehören:

— Herstellung von Ortbeton (einschl. Bewehrung) und Einbau von Betonfertigteilen
— Abdichtungs- und Isolierarbeiten
— Verlegung der Dränage
— Einbau der Grundleitungen (Prüfung der Vollständigkeit)
— Einbau von brandschutzrelevanten Bauteilen

Der Bauleiter ist für die Gesamtkoordination der Baustelle verantwortlich, er ist aber nicht verpflichtet, ständig auf der Baustelle anwesend zu sein und alle Arbeiten im Einzelnen zu überwachen. Dies gilt besonders für handwerklich einfache Arbeiten oder gängige Bauarbeiten wie Putzarbeiten, Verlegung von Platten, Erstellung von Trockenbauwänden und -decken oder normale Malerarbeiten. Werden solche Arbeiten allerdings fehlerhaft ausgeführt, muss der Bauleiter seiner Überwachungspflicht in verschärftem Maße nachkommen. Er muss sich also stets davon überzeugen, dass die Handwerker die beauftragten Arbeiten beherrschen und die vereinbarten Qualitätsstandards erreichen.

Überwachungspflichten

Auf der Baustelle sollten alle Arbeiten so überwacht werden, dass die Ausführung auch wirklich den Anforderungen entspricht. Übersteigen die Anforderungen an diese Überwachung den Sachverstand des Bauleiters, muss er den Bauherrn anregen, entsprechende Sachverständige und Fachbauleiter einzusetzen. Für einige Bauleistungen kann dies sogar vorgeschrieben sein:

— Baugerüste
— Brandschutzrelevante Bauteile
— Rauch- und Wärmeabzugsanlagen
— Brand- und Rauchmeldeanlagen
— Statisch relevante Bauteile
— Aufzugsanlagen und Rolltreppen

Um die Ausführung der technischen Gebäudeausrüstung zu überprüfen, wird in der Regel ein Bauleiter des planenden Haustechnikbüros benannt. Dieser ist dafür verantwortlich, die mit der Ausführung der haustechnischen Gewerke beauftragten Firmen zu überwachen und die sachgerechte Ausführung der Arbeiten zu gewährleisten. Bei Fragen zur Ausführung statisch besonders relevanter Bauteile muss beachtet werden, dass der verantwortliche Prüfstatiker so über den Arbeitsfortschritt informiert wird, dass er relevante Arbeitsschritte kontrollieren und dokumentieren kann. Er muss nach Fertigstellung der Arbeiten bescheinigen, dass diese gemäß den Vorgaben ausgeführt sind. Diese Sachverständigen müssen ebenfalls in die Abnahme dieser Bauleistungen einbezogen werden. > Kap. Abnahmen

Die Überprüfung der geometrischen Qualität betrifft insbesondere die Kontrolle der Maße im Grundriss und der Höhen sowie der Winkel und der Ebenflächigkeit von Bauteilen. Gibt es im Vertrag keine ausdrücklichen Vereinbarungen, gelten die Angaben in Normen als Richtschnur für die Ausführung. Beispiele für zulässige Maßabweichungen im Grundriss und der Raumhöhe sind in Tabelle 7 dargestellt. Diese beispielhaften Angaben beziehen sich auf die in Deutschland gültige DIN 18202 zu Toleranzen im Hochbau.

Die Festlegungen der Maßgenauigkeit haben den Zweck, trotz unvermeidlicher Ungenauigkeiten bei Herstellung und Montage das funktionsgerechte Zusammenfügen von Bauteilen des Roh- und Ausbaus ohne Anpass- und Nacharbeiten zu ermöglichen. Die Gewerke müssen ohne großen Aufwand aufeinander aufbauen können. Bei Überschreiten dieser Grenzwerte sind bei den Folgearbeiten häufig zusätzliche Aufwendungen zum Ausgleich notwendig.

Tab. 7: Beispiele für zulässige Abweichungen von Maßen im Grundriss und Raumhöhen im Gebäude (nach DIN 18 202)

Zu prüfendes Maß	Zulässige Toleranzen (mm) bei einem Nennmaß ...		
	bis 3 m	über 3 bis 6 m	über 6 bis 15 m
Längen und Breiten im Grundriss	+12	16	20
Geschosshöhen	16	16	20
Lichte Maße im Grundriss	16	20	24
Lichte Maße im Aufriss	20	20	30
Öffnungen (nicht oberflächenfertige Leibung)	12	16	–

GESETZE, VORSCHRIFTEN, NORMEN

Für Ausführung und Eigenschaften von Bauleistungen gibt es eine Vielzahl von Regeln. Die Gesetzgeber haben dazu Gesetze und Vorschriften erlassen. Normen dienen der Standardisierung von Anwendungen, Eigenschaften und Verfahren und werden von den Normierungsinstituten formuliert und herausgegeben. Darüber hinaus gibt es Hinweise und Richtlinien von Berufsverbänden und Herstellern von Bauprodukten zur Anwendung und Verarbeitung ihrer Produkte.

Anerkannte Regeln der Technik

Anerkannte Regeln der Technik sind technische Regeln zur Ausführung von baulichen Anlagen oder Bauteilen. Diese Regeln gelten in Wissenschaft und Praxis als korrekt und haben sich in der Anwendung über einen langen Zeitraum bewährt.

Die Ausführung von Bauleistungen nach diesen Regeln wird als selbstverständlich vorausgesetzt, ohne dass sie gesondert im Vertrag vereinbart werden müssen. Bauunternehmen sind für das entsprechende Know-how selbst verantwortlich. Werden diese Regeln nicht eingehalten, liegt ein Mangel vor. > Kap. Qualitätssicherung, Mängel und Mängelbeseitigung Ein Auftragnehmer kann sich von der Haftung für die Nichteinhaltung befreien, wenn mit dem Auftraggeber vereinbart ist, diese Regeln nicht einzuhalten, und er über die möglichen Konsequenzen genau informiert ist.

Stand der Technik

Der Stand der Technik stellt im Vergleich zu den Anerkannten Regeln der Technik eine höhere Stufe der technischen Entwicklung dar, hat sich aber in der Praxis noch nicht langfristig bewährt. Da bei Bauleistungen Wert auf Dauerhaftigkeit gelegt wird, wird für die Ausführung lediglich die Einhaltung der Anerkannten Regeln der Technik vorausgesetzt.

Stand der Wissenschaft und Technik

Der Stand der Wissenschaft stellt den aktuellen Forschungsstand dar. Dies bedeutet, dass für Produkte oder Ausführungsarten nach diesem Stand keine oder nur sehr wenig Erfahrung aus der Praxis vorliegt. Eine Verwendung in der Baupraxis findet nur sehr selten statt. Abbildung 25 stellt die Begriffe in einer Übersicht zusammen.

Normen

Die Aufgaben von Normen sind sehr vielfältig. Sie dienen zur Festlegung von Standards in Bezug auf Rationalisierung, Verständigung, Gebrauchstauglichkeit, Qualitätssicherung, Kompatibilität, Austauschbarkeit, Gesundheit, Sicherheit und Umweltschutz. Darüber hinaus sind sie Bestandteil allgemeiner technischer Vorschriften, nach denen auch Bauleistungen ausgeführt werden müssen. Es ist zu beachten, dass Normen veraltet sein können und nicht mehr den Anerkannten Regeln der Technik entsprechen müssen. Es kann also vorkommen, dass eine Norm nicht mehr, aber auch noch nicht den Anerkannten Regeln der Technik entspricht. Daher sind die Anerkannten Regeln der Technik den Normen übergeordnet.

Richtlinien, Hinweise, Anweisungen

Neben den bereits aufgezählten und erläuterten technischen Grundlagen für die Ausführung von Bauleistungen gibt es weitere Richtlinien und Hinweise, die beim Bauen beachtet werden müssen:

— Richtlinien der Verbände
— Vorschriften der Hersteller
— Verarbeitungshinweise
— Einbauvorschriften
— Gebrauchsanweisungen

Richtlinien   Formal gesehen ist eine Richtlinie eine Handlungsvorschrift mit bindendem Charakter, aber nicht gesetzlicher Natur. Richtlinien werden von Organisationen wie den Handwerksverbänden (Maler, Dachdecker, Abbruchunternehmen usw.) herausgegeben. Sie werden auf Grundlage der einschlägigen Anerkannten Regeln der Technik, von Normen und der praktischen Erfahrung erarbeitet. Die jeweiligen Richtlinien werden normalerweise für die Ausführung von Bauleistungen mit vereinbart.

Begriff	Merkmal			
	Wissenschaftliche Erkenntnis/ Bestätigung	Praktische Erfahrung vorhanden	in Fachkreisen allgemein anerkannt	In der Praxis langfristig bewährt
Anerkannte Regeln der Technik	ja	ja	ja	ja
Stand der Technik	ja	teilweise/ bedingt	teilweise	nein
Stand der Wissenschaft (und Technik)	ja	nein	nein	nein

Abb. 25: Begriffsstruktur zu Entwicklungsstufen von Produkten und Verfahren > Literatur, Rudolf Rybicki

Vorschriften der Hersteller, Verarbeitungshinweise, Einbauvorschriften und Gebrauchsanweisungen gelten für einzelne Bauprodukte oder Bauteile und geben genaue Hinweise zu Lagerung, Verwendung oder Einbau. Darüber hinaus sind auch Angaben zu finden, mit welchen anderen Produkten zusammen ein Produkt verwendet werden darf. Der Bauleiter sollte sich über die auf der Baustelle verwendeten Produkte informieren, um die richtige und mängelfreie Verwendung kontrollieren zu können. ○

Verarbeitungshinweise und Einbauvorschriften

○ **Hinweis:** Für viele Bauprodukte wie Farben und Kleber gibt es Vorschriften, welche minimalen und maximalen Temperaturen bei der Verarbeitung herrschen dürfen. Werden diese unter- oder überschritten, ist die normale Funktionsfähigkeit und Dauerhaftigkeit nicht gegeben.

Nicht alle Farben und Kleber dürfen auf jedem Untergrund verwendet werden. Es kann vorkommen, dass Farben oder Kleber auf einem bestimmten Untergrund nicht haften oder dass das eine das andere gar zerstört.

		Verbindungs-element	Schraube: Ø6,8 x l Kopfform ähnlich DIN ISO 1479 mit Dichtscheibe Ø 16mm
		Werkstoffe	Schraube: nichtrostender Stahl, DIN EN 10088 nicht beschichtet
			Scheibe: nichtrostender Stahl, DIN EN 10088 mit aufvulkanisierter EPDM-Dichtung
		Hersteller: Vertrieb:	Stahl Konzern
			Anschrift:
			Tel:
			Fax:
			Internet:

Max. Bohrleistung _ ti 6,00mm

Bauteil II aus Stahl mit t in [mm]:
S235J+xx nach DIN EN 10025-2
S280GD+xx oder S320GD+xx nach DIN EN 10326

Bauteil III aus Holz; Sortierklasse S10

Auszugsmoment (Richtwert)			1,50	2,00	2,50	3,00	4,00	5,00
			anschlagorientiert verschrauben					
			-	-		3Nm		-

Bauteil I aus Stahl mit t in [mm]: S280GD+xx oder S320GD+xx nach DIN EN 10326

			1,50	2,00	2,50	3,00	4,00	5,00
Querkraft V in [kN]		0,50	--	--	--	--	--	--
		0,55	--	--	--	--	--	--
		0,63	--	--	3,10	3,50	3,50	--
		0,75	--	--	3,60	3,90	3,90	--
		0,88	--	--	4,00	4,00	4,00	--
		1,00	--	--	4,50	5,20	5,20	--
		1,13	--	--	4,90	5,80	--	--
		1,25	--	--	5,40	6,40	--	--
		1,50	--	--	6,30	7,00	--	--
		1,75	--	--	6,30	7,00	--	--
		2,00	--	--	6,39	7,00	--	--
Zugkraft N in [kN]		0,50	--	--	1,78	1,78	1,78	--
		0,55	--	--	2,25	2,25	2,25	--
		0,63	--	--	3,30	3,30	3,30	--
		0,75	--	--	3,80	3,80	3,80	--
		0,88	--	--	4,40	4,40	4,40	--
		1,00	--	--	4,60	4,90	4,90	--
		1,13	--	--	4,60	5,40	--	--
		1,25	--	--	4,60	5,90	--	--
		1,50	--	--	4,60	6,60	--	--
		1,75	--	--	4,60	6,60	--	--
		2,00	--	--	4,60	6,60	--	--

Weitere Festlegungen:

Bohrschrauben	Charakteristische Tragfähigkeitswerte für das Verbindungselement Schraube: 6.8-K-S1	Anlage 3.89 zur allgemeinem bauaufsichtlichen Zulassung Nr. Z-AA-B23 vom 12. August 2007

Abb. 26: Produktdatenblatt für Schrauben mit technischen Details

Abb. 27: Etikett einer Verglasung mit technischen Angaben und Gütesiegel

Lieferscheine, Etiketten, Gütesiegel, Datenblätter

Der Bauleiter muss die gelieferten Baustoffe dahingehend über-prüfen, ob sie den oben beschriebenen Anforderungen entsprechen. Zu diesem Zweck werden die Lieferscheine und Etiketten mit den im Bau-vertrag angegebenen Angaben verglichen. Auf dem in Abbildung 27 dar-gestellten Etikett einer Verglasung sind alle erforderlichen Angaben vor-handen:

— Hersteller
— Ausführende Firma/Besteller
— Projekt
— Verglasungstyp und Scheibenaufbau
— Scheibengröße
— Gütesiegel

Die Etiketten wichtiger Baustoffe sollte der Bauleiter für die Projekt-dokumentation sammeln. Gibt es für Baustoffe keine genauen Vorgaben (so wie für Verglasungen), kann die geforderte und nach den Anerkann-ten Regeln der Technik notwendige Qualität an Gütesiegeln oder ver-gleichbaren Angaben festgestellt werden. Eine weitere Möglichkeit be-steht darin, sich von den Auftragnehmern Produktdatenblätter geben zu lassen. > Abb. 26 und Kap. Übergabe, Projektdokumentation

MÄNGEL UND MÄNGELBESEITIGUNG

Nacharbeiten, Reparaturen, zusätzliche Reinigungsarbeiten und Män-gelbeseitigungen kosten viel Zeit und Geld und sollten daher nach Mög-lichkeit vermieden werden. Die Erfahrung zeigt, dass die Mängelbesei-tigung durch Feststellung, Dokumentation und Prüfung der Beseitigung ca. 10–15% der gesamten Arbeit in der Bauleitung ausmacht.

Mangel

Erfüllen ausgeführte Bauleistungen nicht die an sie gestellten Anforderungen oder weichen sie von den definierten Qualitäten ab, spricht man von mangelhaften Leistungen. Mängel werden in zwei Kategorien unterteilt.

Optische Mängel

Optische Mängel sind:

— Verschmutzungen
— Kleine Beschädigungen
— Farbabweichungen
— Unebenheiten
— Geringfügige Rissbildung

Konstruktive Mängel

Konstruktive Mängel sind:

— Rissbildungen
— Mechanische Beschädigungen
— Funktionsstörungen
— Abplatzungen

Gebrauchsübliche Umstände

Bei der Beurteilung optischer Mängel muss immer die Funktion und Bedeutung der Oberfläche berücksichtigt werden. Die Beurteilung muss unter gebrauchsüblichen Umständen erfolgen. Dies bedeutet, dass die Beurteilung im gleichen Abstand und bei der gleichen Beleuchtung erfolgt, wie sie auch im normalen Gebrauch zu erwarten sind.

Außerdem werden Mängel wie folgt unterschieden:

Offener Mangel

Ein offener Mangel ist bereits bei der Erstellung oder der Abnahme vorhanden und erkennbar.

Verdeckter Mangel

Ein verdeckter Mangel ist zwar vorhanden, aber bei der Abnahme nicht erkennbar.

● **Beispiel:**
- Unregelmäßigkeiten im äußeren Erscheinungsbild eines Hauses (Putz, Verblendmauerwerk) sind nicht vom Gerüst oder Hubwagen, sondern von der Straße aus zu beurteilen.
- Unregelmäßigkeiten direkt an einer Haustür sind aus der üblichen Betrachtungsnähe zu beurteilen.
- Unregelmäßigkeiten der Oberflächen in einer Tiefgarage sind unter den späteren Lichtverhältnissen zu beurteilen.
- Streiflicht ist nur dort zur Beurteilung heranzuziehen, wo es auch in der Nutzung regelmäßig auftritt.

Arglistig verschwiegene Mängel sind verdeckte Mängel, die dem Auftragnehmer zwar bekannt sind, aber bei der Abnahme absichtlich verschwiegen werden, um sich einen Vorteil zu verschaffen. Arglistig verschwiegener Mangel

Bei der Beurteilung, ob ein Mangel vorliegt, sind folgende Sachverhalte zu prüfen:

— Hat die Bauleistung die vereinbarte Beschaffenheit?
— Eignet sich die Bauleistung zur vertraglich vorausgesetzten Verwendung?
— Eignet sich die Bauleistung zur gewöhnlichen Verwendung?
— Entspricht die Bauleistung den Anerkannten Regeln der Technik?

Darüber hinaus kann auch ein Mangel vorliegen, wenn

— die Montage unsachgemäß ausgeführt wurde,
— eine andere als die vereinbarte Sache geliefert oder hergestellt wurde,
— zu wenig geliefert wurde.

Nach der Feststellung der Mängel geht es darum, sie in ihrer Bedeutung zu bewerten und zu entscheiden, wie weiter vorgegangen werden soll.

Die Beseitigung eines Mangels ist dann erforderlich, wenn die Bauleistung nicht den Anerkannten Regeln der Technik entspricht oder wenn durch den Mangel weiterer Schaden entstehen kann oder die geforderte Funktion überhaupt nicht oder nur eingeschränkt erfüllt wird. Aus dieser Aufzählung wird deutlich, dass nicht jeder Mangel zwangsläufig beseitigt werden muss, weil unter Umständen der Aufwand dafür unverhältnismäßig hoch ist. In diesem Fall wird die mangelhafte Ausführung durch Minderung der Vergütung, also eine geringere Bezahlung „bestraft". Bewegt sich der Mangel im Rahmen der vereinbarten Toleranzen, befindet er sich in untergeordneten Räumen und fällt optisch nicht ins Gewicht, wird er als Bagatelle bezeichnet und muss nicht beseitigt werden. Eine Nachbesserung/ Mängelbeseitigung Minderung Bagatelle

● **Beispiel:** Sichtmauerwerk in einem Kellerraum oder in einem repräsentativen Eingangsbereich, Farbabweichungen des Fußbodens in einer Lagerhalle oder in einem Kundenraum und Unebenheiten im Innenputz eines Stalles oder eines Wohnzimmers sind also jeweils unterschiedlich zu bewerten.

		Bedeutung für die Funktionstüchtigkeit des Gebäudes			
		sehr wichtig	wichtig	eher unbedeutend	unwichtig
Grad der Beeinträchtigung der Funktion	sehr stark	Nachbesserung			
	deutlich				
	mäßig			Minderung	
	gering- fügig				Bagatelle

Abb. 28: Mögliche Konsequenzen aus Funktionsmängeln > Literatur, Rainer Oswald

		Gewicht des optischen Erscheinungsbildes			
		sehr wichtig	wichtig	eher unbedeutend	unwichtig
Grad der optischen Beeinträchtigung	auffällig	Nachbesserung			
	gut sichtbar				
	sichtbar			Minderung	
	kaum erkennbar				Bagatelle

Abb. 29: Mögliche Konsequenzen aus optischen Mängeln > Literatur, Rainer Oswald

Feststellung der Mängel	Rügen der Mängel mit Aufforderung der Beseitigung	Fristsetzung und Androhung der Kündigung	Nachfrist mit nochmaliger Androhung der Kündigung	Kündigung nach Ablauf der Frist. Rechnungskürzung
			Nachfrist mit Androhung der Beseitigung auf Kosten des Auftragnehmers	Nach Ablauf der Frist: Beseitigung auf Kosten des Auftragnehmers

Abb. 30: Ablauf zur Aufforderung von Mängelbeseitigungen

Übersicht zu verschiedenen Mangelfolgen geben Abbildung 28 und 29. Ausgangspunkt sind der Zweck und der Grad der Beeinträchtigung.

Leistungen, die schon während der Ausführung als mangelhaft oder vertragswidrig erkannt werden, hat der Auftragnehmer ebenfalls durch mangelfreie zu ersetzen. Da Leistungen für die Mängelbeseitigung nicht zusätzlich vom Auftraggeber bezahlt werden, entstehen daraus oft erhebliche Mehrkosten für das Bauunternehmen. Die Mängelbeseitigung muss in einer vom Auftraggeber gesetzten angemessenen Frist erfolgen. Diese Angemessenheit richtet sich nach den konkreten Umständen auf der Baustelle.

Zur Beseitigung der Mängel muss der Auftragnehmer schriftlich aufgefordert werden. Dies ist besonders wichtig, wenn für die Beseitigung nur ein begrenzter Zeitraum (Fertigstellung und Einzug stehen bevor) zur Verfügung steht. Abbildung 30 beschreibt einen sinnvollen Ablauf für die Aufforderung der Mängelbeseitigung.

● **Beispiel:** Ist die Firma, die eine mangelhafte Leistung erbracht hat, noch auf der Baustelle, so kann der Auftraggeber verlangen, dass innerhalb weniger Tage die Mängelbeseitigung erfolgt. Müssen die Mitarbeiter erneut anrücken, ist etwas mehr Zeit zu gewähren. Sind Folgearbeiten unmittelbar davon abhängig, dass die mangelhafte Leistung durch eine mangelfreie ersetzt wird, ist grundsätzlich Eile geboten. Verzögert der Bauunternehmer die Mängelbeseitigung, können noch zusätzliche Forderungen gegen ihn aus der Bauzeitverzögerung geltend gemacht werden.

Kosten und Abrechnung

Zu Beginn einer Baumaßnahme macht der Bauherr Vorgaben zum Budget, das zur Verfügung steht. Dieses Budget bildet die Grundlage der Planungsphasen und muss in der Bauausführung durch die Bauleitung eingehalten werden.

Die Erfahrung zeigt allerdings, dass Bauvorhaben in den seltensten Fällen zu dem Preis fertiggestellt werden, der in der Planung ermittelt wurde. Änderungswünsche während der Bauphase, ungenau ermittelte Mengen und in den Ausschreibungen vergessene Bauteile führen zur Erhöhung der Kosten. Die Übersicht der Kostenentwicklung während der Bauausführung zeigt, welche verschiedenen Kosten der Bauleiter im Überblick behalten und eventuell steuern muss. > Abb. 31

BUDGET

In der Planung wird ermittelt, welches Budget für jedes Leistungspaket zur Verfügung steht. In nächsten Schritt werden Angebote eingeholt und untereinander und mit dem Budget verglichen. Gerade bei den ersten Angebotsprüfungen ist es für den Bauherrn wichtig, zu wissen, ob die Annahmen aus der Planungsphase mit den realen Preisen übereinstimmen.

Angebotsprüfung   Da die Angebotsprüfung eigentlich nicht zu den Pflichten der Bauleitung gehört, wird diese hier nur kurz erläutert. Bei der Angebotsprüfung werden die Angebote aller Anbieter auf Vollständigkeit und Richtigkeit überprüft und miteinander verglichen. Hierzu steht eine Vielzahl von EDV-Programmen zur Verfügung, allerdings lassen sich diese Vergleiche auch mit einfachen Tabellenkalkulationsprogrammen durchführen.

Nach der Angebotsprüfung müssen öffentliche Bauherrn an den günstigsten Bieter den Auftrag vergeben. Privaten Bauherren steht es offen, welchen Bieter sie beauftragen.

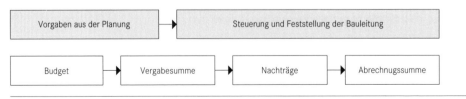

Abb. 31: Budget, Vergabesumme, Prognose, Abrechnungssumme

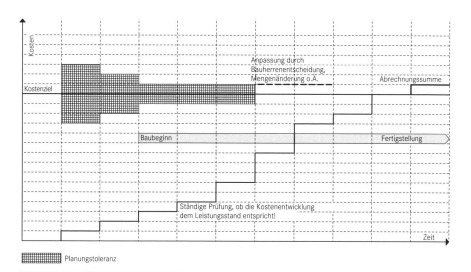

Kosten

Anpassung durch
Bauherrenentscheidung,
Mengenänderung o.A.

Abrechnungssumme

Kostenziel

Baubeginn

Fertigstellung

Ständige Prüfung, ob die Kostenentwicklung
dem Leistungsstand entspricht!

Zeit

▦ Planungstoleranz

Abb. 32: Schema der Kostenentwicklung

An dieser Stelle besteht im Projektverlauf die Möglichkeit, die Kosten zu beeinflussen. Stellt man fest, dass die Angebotssumme das veranschlagte Budget über- oder unterschreitet, können ausgeschriebene Alternativen, d. h. einfachere oder auch höherwertigere Varianten, in Auftrag gegeben werden. > Abb. 32

VERGABESUMME, AUFTRAGSSUMME

Mit der Vergabe an einen Bauunternehmer steht die Vergabesumme fest. Da es dem privaten Bauherrn offen steht, mit den Bauunternehmen über die Angebote zu verhandeln, ist die Auftragssumme teilweise niedriger als die angebotene und geprüfte Summe. Der dabei ausgehandelte Rabatt wird Nachlass genannt. Normalerweise wird vereinbart, dass der Nachlass auch für alle später beauftragten Arbeiten angerechnet wird. Nachlässe für Bauleistungen bewegen sich erfahrungsgemäß in einem Bereich zwischen 2 und 8%. Öffentliche Auftraggeber dürfen in den meisten Staaten über die Angebotspreise nicht verhandeln.

Nachlass

PROGNOSE, NACHTRÄGE

Nachträge, also Angebote für geänderte oder über die ursprünglich beauftragten Leistungen hinausgehende Arbeiten, werden durch die Auftragnehmer gestellt. In der Regel werden Nachträge als Angebote auf Grundlage des geschlossenen Bauvertrags formuliert. Die zusätzlichen Arbeiten und die damit verbundenen Kosten entstehen durch:

Nachtrag

- Mengenabweichungen
- Leistungsänderungen
- Bauzeitverzögerungen
- Beschleunigungsmaßnahmen

Dabei wird unterschieden zwischen:

- Bauinhaltsänderungen: Es wird etwas anders gebaut als ursprünglich vereinbart.
- Bauumstandsänderungen: Es wird zwar das gebaut, was ursprünglich vereinbart wurde, aber die Umstände haben sich verändert, zum Beispiel die Zufahrtsmöglichkeiten.

Die Auswirkungen können dabei jeweils zu Mehr-, aber auch zu Minderkosten führen.

Nachtragsprüfung Bevor die in den Nachträgen angebotenen Leistungen durch den Bauherrn beauftragt werden, muss durch den Bauleiter geprüft werden, ob die Forderungen gerechtfertigt sind. Dazu muss als Erstes festgestellt werden, ob die als Nachtrag angebotenen Leistungen nicht schon im ursprünglichen Bauvertrag enthalten sind. Ist dies der Fall, wird der Nachtrag zurückgewiesen.

Außerdem muss geprüft werden, ob die Preise für die Leistungen dem Preisniveau des Bauvertrages entsprechen. Um dies herauszufinden, kann der Bauleiter die Preise auf Grundlage der Urkalkulation des Urkalkulation Auftragnehmers vergleichen und prüfen. In der Urkalkulation ist dargestellt, wie hoch die einzelnen Kostenbestandteile sind, aus denen ○ sich die Angebotspreise zusammensetzen.

Nachträge dürfen nur durch den Bauherrn beauftragt werden. Wie bereits beschrieben, darf der Bauleiter keine Entscheidungen für den Bauherrn treffen, die dessen Finanzen betreffen. Darum muss ein Nachtrag sorgfältig geprüft werden, und es muss dem Bauherrn erklärt werden, ob der Nachtrag berechtigt ist und die angegebenen Kosten angemessen sind.

Beauftragung von Nachträgen Die Prüfung und Beauftragung eines Nachtrags sollte vor der Ausführung der angebotenen Arbeiten erfolgen. Leider wird in der Praxis aber oft erst bei der Ausführung festgestellt, dass notwendige Leistungen nicht im Auftrag enthalten sind. Es ist dann nicht möglich, das Nachtragsangebot, die Prüfung und die schriftliche Beauftragung durch den Bauherrn abzuwarten. Um die Arbeiten nicht unterbrechen zu müssen, muss aber dem Bauherrn auf jeden Fall angekündigt werden, dass Mehrkosten entstehen. Außerdem sollten die ungefähren Kosten angegeben und mit dem Bauherrn besprochen werden. Die Beauftragung kann dann vorab in Abstimmung mit dem Bauherrn z. B. durch eine Protokollnotiz schriftlich fixiert werden. In der Abbildung 33 sind die Abläufe schematisch dargestellt.

```
┌─────────────┐   ┌─────────────┐   ┌─────────────┐   ┌─────────────┐   ┌─────────────┐
│ Feststellung│   │ Definition  │   │ Angebots-   │   │ Prüfung und │   │ Ausführung  │
│ der Änderung│ → │ der         │ → │ erstellung  │ → │ Weitergabe  │ → │ durch den   │
│             │   │ zusätzlichen│   │ durch       │   │ an den      │   │ Auftragnehmer│
│             │   │ Leistung    │   │ Auftragnehmer│  │ Bauherrn zur│   │             │
│             │   │ mit ungefähren│ │             │   │ Beauftragung│   │             │
│             │   │ Kosten      │   │             │   │             │   │             │
└─────────────┘   └─────────────┘   └─────────────┘   └─────────────┘   └─────────────┘

                                    ┌─────────────┐   ┌─────────────┐   ┌─────────────┐
                                    │ Mündliche   │   │ Angebots-   │   │ Nachträgliche│
                                    │ Beauftragung│ → │ erstellung  │ → │ Prüfung     │
                                    │ durch den   │   │ durch       │   │ und Weitergabe│
                                    │ Bauherrn    │   │ Auftragnehmer│  │ an den      │
                                    │             │   │             │   │ Bauherrn    │
                                    └─────────────┘   └─────────────┘   └─────────────┘

                                    ┌─────────────┐
                                    │ Ausführung  │
                                    │ durch AN    │
                                    │             │
                                    └─────────────┘
```

Abb. 33: Ablauf Nachtragserstellung und -abwicklung

○ **Hinweis:** Auch wenn der Bauleiter nur selten mit der Kalkulation von Bauleistungen zu tun hat, sollten ihm die aufgelisteten Strukturen bekannt sein. Die Angebotspreise der Baufirmen setzen sich in der Regel aus folgenden Kostenbestandteilen zusammen:
- Kosten für Lohn, Baustoffe, Geräte und eventuelle Fremdleistungen
- Kosten, die auf der Baustelle anfallen, aber nicht in die einzelnen Positionen der Ausschreibung einfließen
- Kosten, die dem Auftragnehmer für die Leitung und Verwaltung seiner Firma entstehen
- Kosten, die zwar noch nicht genau bekannt sind, aber aus der Erfahrung heraus anfallen – etwa für Bauzeitverzögerungen, Gewährleistungen oder unvorhergesehene Zwischenfälle
- Gewinnanteile. Dies ist der Ansatz für die angemessene Verzinsung des vom Auftragnehmer eingesetzten Kapitals.

KOSTENKONTROLLE

Die Kostenkontrolle ist der Vergleich der aktuell bekannten Kosten mit den geplanten Kosten. Zum Zeitpunkt der Bauausführung muss der Bauleiter dem geplanten Budget die Vergabesummen inklusive der bekannten Nachträge und möglicher weiterer Kosten (Prognosekosten) gegenüberstellen. Werden dabei Abweichungen festgestellt, müssen Maßnahmen zur Kostensteuerung ergriffen werden. Dabei sollte zuerst beim betroffenen Gewerk nach Einsparmöglichkeiten gesucht werden, um andere Gewerke zunächst nicht zu beeinträchtigen. Reichen die Möglichkeiten der Kostensteuerung dort nicht aus, muss in anderen Budgets nach Ausgleichsmöglichkeiten gesucht werden, oder der Bauherr muss das betroffene Budget erhöhen.

KOSTENSTEUERUNG

Je weiter ein Projekt vorangekommen ist, umso schwieriger wird es, wirksam Einfluss auf die Kosten zu nehmen. Auch wenn Planung und Kostenermittlung sorgfältig durchgeführt worden sind, kommt es vor, dass steuernd in die Kostenentwicklung eingegriffen werden muss. Dann ist der Bauleiter zusammen mit dem Planer gefordert, für den Bauherrn Vorschläge für mögliche Einsparpotenziale zu entwickeln und die Umsetzbarkeit mit allen Auswirkungen festzustellen. Ähnlich wie bei der Terminsteuerung gibt es hierzu verschiedene Möglichkeiten:

— Änderung der Qualitäten
— Änderung der Mengen
— Änderung des Ausführungszeitpunkts

Bei allen Maßnahmen ist zu beachten, dass den Auftragnehmern nach Vertragsabschluss eventuell auch eine Vergütung für die eingesparten Leistungen zusteht, da die Kalkulation der Angebotspreise auf Grundlage der Mengen in den Leistungsverzeichnissen erfolgt ist. Welche Einsparungen sich tatsächlich ergeben, kann nur in Zusammenarbeit mit dem Auftragnehmer ermittelt werden.

Änderung
der Qualitäten

Die Änderung von Qualitäten bedeutet, dass andere Standards ausgeführt werden als ursprünglich geplant, und zwar entweder niedrigere oder höherwertigere. Am einfachsten lässt sich dies organisieren, wenn diese Möglichkeit bereits in den Leistungsverzeichnissen durch die Ausschreibung von Alternativpositionen in Betracht gezogen wurde. Dabei muss aber immer beachtet werden, dass durch die vorgeschlagenen Änderungen in anderen Bereichen zusätzliche Kosten entstehen könnten.

O
Änderung der Mengen

Die Änderung von Mengen wird oft im Zusammenhang mit der Änderung von Qualitäten betrachtet. Dabei besteht die Möglichkeit, Mengen zu verringern, indem teure Varianten auf wichtige Bereiche reduziert werden und der Rest in einfachem Standard ausgeführt wird oder indem Teile der Ausführung entfallen.

Wenn es die Ziele des Bauherrn erlauben, besteht natürlich auch die Arbeiten später ausführen Möglichkeit, Arbeiten zu verschieben. Diese Möglichkeit wird häufig vom privaten Bauherrn im Einfamilienhausbau genutzt. Der Ausbau des Dachgeschosses oder des Kellers oder der Bau der Garage wird erst einige Jahre nach der Fertigstellung ausgeführt.

Die zur Steuerung der Termin- und Ablaufplanung aufgeführten Hinweise gelten auch für die Kostensteuerung. Die gewünschten Auswirkungen auf die Kosten haben immer auch Auswirkungen auf andere Bereiche der Bauausführung. Der Bauleiter muss also den Bauherrn entsprechend beraten, da diesem oft der Überblick fehlt, um alle Auswirkungen beurteilen zu können. Auf folgende Sachverhalte ist zu achten: Auswirkungen der Kostensteuerung

— Wie wirken sich die möglichen Änderungen auf die Termine aus? Sind die anderen Materialien genauso schnell lieferbar wie die ursprünglich geplanten? Die Verzögerung der Fertigstellung kann die Kosten erheblich beeinflussen.
— Entsprechen die geänderten Qualitäten noch den ursprünglichen Anforderungen, oder verwandelt schnellerer Verschleiß eines billigen Produkts die Einsparungen nach kurzer Zeit ins Gegenteil?
— Welche zusätzlichen Kosten entstehen durch spätere Ausführung?
— Welche zusätzlichen Kosten entstehen durch Änderung eines bestehenden Bauvertrags?

ABRECHNUNG

Die Abrechnung der ausgeführten Bauleistungen erfolgt wie die Ausführung der Arbeiten zeitversetzt. Je nach Dauer und Umfang der Arbeiten werden diese auf Grundlage einer Rechnung oder mit Hilfe von Abschlagsrechnungen und der Schlussrechnung bezahlt. Die Abrechnung der Arbeiten erfolgt also meistens parallel zum Baufortschritt.

○ **Hinweis:** Eine genaue Darstellung der Methoden von Kostenkontrolle findet man in *Thema: Baukosten- und Terminplanung* von Bert Bielefeld und Thomas Feuerabend, erschienen im Birkhäuser Verlag, Basel 2007.

Rechnungen für Bauleistungen können nur für Arbeiten gestellt werden, die tatsächlich ausgeführt worden sind, oder für Baustoffe und Bauteile, die der Auftragnehmer nachweislich für die Baustelle angefertigt oder bereits geliefert, aber noch nicht eingebaut hat.

Zahlung gegen Bürgschaft

Im letzteren Fall ist es besser, eine Vorauszahlung gegen eine vom Auftragnehmer vorgelegte Bankbürgschaft vorzunehmen.

○ Abschlagszahlung

Da sich ein Bauprozess in der Regel über einen relativ langen Zeitraum hinzieht, steht es dem Auftragnehmer zu, Abschlagzahlungen, also Teilzahlungen, für auf der Baustelle erbrachte Leistungen zu verlangen.

Abrechnungs-unterlagen

Genau wie die Schlussrechnung muss jede Abschlagsrechnung überprüfbar sein. Deshalb müssen der Rechnung eine Mengenermittlung der in Rechnung gestellten Leistungen, Abrechnungspläne (in diesen ist dargestellt, was abgerechnet werden soll) oder ein Aufmaß beigefügt sein.

Rechnungsprüfung

Bei der Rechnungsprüfung muss der Bauleiter feststellen, ob die in Rechnung gestellten Arbeiten tatsächlich und weitgehend mängelfrei erbracht worden sind. Diese Prüfung sollte sorgfältig erfolgen, da der Bauleiter im Falle einer zwischenzeitlichen Insolvenz des Auftragnehmers für die eventuell zu viel gezahlten Leistungen gegenüber dem Bauherrn haftbar ist.

Aufmaß

Um den Leistungsumfang festzustellen, wird auf der Baustelle ein Aufmaß angefertigt. Besonders wichtig ist dies für Arbeiten, die im weiteren Baufortschritt verdeckt werden. Dies können Abdichtungsarbeiten sein, die später unter dem Bodenbelag verschwinden, Abbrucharbeiten oder Ausbesserungsarbeiten an Wänden oder Böden, die später weitere Beläge erhalten. Auftragnehmer haben ein besonderes Interesse, dass diese Arbeiten gemeinsam mit dem Bauherrn oder Bauleiter aufgemessen werden, da sie im Zweifel später beweisen müssen, dass die Arbeiten tatsächlich ausgeführt wurden. > Kap. Abnahmen Wie Rechnungen müssen auch Aufmaße übersichtlich und nach der Struktur der Leistungsverzeichnisse überprüfbar aufgebaut sein.

Rechnungslegung

Unter Rechnungslegung wird die Art und Weise verstanden, wie eine Rechnung gestellt wird. Die Struktur der Rechnung sollte der Struktur und dem Aufbau des Leistungsverzeichnisses entsprechen. So besteht die Möglichkeit, im Zuge der Kostenkontrolle den Überblick über die Kosten der einzelnen Titel und Gewerke zu behalten. Sind Rechnungen nicht so aufgebaut und unübersichtlich, können diese vom Bauleiter als unprüfbar zurückgewiesen werden.

Kumulative Rechnungslegung

Im Bauwesen hat sich die so genannte kumulative Rechnungslegung als vorteilhaft erwiesen. Bei einer kumulativen Rechnung werden alle bis zum Zeitpunkt der Rechnungsstellung erbrachten Leistungen in Rechnung gestellt. Die bereits bezahlten Leistungen werden abgezogen.

Auch diesen Rechnungen müssen die jeweiligen Aufmaßblätter und Abrechnungspläne beiliegen. Diese Art der Rechnungslegung hat den

Vorteil, dass der Bauleiter durch die Rechnung sofort einen Überblick über den erreichten Leistungsstand bekommt. Durch die beiliegenden Aufmaße entfällt eine aufwendige Prüfung des Gesamtaufmaßes bei der Schlussrechnung. > Abb. 34

Die Schlussrechnung umfasst alle geleisteten Arbeiten inklusive der vereinbarten und beauftragten Nachträge und Mengenänderungen. Genau wie die Rechnungen der Abschlagszahlungen muss die Schlussrechnung übersichtlich und insgesamt überprüfbar aufgestellt sein. Der Schlussrechnung muss das Schlussaufmaß beiliegen. Dieses Aufmaß erfolgt grundsätzlich auf Grundlage der Planunterlagen, auf denen auch das Leistungsverzeichnis aufbaut. Für geänderte Leistungen oder für Leistungen, die nicht anhand der Planunterlagen nachvollzogen werden können, kann gegebenenfalls ein gesondertes Aufmaß auf der Baustelle erforderlich sein. Schlussrechnung

Dem Bauleiter steht für die Prüfung von Rechnungen ein bestimmter Zeitraum zur Verfügung. In Deutschland ist dieser in der VOB/B geregelt. Für Schlussrechnungen ist dort festgelegt, dass diese innerhalb von zwei Monaten nach Eingang bezahlt werden müssen. Dies gilt natürlich nur, wenn die Rechnung überprüfbar und richtig ist. Ist dies nicht der Fall, muss der Auftragnehmer innerhalb der zwei Monate entsprechend informiert werden. Für Abschlagzahlungen gilt das Gleiche, aber eine Frist von nur 18 Werktagen. Prüfungsfristen

○ **Hinweis:** Dieses Vorgehen ist etwa bei größeren Fassadenarbeiten üblich, da der Auftragnehmer die Materialien wie Profile, Glas, Beschläge und Dichtungsmaterial für die Werkstattfertigung der Fassadenelemente beschaffen und bei seinen Lieferanten bezahlen muss. Der Zeitraum bis zu Einbau und Abnahme und der damit verbundenen Möglichkeit, eine Rechnung zu stellen, müsste sonst mit teilweise erheblichen Kosten durch den Auftragnehmer zwischenfinanziert werden.

● **Beispiel:** Mit Vorlage der dritten Abschlagsrechnung stellt der Auftragnehmer alle bis dahin erbrachten Leistungen (einschließlich der bereits bezahlten Leistungen der ersten beiden Rechnungen) für die betroffenen Positionen des Leistungsverzeichnisses in Rechnung. Vom errechneten Betrag wird ein möglicherweise vereinbarter Nachlass und ein Sicherheitseinbehalt abgezogen. Von dieser Summe werden dann die mit den beiden ersten Abschlagsrechnungen bezahlten Beträge ebenfalls abgezogen. Auf diese Weise wird die offene Rechnungssumme ermittelt.

Rechnungsprüfung
(kumulative Rechnungslegung)

3. AZ Fa. Müller

B.H.	Vermögensanlagen West AG	BT:
B.V.	Abbrucharbeiten	
Auftr. Nr.	450072820	Projekt-Nr.: D-06-0996 — Kostenstelle: Meier
Titel:		Nr.: — AN: Fa. Müller
Eingangsdatum:	29.5.2007	Rechnungsdatum: 24.5.2007 — Rechnungsnr.: VF-07-0252

Prüffähig? [X] Ja [ ] Nein   Grund:

[ ] Prüffähig ab Datum / Grund:

	ohne MwSt. €	MwSt. 19 % €	mit MwSt. €
1. Betrag ungeprüft	150'000.00		
2. Betrag geprüft vor Abzug der Nachlässe	150'000.00		
3. Nachlässe 3.00 % (-)	4'500.00		
4. Wert der Leistung	145'500.00		
5. Sicherheitseinbehalt 5% x 10% (-)	14'550.00		
6. Betrag	130'950.00		
7. Wert der bisherigen Zahlung (en) (-)	90'000.00		
8. Betrag	40'950.00		
9. Abzüge / Belastungen gem. Anlage (-)			
10. Betrag (Wert der Zahlung)	40'950.00		
11. Skonto 0.00 % (-)	0.00		
12. auszuzahlender Betrag	40'950.00	7'780.50	48'730.50

Bemerkungen:

Die in Rechnung gestellte Summe ist durch den Stand der ausgeführten Arbeiten gedeckt.

Sachlich	geprüft:
Rechnerisch	geprüft:
Zur Zahlung	freigegeben:

Abb. 34: Musterformular für eine kumulative Rechnungsprüfung

Abnahmen

ABNAHMEN DER BAULEISTUNGEN, RISIKOÜBERGANG

Die Abnahme einer Bauleistung oder eines Bauwerks erfolgt durch den Bauherrn mit seinem Vertreter, also dem Architekten oder Bauleiter, und dem Auftragnehmer. Damit die Abnahme stattfinden kann, muss die Bauleistung bis auf wenige, unbedeutende Mängel vollendet worden sein. Nur wenn besonders gravierende Mängel vorliegen, die die so genannte Gebrauchsfähigkeit des Gebäudes oder Bauteils einschränken, kann die Abnahme verweigert werden.

Mit der Abnahme erkennt der Bauherr an, dass die Unternehmerleistung erbracht ist. Die Abnahme ist in den meisten Ländern durch Gesetze geregelt. Der Auftragnehmer kann die Abnahme seiner Leistung verlangen, wenn diese im Wesentlichen erbracht ist. Bei der Abnahme wird geprüft, ob die Leistung den vertraglichen Vereinbarungen entspricht. Bestätigt der Auftraggeber dies dem Auftragnehmer, so gilt der Vertrag als erfüllt. Sollten zu diesem Zeitpunkt irgendwelche Leistungen bekanntermaßen noch unvollständig oder mangelhaft sein und der Auftraggeber meldet keinen Vorbehalt an, so hat er anschließend kein Recht mehr auf kostenlose Beseitigung der Mängel bzw. Erbringen der Restleistung.

Nach der Fertigstellung der Leistung und bis zur Abnahme ist jeder Auftragnehmer verpflichtet, diese zu schützen. Werden die Leistungen vor der Abnahme beschädigt, ist der Verursacher für die Beseitigung verantwortlich. Kann dieser nicht festgestellt werden, muss der Auftragnehmer den Schaden auf seine Kosten beseitigen. Je nach Bauteil müssen Leistungen besonders geschützt werden vor:

■ **Tipp:** Bemerkt der Bauleiter, dass eine Leistung nicht richtig ausgeführt wird, muss er den Ausführenden sofort darauf hinweisen und nicht bis zu einer Teil- oder Schlussabnahme warten. Denn sonst vergeht viel Zeit, und der Schaden wird durch die falsch ausgeführte Leistung immer größer. Es kostet alle Beteiligten am Ende nur Zeit, Geld und Nerven, eine Wand an einer falschen Stelle oder zum falschen Zeitpunkt bauen zu lassen, wenn etwa noch andere Arbeiten erledigt werden müssen. Für die Arbeiter ist es sehr demotivierend, gerade fertiggestellte Arbeiten wieder abreißen zu müssen.

- Frost, Regen und Sonneneinstrahlung,
- Verschmutzung,
- zu früher oder unsachgemäßer Nutzung,
- mechanischen Beschädigungen,
- Diebstahl.

Verdeckte Mängel Arglistig verschwiegene und verdeckte Mängel müssen auch später noch durch den Auftragnehmer beseitigt werden. Bis zur Abnahme ist der Auftragnehmer dafür verantwortlich, seine Leistung vor Beschädigung zu schützen, schadensfrei zu halten und vertragsgemäß abzuliefern.

Teilabnahme/ Schlussabnahme Je nachdem, wann eine Abnahme stattfindet, spricht man von der Teil- oder Schlussabnahme. Wie bereits im Kapitel Abschlagsrechnung und Aufmaß beschrieben, können für erbrachte Teilleistungen Teilabnahmen durchgeführt werden.

Abnahmeprotokoll Wird bei der Abnahme ein Mangel festgestellt, ist dies in einem Abnahmeprotokoll schriftlich festzuhalten. > Abb. 35 Dieser Mangel ist möglichst exakt (Art und Ort des Mangels) zu beschreiben.

Bei Meinungsverschiedenheiten müssen die Einwände des Auftragnehmers ebenfalls im Protokoll festgehalten werden. Wie und auf wessen Kosten der strittige Mangel beseitigt wird, muss später geklärt werden. Die rechtlichen Konsequenzen einer Abnahme lassen sich wie folgt zusammenfassen:

- Die Beweislast, dass die Bauleistung vertragsgemäß erbracht wurde, liegt vor der Abnahme beim Auftragnehmer. Nach der Abnahme muss der Bauherr beweisen, dass der Mangel durch den Auftragnehmer verursacht wurde.
- Wird eine mangelhafte Leistung ohne Vorbehalt abgenommen, hat der Auftraggeber kein Recht mehr auf die kostenlose Beseitigung des Mangels (außer der Mangel war verdeckt oder wurde arglistig verschwiegen).

> ■ **Tipp:** Bei der Abnahme sollten festgestellte Mängel sowohl textlich in einem Protokoll beschrieben als auch zeichnerisch im entsprechenden Grundrissplan markiert werden. So lassen sich bei einer Überprüfung der Mängelbeseitigung die betroffenen Stellen leicht finden. Protokoll und Plan sind dem Abnahmeprotokoll als Anlage beizufügen und an alle Beteiligten zu übergeben.

PROTOKOLL   - TEILABNAHME   ☐
          - SCHLUSSABNAHME ☐

Projekt   :
Bauherr   :
Datum   :
Gewerk   :
Umfang der Abnahme   :
Auftragnehmer   :
Vertreter Auftragnehmer   :
Vertreter Architekten   :
Vertreter TGA   :
Vertreter Bauherr   :
Mängel   :

separate Mängelliste als Anlage beigefügt ☐ ___Seiten/keine separate Mängelliste beigefügt ☐
Für die aufgeführten Mängel wurde keine (Sicht-)Abnahme erteilt.

Der Auftragnehmer wird die Mängel bis spätestens _____ vertragsgerecht beseitigen.

Revisionsunterlagen, Wartungs- und Pflegeanleitungen, sowie Unterlagen aufgrund von behördlichen Vorschriften
sind vollständig ☐/sind unvollständig ☐/sind nachzureichen ☐

Der Auftraggeber wird die fehlenden Unterlagen bis spätestens _____ nachreichen.

Gewährleistungsbeginn   :

Gewährleistungsende   :

Bemerkungen   :

Einwendungen
Auftragnehmer   :

Unterschriften   :

_____   _____
Datum/ Vertreter Auftragnehmer   Datum/ Vertreter Architekten

_____   _____
Datum/ Vertreter TGA   Datum/ Vertreter Bauherr

Das Protokoll besteht insgesamt aus ___ Seiten.

Abb. 35: Vordruck eines Abnahmeprotokolls

- Mit der Abnahme beginnt die Gewährleistungsfrist.
- Der Auftragnehmer kann für die abgenommene Leistung eine Rechnung stellen. Die Bezahlung wird fällig.

Aufgrund der Bedeutung der Abnahme sollte der Bauleiter diese sehr solide vorbereiten. Folgende Unterlagen sollten vorliegen:

- Bauvertrag mit Planungsunterlagen und Leistungsverzeichnis
- Protokolle der Bemusterungen und weiterer Festlegungen
- Listen oder Protokolle früher gerügter und noch nicht beseitigter Mängel
- Pläne, in die die festgestellten Mängel eingetragen werden können

GEWÄHRLEISTUNG

Wie bereits erläutert, beginnt mit der Abnahme die Gewährleistungsfrist, also der Zeitraum, für den der Auftragnehmer die Garantie der vertragsgemäß zugesicherten Eigenschaften des Bauteils übernimmt. Innerhalb dieser Frist muss der Auftragnehmer Mängel, die er verschuldet hat, kostenlos beseitigen. Dies gilt auch für verdeckte und insbesondere arglistig verschwiegene Mängel. Die Dauer der Gewährleistung kann im Bauvertrag vereinbart werden.

BEHÖRDLICHE ABNAHMEN

Neben der Abnahme der Bauleistungen durch den Bauherrn wird die Baumaßnahme auch durch die Genehmigungsbehörde abgenommen. Dabei wird geprüft, ob die Ausführung den baurechtlichen und bautechnischen Anforderungen genügt und damit der genehmigten Planung entspricht.

Rohbauabnahme
Die Fertigstellung des Rohbaus muss der Genehmigungsbehörde mitgeteilt werden. In der Regel erfolgt dann die Rohbauabnahme, bei der die Standsicherheit sowie die bis dahin prüfbaren Anforderungen an den Schall-, Wärme und Brandschutz geprüft werden.

Schlussabnahme
Die Schlussabnahme erfolgt nach Fertigstellung aller für die Errichtung des Bauwerks erforderlichen Bauarbeiten. Dies muss der Behörde ebenfalls schriftlich mitgeteilt werden. Zur Schlussabnahme müssen alle in der Baugenehmigung zur Abnahme geforderten Unterlagen vorliegen:

- Bescheinigung der Funktion von Heizungs- und Kaminanlagen
- Bescheinigung der Umsetzungen der Brandschutz-Anforderungen
- Bescheinigung, dass die Errichtung durch einen Fachunternehmer erfolgt ist

Bei der Schlussabnahme wird in der Regel das gesamte Gebäude begangen, und die Anforderungen werden stichprobenartig überprüft. Planungsänderungen, die sich während der Bauphase ergeben haben, werden durch die Genehmigungsbehörde geprüft und, falls genehmigungsfähig, zugelassen. Nicht genehmigungsfähige Abweichungen müssen so geändert werden, dass sie dem Baugenehmigungsstand entsprechen. Ist die Schlussabnahme erfolgt, wird die Nutzungserlaubnis für das Gebäude erteilt.

Übergabe

ÜBERGABE AN DEN BAUHERRN

Der Umfang der Übergabe an den Bauherrn richtet sich naturgemäß nach der Größe und Komplexität des fertigen Gebäudes. Bei dieser Übergabe erhalten der Bauherr und die später für das Gebäude Verantwortlichen (Hausmeister, Facility Manager) Einweisungen in die technischen Anlagen sowie die Projektdokumentation. > Kap. Projektdokumentation

Die Übergabe sollte in thematische Bereiche, die der Einteilung der ausgeführten Gewerke entsprechen, aufgeteilt werden. So werden nur die jeweils betroffenen, verantwortlichen Personen eingewiesen. Diese Bereiche können wie folgt definiert werden:

- Gebäude allgemein
- Konstruktive Ein- und Ausbauten wie Türen, Trennwände oder Einbaumöbel
- Möbel und spezifische Gebäudeausstattung
- Fassade und Fassadentechnik
- Brandschutztechnik
- Haustechnik allgemein oder aufgeteilt in die haustechnischen Gewerke
- Heizungstechnik
- Lüftungstechnik
- Sanitärtechnik
- Elektrotechnik
- Medientechnik
- EDV
- Kommunikationstechnik
- Sicherheitstechnik

Die Einweisungen sollten durch den Bauleiter und die verantwortlichen Planer der Einzelgewerke erfolgen. Zur Übergabe des Gebäudes an den Bauherrn muss die Projektdokumentation vollständig übergeben werden.

PROJEKTDOKUMENTATION

Für den Bauherrn ist es wichtig, dass er alle das Gebäude betreffenden Unterlagen übersichtlich geordnet erhält. Die Erfahrung zeigt, dass dies auch im Interesse des Bauleiters liegt, da sich sonst der Bauherr mit jeder Frage, die sich nach dem Einzug ergibt, an den Bauleiter wendet. Eine strukturierte Baudokumentation sollte folgende Unterlagen enthalten:

- Inhaltsverzeichnis aller Unterlagen
- Auflistung der projektbeteiligten Planer mit Ansprechpartnern
- Ansprechpartner der Gewährleistungen
- Baugenehmigung mit Abnahmeprotokollen
- Unterlagen zum Rohbau mit Plänen und Abnahmeprotokollen
- Unterlagen zum Ausbau mit Abnahmeprotokollen, Prüfbüchern, Nachweisen der verwendeten Baustoffe, Gebrauchsanweisungen, Pflegeanleitungen usw.
- Unterlagen zur Fassade mit Planunterlagen, Prüfbüchern, Revisionsunterlagen, Nachweisen der verwendeten Verglasungen, Profile usw., Revisionsunterlagen des Sonnenschutzes usw.
- Unterlagen der haustechnischen Gewerke mit Planunterlagen, Abnahmeprotokollen, technischen Beschreibungen, Revisions-unterlagen, Prüfbüchern usw.

Für Einbauten oder Bauteile, für die die regelmäßige Überprüfungen vorgeschrieben sind (wie z. B. Aufzüge, automatische Türen, automatische Brandschutzeinrichtungen, Klima- oder Lüftungsanlagen), werden von den Herstellern so genannte Prüfbücher zur Verfügung gestellt. Der Bau-leiter sollte den Bauherrn auf die Prüfintervalle besonders hinweisen. Werden diese überschritten oder vernachlässigt, kann der Gewährleis-tungsanspruch verloren gehen und vorzeitiger Verschleiß auftreten. Da die Wartung und Instandhaltung großer und komplexer Gebäude aufwen-dig und arbeitsintensiv ist, werden dafür heutzutage häufig spezialisierte Firmen, so genannte Facility-Management-Unternehmen, beauftragt.

Anhang

Literatur

ALLGEMEIN

Bert Bielefeld, Falk Wurfele: *Bauen in der EU,* Birkhauser Verlag, Basel 2005

Udo Blecken, Bert Bielefeld: *Bauen in Deutschland,* Birkhauser Verlag, Basel 2004

Christoph M. Achammer, Herbert Stocher: *Bauen in Österreich,* Birkhauser Verlag, Basel 2005

Bert Bielefeld, Thomas Feuerabend: *Baukosten- und Terminplanung,* Birkhäuser Verlag, Basel 2007

Andreas Campi, Christian von Buren: *Bauen in der Schweiz,* Birkhauser Verlag, Basel 2005Bert Bielefeld, Falk Wurfele: *Bauen in der EU,* Birkhauser Verlag, Basel 2005

Bert Bielefeld, Lars-Philip Rusch: *Bauen in China,* Birkhäuser Verlag, Basel 2006

PROJEKTPLANUNG

Fritz Berner, Bernd Kochendörfer, Rainer Schach: *Grundlagen der Baubetriebslehre,* Teubner Verlag, Wiesbaden 2007

Lothar Böker, Hans-Jürgen Dörfel: *Baustellenmanagement,* expert-Verlag, Renningen 2000

Peter Fuhrmann: *Bauplanung und Bauentwurf, Grundlagen und Methoden der Gebäudelehre,* Kohlhammer Verlag, Stuttgart 1998

Roland Gerster, Helmut Kohl: *Baubetrieb in Beispielen,* Werner Verlag, Köln 2006

Maria von Harpe: *Verhandlungs- und Gesprächsführung für Architekten und Ingenieure,* Bundesanzeiger Verlagsgesellschaft, Köln 1996

Christian Hofstadler: *Bauablaufplanung und Logistik im Baubetrieb,* Springer Verlag, Berlin 2006

Achim Linhardt: *Bauregeln kompakt,* Rudolf Müller Verlag, Köln 2006

Hans Sommer: *Projektmanagement im Hochbau,* Springer Verlag, Berlin 1994

KOSTENPLANUNG

Bert Bielefeld, Thomas Feuerabend: *Baukosten- und Terminplanung,* Birkhäuser Verlag, Basel 2007

Bert Bielefeld, Mathias Wirths: *Entwicklung und Durchführung von Projekten im Bestand,* Vieweg + Teubner Verlag, Wiesbaden 2010

BKI Baukosteninformationszentrum, Stuttgart: *Baukosten Altbau*

BKI Baukosteninformationszentrum, Stuttgart: *Baukosten,*
  Bauelemente, Statistische Kostenkennwerte Teil 2
BKI Baukosteninformationszentrum, Stuttgart: *Baukosten, Gebäude,*
  Statistische Kostenkennwerte Teil 1
BKI Baukosteninformationszentrum, Stuttgart: *Baukosten, Positionen,*
  Statistische Kostenkennwerte Teil 3
BKI Baukosteninformationszentrum, Stuttgart: *Baukosten, Positionen,*
  Statistische Kostenkennwerte Teil 3
BKI Baukosteninformationszentrum, Stuttgart: Fachbuchreihe
  Objektdaten, Kosten abgerechneter Bauwerke
CRB Standards für das Bauwesen, Zürich: *Baukostenplan Hochbau*
  eBKP-H, SN 506 511
CRB Standards für das Bauwesen, Zürich: *Anwenderhandbuch zum*
  Baukostenplan Hochbau eBKP-H
CRB Standards für das Bauwesen, Zürich: Fachbuchreihen *Objektarten,*
  Elementarten und Normpositionen
Schmitz, Krings, Dahlhaus, Meisel: Fachbuchreihe *Baukosten*,
  Verlag für Wirtschaft und Verwaltung, Hubert Wingen, Essen

TERMINPLANUNG
Wilfried Helbig, Ullrich Bauch: *Baustellenorganisation,*
  Rudolf-Müller-Verlag, Köln 2004
Werner Langen, Karl-Heinz Schiffers: *Bauplanung und Bauausführung,*
  Werner Verlag, 2005
Falk Würfele, Bert Bielefeld, Mike Gralla: *Bauobjektüberwachung,*
  Vieweg Verlag, 2007

AUSSCHREIBUNG
Patrick von Amsberg, Thomas Ax, Matthias Schneider: *(Bau)Leistungen*
  VOB-gerecht beschreiben, Vieweg Verlag, Wiesbaden 2003
Fritz Berner, Bernd Kochendörfer, Rainer Schach: *Grundlagen der*
  Baubetriebslehre 1, Teubner Verlag, Stuttgart Leipzig Wiesbaden
  2007
Wolfgang Brüssel: *Baubetrieb von A bis Z,* Werner Verlag, Neuwied
  2007
Manfred Hoffmann, Thomas Krause, Joachim Martin, Willy Kuhlmann,
  Jürgen Pick, Ulrich Olk, Manfred Hoffmann, Karl-Helmut Schlösser:
  Zahlentafeln für den Baubetrieb, Teubner Verlag, Stuttgart Leipzig
  Wiesbaden 2006
Jack Mantscheff, Dominik Boisseree: *Baubetriebslehre I,* Werner Verlag,
  München 2004
Wolfgang Rösel, Antonius Busch: *AVA-Handbuch – Ausschreibung –*
  Vergabe – Abrechnung, Vieweg Verlag, Wiesbaden 2004

BAULEITUNG

Wolfgang Brüssel: *Baubetrieb von A bis Z,* Werner Verlag, Düsseldorf 2002

Gunther Hankammer: *Abnahme von Bauleistungen,* Verlag R. Müller, Köln 2005

Ulrich Nagel: *Baustellenmanagement. Praxishilfen für die erfolgreiche Bauleitung; mit Checklisten, Praxistipps, Rechtshinweisen und Musterbriefen,* Verlag für Bauwesen, Berlin 1998

Ulrich Nagel: *Briefsammlung für den Baupraktiker,* Software, cenes data, Berlin 2003

Ulrich Nagel: *Baustellenorganisation, Taschenbuch Bauberufe,* Cornelsen-Verlag, Berlin 2004

Reiner Oswald, Ruth Abel: *Hinzunehmende Unregelmäßigkeiten bei Gebäuden,* 3. Auflage, Bauverlag, Wiesbaden, Berlin 2005

Rudolf Rybicki: *Bauausführung und Bauüberwachung. Recht – Technik – Praxis. Handbuch für die Baustelle,* 2. Auflage, Werner Verlag, 1995

Falk Würfele, Bert Bielefeld, Mike Gralla: *Bauobjektüberwachung,* Vieweg Verlag, Braunschweig/Wiesbaden 2007

Falk Würfele, Mike Gralla: *Nachtragsmanagement,* Werner Verlag, Neuwied 2006

Richtlinien und Normen (Auswahl)

AUSSCHREIBUNG

Deutschland

VOB/A (DIN 1960)	VOB Vergabe- und Vertragsordnung für Bauleistungen – Teil A: Allgemeine Bestimmungen für die Vergabe von Bauleistungen
VOB/B (DIN1961)	VOB Vergabe- und Vertragsordnung für Bauleistungen – Teil B: Allgemeine Vertragsbedingungen für die Ausführung von Bauleistungen
VOB/C (DIN 18299ff.)	VOB Vergabe- und Vertragsordnung für Bauleistungen – Teil C: Allgemeine Technische Vertragsbedingungen für Bauleistungen (ATV) – DIN 18299: Allgemeine Regelungen für Bauarbeiten jeder Art; DIN 18300ff: „Gewerkespezifische Regelungen"
VOF	Verdingungsordnung für freiberufliche Leistungen
VOL	Verdingungsordnung für Leistungen

Österreich

ÖNORM A 2050	Vergabe von Aufträgen über Leistungen – Ausschreibung, Angebot, Zuschlag – Verfahrensnorm
ÖNORM A 2060	Allgemeine Vertragsbestimmungen für Leistungen
ÖNORM B 2062	Aufbau von standardisierten Leistungsbeschreibungen unter Berücksichtigung automationsunterstützter Verfahren – Verfahrensnorm
ÖNORM B 2063	Ausschreibung, Angebot und Zuschlag unter Berücksichtigung automationsunterstützter Verfahren – Verfahrensnorm
ÖNORM B 2110	Allgemeine Vertragsbestimmungen für Bauleistungen
ÖNORM B 2202ff.	„Gewerkenormen" – Verfahrensnorm

Schweiz

SIA 118	Allgemeine Bedingungen für Bauarbeiten
SIA 118/...	„Gewerkespezifische Bedingungen"
NVB	Normenspezifische Vertragsbedingungen

Weitere Informationsquellen

Deutschland

DIN	Deutsches Institut für Normung (http://www.din.de)
GEAB	Gemeinsamer Ausschuss Elektronik im Bauwesen (http://www.gaeb.de)
STLB-Bau	Standardleistungsbuch für das Bauwesen (http://www.gaeb.de; http://www.din.de)

Österreich

ON   Österreichisches Normungsinstitut
(http://www.on-norm.at)

Schweiz

SNV   Schweizerische Normungs-Vereinigung
(http://www.snv.ch)

SIA   Schweizerischer Ingenieur- und Architektenverein
(http://www.sia.ch)

International

ISO   Internationale Organisation für Normung
(http://www.iso.org)

CEN   Europäisches Komitee für Normung
(http://www.cen.eu)

Neben den oben aufgeführten Angaben gibt es eine Vielzahl von nationalen und internationalen Verbänden bzw. Institutionen, die Merkblätter, Muster für zusätzliche technische Vertragsbedingungen (ZTV) und Mustertexte für Ausschreibungen bestimmter Teilleistungen zur Verfügung stellen. Gewerkeübergreifende Beispiele für Ausschreibungstexte finden sich auf den folgenden Internetseiten.

Internetseiten

http://www.ausschreiben.de
http://www.sirados.de
http://www.bdb.at

BAULEITUNG

Deutschland	
DIN 276	Kosten im Hochbau
DIN 1961	VOB/B
DIN 18202	Toleranzen im Hochbau
DIN 18960	Nutzungskosten im Hochbau
DIN 69900	Teil 1, Projektwirtschaft Netzplantechnik Begriffe, August 1987
DIN 69902	Projektwirtschaft Einsatzmittel Begriffe, August 1987
DIN 18299 ff.	VOB/C

Richtlinien der Europäischen Union

92/57/EWG vom 24.6.1992 über die auf zeitlich begrenzte oder ortsveränderliche Baustellen anzuwendenden Mindestvorschriften für die Sicherheit und den Gesundheitsschutz (Baustellenrichtlinie)

Österreich

ÖNORM A 1801	Kosten im Hoch- und Tiefbau (1 Kostengliederung, 2 Objektdaten, 3 Objektnutzung)
ÖNORM A 2060	Allgemeine Vertragsbestimmungen für Leistungen – Werkvertragsnorm
ÖNORM A 2110	Allgemeine Vertragsbestimmungen für Bauleistungen – Werkvertragsnorm

Bildnachweis

PROJEKTPLANUNG

Abbildung 10, 17, 20, 29: Bert Bielefeld, Thomas Feuerabend
Abbildung 22, 24, 26, 28: Tim Brandt, Sebastian Th. Franssen
Abbildung 23, 25, 30: Udo Blecken, Bert Bielefeld
Abbildung 33 (Baustelleneinrichtungsplan): Lars-Phillip Rusch

Alle übrigen Abbildungen stammen vom Autor.

AUSSCHREIBUNG

Abbildung 6 links: aboutpixel.de
Abbildung 6 Mitte rechts: PixelQuelle.de
Abbildung 7: PixelQuelle.de
Abbildung 8: PixelQuelle.de
Abbildung 10 Mitte links: aboutpixel.de
Abbildung 10 rechts: aboutpixel.de
Alle anderen Abbildungen: die Autoren

BAULEITUNG

Abbildung 6: aboutpixel.de
Abbildungen 14, 15 und 32: nach Ulrich Nagel
Abbildungen 28 und 29: Rainer Oswald
Tabelle 3: Bert Bielefeld
Alle anderen Abbildungen: der Autor

Die Autoren

PROJEKTPLANUNG
Hartmut Klein, Dipl.-Ing. Architekt, ist Baudezernent der Stadt
Müllheim/Baden und als Preisrichter im Wettbewerbswesen tätig.

KOSTENPLANUNG
Bert Bielefeld, Prof. Dr.-Ing. Architekt, lehrt an der Universität Siegen
Bauökonomie und Baumanagement und ist geschäftsführender
Gesellschafter des Architekturbüros bertbielefeld&partner in
Dortmund.
Roland Schneider, Dipl.-Ing. M.Sc. Architekt, ist wissenschaftlicher
Mitarbeiter am Lehrgebiet Bauökonomie und Baumanagement
der Universität Siegen und Geschäftsführer des Architekturbüros
art-schneider in Köln.
Dank gebührt Ann Christin Hecker und Benjamin Voss für die
Unterstützung bei der Erstellung der Grafiken.

TERMINPLANUNG
Bert Bielefeld, Prof. Dr.-Ing. Architekt, lehrt an der Universitat Siegen
Bauokonomie und Baumanagement und ist geschaftsfuhrender
Gesellschafter des Architekturburos bertbielefeld&partner in
Dortmund.

AUSSCHREIBUNG
Tim Brandt, Dipl. Ing., ist Bauingenieur in Dortmund mit Schwerpunkt
im Vertrags- und Nachtragsmanagement sowie in der Bau- und
Projektleitung.
Sebastian Th. Franssen, Dipl. Ing. Architekt, Inhaber eines Architekturbüros in Dortmund mit Schwerpunkt in der Projektleitung von
privaten und öffentlichen Bauvorhaben.

BAULEITUNG
Lars-Phillip Rusch, Dipl.-Ing., ist freiberuflicher Architekt und
wissenschaftlicher Mitarbeiter am Lehrstuhl Baubetrieb und
Bauprozessmanagement der Universität Dortmund.
Der Autor dankt besonders Herrn Prof. Ulrich Nagel für die
Überlassung von Textmaterial und Abbildungsvorlagen zur
Erarbeitung dieses Buches.

Reihenherausgeber: Bert Bielefeld
Konzeption: Bert Bielefeld, Annette Gref
Lektorat und Projektkoordination: Annette Gref
Layout und Covergestaltung: Andreas Hidber
Satz und Produktion: Amelie Solbrig

Bibliografische Information der Deutschen
Nationalbibliothek
Die Deutsche Nationalbibliothek verzeichnet
diese Publikation in der Deutschen Nationalbib-
liografie; detaillierte bibliografische Daten sind
im Internet über http://dnb.dnb.de abrufbar.

Dieses Buch ist auch in englischer Sprache
erschienen (ISBN 978-3-03821-462-5).

© 2013 Birkhäuser Verlag GmbH, Basel
Postfach 44, 4009 Basel, Schweiz
Ein Unternehmen von De Gruyter

Gedruckt auf säurefreiem Papier, hergestellt
aus chlorfrei gebleichtem Zellstoff. TCF ∞

Printed in Germany

ISBN 978-3-03821-461-8

9 8 7 6 5 4 3 2 1

www.birkhauser.com